KB145119

부산교통공사

NCS + 전공 + 최종점검 모의고사 3회

SD에듀
㈜시대고시기획

2024 최신판 SD에듀 부산교통공사
NCS + 전공 + 최종점검 모의고사 3회 + 무료NCS특강

Always **with you**

사람의 인연은 길에서 우연하게 만나거나 함께 살아가는 것만을 의미하지는 않습니다.

책을 펴내는 출판사와 그 책을 읽는 독자의 만남도 소중한 인연입니다.

SD에듀는 항상 독자의 마음을 헤아리기 위해 노력하고 있습니다. 늘 독자와 함께하겠습니다.

합격의 공식 ▶

자격증 · 공무원 · 금융/보험 · 면허증 · 언어/외국어 · 검정고시/독학사 · 기업체/취업

이 시대의 모든 합격! SD에듀에서 합격하세요!

www.youtube.com ➜ SD에듀 ➜ 구독

머리말

안전하고 행복한 부산도시철도를 이끄는 부산교통공사는 2024년에 신입사원을 채용할 예정이다. 부산교통공사의 채용절차는 「입사지원서 접수 ➡ 필기시험 ➡ 인성검사 ➡ 면접시험 ➡ 서류심사 ➡ 신체검사 및 결격사유 조회 ➡ 최종 합격자 발표」 순서로 이루어진다. 필기시험은 직업기초능력평가와 전공과목으로 진행한다. 그중 직업기초능력평가는 의사소통능력, 수리능력, 문제해결능력, 자원관리능력, 정보능력 총 5개의 영역을 평가하며, 2023년에는 피듈형으로 진행되었다. 또한, 전공과목은 직렬별로 내용이 상이하므로 반드시 확정된 채용공고를 확인해야 한다. 따라서 필기시험에서 고득점을 받기 위해 다양한 유형에 대한 폭넓은 학습과 문제풀이능력을 높이는 등 철저한 준비가 필요하다.

부산교통공사 합격을 위해 SD에듀에서는 기업별 NCS 시리즈 누적 판매량 1위의 출간 경험을 토대로 다음과 같은 특징을 가진 도서를 출간하였다.

도서의 특징

❶ 기출복원문제를 통한 출제 유형 확인!
  • 2023년 주요 공기업 NCS&전공 기출문제를 복원하여 공기업별 필기 유형을 파악할 수 있도록 하였다.

❷ 부산교통공사 필기시험 출제 영역 맞춤 문제를 통한 실력 상승!
  • 직업기초능력평가 대표유형&기출예상문제를 수록하여 효과적으로 학습할 수 있도록 하였다.
  • 전공 기출예상문제를 수록하여 전공까지 완벽히 대비할 수 있도록 하였다.

❸ 최종점검 모의고사를 통한 완벽한 실전 대비!
  • 철저한 분석을 통해 실제 유형과 유사한 최종점검 모의고사를 수록하여 자신의 실력을 최종 점검할 수 있도록 하였다.

❹ 다양한 콘텐츠로 최종 합격까지!
  • 부산교통공사 채용 가이드와 면접 기출질문을 수록하여 채용을 준비하는 데 부족함이 없도록 하였다.
  • 온라인 모의고사를 무료로 제공하여 필기시험에 대비할 수 있도록 하였다.

끝으로 본 도서를 통해 부산교통공사 채용을 준비하는 모든 수험생 여러분이 합격의 기쁨을 누리기를 진심으로 기원한다.

SDC(Sidae Data Center) 씀

미션

안전하고 편리한 대중교통 서비스 제공으로 시민 복리 증진

비전

절대안전 · 시민행복 · 대중교통의 중심, 부산교통공사

슬로건

변화와 도약, 뉴 메트로

경영목표

절대안전 확립 / 시민신뢰 제고

재정위기 극복 / 성장동력 강화

공간혁신 추구 / 기분 좋은 일터

ESG경영 확산 / 고공가치 향상

○ 전략방향 및 전략과제

절대안전	▶	● 디지털 안전관리 고도화 ● 전동차 · 시설물 안전성 제고 ● 전사적 안전역량 강화
미래혁신	▶	● 경영효율 기반 재정 혁신 ● 미래지향적 조직 · 기술 혁신 ● 승객 증대 · 미래 철도망 확충
고객행복	▶	● 공간혁신 디자인경영 강화 ● 고객만족 이용인프라 조성 ● 소통 · 공감 · 상생의 가치 추구
지속성장	▶	● 친환경 경영 및 에너지 효율화 ● 지역사회 상생발전 선도 ● 청렴과 신뢰의 조직체계 강화

○ 인재상

창의와 도전정신으로 고객만족에 최선을 다하는 인재

미래의 환경변화에 대처하는 도전을 추구하는 진취적인 **창조인**

주인의식으로 공사와 자신의 미래를 준비하고 발전시키는 **애사인**

긍지와 자부심을 가지고 최고를 추구하는 **전문인**

신입 채용 안내 INFORMATION

지원자격(공통)

❶ 연령 : 만 18세 이상, 부산교통공사 정년(만 60세) 범위 내
❷ 학력 : 제한 없음
❸ 지원 제한 : 부산교통공사 인사규정 제21조의 결격사유에 해당하는 자
❹ 부산교통공사가 지정한 날에 출근하거나 교육에 참가 가능한 자
❺ 직무특성에 따라 주 · 야간 교대(교번)근무 및 초과근로가 가능한 자

필기시험

구분	직렬	내용
직업기초능력평가	전 직렬	의사소통능력, 수리능력, 문제해결능력, 자원관리능력, 정보능력
전공과목	운영직	법학
		행정학
		경영학
		경제학
		회계학
	그 외 직렬	직렬별 상이

면접시험

구분	배점	평가척도
직원으로서의 정신자세	3	
전공지식의 수준 및 그 응용능력	3	상(上) 3점
의사발표의 정확성과 논리성	3	중(中) 2점
품행, 성실성, 적응성, 어학능력	3	하(下) 1점
창의력, 의지력, 기타 발전 가능성	3	

❖ 위 채용안내는 2023년 채용공고를 기준으로 작성하였으므로 세부내용은 반드시 확정된 채용공고를 확인하기 바랍니다.

2023 기출분석 ANALYSIS

총평

2023년 부산교통공사의 필기시험은 100문항을 100분 이내에 풀어야 했기에 시간이 촉박했다는 후기가 많았다. NCS의 경우 모듈형의 비중이 높은 피듈형으로 출제되었으며, 비교적 무난한 문제가 많았다. 그러나 전공의 경우 어렵거나 한 번 꼬아낸 문제의 비중이 높았다.

의사소통능력

출제 특징	• 글의 주제 문제가 출제됨 • 문단 나열 문제가 출제됨
출제 키워드	• 태풍 등

수리능력

출제 특징	• 응용 수리 문제가 다수 출제됨
출제 키워드	• 마름모 넓이, 카드를 뽑을 확률, 속력, 경우의 수, 중앙값 등

문제해결능력

출제 특징	• 모듈이론 관련 문제가 출제됨 • 명제 추론 문제가 출제됨
출제 키워드	• 브레인스토밍, 5 Why 기법 등

자원관리능력

출제 특징	• 자료 해석 문제가 출제됨
출제 키워드	• 청소 당번, 휴가 날짜 등

정보능력

출제 특징	• 모듈이론 관련 문제가 출제됨 • 엑셀 함수 문제가 출제됨
출제 키워드	• 이메일 예절, 사이버 언어폭력, 사물인터넷, 유비쿼터스, AND 함수, OR 함수 등

전공 출제 키워드

행정학	• 공공선택론, 신공공서비스론, 포스트모더니즘, 바그너, 회사모형, 정부재창조론, 신제도론, 잭슨주의, 교차영향분석, 거버넌스 등
경영학	• 에토스, 확률분포, 실질생산능력, 유효생산능력, 플랫폼, 표준정규분포, 귀무가설, 유한책임회사, 블루오션 등
회계학	• 투자부동산, 금융리스, 법인세, 현금성자산, 재고자산, 대손충당금, 재평가모형, 사채, 건설계약, 변동원가, 소득세, 부가가치세 등

PSAT형

※ 다음은 K공단의 국내 출장비 지급 기준에 대한 자료이다. 이어지는 질문에 답하시오. [15~16]

〈국내 출장비 지급 기준〉

① 근무지로부터 편도 100km 미만의 출장은 공단 차량 이용을 원칙으로 하며, 다음 각호에 따라 "별표 1"에 해당하는 여비를 지급한다.

    ㉠ 일비
        ⓐ 근무시간 4시간 이상 : 전액
        ⓑ 근무시간 4시간 미만 : 1일분의 2분의 1
    ㉡ 식비 : 명령권자가 근무시간이 모두 소요되는 1일 출장으로 인정한 경우에는 1일분의 3분의 1 범위 내에서 지급
    ㉢ 숙박비 : 편도 50km 이상의 출장 중 출장일수가 2일 이상으로 숙박이 필요할 경우, 증빙자료 제출 시 숙박비 지급

② 제1항에도 불구하고 공단 차량을 이용할 수 없어 개인 소유 차량으로 업무를 수행한 경우에는 일비를 지급하지 않고 이사장이 따로 정하는 바에 따라 교통비를 지급한다.

③ 근무지로부터 100km 이상의 출장은 "별표 1"에 따라 교통비 및 일비는 전액을, 식비는 1일분의 3분의 2 해당액을 지급한다. 다만, 업무 형편상 숙박이 필요하다고 인정할 경우에는 출장기간에 대하여 숙박비, 일비, 식비 전액을 지급할 수 있다.

〈별표 1〉

구분	교통비				일비 (1일)	숙박비 (1박)	식비 (1일)
	철도임	선임	항공임	자동차임			
임원 및 본부장	1등급	1등급	실비	실비	30,000원	실비	45,000원
1, 2급 부서장	1등급	2등급	실비	실비	25,000원	실비	35,000원
2, 3, 4급 부장	1등급	2등급	실비	실비	20,000원	실비	30,000원
4급 이하 팀원	2등급	2등급	실비	실비	20,000원	실비	30,000원

1. 교통비는 실비를 기준으로 하되, 실비 정산은 국토해양부장관 또는 특별시장·광역시장·도지사·특별자치도지사 등이 인허한 요금을 기준으로 한다.
2. 선임 구분표 중 1등급 해당자는 특등, 2등급 해당자는 1등을 적용한다.
3. 철도임 구분표 중 1등급은 고속철도 특실, 2등급은 고속철도 일반실을 적용한다.
4. 임원 및 본부장의 식비가 위 정액을 초과하였을 경우 실비를 지급할 수 있다.
5. 운임 및 숙박비의 할인이 가능한 경우에는 할인 요금으로 지급한다.
6. 자동차임 실비 지급은 연료비와 실제 통행료를 지급한다.
    (연료비)=[여행거리(km)]×(유가)÷(연비)
7. 임원 및 본부장을 제외한 직원의 숙박비는 70,000원을 한도로 실비를 정산할 수 있다.

특징
▶ 대부분 의사소통능력, 수리능력, 문제해결능력을 중심으로 출제(일부 기업의 경우 자원관리능력, 조직이해능력을 출제)
▶ 자료에 대한 추론 및 해석 능력을 요구

대행사
▶ 엑스퍼트컨설팅, 커리어넷, 태드솔루션, 한국행동과학연구소(행과연), 휴노 등

모듈형

| 대인관계능력

60 다음 자료는 갈등해결을 위한 6단계 프로세스이다. 3단계에 해당하는 대화의 예로 가장 적절한 것은?

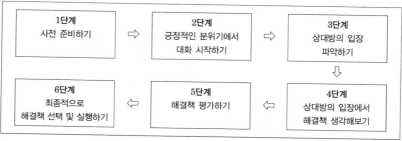

① 그럼 A씨의 생각대로 진행해 보시죠.

특징
▶ 이론 및 개념을 활용하여 푸는 유형
▶ 채용 기업 및 직무에 따라 NCS 직업기초능력평가 10개 영역 중 선발하여 출제
▶ 기업의 특성을 고려한 직무 관련 문제를 출제
▶ 주어진 상황에 대한 판단 및 이론 적용을 요구

대행사
▶ 인트로맨, 휴스테이션, ORP연구소 등

피듈형(PSAT형 + 모듈형)

| 문제해결능력

60 P회사는 직원 20명에게 나눠 줄 추석 선물 품목을 조사하였다. 다음은 유통업체별 품목 가격과 직원들의 품목 선호도를 나타낸 자료이다. 이를 참고하여 P회사에서 구매하는 물품과 업체를 바르게 연결한 것은?

〈업체별 품목 금액〉

구분		1세트당 가격	혜택
A업체	돼지고기	37,000원	10세트 이상 주문 시 배송 무료
	건어물	25,000원	
B업체	소고기	62,000원	20세트 주문 시 10% 할인
	참치	31,000원	
C업체	스팸	47,000원	50만 원 이상 주문 시 배송 무료
	김	15,000원	

〈구성원 품목 선호도〉

특징
▶ 기초 및 응용 모듈을 구분하여 푸는 유형
▶ 기초인지모듈과 응용업무모듈로 구분하여 출제
▶ PSAT형보다 난도가 낮은 편
▶ 유형이 정형화되어 있고, 유사한 유형의 문제를 세트로 출제

대행사
▶ 사람인, 스카우트, 인크루트, 커리어케어, 트리피, 한국사회능력개발원 등

주요 공기업 적중 문제 TEST CHECK

부산교통공사

43 다음 글의 주제로 가장 적절한 것은?

> 우주 개발이 왜 필요한가에 대한 주장은 크게 다음 세 가지로 구분할 수 있다. 먼저 칼 세이건이 우려하는 것처럼 인류가 혜성이나 소행성의 지구 충돌과 같은 재앙에서 살아남으려면 지구 이외의 다른 행성에 식민지를 건설해야 한다는 것이다. 소행성의 지구 충돌로 절멸한 공룡의 전철을 밟지 않기 위해서 말이다. 여기에는 자원 고갈이나 환경오염과 같은 전 지구적 재앙에 대비하자는 주장도 포함된다. 그 다음으로 우리의 관심을 지구에 한정한다는 것은 인류의 숭고한 정신을 가두는 것이라는 호킹의 주장을 들 수 있다. 지동설, 진화론, 상대성 이론, 양자역학, 빅뱅 이론과 같은 과학적 성과들은 인류의 문명뿐만 아니라 정신적 패러다임의 변화에 지대한 영향을 끼쳤다. 마지막으로 우주 개발의 노력에 따르는 부수적인 기술의 파급 효과를 근거로 한 주장을 들 수 있다. 실제로 우주 왕복선 프로그램을 통해 산업계에 이전된 새로운 기술이 100여 가지나 된다고 한다. 인공심장, 신분확인 시스템, 비행추적 시스템 등이 그 대표적인 기술들이다. 그러나 우주 개발에서 얻는 이익이 과연 인류 전체의 이익을 대변할 수 있는가에 대해서는 쉽게 답할 수가 없다. 역사적으로 볼 때 탐사의 주된 목적은 새로운 사실의 발견이라기보다 영토와 자원, 힘의 우위를 선점하기 위한 것이었기 때문이다. 이러한 이유로 우주 개발에 의심의 눈초리를 보내는 사람들도 적지 않다. 그들은 우주 개발에 소요되는 자금과 노력을 지구의 가난과 자원 고갈, 환경 문제 등을 해결하는 데 사용하는 것이 더 현실적이라고 주장한다.
>
> 과연 그 주장을 따른다고 해서 이러한 문제들을 해결할 수 있는가? 인류가 우주 개발에 나서지 않고 지구 안에서 인류의 미래를 위한 노력을 경주한다고 가정해보자. 그렇더라도 인류가 사용할 수 있는 자원이 무한한 것은 아니며, 인구의 자연 증가를 막을 수 없다는 문제는 여전히 남는다. 지구에 자금

---

27 다음 제시된 문단을 읽고, 이어질 문단을 논리적 순서대로 바르게 나열한 것은?

> 우리는 자본주의 체제에서 살고 있다. '우리는 자본주의라는 체제의 종말보다 세계의 종말을 상상하는 것이 더 쉬운 시대에 살고 있다.'고 할 만큼 현재 세계는 자본주의의 논리 아래에 굴러가고 있다. 이러한 자본주의는 어떻게 발생하였을까?

> (가) 그러나 1920년대에 몰아친 세계 대공황은 자본주의가 완벽하지 않은 체제이며 수정이 필요함을 모든 사람에게 각인시켜줬다. 학문적으로 보자면 대표적으로 존 메이너드 케인스의 「고용·이자 및 화폐에 관한 일반이론」 등의 저서를 통해 수정자본주의가 꾀해졌다.
> (나) 애덤 스미스로부터 학문화된 자본주의는 데이비드 리카도의 비교우위론 등의 이론을 포섭해 나가며 자신의 영역을 공고히 했다. 자본의 폐해에 대한 마르크스 등의 경고가 있었지만, 자본주의는 그 위세를 계속 떨칠 것 같이 보였다.
> (다) 1950년대에는 중산층의 신화가 이루어지면서 수정자본주의 체제는 영원할 것 같이 보였지만, 오일 쇼크 등으로 인해서 수정자본주의 또한 그 한계를 보이게 되었고, 빈 학파로부터 파생된 신자유주의 이론이 가미되기 시작하였다.
> (라) 자본주의의 시작이라 하면 대부분 애덤 스미스의 「국부론」을 떠올리겠지만, 역사학자인 페르낭 브로델에 의하면 자본주의는 16세기 이탈리아에서부터 시작된 것이라고 한다. 이를 학문적으로 정립한 최초의 저작이 「국부론」이다.

① (나) – (라) – (다) – (가)
② (나) – (라) – (가) – (다)
③ (라) – (나) – (다) – (가)
④ (라) – (나) – (가) – (다)

서울교통공사

보고서 ▶ 키워드

27 다음 중 A대리가 메일에서 언급하지 않았을 내용은?

> A대리 : ○○○씨, 보고서 잘 받아봤습니다.
> B사원 : 아, 네. 대리님. 미흡한 점이 많았을 텐데…… 죄송합니다.
> A대리 : 아닙니다. 처음인데도 잘했습니다. 그런데, 얘기해 줄 것이 있어요. 문서는 '내용'이 물론 가장 중요하긴 하지만 '표현'과 '형식'도 중요합니다. 앞으로 참고할 수 있게 메일로 유의사항을 보냈으니까 읽어보세요.
> B사원 : 감사합니다. 확인하겠습니다.

① 의미를 전달하는 데 문제가 없다면 문장은 가능한 한 짧게 만드는 것이 좋다.
② 우회적인 표현은 오해의 소지가 있으므로 가능하면 쓰지 않는 것이 좋다.
③ 한자의 사용을 자제하되, 만약 사용할 경우 상용한자의 범위 내에서 사용한다.
④ 중요한 내용은 미괄식으로 작성하는 것이 그 의미가 강조되어 효과적이다.
⑤ 핵심을 담은 문장을 앞에 적어준다면 이해가 더 잘 될 것이다.

참/거짓 논증 ▶ 유형

39 다음의 마지막 명제가 참일 때, 빈칸에 들어갈 명제로 가장 적절한 것은?

> • 허리통증이 심하면 나쁜 자세로 공부했다는 것이다.
> • 공부를 오래 하면 성적이 올라간다.
> • _____
> • 성적이 떨어졌다는 것은 나쁜 자세로 공부했다는 것이다.

① 성적이 올라갔다는 것은 좋은 자세로 공부했다는 것이다.
② 좋은 자세로 공부한다고 해도 허리의 통증은 그대로이다.
③ 성적이 떨어졌다는 것은 공부를 별로 하지 않았다는 증거다.
④ 좋은 자세로 공부한다고 해도 공부를 오래 하긴 힘들다.
⑤ 허리통증이 심하지 않으면 공부를 오래 할 수 있다.

주요 공기업 적중 문제 TEST CHECK

인천교통공사

글의 주제 ▶ 유형

08 다음은 삼계탕을 소개하는 기사이다. (가) ~ (마) 문단의 핵심 주제로 적절하지 않은 것은?

> (가) 사육한 닭에 대한 기록은 청동기 시대부터이지만, 삼계탕에 대한 기록은 조선 시대 문헌에서조차 찾기 힘들다. 조선 시대의 닭 요리는 닭백숙이 일반적이었으며, 일제강점기에 들어서면서 부잣집에서 닭백숙, 닭국에 가루 형태의 인삼을 넣는 삼계탕이 만들어졌다. 지금의 삼계탕 형태는 1960년대 이후부터 시작되었으며, 대중화된 것은 1970년대 이후부터이다. 삼계탕은 주재료가 닭이고 부재료가 인삼이었기에 본래 '계삼탕'으로 불렸다. 그러다가 닭보다 인삼이 귀하다는 인식이 생기면서부터 지금의 이름인 '삼계탕'으로 불리기 시작했다.
>
> (나) 삼계탕은 보통 삼복에 즐겨 먹는데 삼복은 일 년 중 가장 더운 기간으로, 땀을 많이 흘리고 체력 소모가 큰 여름에 몸 밖이 덥고 안이 차가우면 위장 기능이 약해져 기력을 잃고 병을 얻기 쉽다. 이러한 여름철에 닭과 인삼은 열을 내는 음식으로 따뜻한 기운을 내장 안으로 불어넣고 더위에 지친 몸을 회복하는 효과가 있다.
>
> (다) 삼계탕과 닭백숙은 조리법에 큰 차이는 없지만, 사용되는 닭이 다르다. 백숙은 육계(고기용 닭)나 10주령 이상의 2kg 정도인 토종닭을 사용한다. 반면, 삼계탕용 닭은 28 ~ 30일 키운 800g 정도의 영계(어린 닭)를 사용한다.
>
> (라) 삼계탕에 대한 속설 중 잘못 알려진 속설에는 '대추는 삼계탕 재료의 독을 빨아들이기 때문에 먹으면 안 된다.'는 것이 있는데, 대추는 삼계탕 재료의 독이 아닌 국물을 빨아들이는 것에 불과하므로 대추를 피할 필요는 없다.
>
> (마) 이처럼 삼계탕에 들어가는 닭과 인삼은 따뜻한 성질을 가진 식품이지만 체질적으로 몸에 열이 많은 사람은 인삼보다 황기를 넣거나 차가운 성질인 녹두를 더해 몸 속의 열을 다스리는 것도 좋다. 또한 여성의 경우 수족냉증, 생리불순, 빈혈, 변비에 효과가 있는 당귀를 삼계탕에 넣는 것도 좋은 방법이다.

① (가) : 삼계탕의 유래
② (나) : 삼계탕과 삼복의 의미
③ (다) : 삼계탕과 닭백숙의 차이
④ (라) : 삼계탕의 잘못된 속설
⑤ (마) : 삼계탕과 어울리는 재료

요금 계산 ▶ 유형

04 A공사에서 워크숍을 위해 강당 대여요금을 알아보고 있다. 강당의 대여요금은 기본요금의 경우 30분까지 동일하며, 그 후에는 1분마다 추가요금이 발생한다. 1시간 대여료는 50,000원, 2시간 대여료는 110,000원일 때, 3시간 동안 대여 시 요금은 얼마인가?

① 170,000원
② 180,000원
③ 190,000원
④ 200,000원
⑤ 210,000원

코레일 한국철도공사

이산화탄소 ▶ 키워드

2023년 적중

13 다음은 온실가스 총 배출량에 대한 자료이다. 이에 대한 설명으로 옳지 않은 것은?

〈온실가스 총 배출량〉

(단위 : CO_2 eq.)

구분	2016년	2017년	2018년	2019년	2020년	2021년	2022년
총 배출량	592.1	596.5	681.8	685.9	695.2	689.1	690.2
에너지	505.3	512.2	593.4	596.1	605.1	597.7	601.0
산업공정	50.1	47.2	51.7	52.6	52.8	55.2	52.2
농업	21.2	21.7	21.2	21.5	21.4	20.8	20.6
폐기물	15.5	15.4	15.5	15.7	15.9	15.4	16.4
LULUCF	−57.3	−54.5	−48.5	−44.7	−42.7	−42.4	−44.4
순 배출량	534.8	542.0	633.3	641.2	652.5	646.7	645.8
총 배출량 증감률(%)	2.3	0.7	14.3	0.6	1.4	−0.9	0.2

※ CO_2 eq. : 이산화탄소 증가를 뜻하는 단위로, 온실가스 종류별 지구온난화 기여도를 수치로 표현한 지구온난화지수
(GWP; Global Warming Potential)를 곱한 이산화탄소 환산량
※ LULUCF(Land Use, Land Use Change, Forestry) : 인간이 토지 이용에 따라 변화하게 되는 온실가스의 증감
※ (순 배출량)=(총 배출량)+(LULUCF)

① 온실가스 순 배출량은 2020년까지 지속해서 증가하다가 2021년부터 감소한다.
② 2022년 농업 온실가스 배출량은 2016년 대비 3%p 이상 감소하였다.

국민건강보험공단

가중치 계산 ▶ 유형

2023년 적중

55 국민건강보험공단은 직원들의 여가를 위해 하반기 동안 다양한 프로그램을 운영하고자 한다. 운영할 프로그램은 수요도 조사 결과를 통해 결정된다. 다음 〈조건〉에 따라 프로그램을 선정할 때, 운영될 프로그램으로 바르게 짝지어진 것은?

〈프로그램 후보별 수요도 조사 결과〉

분야	프로그램명	인기 점수	필요성 점수
운동	강변 자전거 타기	6	5
진로	나만의 책 쓰기	5	7
여가	자수 교실	4	2
운동	필라테스	7	6
교양	독서 토론	6	4
여가	볼링 모임	8	3

※ 수요도 조사에는 전 직원이 참여하였다.

조건
• 수요도는 인기 점수와 필요성 점수에 가점을 적용한 후 2 : 1의 가중치에 따라 합산하여 판단한다.
• 각 프로그램의 인기 점수와 필요성 점수는 10점 만점으로 하여 전 직원이 부여한 점수의 평균값이다.
• 운영 분야에 한 개의 프로그램만 있는 경우, 그 프로그램의 필요성 점수에 2점을 가산한다.

도서 200% 활용하기 STRUCTURES

1 기출복원문제로 출제 경향 파악

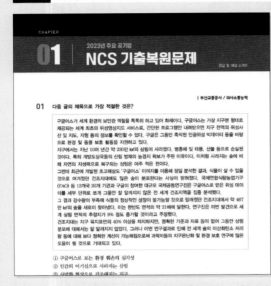

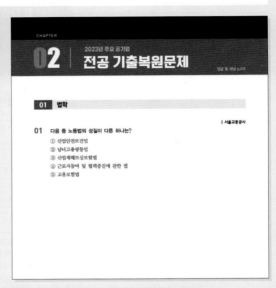

▶ 2023년 주요 공기업 NCS&전공 기출문제를 복원하여 공기업별 필기 유형을 파악할 수 있도록 하였다.

2 대표유형 + 기출예상문제로 NCS 완벽 대비

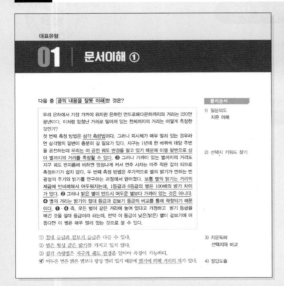

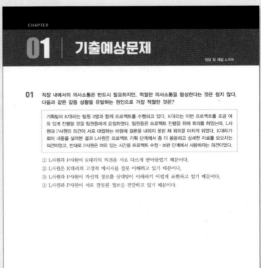

▶ NCS 출제 영역에 대한 대표유형과 기출예상문제를 수록하여 NCS 문제에 대한 접근 전략을 익히고 점검할 수 있도록 하였다.

3 기출예상문제로 전공까지 완벽 대비

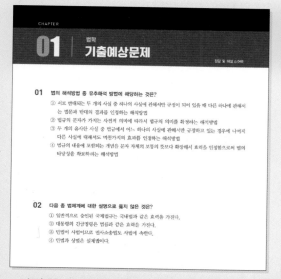

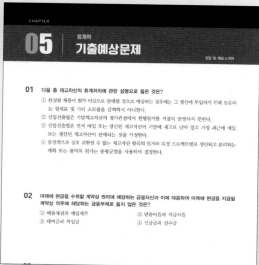

▶ 전공(법학 · 행정학 · 경영학 · 경제학 · 회계학) 기출예상문제를 수록하여 전공까지 효과적으로 학습할 수 있도록 하였다.

4 최종점검 모의고사 + OMR을 활용한 실전 연습

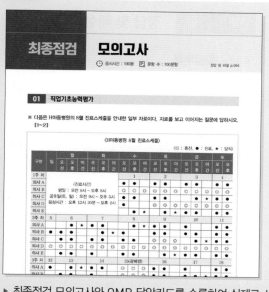

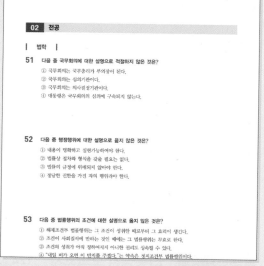

▶ 최종점검 모의고사와 OMR 답안카드를 수록하여 실제로 시험을 보는 것처럼 최종 마무리 연습을 할 수 있도록 하였다.
▶ 모바일 OMR 답안채점/성적분석 서비스를 통해 필기시험에 대비할 수 있도록 하였다.

이 책의 차례 CONTENTS

Add+

합격의 공식 SD에듀 www.sdedu.co.kr

특별부록

CHAPTER 01   2023년 주요 공기업 NCS 기출복원문제

CHAPTER 02   2023년 주요 공기업 전공 기출복원문제

※ 기출복원문제는 수험생들의 후기를 통해 SD에듀에서 복원한 문제로 실제 문제와 다소 차이가 있을 수 있으며, 본 저작물의 무단전재 및 복제를 금합니다.

| 부산교통공사 / 의사소통능력

01 다음 글의 제목으로 가장 적절한 것은?

구글어스가 세계 환경의 보안관 역할을 톡톡히 하고 있어 화제이다. 구글어스는 가상 지구본 형태로 제공되는 세계 최초의 위성영상지도 서비스로, 간단한 프로그램만 내려받으면 지구 전역의 위성사진 및 지도, 지형 등의 정보를 확인할 수 있다. 구글은 그동안 축적된 인공위성 빅데이터 등을 바탕으로 환경 및 동물 보호 활동을 지원하고 있다.

지구에서는 지난 10여 년간 약 230만 ㎢의 삼림이 사라졌다. 병충해 및 태풍, 산불 등으로 손실된 것이다. 특히 개발도상국들의 산림 벌채와 농경지 확보가 주된 이유이다. 이처럼 사라지는 숲에 비해 자연의 자생력으로 복구되는 삼림은 아주 적은 편이다.

그런데 최근에 개발된 초고해상도 '구글어스' 이미지를 이용해 정밀 분석한 결과, 식물이 살 수 없을 것으로 여겨졌던 건조지대에도 많은 숲이 분포한다는 사실이 밝혀졌다. 국제연합식량농업기구(FAO) 등 13개국 20개 기관과 구글이 참여한 대규모 국제공동연구진은 구글어스로 얻은 위성 데이터를 세부 단위로 쪼개 그동안 잘 알려지지 않은 전 세계 건조지역을 집중 분석했다.

그 결과 강수량이 부족해 식물의 정상적인 성장이 불가능할 것으로 알려졌던 건조지대에서 약 467만 ㎢의 숲을 새로이 찾아냈다. 이는 한반도 면적의 약 21배에 달한다. 연구진은 이번 발견으로 세계 삼림 면적의 추정치가 9% 정도 증가할 것이라고 주장했다.

건조지대는 지구 육지표면의 40% 이상을 차지하지만, 명확한 기준과 자료 등이 없어 그동안 삼림 분포에 대해서는 잘 알려지지 않았다. 그러나 이번 연구결과로 인해 전 세계 숲의 이산화탄소 처리량 등에 대해 보다 정확한 계산이 가능해짐으로써 과학자들의 지구온난화 및 환경 보호 연구에 많은 도움이 될 것으로 기대되고 있다.

① 구글어스로 보는 환경 훼손의 심각성
② 인간의 이기심으로 사라지는 삼림
③ 사막화 현상으로 건조해지는 지구
④ 전 세계 환경 보안관, 구글어스

02 다음 그림과 같이 한 대각선의 길이가 6으로 같은 마름모 2개가 겹쳐져 있다. 다른 대각선의 길이가 각각 4, 9일 때, 두 마름모의 넓이의 차는?

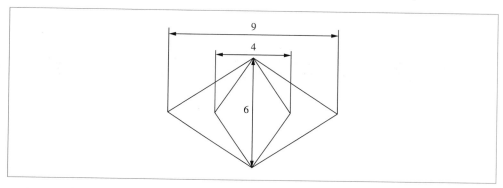

① 9

② 12

③ 15

④ 24

03 숫자 0, 1, 2, 3, 4가 적힌 5장의 카드에서 2장을 뽑아 두 자리 정수를 만들 때, 그 수가 짝수일 확률은?

① $\frac{3}{8}$

② $\frac{1}{2}$

③ $\frac{5}{8}$

④ $\frac{3}{4}$

04 다음과 같은 특징을 가지고 있는 창의적 사고 개발 방법은?

일정한 주제에 대하여 회의를 하고, 참가하는 인원이 자유발언을 통해 아이디어를 제시하는 것으로, 다른 사람의 발언에 비판하지 않는다.

① 스캠퍼 기법

② 여섯 가지 색깔 모자

③ 브레인스토밍

④ TRIZ

05 B공사 직원인 A씨는 휴가철을 맞아 가족여행을 가고자 한다. B공사는 직원들의 복리증진을 위하여 휴가철 항공료를 일부 지원해 주고 있다. 다음 자료와 〈조건〉을 토대로 A씨가 선택할 여행지와 여행기간을 바르게 짝지은 것은?

〈여행지별 항공료와 지원율〉

여행지	1인당 편도 항공료	항공료 지원율
중국	130,000원	10%
일본	125,000원	30%
싱가포르	180,000원	35%

※ 갈 때와 올 때 편도 항공료는 동일하다.

〈8월 달력〉

일	월	화	수	목	금	토
			1	2	3	4
5	6	7	8	9	10	11
12	13	14	15	16	17	18
19	20	21	22	23	24	25
26	27	28	29	30	31	

※ 8월 3~4일은 현장답사로 휴가가 불가능하다.
※ 8월 15일은 광복절, 24일은 창립기념일로 휴일이다.

조건
- A씨는 아내와 단둘이 여행할 예정이다.
- A씨는 여행경비 중 항공료로 최대 450,000원을 쓸 수 있다.
- B공사의 항공료 지원은 동반한 직계가족까지 모두 적용된다.

	여행지	여행기간
①	중국	9~11일
②	일본	3~6일
③	일본	16~19일
④	싱가포르	15~18일

06 다음 글의 빈칸에 공통으로 들어갈 단어로 가장 적절한 것은?

> _____은/는 '언제 어디에나 존재한다.'는 뜻의 라틴어로, 사용자가 컴퓨터나 네트워크를 의식하지 않고 장소에 상관없이 자유롭게 네트워크에 접속할 수 있는 환경을 말한다. 그리고 컴퓨터 관련 기술이 생활 구석구석에 스며들어 있음을 뜻하는 '퍼베이시브 컴퓨팅(Pervasive Computing)'과 같은 개념이다.
> _____화가 이루어지면 가정·자동차는 물론, 심지어 산 꼭대기에서도 정보기술을 활용할 수 있고, 네트워크에 연결되는 컴퓨터 사용자의 수도 늘어나 정보기술산업의 규모와 범위도 그만큼 커지게 된다. 그러나 _____ 네트워크가 이루어지기 위해서는 광대역통신과 컨버전스 기술의 일반화, 정보기술 기기의 저가격화 등 정보기술의 고도화가 전제되어야 한다. 그러나 _____은/는 휴대성과 편의성뿐 아니라 시간과 장소에 구애받지 않고도 네트워크에 접속할 수 있는 장점 때문에 현재 세계적인 개발 경쟁이 일고 있다.

① 유비쿼터스(Ubiquitous)
② AI(Artificial Intelligence)
③ 딥 러닝(Deep Learning)
④ 블록체인(Block Chain)

07 다음 중 인터넷 이용 예절에 대한 설명으로 옳지 않은 것은?

① 인터넷 이용 예절을 가리키는 용어인 네티켓은 네트워크와 에티켓의 합성어이다.
② 전자우편(E-mail)을 사용할 때는 정확한 전달을 위해 최대한 구체적으로 사안에 대한 설명을 나열하여야 한다.
③ 온라인 대화(채팅)를 광고, 홍보 등의 목적으로 악용해서는 안 된다.
④ 네티켓은 네티즌이 사이버 공간에서 지켜야 할 비공식적인 규약에 해당한다.

08 다음 글의 내용으로 가장 적절한 것은?

> 한국철도공사는 철도시설물 점검 자동화에 '스마트 글라스'를 활용하겠다고 밝혔다. 스마트 글라스
> 란 안경처럼 착용하는 스마트 기기로, 검사와 판독, 데이터 송수신과 보고서 작성까지 모든 동작이
> 음성인식을 바탕으로 작동한다. 이를 활용하여 작업자는 스마트 글라스 액정에 표시된 내용에 따라
> 철도 시설물을 점검하고, 음성 명령을 통해 시설물의 사진을 촬영한 후 해당 정보와 검사 결과를
> 전송해 보고서로 작성한다.
> 작업자들은 스마트 글라스의 사용을 통해 직접 자료를 조사하고 측정한 내용을 바탕으로 시스템 속
> 에서 여러 단계를 거쳐 수기 입력하던 기존 방식으로부터 벗어날 수 있게 되었고, 이 일련의 과정들
> 을 중앙 서버를 통해 한 번에 처리할 수 있게 되었다.
> 이와 같은 스마트 기기의 도입은 중앙 서버의 효율적 종합 관리를 가능하게 할 뿐만 아니라 작업자
> 의 안전성 향상에도 크게 기여하였다. 이는 작업자들이 음성인식이 가능한 스마트 글라스를 사용함
> 으로써 두 손이 자유로워져 추락 사고를 방지할 수 있게 되었기 때문이며, 스마트 글라스 내부 센서
> 가 충격과 기울기를 감지할 수 있어 작업자에게 위험한 상황이 발생하면 지정된 컴퓨터에 위험 상황
> 을 바로 통보하는 시스템을 갖추었기 때문이다.
> 한국철도공사는 주요 거점 현장을 시작으로 스마트 글라스를 보급하여 성과 분석을 거치고 내년부
> 터는 보급 현장을 확대하겠다고 밝혔으며, 국내 철도 환경에 맞춰 스마트 글라스 시스템을 개선하기
> 위해 현장 검증을 진행하고 스마트 글라스를 통해 측정된 데이터를 총괄 제어할 수 있도록 안전점검
> 플랫폼망도 마련할 예정이다.
> 이와 더불어 스마트 글라스를 통해 기존의 인력 중심 시설점검을 간소화하여 효율성과 안전성을 향
> 상시키고, 나아가 철도 맞춤형 스마트 기술을 도입하여 시설물 점검뿐만 아니라 유지보수 작업도
> 가능하도록 철도기술 고도화에 힘쓰겠다고 전했다.

① 작업자의 음성인식을 통해 철도시설물의 점검 및 보수 작업이 가능해졌다.
② 스마트 글라스의 도입으로 철도시설물 점검의 무인작업이 가능해졌다.
③ 스마트 글라스의 도입으로 철도시설물 점검 작업 시 안전사고 발생 횟수가 감소하였다.
④ 스마트 글라스의 도입으로 철도시설물 작업 시간 및 인력이 감소하고 있다.
⑤ 스마트 글라스의 도입으로 작업자의 안전사고 발생을 바로 파악할 수 있게 되었다.

09 다음 글에 대한 설명으로 적절하지 않은 것은?

2016년 4월 27일 오전 7시 20분경 임실역에서 익산으로 향하던 열차가 전기 공급 중단으로 멈추는 사고가 발생해 약 50분간 열차 운행이 중단되었다. 바로 전차선에 지어진 까치집 때문이었는데, 까치가 집을 지을 때 사용하는 젖은 나뭇가지나 철사 등이 전선과 닿거나 차로에 떨어져 합선과 단전을 일으킨 것이다.

비록 이번 사고는 단전에서 끝났지만, 고압 전류가 흐르는 전차선인 만큼 철사와 젖은 나뭇가지만으로도 자칫하면 폭발사고로 이어질 우려가 있다. 지난 5년간 까치집으로 인한 단전사고는 한 해 평균 3 ~ 4건 발생해 왔으며, 한국철도공사는 사고방지를 위해 까치집 방지 설비를 설치하고 설비가 없는 구간은 작업자가 육안으로 까치집 생성 여부를 확인해 제거하고 있는데, 이렇게 제거해 온 까치집 수가 연평균 8,000개에 달한다. 하지만 까치집은 빠르면 불과 4시간 만에 완성되어 작업자들에게 큰 곤욕을 주고 있다.

이에 한국철도공사는 전차선로 주변 까치집 제거의 효율성과 신속성을 높이기 위해 인공지능(AI)과 사물인터넷(IoT) 등 첨단 기술을 활용하기에 이르렀다. 열차 운전실에 영상 장비를 설치해 달리는 열차에서 전차선을 촬영한 화상 정보를 인공지능으로 분석함으로써 까치집 등의 위험 요인을 찾아 해당 위치와 현장 이미지를 작업자에게 실시간으로 전송하는 '실시간 까치집 자동 검출 시스템'을 개발한 것이다. 하지만 시속 150km로 빠르게 달리는 열차에서 까치집 등의 위험 요인을 실시간으로 판단해 전송하는 것이다 보니 그 정확도는 65%에 불과했다.

이에 한국철도공사는 전차선과 까치집을 정확하게 식별하기 위해 인공지능이 스스로 학습하는 '딥러닝' 방식을 도입했고, 전차선을 구성하는 복잡한 구조 및 까치집과 유사한 형태를 빅데이터로 분석해 이미지를 구분하는 학습을 실시한 결과 까치집 검출 정확도는 95%까지 상승했다. 또한 해당 이미지를 실시간 문자메시지로 작업자에게 전송해 위험 요소와 위치를 인지시켜 현장에 적용할 수 있다는 사실도 확인했다. 현재는 이와 더불어 정기열차가 운행하지 않거나 작업자가 접근하기 쉽지 않은 차량 정비 시설 등에 드론을 띄워 전차선의 까치집을 발견 및 제거하는 기술도 시범 운영하고 있다.

① 인공지능도 학습을 통해 그 정확도를 향상시킬 수 있다.
② 빠른 속도에서 인공지능의 사물 식별 정확도는 낮아진다.
③ 사람의 접근이 불가능한 곳에 위치한 까치집의 제거도 가능해졌다.
④ 까치집 자동 검출 시스템을 통해 실시간으로 까치집 제거가 가능해졌다.
⑤ 인공지능 등의 스마트 기술 도입으로 까치집 생성의 감소를 기대할 수 있다.

10 다음 글을 이해한 내용으로 적절하지 않은 것은?

> 열차 내에서의 범죄가 급격하게 증가함에 따라 한국철도공사는 열차 내 범죄 예방과 안전 확보를 위해 2023년까지 현재 운행하고 있는 열차의 모든 객실에 CCTV를 설치하고, 모든 열차 승무원에게 바디캠을 지급하겠다고 밝혔다.
>
> CCTV는 열차 종류에 따라 운전실에서 비상시 실시간으로 상황을 파악할 수 있는 '네트워크 방식'과 각 객실에서의 영상을 저장하는 '개별 독립 방식'이라는 2가지 방식으로 사용 및 설치가 진행될 예정이며, 객실에는 사각지대를 없애기 위해 4대가량의 CCTV가 설치된다. 이 중 2대는 휴대 물품 도난 방지 등을 위해 휴대 물품 보관대 주변에 위치하게 된다.
>
> 이에 따라 한국철도공사는 CCTV 제품 품평회를 가져 제품의 형태와 색상, 재질 등에 대한 의견을 나누고 각 제품이 실제로 열차 운행 시 진동과 충격 등에 적합한지 시험을 거친 후 도입할 예정이다.

① 현재는 모든 열차의 객실 전부에 CCTV가 설치되어 있진 않을 것이다.

② 과거에 비해 승무원에 대한 승객의 범죄행위 증거 취득이 유리해질 것이다.

③ CCTV 설치를 통해 인적 피해와 물적 피해 모두 예방할 수 있을 것이다.

④ CCTV 설치를 통해 실시간으로 모든 객실을 모니터링할 수 있을 것이다.

⑤ CCTV의 내구성뿐만 아니라 외적인 디자인도 제품 선택에 영향을 줄 수 있을 것이다.

11 작년 K대학교에 재학 중인 학생 수는 6,800명이고 남학생과 여학생의 비는 8 : 9였다. 올해 남학생 수와 여학생 수의 비가 12 : 13만큼 줄어들어 7 : 8이 되었다고 할 때, 올해 K대학교의 전체 재학생 수는?

① 4,440명

② 4,560명

③ 4,680명

④ 4,800명

⑤ 4,920명

12 다음 자료에 대한 설명으로 가장 적절한 것은?

- KTX 마일리지 적립
  - KTX 이용 시 결제금액의 5%가 기본 마일리지로 적립됩니다.
  - 더블적립(×2) 열차로 지정된 열차는 추가로 5%가 적립됩니다(결제금액의 총 10%).
    ※ 더블적립 열차는 홈페이지 및 코레일톡 애플리케이션에서만 승차권 구매 가능
  - 선불형 교통카드 Rail+(레일플러스)로 승차권을 결제하는 경우 1% 보너스 적립도 제공되어 최대 11% 적립이 가능합니다.
  - 마일리지를 적립받고자 하는 회원은 승차권을 발급받기 전에 코레일 멤버십카드 제시 또는 회원번호 및 비밀번호 등을 입력해야 합니다.
  - 해당 열차 출발 후에는 마일리지를 적립받을 수 없습니다.
- 회원 등급 구분

구분	등급 조건	제공 혜택
VVIP	• 반기별 승차권 구입 시 적립하는 마일리지가 8만 점 이상인 고객 또는 기준일부터 1년간 16만 점 이상 고객 중 매년 반기 익월 선정	• 비즈니스 회원 혜택 기본 제공 • KTX 특실 무료 업그레이드 쿠폰 6매 제공 • 승차권 나중에 결제하기 서비스 (열차 출발 3시간 전까지)
VIP	• 반기별 승차권 구입 시 적립하는 마일리지가 4만 점 이상인 고객 또는 기준일부터 1년간 8만 점 이상 고객 중 매년 반기 익월 선정	• 비즈니스 회원 혜택 기본 제공 • KTX 특실 무료 업그레이드 쿠폰 2매 제공
비즈니스	• 철도 회원으로 가입한 고객 중 최근 1년간 온라인에서 로그인한 기록이 있거나, 회원으로 구매실적이 있는 고객	• 마일리지 적립 및 사용 가능 • 회원 전용 프로모션 참가 가능 • 열차 할인상품 이용 등 기본서비스와 멤버십 제휴서비스 등 부가서비스 이용
패밀리	• 철도 회원으로 가입한 고객 중 최근 1년간 온라인에서 로그인한 기록이 없거나, 회원으로 구매실적이 없는 고객	• 멤버십 제휴서비스 및 코레일 멤버십 라운지 이용 등의 부가서비스 이용 제한 • 휴면 회원으로 분류 시 별도 관리하며, 본인 인증 절차로 비즈니스 회원으로 전환 가능

  - 마일리지는 열차 승차 다음날 적립되며, 지연료를 마일리지로 적립하신 실적은 등급 산정에 포함되지 않습니다.
  - KTX 특실 무료 업그레이드 쿠폰 유효기간은 6개월이며, 반기별 익월 10일 이내에 지급됩니다.
  - 실적의 연간 적립 기준일은 7월 지급의 경우 전년도 7월 1일부터 당해 연도 6월 30일까지 실적이며, 1월 지급은 전년도 1월 1일부터 전년도 12월 31일까지의 실적입니다.
  - 코레일에서 지정한 추석 및 설 명절 특별수송기간의 승차권은 실적 적립 대상에서 제외됩니다.
  - 회원 등급 조건 및 제공 혜택은 사전 공지 없이 변경될 수 있습니다.
  - 승차권 나중에 결제하기 서비스는 총 편도 2건 이내에서 제공되며, 3회 자동 취소 발생(열차 출발 전 3시간 내 미결제) 시 서비스가 중지됩니다. 리무진+승차권 결합 발권은 2건으로 간주되며, 정기권, 특가상품 등은 나중에 결제하기 서비스 대상에서 제외됩니다.

① 코레일에서 운행하는 모든 열차는 이용 때마다 결제금액의 최소 5%가 KTX 마일리지로 적립된다.
② 회원 등급이 높아져도 열차 탑승 시 적립되는 마일리지는 동일하다.
③ 비즈니스 등급은 기업회원을 구분하는 명칭이다.
④ 6개월간 마일리지 4만 점을 적립하더라도 VIP 등급을 부여받지 못할 수 있다.
⑤ 회원 등급이 높아도 승차권을 정가보다 저렴하게 구매할 수 있는 방법은 없다.

〈2023년 한국의 국립공원 기념주화 예약 접수〉

- 우리나라 자연환경의 아름다움과 생태 보전의 중요성을 널리 알리기 위해 K공사는 한국의 국립공원 기념주화 3종(설악산, 치악산, 월출산)을 발행할 예정임
- 예약 접수일 : 3월 2일(목) ~ 3월 17일(금)
- 배부 시기 : 2023년 4월 28일(금)부터 예약자가 신청한 방법으로 배부
- 기념주화 상세

화종	앞면	뒷면
은화Ⅰ - 설악산		
은화Ⅱ - 치악산		
은화Ⅲ - 월출산		

- 발행량 : 화종별 10,000장씩 총 30,000장
- 신청 수량 : 단품 및 3종 세트로 구분되며 단품과 세트에 중복신청 가능
  - 단품 : 1인당 화종별 최대 3장
  - 3종 세트 : 1인당 최대 3세트
- 판매 가격 : 액면금액에 판매 부대비용(케이스, 포장비, 위탁판매수수료 등)을 부가한 가격
  - 단품 : 각 63,000원(액면가 50,000원+케이스 등 부대비용 13,000원)
  - 3종 세트 : 186,000원(액면가 150,000원+케이스 등 부대비용 36,000원)
- 접수 기관 : 우리은행, 농협은행, K공사
- 예약 방법 : 창구 및 인터넷 접수
  - 창구 접수
    신분증[주민등록증, 운전면허증, 여권(내국인), 외국인등록증(외국인)]을 지참하고 우리·농협은행 영업점을 방문하여 신청
  - 인터넷 접수
    ① 우리·농협은행의 계좌를 보유한 고객은 개시일 9시부터 마감일 23시까지 홈페이지에서 신청
    ② K공사 온라인 쇼핑몰에서는 가상계좌 방식으로 개시일 9시부터 마감일 23시까지 신청
- 구입 시 유의사항
  - 수령자 및 수령지 등 접수 정보가 중복될 경우 단품별 10장, 3종 세트 10세트만 추첨 명단에 등록
  - 비정상적인 경로나 방법으로 접수할 경우 당첨을 취소하거나 배송을 제한

13 다음 중 한국의 국립공원 기념주화 발행 사업의 내용으로 옳은 것은?

① 국민들을 대상으로 예약 판매를 실시하며, 외국인에게는 판매하지 않는다.

② 1인당 구매 가능한 최대 주화 수는 10장이다.

③ 기념주화를 구입하기 위해서는 우리・농협은행 계좌를 사전에 개설해 두어야 한다.

④ 사전예약을 받은 뒤, 예약 주문량에 맞추어 제한된 수량만 생산한다.

⑤ K공사를 통한 예약 접수는 온라인에서만 가능하다.

14 외국인 A씨는 이번에 발행되는 기념주화를 예약 주문하려고 한다. 다음 상황을 참고했을 때 A씨가 기념주화 구매 예약을 할 수 있는 방법으로 옳은 것은?

〈외국인 A씨의 상황〉

• A씨는 국내 거주 외국인으로 등록된 사람이다.

• A씨의 명의로 국내은행에 개설된 계좌는 총 2개로, 신한은행, 한국씨티은행에 1개씩이다.

• A씨는 우리은행이나 농협은행과는 거래이력이 없다.

① 여권을 지참하고 우리은행이나 농협은행 지점을 방문한다.

② K공사 온라인 쇼핑몰에서 신용카드를 사용한다.

③ 계좌를 보유한 신한은행이나 한국씨티은행의 홈페이지를 통해 신청한다.

④ 외국인등록증을 지참하고 우리은행이나 농협은행 지점을 방문한다.

⑤ 우리은행이나 농협은행의 홈페이지에서 신청한다.

15 다음은 기념주화를 예약한 5명의 신청내역이다. 이 중 가장 많은 금액을 지불한 사람의 구매 금액은?

(단위 : 세트, 장)

구매자	3종 세트	단품		
		은화Ⅰ - 설악산	은화Ⅱ - 치악산	은화Ⅲ - 월출산
A	2	1	-	-
B	-	2	3	3
C	2	1	1	-
D	3	-	-	-
E	1	-	2	2

① 558,000원

② 561,000원

③ 563,000원

④ 564,000원

⑤ 567,000원

척추는 신체를 지탱하고, 뇌로부터 이어지는 중추신경인 척수를 보호하는 중요한 뼈 구조물이다. 보통 사람들은 허리에 심한 통증이 느껴지면 허리디스크(추간판탈출증)를 떠올리는데, 디스크 이외에도 통증을 유발하는 척추 질환은 다양하다. 특히 노인 인구가 증가하면서 척추관협착증(요추관협착증)의 발병 또한 늘어나고 있다. 허리디스크와 척추관협착증은 사람들이 혼동하기 쉬운 척추 질환으로, 발병 원인과 치료법이 다르기 때문에 두 질환의 차이를 이해하고 통증 발생 시 질환에 맞춰 적절하게 대응할 필요가 있다.

허리디스크는 척추 뼈 사이에 쿠션처럼 완충 역할을 해주는 디스크(추간판)에 문제가 생겨 발생한다. 디스크는 찐득찐득한 수핵과 이를 둘러싸는 섬유륜으로 구성되는데, 나이가 들어 탄력이 떨어지거나, 젊은 나이에도 급격한 충격에 의해서 섬유륜에 균열이 생기면 속의 수핵이 빠져나오면서 주변 신경을 압박하거나 염증을 유발한다. 허리디스크가 발병하면 초기에는 허리 통증으로 시작되어 점차 허벅지에서 발까지 찌릿하게 저리는 방사통을 유발하고, 디스크에서 수핵이 흘러나오는 상황이기 때문에 허리를 굽히거나 앉아 있으면 디스크에 가해지는 압력이 높아져 통증이 더욱 심해진다. 허리디스크는 통증이 심한 질환이지만, 흘러나온 수핵은 대부분 대식세포에 의해 제거되고, 자연치유가 가능하기 때문에 병원에서는 주로 통증을 줄이고, 안정을 취하는 방법으로 보존치료를 진행한다. 하지만 염증이 심해져 중앙 척수를 건드리게 되면 하반신 마비 등의 증세가 나타날 수 있는데, 이러한 경우에는 탈출된 디스크 조각을 물리적으로 제거하는 수술이 필요하다.

반면, 척추관협착증은 대표적인 척추 퇴행성 질환으로 주변 인대(황색 인대)가 척추관을 압박하여 발생한다. 척추관은 척추 가운데 신경 다발이 지나갈 수 있도록 속이 빈 공간인데, 나이가 들면서 척추가 흔들리게 되면 흔들리는 척추를 붙들기 위해 인대가 점차 두꺼워지고, 척추 뼈에 변형이 생겨 결과적으로 척추관이 좁아지게 된다. 이렇게 오랜 기간 동안 변형된 척추 뼈와 인대가 척추관 속의 신경을 눌러 발생하는 것이 척추관협착증이다. 척추관 속의 신경이 눌리게 되면 통증과 함께 저리거나 당기게 되어 보행이 힘들어지며, 지속적으로 압박받을 경우 척추 신경이 경색되어 하반신 마비 증세로 악화될 수 있다. 일반적으로 서 있을 경우보다 허리를 구부렸을 때 척추관이 더 넓어지므로 허리디스크 환자와 달리 앉아 있을 때 통증이 완화된다. 척추관협착증은 자연치유가 되지 않고 척추관이 다시 넓어지지 않으므로 발병 초기를 제외하면 일반적으로 변형된 부분을 제거하는 수술을 하게 된다.

이와 같이 허리디스크와 척추관협착증은 똑같이 허리 통증을 유발하지만 원인과 증상, 치료법이 서로 상이하다. 비교적 고령인 60대 이상의 사람이 만성적으로 서 있을 때 통증이 나타난다면 ___㉠___을/를 의심해야 하며, 비교적 젊은 20 ~ 50대의 사람이 앉아 있을 때 통증이 급작스럽게 나타날 때는 ___㉡___을/를 의심해야 한다. 척추는 우리의 몸을 지탱하는 중요한 골격이며, 신경계와 밀접한 관련이 있으므로 통증이 발생한다면 자신의 몸 상태를 잘 파악하고, 초기에 치료를 받는 것이 중요하다.

| 국민건강보험공단 / 의사소통능력

16 다음 중 윗글의 내용으로 적절하지 않은 것은?

① 일반적으로 허리디스크는 척추관협착증에 비해 급작스럽게 증상이 나타난다.

② 허리디스크는 서 있을 때 통증이 더 심해진다.

③ 허리디스크에 비해 척추관협착증은 외과적 수술 빈도가 높다.

④ 허리디스크와 척추관협착증 모두 증세가 심해지면 하반신 마비의 가능성이 있다.

17 다음 중 빈칸 ㉠과 ㉡에 들어갈 단어가 바르게 연결된 것은?

	㉠	㉡
①	허리디스크	추간판탈출증
②	허리디스크	척추관협착증
③	척추관협착증	요추관협착증
④	척추관협착증	허리디스크

18 다음 문단을 논리적 순서대로 바르게 나열한 것은?

> (가) 주장애관리는 장애정도가 심한 장애인이 의원뿐만 아니라 병원 및 종합병원급에서 장애 유형 별 전문의에게 전문적인 장애관리를 받을 수 있는 서비스이다. 이전에는 대상 관리 유형이 지체장애, 시각장애, 뇌병변장애로 제한되어 있었으나, 3단계부터는 지적장애, 정신장애, 자폐성 장애까지 확대되어 더 많은 중증장애인들이 장애관리를 받을 수 있게 되었다.
>
> (나) 이와 같이 3단계 장애인 건강주치의 시범사업은 기존 1·2단계 시범사업보다 더욱 확대되어 많은 중증장애인들의 참여를 예상하고 있다. 장애인 건강주치의 시범사업에 신청하기 위해서는 국민건강보험공단 홈페이지의 건강IN에서 장애인 건강주치의 의료기관을 찾은 후 해당 의료기관에 방문하여 장애인 건강주치의 이용 신청사실 통지서를 작성하면 신청할 수 있다.
>
> (다) 장애인 건강주치의 제도가 제공하는 서비스는 일반건강관리, 주(主)장애관리, 통합관리로 나누어진다. 일반건강관리 서비스는 모든 유형의 중증장애인이 만성질환 등 전반적인 건강관리를 받을 수 있는 서비스로, 의원급에서 원하는 의사를 선택하여 참여할 수 있다. 1·2단계까지의 사업에서는 만성질환관리를 위해 장애인 본인이 검사비용의 30%를 부담해야 했지만, 3단계부터는 본인부담금 없이 질환별 검사바우처로 제공한다.
>
> (라) 마지막으로 통합관리는 일반건강관리와 주장애관리를 동시에 받을 수 있는 서비스로, 동네에 있는 의원급 의료기관에 속한 지체·뇌병변·시각·지적·정신·자폐성 장애를 진단하는 전문의가 주장애관리와 만성질환관리를 모두 제공한다. 이 3가지 서비스들은 거동이 불편한 환자를 위해 의사나 간호사가 직접 집으로 방문하는 방문 서비스를 제공하고 있으며 기존까지는 연 12회였으나, 3단계 시범사업부터 연 18회로 증대되었다.
>
> (마) 보건복지부와 국민건강보험공단은 2021년 9월부터 3단계 장애인 건강주치의 시범사업을 진행하였다. 장애인 건강주치의 제도는 중증장애인이 인근 지역에서 주치의로 등록 신청한 의사 중 원하는 의사를 선택하여 장애로 인한 건강문제, 만성질환 등 건강상태를 포괄적이고 지속적으로 관리 받을 수 있는 제도로, 2018년 5월 1단계 시범사업을 시작으로 2단계 시범사업까지 완료되었다.

① (다) – (마) – (가) – (나) – (라)
② (다) – (가) – (라) – (마) – (나)
③ (마) – (가) – (라) – (나) – (다)
④ (마) – (다) – (가) – (라) – (나)

19 다음은 K지역의 연도별 건강보험금 부과액 및 징수액에 대한 자료이다. 직장가입자 건강보험금 징수율이 가장 높은 해와 지역가입자의 건강보험금 징수율이 가장 높은 해를 바르게 짝지은 것은?

<건강보험금 부과액 및 징수액>

(단위 : 백만 원)

구분		2019년	2020년	2021년	2022년
직장가입자	부과액	6,706,712	5,087,163	7,763,135	8,376,138
	징수액	6,698,187	4,898,775	7,536,187	8,368,972
지역가입자	부과액	923,663	1,003,637	1,256,137	1,178,572
	징수액	886,396	973,681	1,138,763	1,058,943

※ (징수율)$=\dfrac{(징수액)}{(부과액)}\times100$

	직장가입자	지역가입자
①	2022년	2020년
②	2022년	2019년
③	2021년	2020년
④	2021년	2019년

20 다음은 K병원의 하루 평균 이뇨제, 지사제, 진통제 사용량에 대한 자료이다. 이에 대한 설명으로 옳지 않은 것은?

<하루 평균 이뇨제, 지사제, 진통제 사용량>

구분	2018년	2019년	2020년	2021년	2022년	1인 1일 투여량
이뇨제	3,000mL	3,480mL	3,360mL	4,200mL	3,720mL	60mL/일
지사제	30정	42정	48정	40정	44정	2정/일
진통제	6,720mg	6,960mg	6,840mg	7,200mg	7,080mg	60mg/일

※ 모든 의약품은 1인 1일 투여량을 준수하여 투여했다.

① 전년 대비 2022년 사용량 감소율이 가장 큰 의약품은 이뇨제이다.
② 5년 동안 지사제를 투여한 환자 수의 평균은 18명 이상이다.
③ 이뇨제 사용량은 증가와 감소를 반복하였다.
④ 매년 진통제를 투여한 환자 수는 이뇨제를 투여한 환자 수의 2배 이하이다.

21 다음은 분기별 상급병원, 종합병원, 요양병원의 보건인력 현황에 대한 자료이다. 분기별 전체 보건인력 중 전체 사회복지사 인력의 비율로 옳지 않은 것은?

〈상급병원, 종합병원, 요양병원의 보건인력 현황〉

(단위 : 명)

구분		2022년 3분기	2022년 4분기	2023년 1분기	2023년 2분기
상급병원	의사	20,002	21,073	22,735	24,871
	약사	2,351	2,468	2,526	2,280
	사회복지사	391	385	370	375
종합병원	의사	32,765	33,084	34,778	33,071
	약사	1,941	1,988	2,001	2,006
	사회복지사	670	695	700	720
요양병원	의사	19,382	19,503	19,761	19,982
	약사	1,439	1,484	1,501	1,540
	사회복지사	1,887	1,902	1,864	1,862
계		80,828	82,582	86,236	86,707

※ 보건인력은 의사, 약사, 사회복지사 인력 모두를 포함한다.

① 2022년 3분기 : 약 3.65%

② 2022년 4분기 : 약 3.61%

③ 2023년 1분기 : 약 3.88%

④ 2023년 2분기 : 약 3.41%

22 다음은 건강생활실천지원금제에 대한 자료이다. 〈보기〉의 신청자 중 예방형과 관리형에 해당하는 사람을 바르게 분류한 것은?

〈건강생활실천지원금제〉

- 사업설명 : 참여자 스스로 실천한 건강생활 노력 및 건강개선 결과에 따라 지원금을 지급하는 제도
- 시범지역

지역	예방형	관리형
서울	노원구	중랑구
경기·인천	안산시, 부천시	인천 부평구, 남양주시, 고양일산(동구, 서구)
충청권	대전 대덕구, 충주시, 충남 청양군(부여군)	대전 동구
전라권	광주 광산구, 전남 완도군, 전주시(완주군)	광주 서구, 순천시
경상권	부산 중구, 대구 남구, 김해시, 대구 달성군	대구 동구, 부산 북구
강원·제주권	원주시, 제주시	원주시

- 참여대상 : 주민등록상 주소지가 시범지역에 해당되는 사람 중 아래에 해당하는 사람

구분	조건
예방형	만 20 ~ 64세인 건강보험 가입자(피부양자 포함) 중 국민건강보험공단에서 주관하는 일반건강검진 결과 건강관리가 필요한 사람*
관리형	고혈압·당뇨병 환자

*건강관리가 필요한 사람 : 다음에 모두 해당하거나 ①, ② 또는 ①, ③에 해당하는 사람

① 체질량지수(BMI) 25kg/m^2 이상
② 수축기 혈압 120mmHg 이상 또는 이완기 혈압 80mmHg 이상
③ 공복혈당 100mg/dL 이상

보기

신청자	주민등록상 주소지	체질량지수	수축기 혈압 / 이완기 혈압	공복혈당	기저질환
A	서울 강북구	22kg/m^2	117mmHg / 78mmHg	128mg/dL	−
B	서울 중랑구	28kg/m^2	125mmHg / 85mmHg	95mg/dL	−
C	경기 안산시	26kg/m^2	142mmHg / 92mmHg	99mg/dL	고혈압
D	인천 부평구	23kg/m^2	145mmHg / 95mmHg	107mg/dL	고혈압
E	광주 광산구	28kg/m^2	119mmHg / 78mmHg	135mg/dL	당뇨병
F	광주 북구	26kg/m^2	116mmHg / 89mmHg	144mg/dL	당뇨병
G	부산 북구	27kg/m^2	118mmHg / 75mmHg	132mg/dL	당뇨병
H	강원 철원군	28kg/m^2	143mmHg / 96mmHg	115mg/dL	고혈압
I	제주 제주시	24kg/m^2	129mmHg / 83mmHg	108mg/dL	−

※ 단, 모든 신청자는 만 20 ~ 64세이며, 건강보험에 가입하였다.

	예방형	관리형		예방형	관리형
①	A, E	C, D	②	B, E	F, I
③	C, E	D, G	④	F, I	C, H

23 K동에서는 임신한 주민에게 출산장려금을 지원하고자 한다. 출산장려금 지급 기준 및 K동에 거주하는 임산부에 대한 정보가 다음과 같을 때, 출산장려금을 가장 먼저 받을 수 있는 사람은?

〈K동 출산장려금 지급 기준〉

- 출산장려금 지급액은 모두 같으나, 지급 시기는 모두 다르다.
- 지급 순서 기준은 임신일, 자녀 수, 소득 수준 순서이다.
- 임신일이 길수록, 자녀가 많을수록, 소득 수준이 낮을수록 먼저 받는다(단, 자녀는 만 19세 미만의 아동 및 청소년으로 제한한다).
- 임신일, 자녀 수, 소득 수준이 모두 같으면 같은 날에 지급한다.

〈K동 거주 임산부 정보〉

임산부	임신일	자녀	소득 수준
A	150일	만 1세	하
B	200일	만 3세	상
C	100일	만 10세, 만 6세, 만 5세, 만 4세	상
D	200일	만 7세, 만 5세, 만 3세	중
E	200일	만 20세, 만 16세, 만 14세, 만 10세	상

① A임산부
② B임산부
③ D임산부
④ E임산부

24 다음 글의 주제로 가장 적절한 것은?

현재 우리나라의 진료비 지불제도 중 가장 주도적으로 시행되는 지불제도는 행위별수가제이다. 행위별수가제는 의료기관에서 의료인이 제공한 의료서비스(행위, 약제, 치료 재료 등)에 대해 서비스별로 가격(수가)을 정하여 사용량과 가격에 의해 진료비를 지불하는 제도로, 의료보험 도입 당시부터 채택하고 있는 지불제도이다. 그러나 최근 관련 전문가들로부터 이러한 지불제도를 개선해야 한다는 목소리가 많이 나오고 있다.

조사에 의하면 우리나라의 국민의료비를 증대시키는 주요 원인은 고령화로 인한 진료비 증가와 행위별수가제로 인한 비용의 무한 증식이다. 현재 우리나라의 국민의료비는 OECD 회원국 중 최상위를 기록하고 있으며 앞으로 더욱 심화될 것으로 예측된다. 특히 행위별수가제는 의료행위를 할수록 지불되는 진료비가 증가하므로 CT, MRI 등 영상검사를 중심으로 의료 남용이나 과다 이용 문제가 발생하고 있고, 병원의 이익 증대를 위하여 환자에게는 의료비 부담을, 의사에게는 업무 부담을, 건강보험에는 재정 부담을 증대시키고 있다.

이러한 행위별수가제의 문제점을 개선하기 위해 일부 질병군에서는 환자가 입원해서 퇴원할 때까지 발생하는 진료에 대하여 질병마다 미리 정해진 금액을 내는 제도인 포괄수가제를 시행 중이며, 요양병원, 보건기관에서는 입원 환자의 질병, 기능 상태에 따라 입원 1일당 정액수가를 적용하는 정액수가제를 병행하여 실시하고 있지만 비용 산정의 경직성, 의사 비용과 병원 비용의 비분리 등 여러 가지 문제점이 있어 현실적으로 효과를 내지 못하고 있다는 지적이 나오고 있다.

기획재정부와 보건복지부는 시간이 지날수록 건강보험 적자가 계속 증대되어 머지않아 고갈될 위기에 있다고 발표하였다. 당장 행위별수가제를 전면적으로 폐지할 수는 없으므로 기존의 다른 수가제의 문제점을 개선하여 확대하는 등 의료비 지불방식의 다변화가 구조적으로 진행되어야 할 것이다.

① 신포괄수가제의 정의
② 행위별수가제의 한계점
③ 의료비 지불제도의 역할
④ 건강보험의 재정 상황
⑤ 다양한 의료비 지불제도 소개

25 다음 중 제시된 단어와 그 뜻이 바르게 연결되지 않은 것은?

① 당위(當爲) : 마땅히 그렇게 하거나 되어야 하는 것

② 구상(求償) : 자연적인 재해나 사회적인 피해를 당하여 어려운 처지에 있는 사람을 도와줌

③ 명문(明文) : 글로 명백히 기록된 문구 또는 그런 조문

④ 유기(遺棄) : 어떤 사람이 종래의 보호를 거부하여 그를 보호받지 못하는 상태에 두는 일

⑤ 추계(推計) : 일부를 가지고 전체를 미루어 계산함

26 질량이 2kg인 공을 지표면으로부터 높이가 50cm인 지점에서 지표면을 향해 수직으로 4m/s의 속력으로 던져 공이 튀어 올랐다. 다음 〈조건〉을 보고 가장 높은 지점에서 공의 위치에너지를 구하면?(단, 에너지 손실은 없으며, 중력가속도는 $10m/s^2$으로 가정한다)

> **조건**
> - (운동에너지) = $\left[\dfrac{1}{2} \times (질량) \times (속력)^2 \right]$ J
>
>   (위치에너지) = [(질량) × (중력가속도) × (높이)]J
>
>   (역학적 에너지) = [(운동에너지) + (위치에너지)]J
> - 에너지 손실이 없다면 역학적 에너지는 어떠한 경우에도 변하지 않는다.
> - 공이 지표면에 도달할 때 위치에너지는 0이고, 운동에너지는 역학적 에너지와 같다.
> - 공이 튀어 오른 후 가장 높은 지점에서 운동에너지는 0이고, 위치에너지는 역학적 에너지와 같다.
> - 운동에너지와 위치에너지를 구하는 식에 대입하는 질량의 단위는 kg, 속력의 단위는 m/s, 중력가속도의 단위는 m/s^2, 높이의 단위는 m이다.

① 26J
② 28J
③ 30J
④ 32J
⑤ 34J

27 A부장이 시속 200km의 속력으로 달리는 기차로 1시간 30분 걸리는 출장지에 자가용을 타고 출장을 갔다. 시속 60km의 속력으로 가고 있는데, 속력을 유지한 채 가면 약속시간보다 1시간 늦게 도착할 수 있어 도중에 시속 90km의 속력으로 달려 약속시간보다 30분 일찍 도착하였다. A부장이 시속 90km의 속력으로 달린 거리는?(단, 달리는 동안 속력은 시속 60km로 달리는 도중에 시속 90km로 바뀌는 경우를 제외하고는 그 속력을 유지하는 것으로 가정한다)

① 180km

② 210km

③ 240km

④ 270km

⑤ 300km

28 A ~ G 7명은 일렬로 배치된 의자에 다음 〈조건〉과 같이 앉는다. 이때 가능한 경우의 수는?

> **조건**
> • A는 양 끝에 앉지 않는다.
> • G는 가운데에 앉는다.
> • B는 G의 바로 옆에 앉는다.

① 60가지

② 72가지

③ 144가지

④ 288가지

⑤ 366가지

29 S공장은 어떤 상품을 원가에 23%의 이익을 남겨 판매하였으나, 잘 팔리지 않아 판매가에서 1,300 원 할인하여 판매하였다. 이때 얻은 이익이 원가의 10%일 때, 상품의 원가는?

① 10,000원

② 11,500원

③ 13,000원

④ 14,500원

⑤ 16,000원

30 S유치원에 다니는 아이 11명의 평균 키는 113cm이다. 키가 107cm인 원생이 유치원을 나가게 되어 원생이 10명이 되었을 때, 남은 유치원생 10명의 평균 키는?

① 113cm

② 113.6cm

③ 114.2cm

④ 114.8cm

⑤ 115.4cm

31 다음 글과 같이 한자어 및 외래어를 순화한 내용으로 적절하지 않은 것은?

> 열차를 타다 보면 한 번쯤은 다음과 같은 안내방송을 들어 봤을 것이다.
> "○○역 인근 '공중사상사고' 발생으로 KTX 열차가 지연되고 있습니다."
> 이때 들리는 안내방송 중 한자어인 '공중사상사고'를 한 번에 알아듣기란 일반적으로 쉽지 않다. 실제로 S교통공사 관계자는 승객들로부터 안내방송 문구가 적절하지 않다는 지적을 받아 왔다고 밝혔으며, 이에 S교통공사는 국토교통부와 협의를 거쳐 보다 이해하기 쉬운 안내방송을 전달하기 위해 문구를 바꾸는 작업에 착수하기로 결정하였다고 전했다.
> 우선 가장 먼저 수정하기로 한 것은 한자어 및 외래어로 표기된 철도 용어이다. 그중 대표적인 것이 '공중사상사고'이다. S교통공사 관계자는 이를 '일반인의 사상사고'나 '열차 운행 중 인명사고' 등과 같이 이해하기 쉬운 말로 바꿀 예정이라고 밝혔다. 이 외에도 열차 지연 예상 시간, 사고복구 현황 등 열차 내 안내방송을 승객에게 좀 더 알기 쉽고 상세하게 전달할 것이라고 전했다.

① 열차시격 → 배차간격

② 전차선 단전 → 선로 전기 공급 중단

③ 우회수송 → 우측 선로로 변경

④ 핸드레일(Handrail) → 안전손잡이

⑤ 키스 앤 라이드(Kiss and Ride) → 환승정차구역

32 다음 글에서 언급되지 않은 내용은?

전 세계적인 과제로 탄소중립이 대두되자 친환경적 운송수단인 철도가 주목받고 있다. 특히 국제에너지기구는 철도를 에너지 효율이 가장 높은 운송 수단으로 꼽으며, 철도 수송을 확대하면 세계 수송 부문에서 온실가스 배출량이 그렇지 않을 때보다 약 6억 톤이 줄어들 수 있다고 하였다.

특히 철도의 에너지 소비량은 도로의 22분의 1이고, 온실가스 배출량은 9분의 1에 불과해, 탄소 배출이 높은 도로 운행의 수요를 친환경 수단인 철도로 전환한다면 수송 부문 총배출량이 획기적으로 감소될 것이라 전망하고 있다.

이에 발맞춰 우리나라의 S철도공단도 '녹색교통'인 철도 중심 교통체계를 구축하기 위해 박차를 가하고 있으며, 정부 역시 '2050 탄소중립 실현' 목표에 발맞춰 저탄소 철도 인프라 건설·관리로 탄소를 지속적으로 감축하고자 노력하고 있다.

S철도공단은 철도 인프라 생애주기 관점에서 탄소를 감축하기 위해 먼저 철도 건설 단계에서부터 친환경·저탄소 자재를 적용해 탄소 배출을 줄이고 있다. 실제로 중앙선 안동 ~ 영천 간 궤도 설계 당시 철근 대신에 저탄소 자재인 유리섬유 보강근을 콘크리트 궤도에 적용했으며, 이를 통한 탄소 감축효과는 약 6,000톤으로 추정된다. 이 밖에도 저탄소 철도 건축물 구축을 위해 2025년부터 모든 철도건축물을 에너지 자립률 60% 이상(3등급)으로 설계하기로 결정했으며, 도심의 철도 용지는 지자체와 협업을 통해 도심 속 철길 숲 등 탄소 흡수원이자 지역민의 휴식처로 철도부지 특성에 맞게 조성되고 있다.

S철도공단은 이와 같은 철도로의 수송 전환으로 약 20%의 탄소 감축 목표를 내세웠으며, 이를 위해서는 정부의 노력도 필요하다고 강조하였다. 특히 수송 수단 간 공정한 가격 경쟁이 이루어질 수 있도록 도로 차량에 집중된 보조금 제도를 화물차의 탄소배출을 줄이기 위한 철도 전환교통 보조금으로 확대하는 등 실질적인 방안의 필요성을 제기하고 있다.

① 녹색교통으로 철도 수송이 대두된 배경
② 철도 수송 확대를 통해 기대할 수 있는 효과
③ 국내의 탄소 감축 방안이 적용된 설계 사례
④ 정부의 철도 중심 교통체계 구축을 위해 시행된 조치
⑤ S철도공단의 철도 중심 교통체계 구축을 위한 방안

33 다음 글의 주제로 가장 적절한 것은?

지난 5월 아이슬란드에 각종 파이프와 열교환기, 화학물질 저장탱크, 압축기로 이루어져 있는 '조지올라 재생가능 메탄올 공장'이 등장했다. 이곳은 이산화탄소로 메탄올을 만드는 첨단 시설로, 과거 2011년 아이슬란드 기업 '카본리사이클링인터내셔널(CRI)'이 탄소 포집·활용(CCU) 기술의 실험을 위해서 지은 곳이다.

이곳에서는 인근 지열발전소에서 발생하는 적은 양의 이산화탄소(CO_2)를 포집한 뒤 물을 분해해 조달한 수소(H_2)와 결합시켜 재생 메탄올(CH_3OH)을 제조하였으며, 이때 필요한 열과 냉각수 역시 지열발전소의 부산물을 이용했다. 이렇게 만들어진 메탄올은 자동차, 선박, 항공 연료는 물론 플라스틱 제조 원료로 활용되는 등 여러 곳에서 활용되었다.

하지만 이렇게 메탄올을 만드는 것이 미래 원료 문제의 근본적인 해결책이 될 수는 없었다. 왜냐하면 메탄올이 만드는 에너지보다 메탄올을 만드는 데 들어가는 에너지가 더 필요하다는 문제점에 더하여 액화천연가스(LNG)를 메탄올로 변환할 경우 이전보다 오히려 탄소배출량이 증가하고, 탄소배출량을 감소시키기 위해서는 태양광과 에너지 저장장치를 활용해 메탄올 제조에 필요한 에너지를 모두 조달해야만 하기 때문이다.

또한 탄소를 포집해 지하에 영구 저장하는 탄소포집 저장방식과 달리, 탄소를 포집해 만든 연료나 제품은 사용 중에 탄소를 다시 배출할 가능성이 있어 이에 대한 논의가 분분한 상황이다.

① 탄소 재활용의 득과 실
② 재생 에너지 메탄올의 다양한 활용
③ 지열발전소에서 탄생한 재활용 원료
④ 탄소 재활용을 통한 미래 원료의 개발
⑤ 미래의 에너지 원료로 주목받는 재활용 원료, 메탄올

34 다음은 A ~ C철도사의 연도별 차량 수 및 승차인원에 대한 자료이다. 이에 대한 설명으로 옳지 않은 것은?

<그림 생략>

〈철도사별 차량 수 및 승차인원〉

구분	2020년			2021년			2022년		
	A	B	C	A	B	C	A	B	C
차량 수(량)	2,751	103	185	2,731	111	185	2,710	113	185
승차인원 (천 명/년)	775,386	26,350	35,650	768,776	24,746	33,130	755,376	23,686	34,179

① C철도사가 운영하는 차량 수는 변동이 없다.
② 3년간 전체 승차인원 중 A철도사 철도를 이용하는 승차인원의 비율이 가장 높다.
③ A ~ C철도사의 철도를 이용하는 연간 전체 승차인원 수는 매년 감소하였다.
④ 3년간 차량 1량당 연간 평균 승차인원 수는 B철도사가 가장 적다.
⑤ C철도사의 차량 1량당 연간 승차인원 수는 200천 명 미만이다.

35 다음은 A ~ H국의 연도별 석유 생산량에 대한 자료이다. 이에 대한 설명으로 옳은 것은?

〈연도별 석유 생산량〉

(단위 : bbl/day)

국가	2018년	2019년	2020년	2021년	2022년
A	10,356,185	10,387,665	10,430,235	10,487,336	10,556,259
B	8,251,052	8,297,702	8,310,856	8,356,337	8,567,173
C	4,102,396	4,123,963	4,137,857	4,156,121	4,025,936
D	5,321,753	5,370,256	5,393,104	5,386,239	5,422,103
E	258,963	273,819	298,351	303,875	335,371
F	2,874,632	2,633,087	2,601,813	2,538,776	2,480,221
G	1,312,561	1,335,089	1,305,176	1,325,182	1,336,597
H	100,731	101,586	102,856	103,756	104,902

① 석유 생산량이 매년 증가한 국가의 수는 6개이다.
② 2018년 대비 2022년에 석유 생산량 증가량이 가장 많은 국가는 A이다.
③ 매년 E국가의 석유 생산량은 H국가 석유 생산량의 3배 미만이다.
④ 연도별 석유 생산량 상위 2개 국가의 생산량 차이는 매년 감소한다.
⑤ 2018년 대비 2022년에 석유 생산량 감소율이 가장 큰 국가는 F이다.

36 A씨는 최근 승진한 공무원 친구에게 선물로 개당 12만 원인 수석을 보내고자 한다. 다음 부정청탁 및 금품 등 수수의 금지에 관한 법률에 따라 선물을 보낼 때, 최대한 많이 보낼 수 있는 수석의 수는?(단, A씨는 공무원인 친구와 직무 연관성이 없는 일반인이며, 선물은 한 번만 보낸다)

금품 등의 수수 금지(부정청탁 및 금품 등 수수의 금지에 관한 법률 제8조 제1항)

공직자 등은 직무 관련 여부 및 기부·후원·증여 등 그 명목에 관계없이 동일인으로부터 1회에 100만 원 또는 매 회계연도에 300만 원을 초과하는 금품 등을 받거나 요구 또는 약속해서는 아니 된다.

---

① 7개   ② 8개

③ 9개   ④ 10개

⑤ 11개

37 S대리는 업무 진행을 위해 본사에서 거래처로 외근을 가고자 한다. 본사에서 거래처까지 가는 길이 다음과 같을 때, 본사에서 출발하여 C와 G를 거쳐 거래처로 간다면 S대리의 최소 이동거리는?(단, 어떤 곳을 먼저 가도 무관하다)

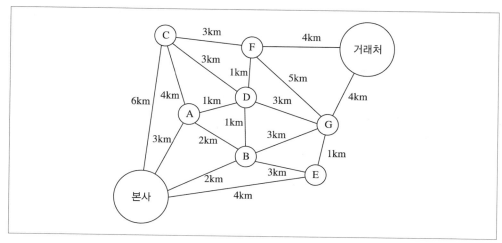

① 8km   ② 9km

③ 13km   ④ 16km

⑤ 18km

38 총무부에 근무하는 A사원은 각 부서에 필요한 사무용품을 조사한 결과, 볼펜 30자루, 수정테이프 8개, 연필 20자루, 지우개 5개가 필요하다고 한다. 다음 〈조건〉에 따라 비품을 구매할 때, 지불할 수 있는 가장 저렴한 금액은?(단, 필요한 비품 수를 초과하여 구매할 수 있고, 지불하는 금액은 배송료를 포함한다)

> **조건**
> - 볼펜, 수정테이프, 연필, 지우개의 판매 금액은 다음과 같다(단, 모든 품목은 낱개로 판매한다).
>
> | 품목 | 가격(원/1EA) | 비고 |
> | --- | --- | --- |
> | 볼펜 | 1,000 | 20자루 이상 구매 시 개당 200원 할인 |
> | 수정테이프 | 2,500 | 10개 이상 구매 시 개당 1,000원 할인 |
> | 연필 | 400 | 12자루 이상 구매 시 연필 전체 가격의 25% 할인 |
> | 지우개 | 300 | 10개 이상 구매 시 개당 100원 할인 |
>
> - 품목당 할인을 적용한 금액의 합이 3만 원을 초과할 경우, 전체 금액의 10% 할인이 추가로 적용된다.
> - 전체 금액의 10% 할인 적용 전 금액이 5만 원 초과 시 배송료는 무료이다.
> - 전체 금액의 10% 할인 적용 전 금액이 5만 원 이하 시 배송료 5,000원이 별도로 적용된다.

① 51,500원

② 51,350원

③ 46,350원

④ 45,090원

⑤ 42,370원

39 S사는 개발 상품 매출 순이익에 기여한 직원에게 성과급을 지급하고자 한다. 기여도에 따른 성과급 지급 기준과 〈보기〉를 참고하여 성과급을 차등지급할 때, 가장 많은 성과급을 지급받는 직원은? (단, 팀장에게 지급하는 성과급은 기준 금액의 1.2배이다)

〈기여도에 따른 성과급 지급 기준〉

매출 순이익	개발 기여도			
	1% 이상 5% 미만	5% 이상 10% 미만	10% 이상 20% 미만	20% 이상
1천만 원 미만	–	–	매출 순이익의 1%	매출 순이익의 2%
1천만 원 이상 3천만 원 미만	5만 원	매출 순이익의 1%	매출 순이익의 2%	매출 순이익의 5%
3천만 원 이상 5천만 원 미만	매출 순이익의 1%	매출 순이익의 2%	매출 순이익의 3%	매출 순이익의 5%
5천만 원 이상 1억 원 미만	매출 순이익의 1%	매출 순이익의 3%	매출 순이익의 5%	매출 순이익의 7.5%
1억 원 이상	매출 순이익의 1%	매출 순이익의 3%	매출 순이익의 5%	매출 순이익의 10%

보기

직원	직책	매출 순이익	개발 기여도
A	팀장	4,000만 원	25%
B	팀장	2,500만 원	12%
C	팀원	1억 2,500만 원	3%
D	팀원	7,500만 원	7%
E	팀원	800만 원	6%

① A
② B
③ C
④ D
⑤ E

※ 다음은 N사 인근의 전철 노선도 및 관련 정보이다. 이어지는 질문에 답하시오. [40~42]

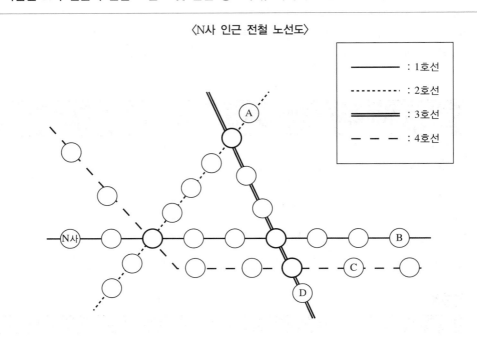

〈N사 인근 전철 노선도〉

〈N사 인근 전철 관련 정보〉

• 역 간 거리 및 부과요금은 다음과 같다.

전철 노선	역간 거리	기본요금	거리비례 추가요금
1호선	900m	1,200원	5km 초과 시 500m마다 50원 추가
2호선	950m	1,500원	5km 초과 시 1km마다 100원 추가
3호선	1,000m	1,800원	5km 초과 시 500m마다 100원 추가
4호선	1,300m	2,000원	5km 초과 시 1.5km마다 150원 추가

• 모든 노선에서 다음 역으로 이동하는 데 걸리는 시간은 2분이다.
• 모든 노선에서 환승하는 데 걸리는 시간은 3분이다.
• 기본요금이 더 비싼 열차로 환승할 때에는 부족한 기본요금을 추가로 부과하며, 기본요금이 더 저렴한 열차로 환승할 때에는 요금을 추가로 부과하거나 공제하지 않는다.
• 1회 이상 환승할 때의 거리비례 추가요금은 이용한 열차 중 기본요금이 가장 비싼 열차를 기준으로 적용한다.
　　예 1호선으로 3,600m 이동 후 3호선으로 환승하여 3,000m 더 이동했다면, 기본요금 및 거리비례 추가요금은 3호선 기준이 적용되어 1,800＋300＝2,100원이다.

40 다음 중 N사와 A지점을 왕복하는 데 걸리는 최소 이동시간은?

① 28분

② 34분

③ 40분

④ 46분

41 다음 중 N사로부터 이동거리가 가장 짧은 지점은?

① A지점

② B지점

③ C지점

④ D지점

42 다음 중 N사에서 이동하는 데 드는 비용이 가장 적은 지점은?

① A지점

② B지점

③ C지점

④ D지점

※ 다음 글을 읽고 이어지는 질문에 답하시오. [43~45]

SF 영화나 드라마에서만 나오던 3D 푸드 프린터를 통해 음식을 인쇄하여 소비하는 모습은 더 이상 먼 미래의 모습이 아니게 되었다. 2023년 3월 21일 미국의 컬럼비아 대학교에서는 3D 푸드 프린터와 땅콩버터, 누텔라, 딸기잼 등 7가지의 반죽형 식용 카트리지로 7겹 치즈케이크를 만들었다고 국제학술지 'NPJ 식품과학'에 소개하였다. (가) 특히 이 치즈케이크는 베이킹 기능이 있는 레이저와 식물성 원료를 사용한 비건식 식용 카트리지를 통해 만들어졌다. ⊙ 그래서 이번 발표는 대체육과 같은 다른 관련 산업에서도 많은 주목을 받게 되었다.

3D 푸드 프린터는 산업 현장에서 사용되는 일반적인 3D 프린터가 사용자가 원하는 대로 3차원의 물체를 만드는 것처럼 사람이 섭취가 가능한 페이스트, 반죽, 분말 등을 카트리지로 사용하여 사용자가 원하는 디자인으로 압출·성형하여 음식을 만들어 내는 것이다. (나) 현재 3D 푸드 프린터는 산업용 3D 프린터처럼 페이스트를 층층이 쌓아서 만드는 FDM(Fused Deposition Modeling) 방식, 분말형태로 된 재료를 접착제로 굳혀 찍어내는 PBF(Powder Bed Fusion), 레이저로 굳혀 찍어내는 SLS(Selective Laser Sintering) 방식이 주로 사용된다.

(다) 3D 푸드 프린터는 아직 대중화되지 않았지만, 많은 장점을 가지고 있어 미래에 활용가치가 아주 높을 것으로 예상되고 있다. ⊙ 예를 들어 증가하는 노령인구에 맞춰 씹고 삼키는 것이 어려운 사람을 위해 질감과 맛을 조정하거나, 개인별로 필요한 영양소를 첨가하는 등 사용자의 건강관리를 수월하게 해 준다. ⓒ 또한 우주 등 음식을 조리하기 어려운 곳에서 평소 먹던 음식을 섭취할 수 있게 하는 등 활용도는 무궁무진하다. 특히 대체육 부분에서 주목받고 있는데, 3D 푸트 프린터로 육류를 제작하게 된다면 동물을 키우고 도살하여 고기를 얻는 것보다 환경오염을 줄일 수 있다. (라) 대체육은 식물성 원료를 소재로 하는 것이므로 일반적인 고기보다는 맛은 떨어지게 된다. 실제로 대체육 전문 기업인 리디파인 미트(Redefine Meat)에서는 대체육이 축산업에서 발생하는 일반 고기보다 환경오염을 95% 줄일 수 있다고 밝히고 있다.

ⓔ 따라서 3D 푸드 프린터는 개발 초기 단계이므로 아직 개선해야 할 점이 많다. 가장 중요한 것은 맛이다. 3D 푸드 프린터에 들어가는 식용 카트리지의 주원료는 식물성 재료이므로 실제 음식의 맛을 내기까지는 아직 많은 노력이 필요하다. (마) 디자인의 영역도 간과할 수 없는데, 길쭉한 필라멘트(3D 프린터에 사용되는 플라스틱 줄) 모양으로 성형된 음식이 '인쇄'라는 인식과 함께 음식을 섭취하는 데 심리적인 거부감을 주는 것도 해결해야 하는 문제이다. ⓜ 게다가 현재 주로 사용하는 방식은 페이스트, 분말을 레이저나 압출로 성형하는 것이므로 만들 수 있는 요리의 종류가 매우 제한적이며, 전력 소모 또한 많다는 것도 해결해야 하는 문제이다.

43 윗글의 내용에 대한 추론으로 적절하지 않은 것은?

① 설탕케이크 장식 제작은 SLS 방식의 3D 푸드 프린터가 적절하다.

② 3D 푸드 프린터는 식감 등으로 발생하는 편식을 줄일 수 있다.

③ 3D 푸드 프린터는 사용자 맞춤 식단을 제공할 수 있다.

④ 현재 3D 푸드 프린터로 제작된 음식은 거부감을 일으킬 수 있다.

⑤ 컬럼비아 대학교에서 만들어 낸 치즈케이크는 PBF 방식으로 제작되었다.

44 윗글의 (가) ~ (마) 중 삭제해야 할 문장으로 가장 적절한 것은?

① (가)   ② (나)

③ (다)   ④ (라)

⑤ (마)

45 윗글의 접속부사 ㉠ ~ ㉤ 중 문맥상 적절하지 않은 것은?

① ㉠   ② ㉡

③ ㉢   ④ ㉣

⑤ ㉤

46 다음은 S시의 학교폭력 상담 및 신고 건수에 대한 자료이다. 이에 대한 설명으로 옳지 않은 것은?

〈학교폭력 상담 및 신고 건수〉

(단위 : 건)

구분	2022년 7월	2022년 8월	2022년 9월	2022년 10월	2022년 11월	2022년 12월
상담	977	805	3,009	2,526	1,007	871
상담 누계	977	1,782	4,791	7,317	8,324	9,195
신고	486	443	1,501	804	506	496
신고 누계	486	929	2,430	3,234	3,740	4,236
구분	2023년 1월	2023년 2월	2023년 3월	2023년 4월	2023년 5월	2023년 6월
상담	( )	( )	4,370	3,620	1,004	905
상담 누계	9,652	10,109	14,479	18,099	19,103	20,008
신고	305	208	2,781	1,183	557	601
신고 누계	4,541	4,749	7,530	( )	( )	( )

① 2023년 1월과 2023년 2월의 학교폭력 상담 건수는 같다.

② 학교폭력 상담 건수와 신고 건수 모두 2023년 3월에 가장 많다.

③ 전월 대비 학교폭력 상담 건수가 가장 크게 감소한 월과 학교폭력 신고 건수가 가장 크게 감소한 월은 다르다.

④ 전월 대비 학교폭력 상담 건수가 증가한 월은 학교폭력 신고 건수도 같이 증가하였다.

⑤ 2023년 6월까지의 학교폭력 신고 누계 건수는 10,000건 이상이다.

47 다음은 5년 동안 발전원별 발전량 추이에 대한 자료이다. 이에 대한 설명으로 옳지 않은 것은?

〈2018 ~ 2022년 발전원별 발전량 추이〉

(단위 : GWh)

발전원	2018년	2019년	2020년	2021년	2022년
원자력	127,004	138,795	140,806	155,360	179,216
석탄	247,670	226,571	221,730	200,165	198,367
가스	135,072	126,789	138,387	144,976	160,787
신재생	36,905	38,774	44,031	47,831	50,356
유류·양수	6,605	6,371	5,872	5,568	5,232
계	553,256	537,300	550,826	553,900	593,958

① 매년 원자력 자원 발전량과 신재생 자원 발전량의 증감 추이는 같다.
② 석탄 자원 발전량의 전년 대비 감소폭이 가장 큰 해는 2021년이다.
③ 신재생 자원 발전량 대비 가스 자원 발전량이 가장 큰 해는 2018년이다.
④ 매년 유류·양수 자원 발전량은 전체 발전량의 1% 이상을 차지한다.
⑤ 전체 발전량의 전년 대비 증가폭이 가장 큰 해는 2022년이다.

48 A ~ G 7명은 주말 여행지를 고르기 위해 투표를 진행하였다. 다음 〈조건〉과 같이 투표를 진행하였을 때, 투표를 하지 않은 사람을 모두 고르면?

조건
• D나 G 중 적어도 한 명이 투표하지 않으면, F는 투표한다.
• F가 투표하면, E는 투표하지 않는다.
• B나 E 중 적어도 한 명이 투표하지 않으면, A는 투표하지 않는다.
• A를 포함하여 투표한 사람은 모두 5명이다.

① B, E
② B, F
③ C, D
④ C, F
⑤ F, G

49 다음과 같이 G마트에서 파는 물건을 상품코드와 크기에 따라 엑셀 프로그램으로 정리하였다. 상품코드가 S3310897이고, 크기가 '중'인 물건의 가격을 구하는 함수로 옳은 것은?

	A	B	C	D	E	F
1						
2		상품코드	소	중	대	
3		S3001287	18,000	20,000	25,000	
4		S3001289	15,000	18,000	20,000	
5		S3001320	20,000	22,000	25,000	
6		S3310887	12,000	16,000	20,000	
7		S3310897	20,000	23,000	25,000	
8		S3311097	10,000	15,000	20,000	
9						

① =HLOOKUP(S3310897,$B$2:$E$8,6,0)

② =HLOOKUP("S3310897",$B$2:$E$8,6,0)

③ =VLOOKUP("S3310897",$B$2:$E$8,2,0)

④ =VLOOKUP("S3310897",$B$2:$E$8,6,0)

⑤ =VLOOKUP("S3310897",$B$2:$E$8,3,0)

50 다음 중 Windows Game Bar 녹화 기능에 대한 설명으로 옳지 않은 것은?

① 〈Windows 로고 키〉+〈Alt〉+〈G〉를 통해 백그라운드 녹화 기능을 사용할 수 있다.

② 백그라운드 녹화 시간은 변경할 수 있다.

③ 녹화한 영상의 저장 위치는 변경할 수 없다.

④ 각 메뉴의 단축키는 본인이 원하는 키 조합에 맞추어 변경할 수 있다.

⑤ 게임 성능에 영향을 줄 수 있다.

02 | 2023년 주요 공기업 전공 기출복원문제

정답 및 해설 p.016

01 법학

┃ 서울교통공사

01 다음 중 노동법의 성질이 다른 하나는?

① 산업안전보건법

② 남녀고용평등법

③ 산업재해보상보험법

④ 근로자참여 및 협력증진에 관한 법

⑤ 고용보험법

┃ 서울교통공사

02 다음 〈보기〉 중 용익물권에 해당하는 것을 모두 고르면?

> **보기**
>
> | | |
> |---|---|
> | 가. 지상권 | 나. 점유권 |
> | 다. 지역권 | 라. 유치권 |
> | 마. 전세권 | 바. 저당권 |

① 가, 다, 마   ② 가, 라, 바

③ 나, 라, 바   ④ 다, 라, 마

⑤ 라, 마, 바

03 다음 중 선고유예와 집행유예의 내용에 대한 분류가 옳지 않은 것은?

구분	선고유예	집행유예
실효	유예한 형을 선고	유예선고의 효력 상실
요건	1년 이하 징역·금고, 자격정지, 벌금	3년 이하 징역·금고, 500만 원 이하의 벌금형
유예기간	1년 이상 5년 이하	2년
효과	면소	형의 선고 효력 상실

① 실효　　　　　　　　　　　② 요건
③ 유예기간　　　　　　　　　④ 효과
⑤ 없음

04 다음 〈보기〉 중 형법상 몰수가 되는 것은 모두 몇 개인가?

> **보기**
> • 범죄행위에 제공한 물건
> • 범죄행위에 제공하려고 한 물건
> • 범죄행위로 인하여 생긴 물건
> • 범죄행위로 인하여 취득한 물건
> • 범죄행위의 대가로 취득한 물건

① 1개　　　　　　　　　　　② 2개
③ 3개　　　　　　　　　　　④ 4개
⑤ 5개

05 다음 중 상법상 법원이 아닌 것은?

① 판례　　　　　　　　　　　② 조례
③ 상관습법　　　　　　　　　④ 상사자치법
⑤ 보통거래약관

06 다음 글의 빈칸에 들어갈 연령이 바르게 연결된 것은?

> • 촉법소년 : 형벌 법령에 저촉되는 행위를 한 10세 이상 ___㉠___ 미만인 소년
> • 우범소년 : 성격이나 환경에 비추어 앞으로 형벌 법령에 저촉되는 행위를 할 우려가 있는 10세 이상 ___㉡___ 미만인 소년

	㉠	㉡			㉠	㉡
①	13세	13세		②	13세	14세
③	14세	14세		④	14세	19세
⑤	19세	19세				

07 다음 중 국민에게만 적용되는 기본 의무가 아닌 것은?

① 근로의 의무
② 납세의 의무
③ 교육의 의무
④ 환경보전의 의무
⑤ 국방의 의무

08 다음 중 헌법재판소의 역할로 옳지 않은 것은?

① 행정청의 처분의 효력 유무 또는 존재 여부 심판
② 탄핵의 심판
③ 국가기관 상호 간, 국가기간과 지방자치단체간 및 지방자치단체 상호 간의 권한쟁의에 관한 심판
④ 정당의 해산 심판
⑤ 법원의 제청에 의한 법률의 위헌여부 심판

09 다음 중 민법상 채권을 몇 년 동안 행사하지 아니하면 소멸시효가 완성되는가?

① 2년
② 5년
③ 10년
④ 15년
⑤ 20년

01 다음 중 정책참여자에 대한 설명으로 옳지 않은 것은?

① 의회와 지방자치단체는 모두 공식적 참여자에 해당된다.

② 정당과 NGO는 비공식적 참여자에 해당된다.

③ 사회구조가 복잡해진 현대에는 공식적 참여자의 중요도가 상승하였다.

④ 사회적 의사결정에서 정부의 역할이 줄어들수록 비공식적 참여자의 중요도가 높아진다.

02 다음 중 정책문제에 대한 설명으로 옳지 않은 것은?

① 정책문제는 정책결정의 대상으로, 공적인 성격이 강하고 공익성을 추구하는 성향을 갖는다.

② 주로 가치판단의 문제를 포함하고 있어 계량화가 난해하다.

③ 정책문제 해결의 주요 주체는 정부이다.

④ 기업경영에서의 의사결정에 비해 고려사항이 단순하다.

03 다음 중 회사모형의 특징에 대한 설명으로 옳은 것은?

① 사이어트와 드로어가 주장한 모형으로, 조직의 의사결정 방식에 대해 설명하는 이론이다.

② 합리적 결정과 점증적 결정이 누적 및 혼합되어 의사결정이 이루어진다고 본다.

③ 조직들 간의 연결성이 강하지 않은 경우를 전제로 하고 있다.

④ 정책결정 단계를 초정책결정 단계, 정책결정 단계, 후정책결정 단계로 구분하여 설명한다.

04 다음 〈보기〉 중 블라우와 스콧이 주장한 조직 유형에 대한 설명으로 옳지 않은 것을 모두 고르면?

> **보기**
>
> ㄱ. 호혜조직의 1차적 수혜자는 조직 내 의사결정의 참여를 보장받는 구성원이며, 은행, 유통업체 등이 해당된다.
> ㄴ. 사업조직의 1차적 수혜자는 조직의 소유자이며, 이들의 주목적은 이윤 추구이다.
> ㄷ. 봉사조직의 1차적 수혜자는 이들을 지원하는 후원조직으로, 서비스 제공을 위한 인프라 및 자금조달을 지원한다.
> ㄹ. 공공조직의 1차적 수혜자는 공공서비스의 수혜자인 일반대중이며, 경찰, 소방서, 군대 등이 공공조직에 해당된다.

① ㄱ, ㄴ ② ㄱ, ㄷ
③ ㄴ, ㄷ ④ ㄷ, ㄹ

05 다음 중 우리나라 직위분류제의 구조에 대한 설명으로 옳지 않은 것은?

① 직군 : 직위분류제의 구조 중 가장 상위의 구분 단위이다.
② 직위 : 개인에게 부여되는 직무와 책임이다.
③ 직류 : 동일 직렬 내 직무가 동일한 것이다.
④ 직렬 : 일반적으로 해당 구성원 간 동일한 보수 체계를 적용받는 구분이다.

06 다음 중 엽관주의와 실적주의에 대한 설명으로 옳지 않은 것은?

① 공공조직에서 엽관주의적 인사가 이루어질 시 조직구성원들의 신분이 불안정해진다는 단점이 있다.
② 엽관주의와 실적주의 모두 조직 수반에 대한 정치적 정합성보다 정치적 중립성 확보가 강조된다.
③ 민주주의적 평등 이념의 실현을 위해서는 엽관주의보다 실적주의가 유리하다.
④ 미국의 경우, 엽관주의의 폐단에 대한 대안으로 펜들턴 법의 제정에 따라 인사행정에 실적주의가 도입되었다.

07 다음 중 발생주의 회계의 특징으로 옳은 것은?

① 현금의 유출입 발생 시 회계 장부에 기록하는 방법을 의미한다.
② 실질적 거래의 발생을 회계처리에 정확히 반영할 수 있다는 장점이 있다.
③ 회계연도 내 경영활동과 성과에 대해 정확히 측정하기 어렵다는 한계가 있다.
④ 재화나 용역의 인수 및 인도 시점을 기준으로 장부에 기입한다.
⑤ 수익과 비용이 대응되지 않는다는 한계가 있다.

08 다음 〈보기〉 중 맥그리거(D. McGregor)의 인간관에 대한 설명으로 옳지 않은 것을 모두 고르면?

> **보기**
>
> ㄱ. X이론은 부정적이고 수동적인 인간관에 근거하고 있고, Y이론은 긍정적이고 적극적인 인간관에 근거하고 있다.
> ㄴ. X이론에서는 보상과 처벌을 통한 통제보다는 직원들에 대한 조언과 격려에 의한 경영전략을 강조하였다.
> ㄷ. Y이론에서는 자율적 통제를 강조하는 경영전략을 제시하였다.
> ㄹ. X이론의 적용을 위한 대안으로 권한의 위임 및 분권화, 직무 확대 등을 제시했다.

① ㄱ, ㄴ   ② ㄱ, ㄷ
③ ㄴ, ㄷ   ④ ㄴ, ㄹ
⑤ ㄷ, ㄹ

09 다음 중 대한민국 중앙정부의 인사조직형태에 대한 설명으로 옳지 않은 것은?

① 독립합의형 인사기관은 일반적으로 일반행정부처에서 분리되어 있으며, 독립적 지위를 가진 합의체의 형태를 갖는다.
② 비독립단독형 인사기관은 독립합의형 인사기관에 비해 의사결정이 신속하다는 특징이 있다.
③ 독립합의형 인사기관의 경우 비독립단독형 인사기관에 비해 책임소재가 불분명하다는 특징이 있다.
④ 실적주의의 인사행정을 위해서는 독립합의형보다 비독립단독형 인사조직이 적절하다.

10 다음 〈보기〉 중 정부실패의 원인으로 옳지 않은 것을 모두 고르면?

> **보기**
>
> ㉠ 정부가 민간주체보다 정보에 대한 접근성이 높아서 발생한다.
> ㉡ 공공부문의 불완전경쟁으로 인해 발생한다.
> ㉢ 정부행정이 사회적 필요에 비해 장기적 관점에서 추진되어 발생한다.
> ㉣ 정부의 공급은 공공재라는 성격을 가지기 때문에 발생한다.

① ㉠, ㉡
③ ㉡, ㉢
② ㉠, ㉢
④ ㉡, ㉣

11 다음 〈보기〉의 행정의 가치 중 수단적 가치가 아닌 것을 모두 고르면?

> **보기**
>
> ㉠ 공익 　　　　　　　　㉡ 자유
> ㉢ 합법성 　　　　　　　㉣ 민주성
> ㉤ 복지

① ㉠, ㉡, ㉣
③ ㉠, ㉢, ㉣
② ㉠, ㉡, ㉤
④ ㉠, ㉣, ㉤

12 다음 중 신공공관리론과 뉴거버넌스에 대한 설명으로 옳은 것은?

① 신공공관리론은 정부실패를 지적하며 등장한 이론으로, 민간에 대한 충분한 정보력을 갖춘 크고 완전한 정부를 추구한다.

② 뉴거버넌스는 정부가 사회의 문제해결을 주도하여 민간 주체들의 적극적 참여를 유도하는 것을 추구한다.

③ 영국의 대처주의, 미국의 레이거노믹스는 모두 신공공관리론에 토대를 둔 정치기조이다.

④ 뉴거버넌스는 민영화, 민간위탁을 통한 서비스의 공급을 지향한다.

13 다음 중 사물인터넷을 사용하지 않은 경우는?

① 스마트 팜 시스템을 도입하여 작물 재배의 과정을 최적화, 효율화한다.
② 비상전력체계를 이용하여 재난 및 재해 등 위기상황으로 전력 차단 시 동력을 복원한다.
③ 커넥티드 카를 이용하여 차량 관리 및 운행 현황 모니터링을 자동화한다.
④ 스마트홈 기술을 이용하여 가정 내 조명, 에어컨 등을 원격 제어한다.

14 다음 〈보기〉 중 수평적 인사이동에 해당하지 않는 것을 모두 고르면?

> **보기**
> ㄱ. 강임   ㄴ. 승진
> ㄷ. 전보   ㄹ. 전직

① ㄱ, ㄴ   ② ㄱ, ㄷ
③ ㄴ, ㄷ   ④ ㄷ, ㄹ

15 다음 〈보기〉 중 유료 요금제에 해당하지 않는 것을 모두 고르면?

> **보기**
> ㄱ. 국가지정문화재 관람료
> ㄴ. 상하수도 요금
> ㄷ. 국립공원 입장료

① ㄱ   ② ㄷ
③ ㄱ, ㄴ   ④ ㄴ, ㄷ

▎코레일 한국철도공사

01 다음 중 고전적 경영이론에 대한 설명으로 옳지 않은 것은?

① 고전적 경영이론은 인간의 행동이 합리적이고 경제적인 동기에 의해 이루어진다고 가정한다.

② 차별 성과급제, 기능식 직장제도는 테일러의 과학적 관리법을 기본이론으로 한다.

③ 포드의 컨베이어 벨트 시스템은 표준화를 통한 대량생산방식을 설명한다.

④ 베버는 조직을 합리적이고 법적인 권한으로 운영하는 관료제 조직이 가장 합리적이라고 주장한다.

⑤ 페이욜은 기업활동을 기술활동, 영업활동, 재무활동, 회계활동 4가지 분야로 구분하였다.

▎코레일 한국철도공사

02 다음 중 광고의 소구 방법에 대한 설명으로 옳지 않은 것은?

① 감성적 소구는 브랜드에 대한 긍정적 느낌 등 이미지 향상을 목표로 하는 방법이다.

② 감성적 소구는 논리적인 자료 제시를 통해 높은 제품 이해도를 이끌어 낼 수 있다.

③ 유머 소구, 공포 소구 등이 감성적 소구 방법에 해당한다.

④ 이성적 소구는 정보제공형 광고에 사용하는 방법이다.

⑤ 이성적 소구는 구매 시 위험이 따르는 내구재나 신제품 등에 많이 활용된다.

▎코레일 한국철도공사

03 다음 중 마이클 포터의 가치사슬에 대한 설명으로 옳지 않은 것은?

① 가치사슬은 거시경제학을 기반으로 하는 분석 도구이다.

② 기업의 수행활동을 제품설계, 생산, 마케팅, 유통 등 개별적 활동으로 나눈다.

③ 구매, 제조, 물류, 판매, 서비스 등을 기업의 본원적 활동으로 정의한다.

④ 기술개발, 조달활동 등을 기업의 지원적 활동으로 정의한다.

⑤ 가치사슬에서 말하는 이윤은 수입에서 가치창출을 위해 발생한 모든 비용을 제외한 값이다.

04 다음 〈보기〉 중 JIT시스템의 장점으로 옳지 않은 것을 모두 고르면?

> **보기**
>
> ㉠ 현장 낭비 제거를 통한 생산성 향상
> ㉡ 다기능공 활용을 통한 작업자 노동부담 경감
> ㉢ 소 LOT 생산을 통한 재고율 감소
> ㉣ 단일 생산을 통한 설비 이용률 향상

① ㉠, ㉡   ② ㉠, ㉢
③ ㉡, ㉢   ④ ㉡, ㉣
⑤ ㉢, ㉣

05 다음 중 주식회사의 특징으로 옳지 않은 것은?

① 구성원인 주주와 별개의 법인격이 부여된다.
② 주주는 회사에 대한 주식의 인수가액을 한도로 출자의무를 부담한다.
③ 주주는 자신이 보유한 지분을 자유롭게 양도할 수 있다.
④ 설립 시 발기인은 최소 2인 이상을 필요로 한다.
⑤ 소유와 경영을 분리하여 이사회로 경영권을 위임한다.

06 다음 중 주식 관련 상품에 대한 설명으로 옳지 않은 것은?

① ELS : 주가지수 또는 종목의 주가 움직임에 따라 수익률이 결정되며, 만기가 없는 증권이다.
② ELB : 채권, 양도성 예금증서 등 안전자산에 주로 투자하며, 원리금이 보장된다.
③ ELD : 수익률이 코스피200지수에 연동되는 예금으로, 주로 정기예금 형태로 판매한다.
④ ELT : ELS를 특정금전신탁 계좌에 편입하는 신탁상품으로, 투자자의 의사에 따라 운영한다.
⑤ ELF : ELS와 ELD의 중간 형태로, ELS를 기초 자산으로 하는 펀드를 말한다.

07 다음 중 인사와 관련된 이론에 대한 설명으로 옳지 않은 것은?

① 허즈버그는 욕구를 동기요인과 위생요인으로 나누었으며, 동기요인에는 인정감, 성취, 성장 가능성, 승진, 책임감, 직무 자체가 해당되고, 위생요인에는 보수, 대인관계, 감독, 직무안정성, 근무환경, 회사의 정책 및 관리가 해당된다.

② 블룸은 동기 부여에 대해 기대 이론을 적용하여 기대감, 적합성, 신뢰성을 통해 구성원의 직무에 대한 동기 부여를 결정한다고 주장하였다.

③ 매슬로는 욕구의 위계를 생리적 욕구, 안전의 욕구, 애정과 공감의 욕구, 존경의 욕구, 자아실현의 욕구로 나누어 단계별로 욕구가 작용한다고 설명하였다.

④ 맥그리거는 인간의 본성에 대해 부정적인 관점인 X이론과 긍정적인 관점인 Y이론이 있으며, 경영자는 조직목표 달성을 위해 근로자의 본성(X, Y)을 파악해야 한다고 주장하였다.

⑤ 로크는 인간이 합리적으로 행동한다는 가정하에 개인이 의식적으로 얻으려고 설정한 목표가 동기와 행동에 영향을 미친다고 주장하였다.

08 다음 글에 해당하는 마케팅 STP 단계는 무엇인가?

> • 서로 다른 욕구를 가지고 있는 다양한 고객들을 하나의 동질적인 고객집단으로 나눈다.
> • 인구, 지역, 사회, 심리 등을 기준으로 활용한다.
> • 전체시장을 동질적인 몇 개의 하위시장으로 구분하여 시장별로 차별화된 마케팅을 실행한다.

① 시장세분화   ② 시장매력도 평가

③ 표적시장 선정   ④ 포지셔닝

⑤ 재포지셔닝

09 다음 K기업 재무회계 자료를 참고할 때, 기초부채를 계산하면 얼마인가?

- 기초자산 : 100억 원
- 기말자본 : 65억 원
- 총수익 : 35억 원
- 총비용 : 20억 원

---

① 35억 원   ② 40억 원
③ 50억 원   ④ 60억 원

10 다음 중 ERG 이론에 대한 설명으로 옳지 않은 것은?

① 매슬로의 욕구 5단계설을 발전시켜 주장한 이론이다.
② 인간의 욕구를 중요도 순으로 계층화하여 정의하였다.
③ 인간의 욕구를 존재욕구, 관계욕구, 성장욕구의 3단계로 나누었다.
④ 상위에 있는 욕구를 충족시키지 못하면 하위에 있는 욕구는 더욱 크게 감소한다. 원

11 다음 중 기업이 사업 다각화를 추진하는 목적으로 볼 수 없는 것은?

① 기업의 지속적인 성장 추구
② 사업위험 분산
③ 유휴자원의 활용
④ 기업의 수익성 강화

12 다음 중 종단분석과 횡단분석의 비교가 옳지 않은 것은?

구분	종단분석	횡단분석
방법	시간적	공간적
목표	특성이나 현상의 변화	집단의 특성 또는 차이
표본 규모	큼	작음
횟수	반복	1회

① 방법
② 목표
③ 표본 규모
④ 횟수

13 다음 중 향후 채권이자율이 시장이자율보다 높아질 것으로 예상될 때 나타날 수 있는 현상으로 옳은 것은?

① 별도의 이자 지급 없이 채권발행 시 이자금액을 공제하는 방식을 선호하게 된다.
② 1년 만기 은행채, 장기신용채 등의 발행이 늘어난다.
③ 만기에 가까워질수록 채권가격 상승에 따른 이익을 얻을 수 있다.
④ 채권가격이 액면가보다 높은 가격에 거래되는 할증채 발행이 증가한다.

14 다음 중 BCG 매트릭스에 대한 설명으로 옳은 것은?

① 스타(Star) 사업 : 높은 시장점유율로 현금창출은 양호하나, 성장 가능성은 낮은 사업이다.
② 현금젖소(Cash Cow) 사업 : 성장률과 시장점유율이 모두 낮아 철수가 필요한 사업이다.
③ 개(Dog) 사업 : 성장률과 시장점유율이 모두 높아서 계속 투자가 필요한 유망 사업이다.
④ 물음표(Question Mark) 사업 : 신규 사업 또는 현재 시장점유율은 낮으나, 향후 성장 가능성이 높은 사업이다.

15 다음 중 테일러의 과학적 관리법의 특징에 대한 설명으로 옳지 않은 것은?

① 작업능률을 최대로 높이기 위하여 노동의 표준량을 정한다.
② 작업에 사용하는 도구 등을 개별 용도에 따라 다양하게 제작하여 성과를 높인다.
③ 작업량에 따라 임금을 차등하여 지급한다.
④ 관리에 대한 전문화를 통해 노동자의 태업을 사전에 방지한다.

┃ 서울교통공사

01 다음 중 수요의 가격탄력성에 대한 설명으로 옳지 않은 것은?

① 수요의 가격탄력성은 가격의 변화에 따른 수요의 변화를 의미한다.

② 분모는 상품 가격의 변화량을 상품 가격으로 나눈 값이다.

③ 대체재가 많을수록 수요의 가격탄력성은 탄력적이다.

④ 가격이 1% 상승할 때 수요가 2% 감소하였으면 수요의 가격탄력성은 2이다.

⑤ 가격탄력성이 0보다 크면 탄력적이라고 할 수 있다.

┃ 서울교통공사

02 다음 중 대표적인 물가지수인 GDP 디플레이터를 구하는 계산식으로 옳은 것은?

① (실질 GDP)÷(명목 GDP)×100

② (명목 GDP)÷(실질 GDP)×100

③ (실질 GDP)+(명목 GDP)÷2

④ (명목 GDP)−(실질 GDP)÷2

⑤ (실질 GDP)÷(명목 GDP)×2

┃ 서울교통공사

03 다음 〈조건〉을 참고할 때, 한계소비성향(MPC) 변화에 따른 현재 소비자들의 소비 변화폭은?

> **조건**
> • 기존 소비자들의 연간 소득은 3,000만 원이며, 한계소비성향은 0.6을 나타내었다.
> • 현재 소비자들의 연간 소득은 4,000만 원이며, 한계소비성향은 0.7을 나타내었다.

① 700   ② 1,100

③ 1,800   ④ 2,500

⑤ 3,700

04 다음 글의 빈칸에 들어갈 단어가 바르게 나열된 것은?

> • 환율이 ___㉠___ 하면 순수출이 증가한다.
> • 국내이자율이 높아지면 환율은 ___㉡___ 한다.
> • 국내물가가 오르면 환율은 ___㉢___ 한다.

	㉠	㉡	㉢
①	하락	상승	하락
②	하락	상승	상승
③	하락	하락	하락
④	상승	하락	상승
⑤	상승	하락	하락

05 다음 중 독점적 경쟁시장에 대한 설명으로 옳지 않은 것은?

① 독점적 경쟁시장은 완전경쟁시장과 독점시장의 중간 형태이다.
② 대체성이 높은 제품의 공급자가 시장에 다수 존재한다.
③ 시장진입과 퇴출이 자유롭다.
④ 독점적 경쟁기업의 수요곡선은 우하향하는 형태를 나타낸다.
⑤ 가격경쟁이 비가격경쟁보다 활발히 진행된다.

06 다음 중 고전학파와 케인스학파에 대한 설명으로 옳지 않은 것은?

① 케인스학파는 경기가 침체할 경우, 정부의 적극적 개입이 바람직하지 않다고 주장하였다.
② 고전학파는 임금이 매우 신축적이어서 노동시장이 항상 균형상태에 이르게 된다고 주장하였다.
③ 케인스학파는 저축과 투자가 국민총생산의 변화를 통해 같아지게 된다고 주장하였다.
④ 고전학파는 실물경제와 화폐를 분리하여 설명한다.
⑤ 케인스학파는 단기적으로 화폐의 중립성이 성립하지 않는다고 주장하였다.

07 다음 사례에서 나타나는 현상으로 옳은 것은?

> • 물은 사용 가치가 크지만 교환 가치가 작은 반면, 다이아몬드는 사용 가치가 작지만 교환 가치는 크게 나타난다.
> • 한계효용이 작을수록 교환 가치가 작으며, 한계효용이 클수록 교환 가치가 크다.

① 매몰비용의 오류　　　　　　　　② 감각적 소비
③ 보이지 않는 손　　　　　　　　　④ 가치의 역설
⑤ 희소성

08 다음 자료를 참고하여 실업률을 구하면 얼마인가?

> • 생산가능인구 : 50,000명
> • 취업자 : 20,000명
> • 실업자 : 5,000명

① 10%　　　　　　　　　　　　　② 15%
③ 20%　　　　　　　　　　　　　④ 25%
⑤ 30%

09 J기업이 다음 〈조건〉과 같이 생산량을 늘린다고 할 때, 한계비용은 얼마인가?

> **조건**
> • J기업의 제품 1단위당 노동가격은 4, 자본가격은 6이다.
> • J기업은 제품 생산량을 50개에서 100개로 늘리려고 한다.
> • 평균비용 $P=2L+K+\dfrac{100}{Q}$ (L : 노동가격, K : 자본가격, Q : 생산량)

① 10　　　　　　　　　　　　　　② 12
③ 14　　　　　　　　　　　　　　④ 16

10 다음은 A국과 B국이 노트북 1대와 TV 1대를 생산하는 데 필요한 작업 시간을 나타낸 자료이다. A국과 B국의 비교우위에 대한 설명으로 옳은 것은?

구분	노트북	TV
A국	6시간	8시간
B국	10시간	8시간

① A국이 노트북, TV 생산 모두 비교우위에 있다.
② B국이 노트북, TV 생산 모두 비교우위에 있다.
③ A국은 노트북 생산, B국은 TV 생산에 비교우위가 있다.
④ A국은 TV 생산, B국은 노트북 생산에 비교우위가 있다.

11 다음 중 다이내믹 프라이싱에 대한 설명으로 옳지 않은 것은?

① 동일한 제품과 서비스에 대한 가격을 시장 상황에 따라 변화시켜 적용하는 전략이다.
② 호텔, 항공 등의 가격을 성수기 때 인상하고, 비수기 때 인하하는 것이 대표적인 예이다.
③ 기업은 소비자별 맞춤형 가격을 통해 수익을 극대화할 수 있다.
④ 소비자 후생이 증가해 소비자의 만족도가 높아진다.

12 다음 〈보기〉 중 빅맥 지수에 대한 설명으로 옳은 것을 모두 고르면?

보기

㉠ 빅맥 지수를 최초로 고안한 나라는 미국이다.
㉡ 각 나라의 물가수준을 비교하기 위해 고안된 지수로, 구매력 평가설을 근거로 한다.
㉢ 맥도날드 빅맥 가격을 기준으로 한 이유는 전 세계에서 가장 동질적으로 판매되고 있는 상품이기 때문이다.
㉣ 빅맥 지수를 구할 때 빅맥 가격은 제품 가격과 서비스 가격의 합으로 계산한다.

① ㉠, ㉡
② ㉠, ㉢
③ ㉡, ㉢
④ ㉡, ㉣

13 다음 중 확장적 통화정책의 영향으로 옳은 것은?

① 건강보험료가 인상되어 정부의 세금 수입이 늘어난다.

② 이자율이 하락하고, 소비 및 투자가 감소한다.

③ 이자율이 상승하고, 환율이 하락한다.

④ 은행이 채무불이행 위험을 줄이기 위해 더 높은 이자율과 담보 비율을 요구한다.

14 다음 중 노동의 수요공급곡선에 대한 설명으로 옳지 않은 것은?

① 노동 수요는 파생수요라는 점에서 재화시장의 수요와 차이가 있다.

② 상품 가격이 상승하면 노동 수요곡선은 오른쪽으로 이동한다.

③ 토지, 설비 등이 부족하면 노동 수요곡선은 오른쪽으로 이동한다.

④ 노동에 대한 인식이 긍정적으로 변화하면 노동 공급곡선은 오른쪽으로 이동한다.

15 다음 〈조건〉에 따라 S씨가 할 수 있는 최선의 선택은?

> **조건**
> • S씨는 퇴근 후 운동을 할 계획으로 헬스, 수영, 자전거, 달리기 중 하나를 고르려고 한다.
> • 각 운동이 주는 만족도(이득)는 헬스 5만 원, 수영 7만 원, 자전거 8만 원, 달리기 4만 원이다.
> • 각 운동에 소요되는 비용은 헬스 3만 원, 수영 2만 원, 자전거 5만 원, 달리기 3만 원이다.

① 헬스　　　　　　　　　　　　　② 수영

③ 자전거　　　　　　　　　　　　④ 달리기

▌ 한국서부발전

01 다음 중 기업의 재무상태를 평가하는 재무비율 산식으로 옳지 않은 것은?

① (유동비율)＝(유동자산)÷(유동부채)

② (부채비율)＝(부채)÷(자기자본)

③ (매출액순이익률)＝(영업이익)÷(매출액)

④ (총자산회전율)＝(매출액)÷(평균총자산)

▌ 한국서부발전

02 다음 자료를 참고하여 S제품의 당기 제조원가를 계산하면 얼마인가?

• 재료비 : 50,000원	• 기초 재공품 재고액 : 40,000원
• 노무비 : 60,000원	• 기말 재공품 재고액 : 20,000원
• 제조비 : 30,000원	• 당기 원재료 매입액 : 20,000원

① 140,000원

③ 180,000원

② 160,000원

④ 200,000원

▌ 한국서부발전

03 다음 중 유동비율에 대한 설명으로 옳지 않은 것은?

① 유동비율은 유동자산을 유동부채로 나눈 값이다.

② 유동자산은 보통 1년 이내 현금으로 전환할 수 있는 자산을 의미한다.

③ 유동자산에는 매출채권, 재고자산이 포함된다.

④ 유동비율이 높을수록 해당 기업은 투자를 활발히 한다고 볼 수 있다.

04 다음 자료를 참고하여 법인세 차감 전 이익을 계산하면 얼마인가?

• 매출액 : 100,000,000원	• 영업외이익 : 5,000,000원
• 매출원가 : 60,000,000원	• 영업외비용 : 10,000,000원
• 판관비 : 10,000,000원	• 법인세비용 : 4,000,000원

① 19,000,000원 ② 21,000,000원
③ 25,000,000원 ④ 29,000,000원

05 다음 중 이동평균법과 총평균법의 차이점으로 옳지 않은 것은?

① 이동평균법은 재고자산 매입시점마다 가중평균단가를 계산하는 반면, 총평균법은 일정기간 동안 의 재고자산원가를 평균하여 단가를 계산한다.

② 이동평균법은 기록을 계속하기 때문에 거래가 복잡하면 작성이 어려운 반면, 총평균법은 기말에 한 번만 계산하므로 거래가 복잡해도 작성이 용이하다.

③ 이동평균법은 당기 판매된 재고자산을 모두 동일한 단가라고 가정하는 반면, 총평균법은 판매시 점에 따라 재고자산의 단가를 각각 다르게 계산한다.

④ 이동평균법은 매출 시점에 매출에 따른 손익을 즉시 파악할 수 있으나, 총평균법은 매출에 따른 손익을 결산시점에 확인할 수 있다.

06 다음 중 비교우위론에 대한 설명으로 옳지 않은 것은?

① 생산비가 상대국에 비해 낮은 상품의 생산을 각각 특화하여 교역할 경우, 양국 모두에게 이익이 발생한다.

② 비현실적인 노동가치설을 바탕으로 하며, 국가 간 생산요소 이동은 없다고 가정한다.

③ 비교우위에 있는 상품을 특화하여 교역함으로써 자유무역의 기본이론이 되었다.

④ A제품에 대해서 B의 기회비용이 C보다 작을 경우, A제품에 대해서 B국이 비교우위에 있다.

07 다음 자료를 참고하여 S기업의 주당이익을 계산하면 얼마인가?

> • S기업 주식 : 보통주 10,000,000주, 우선주 200,000주
> • S기업 당기순이익 : 2,000,000,000원
> • S기업 우선주 주주 배당금 : 200,000,000원

① 150원
② 160원
③ 180원
④ 200원

08 다음 중 외상매출금에 대한 설명으로 옳은 것은?

① 외상매출금은 당좌자산에 속한다.
② 외상매출금이 증가하면 대변에, 감소하면 차변에 기록한다.
③ 기업이 보유자산을 판매하고 받지 못한 대금은 외상매출금에 해당한다.
④ 외상매출금은 장부상 채권으로 회수 시 이자를 계산하여 수취한다.

09 다음 중 유형자산 취득원가 계산 시 포함되지 않는 원가는 무엇인가?

① 종업원 급여
② 광고 및 판촉활동비
③ 유형자산 설치 운송비
④ 유형자산 제거 추정비

10 다음 자료를 참고하여 기말 재고자산 금액을 구하면 얼마인가?

> • 기초 재고자산 금액 : 200,000,000원
> • 매출원가 : 80,000,000원
> • 판매가능금액 : 300,000,000원

① 120,000,000원
② 180,000,000원
③ 220,000,000원
④ 280,000,000원

합 격 의
공 식
SD에듀
S D E D U

미래는 자신이 가진 꿈의 아름다움을 믿는 사람들의 것이다.

– 엘리노어 루즈벨트 –

PART **1**

합격의 공식 SD에듀 www.sdedu.co.kr

직업기초능력평가

CHAPTER 01
의사소통능력

합격 CHEAT KEY

의사소통능력은 평가하지 않는 공사·공단이 없을 만큼 필기시험에서 중요도가 높은 영역이다. 또한, 의사소통능력의 문제 출제 비중이 가장 높은 편이다. 이러한 점을 볼 때, 의사소통능력은 NCS를 준비하는 수험생이라면 반드시 정복해야 하는 과목이다.

국가직무능력표준에 따르면 의사소통능력의 세부 유형은 문서이해, 문서작성, 의사표현, 경청, 기초외국어로 나눌 수 있다. 문서이해·문서작성과 같은 제시문에 대한 주제, 일치 문제의 출제 비중이 높으며 공문서·기획서·보고서·설명서 등 문서의 특성을 파악하는 문제도 출제되고 있다. 따라서 이러한 분석을 바탕으로 전략을 세우는 것이 매우 중요하다.

01 문제에서 요구하는 바를 먼저 파악하라!

의사소통능력에서 가장 중요한 것은 제한된 시간 안에 빠르고 정확하게 답을 찾아내는 것이다. 그러기 위해서는 우리가 의사소통능력을 공부하는 이유를 잊지 말아야 한다. 우리는 지식을 쌓기 위해 의사소통능력 지문을 보는 것이 아니다. 의사소통능력에서는 지문이 아니라 문제가 주인공이다! 지문을 보기 전에 문제를 먼저 파악해야 한다. 주제찾기 문제라면 첫 문장과 마지막 문장 또는 접속어를 주목하자! 내용일치 문제라면 지문과 문항의 일치 / 불일치 여부만 파악한 뒤 빠져나오자! 지문에 빠져드는 순간 소중한 시험 시간은 속절없이 흘러 버린다!

02 잠재되어 있는 언어능력을 발휘하라!

의사소통능력에는 끝이 없다! 의사소통의 방대함에 포기한 적이 있는가? 세상에 글은 많고 우리가 학습할 수 있는 시간은 한정적이다. 이를 극복할 수 있는 방법은 다양한 글을 접하는 것이다. 실제 시험장에서 어떤 내용의 지문이 나올지 아무도 예측할 수 없다. 따라서 평소에 신문, 소설, 보고서 등 여러 글을 접하는 것이 필요하다. 잠재되어 있는 글에 대한 안목이 시험장에서 빛을 발할 것이다.

03 상황을 가정하라!

업무 수행에 있어 상황에 따른 언어 표현은 중요하다. 같은 말이라도 상황에 따라 다르게 해석될 수 있기 때문이다. 그런 의미에서 자신의 의견을 효과적으로 전달할 수 있는 능력을 평가하는 것은 당연하다. 따라서 다양한 상황에서의 언어표현능력을 함양하기 위한 연습의 과정이 요구된다. 업무를 수행하면서 발생할 수 있는 여러 상황을 가정하고 그에 따른 올바른 언어표현을 정리하는 것이 필요하다. 의사표현 영역의 경우 출제 빈도가 높지는 않지만 상황에 따른 판단력을 평가하는 문항인 만큼 대비하는 것이 필요하다.

04 말하는 이의 입장에서 생각하라!

잘 듣는 것 또한 하나의 능력이다. 상대방의 이야기에 귀 기울이고 공감하는 태도는 업무를 수행하는 관계 속에서 필요한 요소이다. 그런 의미에서 다양한 상황에서의 듣는 능력을 평가하는 것이다. 말하는 이가 요구하는 듣는 이의 태도를 파악하고, 이에 따른 판단을 할 수 있도록 언제나 말하는 사람의 입장이 되는 연습이 필요하다.

05 반복만이 살길이다!

학창 시절 외국어를 공부하던 때를 떠올려 보자! 셀 수 없이 많은 표현들을 익히기 위해 얼마나 많은 반복의 과정을 거쳤는가? 의사소통능력 역시 그러하다. 하나의 문제 유형을 마스터하기 위해 가장 중요한 것은 바로 여러 번, 많이 풀어 보는 것이다.

01 | 문서이해 ①

다음 중 글의 내용을 잘못 이해한 것은?

풀이순서

우리 은하에서 가장 가까이 위치한 은하인 안드로메다은하까지의 거리는 220만 광년이다. 이처럼 엄청난 거리로 떨어져 있는 천체까지의 거리는 어떻게 측정한 것인가?

첫 번째 측정 방법은 삼각 측량법이다. 그러나 피사체가 매우 멀리 있는 경우라면 삼각형의 밑변이 충분히 길 필요가 있다. 지구는 1년에 한 바퀴씩 태양 주변을 공전하는데 우리는 이 공전 궤도 반경을 알고 있기 때문에 이를 밑변으로 삼아 별까지의 거리를 측정할 수 있다. ❸ 그러나 가까이 있는 별까지의 거리도 지구 궤도 반지름에 비하면 엄청나게 커서 연주 시차는 아주 작은 값이 되므로 측정하기가 쉽지 않다. 두 번째 측정 방법은 주기적으로 별의 밝기가 변하는 변광성의 주기와 밝기를 연구하는 과정에서 얻어졌다. 보통 별의 밝기는 거리의 제곱에 반비례해서 어두워지는데, 1등급과 6등급의 별은 100배의 밝기 차이가 있다. ❷ 그러나 밝은 별이 반드시 어두운 별보다 가까이 있는 것은 아니다. ❹ 별의 거리는 밝기의 절대 등급과 겉보기 등급의 비교를 통해 확정되기 때문이다. ❶·❹ 즉, 모든 별이 같은 거리에 놓여 있다고 가정하고 밝기 등급을 매긴 것을 절대 등급이라 하는데, 만약 이 등급이 낮은(밝은) 별이 겉보기에 어둡다면 이 별은 매우 멀리 있는 것으로 볼 수 있다.

① 절대 등급과 겉보기 등급은 다를 수 있다.
② 별은 항상 같은 밝기를 가지고 있지 않다.
③ 삼각 측량법은 지구의 궤도 반경을 알아야 측정이 가능하다.
✔ 어두운 별은 밝은 별보다 항상 멀리 있기 때문에 밝기에 의해 거리의 차가 있다.

1) 질문의도
   지문 이해

2) 선택지 키워드 찾기

3) 지문독해
   선택지와 비교

4) 정답도출

유형 분석	• 주어진 지문을 읽고 일치하는 선택지를 고르는 전형적인 독해 문제이다.
	• 지문은 주로 신문기사(보도자료 등), 업무 보고서, 시사 등이 제시된다.
	• 대체로 지문이 긴 경우가 많아 푸는 시간이 많이 소요된다.
	응용문제 : 지문의 주제를 찾는 문제나 지문의 핵심내용을 근거로 추론하는 문제가 출제된다.
풀이 전략	먼저 선택지의 키워드를 체크한 후, 지문의 내용과 비교하며 내용의 일치유무를 신속히 판단한다.

02 | 문서이해 ②

다음 글을 바탕으로 한 추론으로 적절한 것은?

예술의 각 사조는 특정한 역사적 현실 위에서, 특정한 이데올로기를 표현하기 위하여 등장한다. 따라서 특정한 예술 사조를 받아들일 때, 그 예술의 형식 뒤에 숨은 이데올로기를 충분히 소화하고 있느냐가 문제가 된다. 그렇지 못한 모방행위는 형식 미학 또는 관념 미학이 갖는 오류에서 벗어나지 못한다. 가령 어느 예술가가 인상파의 영향을 받았다면, 동시에 그는 그것의 시대적 한계와 약점까지 추적해야 한다. 그리고 그것을 자신이 사는 시대에 접목하였을 경우 현실의 문화적 풍토 위에서 성장할 수 있는가를 가늠해야 한다.

① 모방행위는 예술 사조에 포함되지 않는다.
② 예술 사조는 역사적 현실과 불가분의 관계이다.
③ 예술 사조는 현실적 가치만을 반영한다.
④ 예술 사조는 예술가가 현실과 조율한 타협점이다.
⑤ 모든 예술 사조는 오류를 피하고 완벽을 추구한다.

풀이순서

1) 질문의도
   내용추론 → 적용

2) 지문파악

4) 지문독해
   선택지와 비교

3) 선택지 키워드 찾기

5) 정답도출

PART 1

유형 분석
- 주어진 지문에 대한 이해를 바탕으로 유추할 수 있는 내용을 고르는 문제이다.
- 지문은 주로 업무 보고서, 기획서, 보도자료 등이 제시된다.
- 일반적인 독해 문제와는 달리 선택지의 내용이 애매모호한 경우가 많으므로 꼼꼼히 살펴보아야 한다.

풀이 전략
주어진 지문이 어떠한 내용을 다루고 있는지 파악한 후 선택지의 키워드를 체크한다. 그리고 나서 지문의 내용에서 도출할 수 있는 내용을 선택지에서 찾아야 한다.

03 | 문서작성 ①

다음 밑줄 친 단어와 유사한 의미를 가진 단어로 적절한 것은?

> 같은 극의 자석이 지니는 동일한 자기적 <u>속성</u>과 그로 인해 발생하는 척력

① 성질 : 사람이 지닌 본바탕
② 성급 : 성질이 급함
③ 성찰 : 자신의 마음을 반성하고 살핌
④ 종속 : 자주성이 없이 주가 되는 것에 딸려 붙음
⑤ 예속 : 다른 사람의 지배 아래 매임

풀이순서

1) 질문의도
   유의어

2) 지문파악
   문맥을 보고 단어의
   뜻 유추

3) 정답도출

유형 분석	• 주어진 지문에서 밑줄 친 단어의 유의어를 찾는 문제이다.
	• 자료는 지문, 보고서, 약관, 공지 사항 등 다양하게 제시된다.
	• 다른 문제들에 비해 쉬운 편에 속하지만 실수를 하기 쉽다.
	응용문제 : 틀린 단어를 올바르게 고치는 등 맞춤법과 관련된 문제가 출제된다.
풀이 전략	앞뒤 문장을 읽어 문맥을 파악하여 밑줄 친 단어의 의미를 찾는다.

04 | 문서작성 ②

기획안을 작성 할 때 유의할 점에 대해 김대리가 조언했을 말로 가장 적절하지 않은 것은?

> 발신인 : 김□□
> 수신인 : 이○○
> ○○씨, 김□□ 대리입니다. 기획안 잘 받아봤어요. 검토가 더 필요해서 결과는 시간이 좀 걸릴 것 같고요. 기왕 메일을 드리는 김에 기획안을 쓸 때 지켜야 할 점들에 대해서 말씀드리려고요. 문서는 내용 못지않게 형식을 지키는 것도 매우 중요하니까 다음 기획안을 쓸 때 참고하시면 도움이 될 겁니다.

① 표나 그래프를 활용하는 경우에는 내용이 잘 드러나는지 꼭 점검하세요.

☑ 마지막엔 반드시 '끝'을 붙여 문서의 마지막임을 확실하게 전달해야 해요.
　→ 문서의 마지막에 꼭 '끝'을 써야하는 것은 공문서이다.

③ 전체적으로 내용이 많은 만큼 구성에 특히 신경을 써야 합니다.

④ 완벽해야 하기 때문에 꼭 여러 번 검토를 하세요.

⑤ 내용 준비 이전에 상대가 요구하는 것이 무엇인지 고려하는 것부터 해야 합니다.

풀이순서

1) 질문의도
　문서작성 방법

3) 정답도출

2) 선택지 확인
　기획안 작성법

유형 분석
- 실무에서 적용할 수 있는 공문서 작성 방법의 개념을 익히고 있는지 평가하는 문제이다.
- 지문은 실제 문서 형식, 조언하는 말하기, 조언하는 대화가 주로 제시된다.

응용문제 : 문서 유형별 문서작성 방법에 대한 내용이 출제된다. 맞고 틀리고의 문제가 아니라 적합한 방법을 묻는 것이기 때문에 구분이 안 되어 있으면 틀리기 쉽다.

풀이 전략　각 문서의 작성법을 익히고 해당 내용이 올바르게 적용되었는지 파악한다.

05 | 경청

대화 상황에서 바람직한 경청의 방법으로 가장 적절한 것은?

① 상대의 말에 대한 원활한 대답을 위해 상대의 말을 들으면서 미리 대답할 말을 준비한다.

② 대화내용에서 상대방의 잘못이 드러나는 경우, 교정을 위해 즉시 비판적인 조언을 해준다.

☑ 상대의 말을 모두 들은 후에 적절한 행동을 하도록 한다.

④ 상대가 전달할 내용에 대해 미리 짐작하여 대비한다.

⑤ 대화내용이 지나치게 사적이다 싶으면 다른 대화주제를 꺼내 화제를 옮긴다.

풀이순서

1) 질문의도
   경청 방법

2) 선택지 확인
   적절한 경청 방법

3) 정답도출

유형 분석	• 경청 방법에 대해 이해하고 있는지를 묻는 문제이다.
	• 경청 방법에 대한 지식이 있어도 대화 상황이나 예가 제시되었을 때 그 자료를 해석하지 못하면 소용이 없다. 지식과 예를 연결 지어 학습해야 한다.
	응용문제 : 경청하는 태도와 방법에 대한 질문, 경청을 방해하는 요인 등의 지식을 묻는 문제들이 출제된다.
풀이 전략	경청에 대한 지식을 익히고 문제에 적용한다.

06 | 의사표현

다음 중 김대리의 의사소통을 저해하는 요인으로 가장 적절한 것은?

> 김대리는 업무를 처리할 때 담당자들과 별도의 상의를 하지 않고 스스로 판단해서 업무를 지시한다. 담당자들은 김대리의 지시 내용이 실제 업무 상황에 적합하지 않다고 생각하지만, 김대리는 자신의 판단에 확신을 가지고 자신의 지시 내용에 변화를 주지 않는다.

✔ 의사소통 기법의 미숙
② 잠재적 의도
③ 선입견과 고정관념
④ 평가적이며 판단적인 태도
⑤ 과거의 경험

풀이순서

1) 질문의도
   의사소통 저해요인

2) 지문파악
   '일방적으로 말하고',
   '일방적으로 듣는' 무책임한 마음
   → 의사소통 기법의 미숙

3) 정답도출

PART 1

유형 분석	• 상황에 적합한 의사표현법에 대한 이해를 묻는 문제이다.
	• 의사표현 방법에 대한 지식이 있어도 대화 상황이나 예가 제시되었을 때 그 자료를 해석하지 못하면 소용이 없다. 지식과 예를 연결 지어 학습해야 한다.
	응용문제 : 의사표현방법, 의사표현을 방해하는 요인 등의 지식을 묻는 문제들이 출제된다.
풀이 전략	의사소통의 저해요인에 대한 지식을 익히고 문제에 적용한다.

01 직장 내에서의 의사소통은 반드시 필요하지만, 적절한 의사소통을 형성한다는 것은 쉽지 않다. 다음과 같은 갈등 상황을 유발하는 원인으로 가장 적절한 것은?

> 기획팀의 K대리는 팀원 3명과 함께 프로젝트를 수행하고 있다. K대리는 이번 프로젝트를 조금 여유 있게 진행할 것을 팀원들에게 요청하였다. 팀원들은 프로젝트 진행을 위해 회의를 하였는데, L사원과 P사원의 의견이 서로 대립하는 바람에 결론을 내리지 못한 채 회의를 마치게 되었다. K대리가 회의 내용을 살펴본 결과 L사원은 프로젝트 기획 단계에서 좀 더 꼼꼼하고 상세한 자료를 모으자는 의견이었고, 반대로 P사원은 여유 있는 시간을 프로젝트 수정·보완 단계에서 사용하자는 의견이었다.

① L사원과 P사원이 K대리의 의견을 서로 다르게 받아들였기 때문이다.
② L사원은 K대리의 고정적 메시지를 잘못 이해하고 있기 때문이다.
③ L사원과 P사원이 자신의 정보를 상대방이 이해하기 어렵게 표현하고 있기 때문이다.
④ L사원과 P사원이 서로 잘못된 정보를 전달하고 있기 때문이다.

02 다음은 대화 과정에서 지켜야 할 협력의 원리에 대한 설명이다. 다음을 참고할 때, 〈보기〉의 사례에 대한 설명으로 적절한 것은?

협력의 원리란 대화 참여자가 대화의 목적에 최대한 기여할 수 있도록 서로 협력해야 한다는 것으로, 듣는 사람이 요구하지 않은 정보를 불필요하게 많이 제공하거나 대화의 목적이나 주제에 맞지 않는 내용을 말하는 것은 바람직하지 않다. 협력의 원리를 지키기 위해서는 다음과 같은 사항을 고려해야 한다.
• 양의 격률 : 필요한 만큼만 정보를 제공해야 한다.
• 질의 격률 : 타당한 근거를 들어 진실한 정보를 제공해야 한다.
• 관련성의 격률 : 대화의 목적이나 주제와 관련된 것을 말해야 한다.
• 태도의 격률 : 모호하거나 중의적인 표현을 피하고, 간결하고 조리 있게 말해야 한다.

보기

A사원 : 오늘 점심은 어디로 갈까요?
B대리 : 아무거나 먹읍시다. 오전에 간식을 먹었더니 배가 별로 고프진 않은데, 아무 데나 괜찮습니다.

① B대리는 불필요한 정보를 제공하고 있으므로 양의 격률을 지키지 않았다.
② B대리는 거짓된 정보를 제공하고 있으므로 질의 격률을 지키지 않았다.
③ B대리는 질문에 적합하지 않은 대답을 하고 있으므로 관련성의 격률을 지키지 않았다.
④ B대리는 대답을 명료하게 하지 않고 있으므로 태도의 격률을 지키지 않았다.

03 다음은 각 문서를 어떠한 기준에 따라 구분한 것이다. 빈칸에 들어갈 기준을 적절하게 나열한 것은?

기준	종류
㉠	공문서
	사문서
㉡	내부결재문서
	대내문서, 대외문서, 발신자와 수신자 명의가 같은 문서
㉢	법규문서
	지시문서
	공고문서
	비치문서
	민원문서
	일반문서

	㉠	㉡	㉢
①	작성 주체	문서의 성질	유통 대상
②	작성 주체	유통 대상	문서의 성질
③	유통 대상	문서의 성질	작성 주체
④	유통 대상	작성 주체	문서의 성질

04 다음 중 밑줄 친 어휘의 표기가 적절한 것은?

① 조금 바쁘기야 <u>하지만서도</u> 당신이 부탁하는 일이라면 무조건 돕겠어요.

② 그는 수년 간의 경험과 노하우로 해당 분야에서 <u>길앞잡이</u> 역할을 하고 있다.

③ 선수가 그라운드 안으로 <u>쏜살로</u> 뛰어 들어갔다.

④ 원숭이가 무리를 지어 인간처럼 사회를 이루며 살아가는 모습이 <u>신기롭다</u>.

05 다음 밑줄 친 단어의 유의어로 적절한 것은?

이렇게 만나게 되어 더할 <u>나위</u> 없는 영광입니다.

① 유용   ② 여지

③ 자취   ④ 지경

06 다음 제시된 단어와 같거나 유사한 의미를 가진 단어로 적절한 것은?

한둔

① 하숙   ② 숙박

③ 투숙   ④ 노숙

07 다음 글에 나타난 설명방식으로 가장 적절한 것은?

> 도로신호는 교차로와 보행통로에서 도로 위를 달리는 자동차와 횡단보도를 건너는 사람의 안전을 위하여 최소한의 신호체계로만 구성되어 있다. 따라서 자동차와의 충돌이 예상될 경우 운전자나 보행자가 스스로 판단하여 멈추어야 한다. 그러나 철도신호의 경우 차량과 차량, 차량과 사람의 안전을 확보하기 위하여 신호설비(신호기, 선로전환기, 연동장치, 궤도회로, 건널목 장치, 안전설비)들이 상호 시스템으로 연결되어 있고, 이 모든 신호설비가 정상적으로 동작했을 때만 열차가 달릴 수 있도록 설계되어 있다. 만약, 여러 가지 신호설비 중에서 단 하나라도 고장이 나면 신호등은 정지신호를 현시하여 열차가 정지하도록 되어 있다.
> 안전 측면에서도 도로신호와 철도신호는 크게 다르다. 자동차의 경우는 운전자가 마음대로 속도를 높이거나 낮출 수 있기에 앞차와의 거리를 운전자 스스로 유지해야 한다. 만약, 앞차와의 간격을 너무 좁게 하여 운전한다면 앞차가 급제동을 걸었을 경우 추돌을 피할 수 없게 된다. 그러나 철도신호 체계는 기관사가 마음대로 정해진 속도 이상을 달리지 못하도록 되어 있다. 철도신호는 앞에 가는 열차와의 간격에 따라서 제한적인 속도의 신호를 현시하는데, 기관사가 이를 어겨서 과속한다면 자동으로 제동장치가 동작되어 안전을 확보하는 시스템으로 구성되어 있다.

① 비유
② 예시
③ 비교
④ 대조

08 다음 글을 바탕으로 수출주도형 성장전략을 비판할 때, 다음 중 적절하지 않은 것은?

> 우리나라를 비롯한 아시아의 대만, 홍콩, 싱가포르 등 신흥 강대국들은 1960년대 이후 수출주도형 성장전략을 국가의 주요한 성장전략으로 활용하면서 눈부신 경제성장을 이루어 왔다. 이러한 수출주도형 성장전략은 신흥 강대국들의 부상을 이끌면서 전 세계적인 전략으로 자리매김하였으며, 이 전략을 활용하고자 하는 국가가 나타나면서 그 효과에 대한 인정을 받아온 측면이 존재하였다.
> 기본적으로 수출주도형 성장전략은 수요가 외부에 존재한다는 측면에서 공급중시 경제학적 관점을 띠고 있다고 볼 수 있다. 이는 수출주도형 국가는 물품을 생산하여 수출하면, 타 국가에서 이를 소비한다는 측면에서 공급이 수요를 창출한다고 하는 '세이의 법칙(Say's Law)'과 같은 맥락으로 설명될 수 있다. 고전학파 – 신고전학파로 이어지는 주류경제학에서의 공급중시 경제학은 기업 부문의 역할을 강조하면서 이를 위해 민간 부문의 지속적인 투자의식 고취를 위한 세율인하 등 규제완화에 주력하여 왔던 측면이 있다.

① 외부의 수요에 의존하기 때문에 국가 경제가 변동하는 영향이 너무 커요.
② 외부 의존성을 낮추고 국내의 수요에 기반한 안정적 정책마련이 필요해요.
③ 내부의 수요를 증대시키는 것이 결국 기업의 투자활동으로 촉진될 수 있어요.
④ 내부의 수요를 증대시키기 위해 물품을 생산하여 공급하는 것이 중요해요.

09 다음 글의 내용이 어떤 주장을 비판하는 논거일 때, 적절한 것은?

'모래언덕'이나 '바람'같은 개념은 매우 모호해 보인다. 작은 모래 무더기가 모래언덕이라고 불리려면 얼마나 높이 쌓여야 하는가? 바람이 되려면 공기는 얼마나 빨리 움직여야 하는가?

그러나 지질학자들이 관심 있는 대부분의 문제 상황에서 이런 개념들은 아무 문제없이 작동한다. 더 높은 수준의 세분화가 요구될 만한 맥락에서는 그때마다 '30m에서 40m 사이의 높이를 가진 모래언덕'이나 '시속 20km와 시속 40km 사이의 바람'처럼 수식어구가 달린 표현이 과학적 용어의 객관적인 사용을 뒷받침한다.

물리학 같은 정밀과학에서도 사정은 비슷하다. 물리학의 한 연구 분야인 저온물리학은 저온현상, 즉 초전도 현상을 비롯하여 절대온도 0K인 −273.16℃ 부근의 저온에서 나타나는 흥미로운 현상들을 연구한다. 그렇다면 정확히 몇 도부터 저온인가? 물리학자들은 이 문제를 놓고 다투지 않는다. 때로는 이 말이 헬륨의 끓는점(−268.6℃)과 같은 극저온 근방을 가리키는가 하면, 질소의 끓는점(−195.8℃)이 기준이 되기도 한다.

과학자들은 모호한 것을 싫어한다. 모호성은 과학의 정밀성을 훼손할 뿐만 아니라 궁극적으로 과학의 객관성을 약화시키기 때문이다. 그러나 모호성에 대응하는 길은 모든 측정의 오차를 0으로 만드는 데 있는 것이 아니라 대화를 통해 그 상황에 적절한 합의를 하는 데 있다.

① 과학의 정확성은 측정기술의 정확성에 달려 있다.
② 물리학 같은 정밀과학에서도 오차는 발생하기 마련이다.
③ 과학의 발달은 과학적 용어체계의 변화를 유발할 수 있다.
④ 과학적 언어의 객관성은 용어의 엄밀하고 보편적인 정의에 의해서만 보장된다.

10 다음 중 ㉠에 대해 제기할 수 있는 반론으로 가장 적절한 것은?

> 기업은 상품의 사회적 마모를 촉진시키는 주체이다. 생산과 소비가 지속되어야 이윤을 남길 수 있기 때문에, 하나의 상품을 생산해서 그 상품의 물리적 마모가 끝날 때까지를 기다렸다가는 그 기업은 망하기 십상이다. 이러한 상황에서 늘 수요에 비해 과잉 생산을 하는 기업이 살아남을 수 있는 길은 상품의 사회적 마모를 짧게 해서 사람들로 하여금 계속 소비하게 만드는 것이다.
> 그래서 ㉠ 기업들은 더 많은 이익을 내기 위해서 상품의 성능을 향상시키기보다는 디자인을 변화시키는 것이 더 바람직하다고 생각한다. 산업이 발달하여 상품의 성능이나 기능, 내구성이 이전보다 더욱 향상되었는데도 불구하고 상품의 생명이 이전보다 더 짧아지는 것은 어떻게 생각하면 자본주의 상품이 지닌 모순이라고 할 수 있다. 섬유의 질은 점점 좋아지지만 그 옷을 입는 기간은 이에 비해서 점점 짧아지게 되는 것이 바로 자본주의 상품이 지니고 있는 모순이다. 산업이 계속 발달하여 상품의 성능이 향상되는데도 상품의 사회적인 마모 기간이 누군가에 의해서 엄청나게 짧아지고 있다. 상품의 질은 향상되고 내가 버는 돈은 늘어가는 것 같은데 늘 무엇인가 부족한 느낌이 드는 것도 이것과 관련이 있다.

① 상품의 성능은 그대로 두어도 향상될 수 있는가?
② 디자인에 관한 소비자들의 취향이 바뀌는 것을 막을 방안은 있는가?
③ 상품의 성능 향상을 등한시하며 디자인만 바꾼다고 소비가 증가할 것인가?
④ 소비 성향에 맞춰 디자인을 다양화할 수 있는가?

11 다음 중 빈칸에 들어갈 말로 가장 적절한 것은?

> 국내 여가활동을 개인 활동, 사회성 여가활동, 동호회 활동으로 분류하여 유형별 참여율을 비교하였더니 전체 응답자 중 개인 활동 참여에 응답한 사람이 52.1%로 가장 높았고 사회성 여가활동인 자원봉사활동은 11.9%, 동호회 활동은 10.1%로 저조했다. 국내 여가자원을 여가시간과 비용 면에서 살펴보았을 때 2018년 15세 이상 국민들의 하루 평균 여가시간은 평일 3.3시간, 휴일 5.1시간으로 2016년 평일 4시간, 휴일 7시간보다 평일 여가시간이 0.7시간, 휴일 여가시간이 1.9시간 감소하였음을 확인할 수 있었고 여가비용은 2018년 한 달 평균 12만 5천 원 정도로 2016년의 16만 8천 원보다 4만 3천 원 정도 감소한 것으로 나타났다. 이 자료는 여가자원 현황과 국내 여가생활 만족도를 파악하는 자료로 활용할 수 있다. 현재 국내에서 행해지는 여가자원 정책을 살펴보면 주 40시간 근무제의 경우 여가만족도는 긍정적이지만 2016년부터 다소 낮아져 2018년에는 36.4%가 실시하고 있다고 응답하였다. 주5일 수업제는 실시 후 평균 46.5%가 만족하고 있다고 응답했다. 종합하면 활발한 여가활동을 저해하는 원인으로 여가자원과 여가활동 지원정책의 부족을 들 수 있다. 여가생활의 질을 높이기 위해 여가를 개인적인 문제로 볼 것이 아니라 _____ 체계적인 정책과 계획 수립을 이룩해야 할 것이다.

① 다양한 지원 방안을 고려하여   ② 삶의 질 향상을 위한 수단으로
③ 공적인 정책 과제라는 태도로   ④ 국민의 권익 보장 수단으로

12 다음 글을 읽고, 뒤르켐이 헤겔을 비판할 수 있는 주장으로 적절한 것은?

시민 사회라는 용어는 17세기에 등장했지만 19세기 초에 이를 국가와 구분하여 개념적으로 정교화한 인물이 헤겔이다. 그가 활동하던 시기에 유럽의 후진국인 프러시아에는 절대주의 시대의 잔재가 아직 남아 있었다. 산업 자본주의도 미성숙했던 때여서 산업화를 추진하고 자본가들을 육성하며 심각한 빈부 격차나 계급 갈등 등의 사회문제를 해결해야 하는 시대적 과제가 있었다. 그는 사익의 극대화가 국부를 증대해준다는 점에서 공리주의를 긍정했으나 그것이 시민 사회 내에서 개인들의 무한한 사익 추구가 일으키는 빈부 격차나 계급 갈등을 해결할 수는 없다고 보았다. 그는 시민 사회가 개인들의 사적 욕구를 추구하며 살아가는 생활 영역이자 그 욕구를 사회적 의존 관계 속에서 추구하게 하는 공동체적 윤리성의 영역이어야 한다고 생각했다. 특히 시민 사회 내에서 사익 조정과 공익 실현에 기여하는 직업 단체와 복지 및 치안 문제를 해결하는 복지 행정 조직의 역할을 설정하면서 이 두 기구가 시민 사회를 이상적인 국가로 이끌 연결고리가 될 것으로 기대했다. 하지만 빈곤과 계급 갈등은 시민 사회 내에서 근원적으로 해결될 수 없는 것이었다. 따라서 그는 국가를 사회 문제를 해결하고 공적 질서를 확립할 최종 주체로 설정하면서 시민 사회가 국가에 협력해야 한다고 생각했다.

한편 1789년 프랑스 혁명 이후 프랑스 사회는 혁명을 이끌었던 계몽주의자들의 기대와는 다른 모습을 보이고 있었다. 사회는 사익을 추구하는 파편화된 개인들의 각축장이 되어 있었고 빈부 격차와 계급 갈등은 격화된 상태였다. 이러한 혼란을 극복하기 위해 노동자 단체와 고용주 단체 모두를 불법으로 규정한 르샤플리에 법이 1791년부터 약 90년간 시행되었으나, 이 법은 분출되는 사익의 추구를 억제하지도 못하면서 오히려 프랑스 시민 사회를 극도로 위축시켰다.

뒤르켐은 이러한 상황을 아노미, 곧 무규범 상태로 파악하고 최대 다수의 최대 행복을 표방하는 공리주의가 사실은 개인의 이기심을 전제로 하고 있기에 아노미를 조장할 뿐이라고 생각했다. 그는 사익을 조정하고 공익과 공동체적 연대를 실현할 도덕적 개인주의의 규범에 주목하면서, 이를 수행할 주체로서 직업 단체의 역할을 강조하였다. 뒤르켐은 직업 단체가 정치적 중간 집단으로서 구성원의 이해관계를 국가에 전달하는 한편 국가를 견제해야 한다고 보았던 것이다.

① 직업 단체는 정치적 중간 집단의 역할로 빈곤과 계급 갈등을 근원적으로 해결하지 못해요.
② 직업 단체와 복지행정조직이 시민 사회를 이상적인 국가로 이끌어줄 열쇠예요.
③ 국가가 주체이기는 하지만 공동체적 연대의 실현을 수행할 중간 집단으로서의 주체가 필요해요.
④ 국가는 최종 주체로 설정한다면 사익을 조정할 수 있고, 공적 질서를 확립할 수 있어요.

13 다음 글에서 〈보기〉의 문장이 들어갈 위치로 가장 적절한 곳은?

자본주의 경제 체제는 이익을 추구하려는 인간의 욕구를 최대한 보장해주고 있다. 기업 또한 이익 추구라는 목적에서 탄생하여, 생산의 주체로서 자본주의 체제의 핵심적 역할을 수행하고 있다. 곧, 이익은 기업가로 하여금 사업을 시작하게 하는 동기가 된다. (가) 이익에는 단기적으로 실현되는 이익과 장기간에 걸쳐 지속적으로 실현되는 이익이 있다. 기업이 장기적으로 존속, 성장하기 위해서는 단기 이익보다 장기 이익을 추구하는 것이 더 중요하다. 실제로 기업은 단기 이익의 극대화가 장기 이익의 극대화와 상충할 때에는 단기 이익을 과감히 포기하기도 한다. (나) 자본주의 초기에는 기업이 단기 이익과 장기 이익을 구별하여 추구할 필요가 없었다. 소자본끼리의 자유 경쟁 상태에서는 단기든 장기든 이익을 포기하는 순간에 경쟁에서 탈락하기 때문이다. 그에 따라 기업은 치열한 경쟁에서 살아남기 위해 주어진 자원을 최대한 효율적으로 활용하여 가장 저렴한 가격으로 좋은 품질의 상품을 소비자에게 공급하게 되었다. (다) 이 단계에서는 기업의 소유자가 곧 경영자였기 때문에, 기업의 목적은 자본가의 이익을 추구하는 것으로 집중되었다.

그러나 기업의 규모가 점차 커지고 경영 활동이 복잡해지면서 전문적인 경영 능력을 갖춘 경영자가 필요하게 되었다. (라) 이에 따라 소유와 경영이 분리되어 경영의 효율성이 높아졌지만, 동시에 기업이 단기 이익과 장기 이익 사이에서 갈등을 겪게 되는 일도 발생하였다. 주주의 대리인으로 경영을 위임 받은 전문 경영인은 기업의 장기적 전망보다 단기 이익에 치중하여 경영 능력을 과시하려는 경향이 있기 때문이다. 주주는 경영자의 이러한 비효율적 경영 활동을 감시함으로써 자신의 이익은 물론 기업의 장기 이익을 극대화하고자 하였다.

> **보기**
>
> 이는 기업의 이익 추구가 결과적으로 사회 전체의 이익도 증진시켰다는 의미이다.

① (가)
② (나)
③ (다)
④ (라)

14 다음 글에서 〈보기〉의 문장이 들어갈 위치로 가장 적절한 곳은?

> (가) 휴대폰은 어린이들이 자신의 속마음을 고백하기도 하고, 그가 하는 말을 들어주기도 하며, 또 자신의 호주머니나 입 속에 다 쑤셔 넣기도 하는 곰돌이 인형과 유사하다. 다른 점이 있다면, 곰돌이 인형은 휴대폰과는 달리 말하는 사람에게 주의 깊게 귀를 기울여 준다는 것이다.
>
> (나) 휴대폰이 제기하는 핵심 문제는 바로 이러한 모순 가운데 있다. 곰돌이 인형과 달리 휴대폰을 통해 듣는 목소리는 우리가 듣기를 바라는 것과는 다른 대답을 자주 한다. 그것은 특히 우리가 대화 상대자와 다른 시간과 다른 장소 그리고 다른 정신상태에 처해 있기 때문이다.
>
> (다) 그리 오래 전 일도 아니지만, 우리가 시·공간적으로 떨어져 있는 상대와 대화를 나누고 싶을 때 할 수 있는 일이란 기껏해야 독백을 하거나 글쓰기에 호소하는 것밖에 없었다. 하지만 글을 써본 사람이라면 펜을 가지고 구어(口語)적 사고를 진행시킨다는 것이 얼마나 어려운 일인지 잘 안다.
>
> (라) 반면 우리가 머릿속에 떠오르는 말들에 따라, 그때그때 우리가 취하는 어조와 몸짓들은 얼마나 다양한가! 휴대폰으로 말미암아 우리는 혼자 말하는 행복을 되찾게 되었다. 더 이상 독백의 기쁨을 만끽하기 위해서 혼자 숨어들 필요가 없는 것이다. 어린이에게 자신이 보호받고 있다는 느낌을 주기 위해 발명된 곰돌이 인형을 어린이는 가장 좋은 대화 상대자로 이용한다. 마찬가지로 통신 수단으로 발명된 휴대폰은 고독 속에서 우리를 안도시키는 절대적 수단이 될 것이다.

보기

곰돌이 인형에게 이야기하는 어린이가 곰돌이 인형이 자기 말을 듣고 있다고 믿는 이유는 곰돌이 인형이 결코 대답하는 법이 없기 때문이다. 만일 곰돌이 인형이 대답을 한다면 그것은 어린이가 자신의 마음속에서 듣는 말일 것이다.

① (가) 문단의 뒤 ② (나) 문단의 뒤
③ (다) 문단의 뒤 ④ (라) 문단의 뒤

15 다음 중 빈칸에 들어갈 말로 가장 적절한 것은?

최근 미국 국립보건원은 벤젠 노출과 혈액암 사이에 연관이 있다고 보고했다. 직업안전보건국은 작업장에서 공기 중 벤젠 노출 농도가 1ppm을 넘지 말아야 한다는 한시적 긴급 기준을 발표했다. 당시 법규에 따른 기준은 10ppm이었는데, 직업안전보건국은 이 엄격한 새 기준이 영구적으로 정착되길 바랐다. 그런데 벤젠 노출 농도가 10ppm 이상인 작업장에서 인명피해가 보고된 적은 있지만 그보다 낮은 노출 농도에서 인명피해가 있었다는 검증된 데이터는 없었다. 그럼에도 불구하고 직업안전보건국은 벤젠이 발암물질이라는 이유를 들어 당시 통용되는 기기로 쉽게 측정할 수 있는 최소치인 1ppm을 기준으로 삼아야 한다고 주장했다. 직업안전보건국은 직업안전보건법의 구체적 실행에 관여하는 핵심 기관인데, 이 법은 '직장생활을 하는 동안 위험물질에 업무상 주기적으로 노출되더라도 그로 인해 어떤 피고용인도 육체적 손상이나 작업 능력의 손상을 입어서는 안 된다.'고 규정하고 있다.

이후 대법원은 직업안전보건국이 제시한 1ppm의 기준이 지나치게 엄격하다고 판결하였다. 대법원은 "직업안전보건법이 비용 등 다른 조건은 무시한 채 전혀 위험이 없는 작업장을 만들기 위한 표준을 채택하도록 직업안전보건국에게 무제한의 재량권을 준 것은 아니다."라고 밝혔다.

_____

직업안전보건국은 과학적 불확실성에도 불구하고 사람의 생명이 위험에 처할 수 있는 경우에는 더욱 엄격한 기준을 시행하는 것이 옳다면서 자신들에게 책임을 전가하는 것에 반대했다. 직업안전보건국은 노동자를 생명의 위협이 될 수 있는 화학 물질에 노출시키는 사람들이 그 안전성을 입증해야 한다고 보았다.

① 여러 가지 과학적 불확실성으로 인해 직업안전보건국의 기준이 합당하다는 것을 대법원이 입증할 수 없으므로 이를 수용할 수 없다는 것이다.

② 대법원은 벤젠의 노출 수준이 1ppm을 초과할 경우 노동자의 건강에 실질적으로 위험하다는 것을 직업안전보건국이 입증해야 한다고 주장했다.

③ 대법원은 재량권의 범위가 클수록 그만큼 더 신중하게 사용해야 한다는 점을 환기시키면서, 10ppm 수준의 벤젠 농도가 노동자의 건강에 정확히 어떤 손상을 가져오는지를 직업안전보건국이 입증해야 한다고 주장했다.

④ 직업안전보건국은 발암물질이 함유된 공기가 있는 작업장들 가운데서 전혀 위험이 없는 환경과 미미한 위험이 있는 환경을 구별해야 한다고 주장했는데, 대법원은 이것이 무익하고 무책임한 일이라고 지적했다.

16 다음 글의 빈칸에 들어갈 말을 〈보기〉에서 골라 순서에 맞게 나열한 것은?

『정의론』을 통해 현대 영미 윤리학계에 정의에 대한 화두를 던진 사회철학자 롤즈는 전형적인 절차주의적 정의론자이다. 그는 정의로운 사회 체제에 대한 논의를 주도해온 공리주의가 소수자 및 개인의 권리를 고려하지 못한다는 점에 주목하여 사회계약론적 토대하에 대안적 정의론을 정립하고자 하였다.

롤즈는 개인이 정의로운 제도하에서 자유롭게 자신들의 욕구를 추구하기 위해서는 ___(가)___ 등이 필요하며 이는 사회의 기본 구조를 통해서 최대한 공정하게 분배되어야 한다고 생각했다. 그리고 이를 실현할 수 있는 사회 체제에 대한 논의가, 자유롭고 평등하며 합리적인 개인들이 모두 동의할 수 있는 원리들을 탐구하는 데에서 출발해야 한다고 보고 '원초적 상황'의 개념을 제시하였다. '원초적 상황'은 정의로운 사회 체제의 기본 원칙들을 선택하는 합의 당사자들로 구성된 가설적 상황으로, 이들은 향후 헌법과 하위 규범들이 따라야 하는 가장 근본적인 원리들을 합의한다. '원초적 상황'에서 합의 당사자들은 ___(나)___ 등에 대한 정보를 모르는 상태에 놓이게 되는데 이를 '무지의 베일'이라고 한다. 단, 합의 당사자들은 ___(다)___ 와/과 같은 사회에 대한 일반적 지식을 알고 있으며, 공적으로 합의된 규칙을 준수하고, 합리적인 욕구를 추구할 수 있는 존재로 간주된다.

롤즈는 이러한 '무지의 베일' 상태에서 사회 체제의 기본 원칙들에 만장일치로 합의하는 것이 보장된다고 생각하였다. 또한 무지의 베일을 벗은 후에 겪을지 모를 피해를 우려하여 합의 당사자들이 자신의 피해를 최소화할 수 있는 내용을 계약에 포함시킬 것으로 보았다.

위와 같은 원초적 상황을 전제로 합의 당사자들은 정의의 원칙들을 선택하게 된다. 제1원칙은 모든 사람이 다른 개인들의 자유와 양립 가능한 한도 내에서 '기본적 자유'에 대한 평등한 권리를 갖는다는 것인데, 이를 '자유의 원칙'이라고 한다. 여기서 롤즈가 말하는 '기본적 자유'는 양심과 사고 표현의 자유, 정치적 자유 등을 포함한다.

> **보기**
>
> ㉠ 자신들의 사회적 계층, 성, 인종, 타고난 재능, 취향
> ㉡ 자유와 권리, 임금과 재산, 권한과 기회
> ㉢ 인간의 본성, 제도의 영향력

	(가)	(나)	(다)
①	㉠	㉡	㉢
②	㉠	㉢	㉡
③	㉡	㉠	㉢
④	㉢	㉠	㉡

17 다음 중 밑줄 친 ㉠~㉣에 대한 설명이 적절하지 않은 것은?

사유 재산 제도와 시장 경제가 자본주의의 양대 축을 이루기 때문에 토지 또한 민간의 소유여야만 한다고 하는 이들이 많다. 토지사유제의 정당성을 그것이 자본주의의 성립 근거라는 점에서 찾고자 하는 학자도 있다. 토지에 대해서는 절대적이고 배타적인 소유권을 인정할 수 없다고 하면 이들은 신성불가침 영역에 대한 도발이라며 이에 반발한다. 토지가 일반 재화나 자본에 비해 지닌 근본적인 차이는 무시하고 말이다. 과연 자본주의 경제는 토지사유제 없이 성립할 수 없는 것일까?

싱가포르, 홍콩, 대만, 핀란드 등의 사례는 위의 물음에 직접적인 답변을 제시한다. 이들은 토지공유제를 시행하였거나 토지의 공공성을 인정했음에도 불구하고 자본주의의 경제를 모범적으로 발전시켜온 사례이다. 물론 토지사유제를 당연하게 여기는 사람들이 이런 사례들을 토지 공공성을 인정해야만 하는 당위의 근거로서 받아들이는 것은 아니다. 그들은 오히려 토지의 공공성 강조가 사회주의적 발상이라고 비판한다. 하지만 이와 같은 비판은 토지와 관련된 권리 제도에 대한 무지에 기인한다.

토지 소유권은 사용권, 처분권, 수익권의 세 가지 권리로 구성된다. 각각의 권리를 누가 갖느냐에 따라 토지 제도는 다음과 같이 분류된다. 세 권리 모두 민간이 갖는 ㉠ 토지사유제, 세 권리 모두 공공이 갖는 ㉡ 사회주의적 토지공유제, 그리고 사용권은 민간이 갖고 수익권은 공공이 갖는 ㉢ 토지가치공유제이다. 한편, 토지가치공유제는 처분권을 누가 갖느냐에 따라 두 가지 제도로 분류된다. 처분권을 완전히 민간이 갖는 토지가치세제와 공공이 처분권을 갖지만 사용권을 가진 자에게 한시적으로 처분권을 맡기는 ㉣ 토지공공임대제이다. 토지 소유권을 구성하는 세 가지 권리를 민간과 공공이 적당히 나누어 갖는 경우가 많으므로 실제 토지 제도는 이 분류보다 훨씬 더 다양하다.

이 중 자본주의 경제와 결합될 수 없는 토지 제도는 사회주의적 토지공유제뿐이다. 물론 어느 토지 제도가 더 나은 경제적 성과를 보이는가는 그 이후의 문제이다. 토지사유제 옹호론에 따르면, 토지 자원을 효율적으로 배분하기 위해 토지에 대한 절대적, 배타적 소유권을 인정해야만 한다. 토지사유제만이 토지의 오용을 막을 수 있으며, 나아가 토지 사용의 안정성을 보장할 수 있다는 것이다. 하지만 토지 자원의 효율적 배분을 위해 토지의 사용권, 처분권, 수익권 모두를 민간이 가져야 할 필요는 없다. 토지 위 시설물에 대한 소유권을 민간이 갖고, 토지에 대해서 민간은 배타적 사용권만 가지면 충분하다.

① ㉠ : 토지 소유권을 민간이 갖는다.
② ㉡ : 자본주의 경제와 결합될 수 없다.
③ ㉢ : 처분권을 누가 갖느냐에 따라 토지가치세와 ㉣로 구분된다.
④ ㉣ : 처분권은 민간이 갖고, 사용권과 수익권은 공공이 갖는다.

18 부산교통공사의 신입사원 교육담당자인 A대리는 상사로부터 다음과 같은 메일을 받았다. 신입사원의 업무역량을 향상시킬 수 있도록 교육할 내용으로 적절하지 않은 것은?

수신 : A대리

발신 : B부장

제목 : 신입사원 교육프로그램을 구성할 때 참고해 주세요.

내용 :

A씨, 오늘 조간신문을 보다가 공감이 가는 내용이 있어서 보내드립니다.

신입사원 교육 때, 문서작성능력을 향상시킬 수 있는 프로그램이 추가되면 좋을 것 같습니다.

기업체 인사담당자들을 대상으로 한 조사에서 '신입사원의 국어 능력 만족도'는 '그저 그렇다'가 65.4%, '불만족'이 23.1%나 되었는데, 특히 '기획안과 보고서 작성능력'에서 '그렇다'의 응답 비율(53.2%)이 가장 높았다. 기업들이 대학에 개설되기를 희망하는 교과 과정을 조사한 결과에서도 가장 많은 41.3%가 '기획문서 작성'을 꼽았다. 특히 인터넷 세대들은 '짜깁기' 기술엔 능해도 논리를 구축해 효과적으로 커뮤니케이션을 하고 상대를 설득하는 능력에선 크게 떨어진다.

… 생략 …

---

① 문서의미를 전달하는 데 문제가 없다면 끊을 수 있는 부분은 가능한 끊어서 문장을 짧게 만들고, 실질적인 내용을 담을 수 있도록 한다.

② 상대방이 이해하기 어려운 글은 좋은 글이 아니므로 우회적인 표현이나 현혹적인 문구는 되도록이면 쓰지 않도록 한다.

③ 중요하지 않은 경우 한자의 사용을 자제하도록 하되, 만약 사용할 경우 상용 한자의 범위 내에서 사용하도록 한다.

④ 문서의 중요한 내용을 미괄식으로 작성하는 것은 문서작성에서 중요한 부분이다.

19 부산교통공사에서는 2023년을 맞아 중소기업을 대상으로 열린 강좌를 실시할 예정이다. 담당자인 G대리는 열린 강좌 소개를 위한 안내문을 작성해 A차장의 결재를 기다리는 중이다. 다음 중 안내문을 본 A차장이 할 수 있는 말로 적절하지 않은 것은?

〈2023년 중소기업 대상 열린 강좌 교육 시행〉

중소기업 직원의 역량강화를 위한 무상교육을 다음과 같이 시행하오니 관심 있는 중소기업 임직원 여러분의 많은 참여 바랍니다.

1. **교육과정 및 강사**

일자	교육명	강사
5월 25일(목)	대중문화에서 배우는 경영 전략과 마케팅	E대표

2. **교육 장소** : 부산교통공사 본사 1층 소강당

3. **신청기간 및 신청방법**
   가. 신청기간 : 2023년 5월 15일(월) ~ 19일(금)
   나. 신청방법 : 신청서 작성 후 E-mail(SDgosi@busan.kr) 신청

4. **기타사항** : 교육 대상 인원 선착순 선발 후 안내 메일 발송

5. **담당자** : 부산교통공사 계약팀 G대리
   (E-mail : SDgosi@busan.kr/ Tel : 051-123-1234)

---

① 해당 강좌가 몇 시간 동안 진행되는지도 적어주는 것이 좋겠군.
② 강사에 대한 정보가 부족하군. 대략적인 경력사항을 첨부하도록 하게.
③ 지도를 첨부해서 본사에 오는 교통편을 안내하는 것이 좋을 것 같네.
④ 만약 궁금한 점이 있으면 누구에게 연락해야 하는지 담당자 연락처를 적어두게.

20 다음은 P공사 디자인팀의 주간회의록이다. 자료에 대한 내용으로 적절한 것은?

〈주간회의록〉

회의일시	2022-04-04(월)	부서	디자인팀	작성자	D사원
참석자	A과장, B주임, C사원, E사원					

| 회의안건 | 1. 개인 주간 스케줄 및 업무 점검
2. 2022년 공사 홍보 브로슈어 기획 |

회의내용	내용	비고
	1. 개인 스케줄 및 업무 점검 　•A과장 : 브로슈어 기획 관련 홍보팀 미팅, 　　　　　 공부 디자이너 미팅 　•B주임 : 신제품 SNS 홍보 이미지 작업, 　　　　　 공사 영문 서브페이지 2차 리뉴얼 작업 진행 　•C사원 : 2022년도 홈페이지 개편 작업 진행 　•E사원 : 4월 사보 편집 작업 2. 2022년도 공사 홍보 브로슈어 기획 　•브로슈어 주제 : '신뢰' 　　－ 창립 10주년을 맞아 고객의 신뢰로 공사가 성장했음을 강조 　　－ 한결같은 모습으로 고객들의 지지를 받아왔음을 기업 이미지로 표현 　•20페이지 이내로 구성 예정	•4월 8일 AM 10:00 디자인팀 전시회 관람 •4월 5일까지 홍보팀에서 2022년도 브로슈어 최종원고 전달 예정

결정사항	내용	작업자	진행일정
	브로슈어 표지 이미지 샘플 조사	C사원, E사원	2022-04-05 ～ 2022-04-06
	브로슈어 표지 시안 작업 및 제출	B주임	2022-04-05 ～ 2022-04-09

| 특이사항 | 다음 회의 일정 : 4월 12일
•브로슈어 표지 결정, 내지 1차 시안 논의 |

① P공사는 외부 디자이너에게 브로슈어 표지 이미지 샘플을 요청하였다.

② 디자인팀은 이번 주 금요일에 전시회를 관람할 예정이다.

③ A과장은 이번 주에 내부 미팅, 외부 미팅을 모두 할 예정이다.

④ C사원은 2022년도 홈페이지 개편 작업을 완료한 후, 브로슈어 표지 이미지 샘플을 조사할 예정이다.

합격의
공식
SD에듀

S D E D U

많이 보고 많이 겪고 많이 공부하는 것은 배움의 세 기둥이다.

- 벤자민 디즈라엘리 -

CHAPTER 02
수리능력

수리능력은 사칙연산·통계·확률의 의미를 정확하게 이해하고 이를 업무에 적용하는 능력으로, 기초연산과 기초통계, 도표분석 및 작성의 문제 유형으로 출제된다. 수리능력 역시 채택하지 않는 공사·공단이 거의 없을 만큼 필기시험에서 중요도가 높은 영역이다.

수리능력은 NCS 기반 채용을 진행한 거의 모든 기업에서 다루었으며, 문항 수는 전체의 평균 16% 정도로 많이 출제되었다. 특히, 난이도가 높은 공사·공단의 시험에서는 도표분석, 즉 자료해석 유형의 문제가 많이 출제되고 있고, 응용수리 역시 꾸준히 출제하는 공사·공단이 많기 때문에 기초연산과 기초통계에 대한 공식의 암기와 자료해석능력을 기를 수 있는 꾸준한 연습이 필요하다.

01 응용수리능력의 공식은 반드시 암기하라!

응용수리능력은 지문이 짧지만, 풀이 과정은 긴 문제도 자주 볼 수 있다. 그렇기 때문에 응용수리능력의 공식을 반드시 암기하여 문제의 상황에 맞는 공식을 적절하게 적용하여 답을 도출해야 한다. 따라서 문제에서 묻는 것을 정확하게 파악하여 그에 맞는 공식을 적절하게 적용하는 꾸준한 노력과 공식을 암기하는 연습이 필요하다.

02 통계에서의 사건이 동시에 발생하는지 개별적으로 발생하는지 구분하라!

통계에서는 사건이 개별적으로 발생했을 때, 경우의 수는 합의 법칙, 확률은 덧셈정리를 활용하여 계산하며, 사건이 동시에 발생했을 때, 경우의 수는 곱의 법칙, 확률은 곱셈정리를 활용하여 계산한다. 특히, 기초통계능력에서 출제되는 문제 중 순열과 조합의 계산 방법이 필요한 문제도 다수이므로 순열(순서대로 나열)과 조합(순서에 상관없이 나열)의 차이점을 숙지하는 것 또한 중요하다. 통계 문제에서의 사건 발생 여부만 잘 판단하여도 계산과 공식을 적용하기가 수월하므로 문제의 의도를 잘 파악하는 것이 중요하다.

03 **자료의 해석은 자료에서 즉시 확인할 수 있는 지문부터 확인하라!**

대부분의 취업준비생들이 어려워 하는 영역이 수리영역 중 도표분석, 즉 자료해석능력이다. 자료는 표 또는 그래프로 제시되고, 쉬운 지문은 증가 혹은 감소 추이, 간단한 사칙연산으로 풀이가 가능한 문제 등이 있고, 자료의 조사기간 동안 전년 대비 증가율 혹은 감소율이 가장 높은 기간을 찾는 문제들도 있다. 따라서 일단 증가・감소 추이와 같이 눈으로 확인이 가능한 지문을 먼저 확인한 후 복잡한 계산이 필요한 지문을 확인하는 방법으로 문제를 풀이한다면, 시간을 조금이라도 아낄 수 있다. 특히, 그래프와 같은 경우에는 그래프에 대한 특징을 알고 있다면, 그래프의 길이 혹은 높낮이 등으로 대강의 수치를 빠르게 확인이 가능하므로 이에 대한 숙지도 필요하다. 또한, 여러 가지 보기가 주어진 문제 역시 지문을 잘 확인하고 문제를 풀이한다면 불필요한 계산을 생략할 수 있으므로 항상 지문부터 확인하는 습관을 들여야 한다.

04 **도표작성능력에서 지문에 작성된 도표의 제목을 반드시 확인하라!**

도표작성은 하나의 자료 혹은 보고서와 같은 수치가 표현된 자료를 도표로 작성하는 형식으로 출제되는데, 대체로 표보다는 그래프를 작성하는 형태로 많이 출제된다. 지문을 살펴보면 각 지문에서 주어진 도표에도 소제목이 있는 경우가 대부분이다. 이때, 자료의 수치와 도표의 제목이 일치하지 않는 경우 함정이 존재하는 문제일 가능성이 높으므로 도표의 제목을 반드시 확인하는 것이 중요하다. 도표작성의 경우 대부분 비율 계산이 많이 출제되는데, 도표의 제목과는 다른 수치로 작성된 도표가 존재하는 경우가 있다. 그렇기 때문에 지문에서 작성된 도표의 소제목을 먼저 확인하는 연습을 하여 간단하지 않은 비율 계산을 두 번 하는 일이 없도록 해야 한다.

01 | 기초연산 ①

S출판사는 어떤 창고에 도서를 보관하기로 하였다. <u>창고 A에 보관 작업 시 작업자 3명이 5시간 동안 10,300권의 책을 보관</u>ⓐ할 수 있다. <u>창고 B에는 작업자 5명을 투입</u>ⓑ시킨다면 몇 시간 후에 일을 끝마치게 되며, 몇 권까지 보관이 되겠는가?(단, 〈보기〉에 주어진 조건을 고려한다)

풀이순서

1) 질문의도
   보관 도서 수 및 작업
   시간

2) 조건확인
   ⓐ~ⓕ

〈창고 A〉

사이즈 : <u>가로 10m×세로 5m×높이 3m</u>ⓒ → 150m³ : 10,300권

↓ 2배

〈창고 B〉

사이즈 : <u>가로 15m×세로 10m×높이 2m</u>ⓓ → 300m³ : 20,600권

보기

1. <u>도서가 창고공간을 모두 차지한다고 가정</u>ⓔ한다.
2. <u>작업자의 작업능력은 동일</u>ⓕ하다.

	보관 도서 수	시간
①	약 10,300권	약 5시간
②	약 10,300권	약 6시간
③	약 20,600권	약 5시간
✓④	약 20,600권	약 6시간
⑤	약 25,100권	약 5시간

ⓐ 1시간 당 1명이 작업한 도서 수
   $10,300 \div 5 \div 3 = 686.67$권

ⓑ 1시간 당 보관 도서 수
   $686.67 \times 5 = 3,433.35$권

∴ $20,600 \div 3,433.35 = 6$시간

3) 계산

4) 정답도출

유형 분석
- 문제에서 제공하는 정보를 파악한 뒤 사칙연산을 활용하여 계산하는 응용수리 문제이다.
- 제시된 문제 안에 풀이를 위한 정보가 산재되어 있는 경우가 많으므로 문제 속 조건이나 보기 등을 꼼꼼히 읽어야 한다.

응용문제 : 최소공배수 등 수학 이론을 활용하여 계산하는 문제도 자주 출제된다.

풀이 전략
문제에서 요구하는 답을 정확히 이해하고, 주어진 상황과 조건을 식으로 치환하여 신속하게 계산한다.

02 | 기초연산 ②

둘레의 길이가 10km<u>ⓐ</u>인 원형의 공원이 있다. 어느 지점에서 민수와 민희는 <u>서로 반대 방향ⓑ</u>으로 걷기 시작했다. <u>민수의 속력이 시속 3kmⓒ</u>, <u>민희의 속력이 시속 2kmⓓ</u>일 때, 둘은 몇 시간 후에 만나는가?

① 1시간   ✔ 2시간
③ 2시간 30분   ④ 2시간 50분
⑤ 3시간 20분

ⓒ 민수의 속력 : 3km/h
ⓓ 민희의 속력 : 2km/h
민수와 민희가 걸은 시간은 x시간으로 같다.

민수가 걸은 거리 $3x$ 민희가 걸은 거리 $2x$

⌐⌐⌐⌐⌐⌐⌐⌐⌐⌐⌐10km⌐⌐⌐⌐⌐⌐⌐⌐⌐

$3x + 2x = 10 \rightarrow 5x = 10$
$\therefore \ x = 2$시간

풀이순서

1) 질문의도
   만나는 데 걸린 시간

2) 조건확인
   ⓐ ~ ⓓ

3) 계산

4) 정답도출

유형 분석
- 문제에서 제공하는 정보를 파악한 뒤 방정식을 세워 계산하는 응용수리 문제이다.
- 거리, 속력, 시간의 상관관계를 이해하고 이를 바탕으로 원하는 값을 도출할 수 있는지를 확인하므로 기본적인 공식은 알고 있어야 한다.

응용문제 : 농도, 확률 등 방정식 및 수학 공식을 활용하여 계산하는 문제도 자주 출제된다.

풀이 전략
문제에서 요구하는 답을 미지수로 하여 방정식을 세우고, (거리)=(속력)×(시간) 공식을 통해 필요한 값을 계산한다.

03 통계분석

다음은 2019 ~ 2021년의 행정구역별 인구에 관한 자료이다. 전년 대비 2021년의 대구 지역의 인구 증가율을 구하면?(단, 소수점 둘째 자리에서 반올림한다)

풀이순서

1) 질문의도
   2021년 대구의 전년 대비 인구 증가율

2) 조건확인
   ⓐ 대구의 2020년 인구 수 : 982명
   ⓑ 대구의 2021년 인구 수 : 994명

〈행정구역별 인구〉

(단위 : 천 명)

구분	2019년	2020년	2021년
전국	20,726	21,012	21,291
서울	4,194	4,190	4,189
부산	1,423	1,438	1,451
대구	971	982	994
(중략)			
경북	1,154	1,170	1,181
경남	1,344	1,367	1,386
제주	247	257	267

① 약 1.1%
② 약 1.2%
③ 약 1.3%
④ 약 1.4%
⑤ 약 1.5%

- 2020년 대구의 인구 수 : 982명
- 2021년 대구의 인구 수 : 994명
- 2021년 대구의 전년 대비 인구 수 증가율 : $\dfrac{994-982}{994} \times 100 = 1.2\%$

3) 계산

4) 정답도출

유형 분석
- 표를 통해 제시된 자료를 해석하고 계산하는 자료계산 문제이다.
- 주어진 자료를 통해 증가율이나 감소율 등의 정보를 구할 수 있는지 확인하는 문제이다.

응용문제 : 주어진 자료에 대한 해석을 묻는 문제도 자주 출제된다.

풀이 전략
제시되는 자료의 양이 많지만 문제를 푸는 데 반드시 필요한 정보는 적은 경우가 많으므로 질문을 빠르게 이해하고, 필요한 정보를 먼저 체크하면 풀이 시간을 줄일 수 있다.

04 | 도표분석

다음은 2009 ~ 2021년 축산물 수입 추이를 나타낸 그래프이다. 이에 대한 설명으로 옳지 않은 것은?

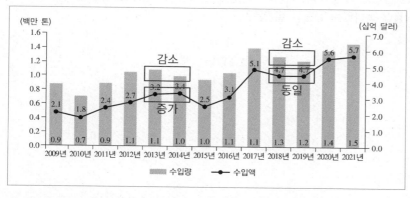

풀이순서

1) 질문의도
   도표분석

3) 도표분석
   축산물 수입량 / 수입
   액 추이

① 2021년 축산물 수입량은 2011년 대비 약 67% 증가하였다.
② 처음으로 2009년 축산물 수입액의 두 배 이상 수입한 해는 2017년이다.
③ 전년 대비 축산물 수입액의 증가율이 가장 높았던 해는 2017년이다.
✓ 축산물 수입량과 수입액의 변화 추세는 동일하다.
⑤ 2011년부터 2014년까지 축산물 수입액은 전년 대비 증가했다.

2) 선택지 키워드 찾기

4) 정답도출

유형 분석
- 제시된 도표를 분석하여 각 선택지의 정답 유무를 판단하는 자료해석 문제이다.
- 막대 그래프, 꺾은선 그래프 등 다양한 형태의 그래프가 제시되며, 증감률·비율·추세 등을 확인하는 문제이다.
- 경영·경제·산업 등 최신 이슈를 많이 다룬다.
  응용문제 : 표의 형식으로 자료를 제시하고 그래프로 변환하는 등의 문제도 자주 출제된다.

풀이 전략
각 선택지의 진위 여부를 파악하는 문제이므로 선택지 별로 필요한 정보가 무엇인지 빠르게 파악하고, 필요한 부분을 체크하여 혼동하지 않도록 한다.

01 농도가 12%인 A설탕물 200g, 15%인 B설탕물 300g, 17%인 C설탕물 100g이 있다. A와 B설탕물을 합친 후 300g만 남기고 버린 다음, 여기에 C설탕물을 합친 후 다시 300g만 남기고 버렸다. 마지막 300g 설탕물에 녹아있는 설탕의 질량은?

① 41.5g

② 42.7g

③ 43.8g

④ 44.6g

02 김대리가 1호 택배상자 6개와 2호 택배상자 7개의 무게를 재보니 총 960g이었다. 택배상자 호수에 따른 무게를 비교하기 위해 양팔 저울 왼쪽에는 1호 4개와 2호 2개, 오른쪽은 1호 2개와 2호 6개를 올려놓았을 때 평형을 이루었다. 1호 상자와 2호 상자 한 개당 무게가 각각 xg, yg일 때 $x \times y$의 값은?(단, 상자의 무게는 호수별로 동일하다)

① 4,800

② 5,000

③ 5,200

④ 5,400

03 농도가 8%인 600g의 소금물에서 일정량의 소금물을 퍼내고, 80g의 물을 붓고 소금을 20g 넣었다. 소금물의 농도가 10%가 되었다면 처음 퍼낸 소금물의 양은?

① 50g

② 100g

③ 150g

④ 200g

04 H사는 신약개발을 위해 Z바이러스에 대한 항체 유무에 따른 질병 감염 여부를 조사하였다. 조사 결과 질병에 양성 반응을 보인 확률은 95%이고, 이 중 항체가 있는 사람의 비율은 15.2%였다. 또한 질병에 음성 반응을 보였지만 항체가 없는 사람의 비율은 4.2%라고 한다면 조사 참여자 중 항체를 보유한 사람의 비율은?(단, 양성은 질병에 감염된 것을 의미하고, 음성은 질병에 감염되지 않은 것을 의미한다)

① 14%

② 16%

③ 18%

④ 20%

05 1학년 학생들의 여학생과 남학생의 비율은 6 : 4이고, 여학생 중 운동을 좋아하는 비율은 25%, 남학생 중 운동을 좋아하는 비율은 85%라고 한다. 전체 학생 중에서 운동을 좋아하는 비율은?

① 42%

② 45%

③ 48%

④ 49%

06 연예인에 대한 선호도 조사를 실시한 결과 A사이트에서는 평균 4.5점을 B사이트에서는 평균 6.5점을 기록하였다. 전체 평균점수는 5.1점이고 설문에 참여한 총인원이 2,100명일 때, A사이트에 참여한 인원은?(단, A, B사이트에 참여자 중 중복은 없다)

① 1,470명

② 1,420명

③ 1,370명

④ 1,320명

07 어느 회사의 사우회에서 참석자들에게 과자를 1인당 8개씩 나누어 주려고 한다. 10개씩 들어 있는 과자 17상자를 준비하였더니 과자가 남았고, 남은 과자를 1인당 1개씩 더 나누어 주려고 하니 부족했다. 만일 지금보다 9명이 더 참석한다면 과자 6상자를 추가해야 참석자 모두에게 1인당 8개 이상씩 나누어 줄 수 있다. 처음에 사우회 참석자 수는?

① 21명
② 20명
③ 19명
④ 18명

08 첫째와 둘째, 둘째와 셋째의 터울이 각각 3세인 A, B, C 삼형제가 있다. 3년 후면 막내 C의 나이는 첫째 A 나이의 $\frac{2}{3}$가 된다고 한다. 현재 A, B, C의 나이를 모두 더하면 얼마인가?

① 33
② 36
③ 39
④ 45

09 철수의 한 달 수입은 x원이다. 수입 중 40%는 저금을 하고 나머지의 50%를 교통비에 사용하면 남는 돈이 60,000원일 때, x는 얼마인가?

① 180,000원
② 200,000원
③ 220,000원
④ 240,000원

10 다음은 주요 온실가스의 연평균 농도 변화 추이를 나타낸 자료이다. 이에 대한 설명으로 옳지 않은 것은?

〈주요 온실가스 연평균 농도 변화 추이〉

구분	2016년	2017년	2018년	2019년	2020년	2021년	2022년
이산화탄소 농도(ppm)	387.2	388.7	389.9	391.4	392.5	394.5	395.7
오존전량(DU)	331	330	328	325	329	343	335

① 이산화탄소의 농도는 계속해서 증가하고 있다.

② 오존전량은 계속해서 증가하고 있다.

③ 2022년 오존전량은 2016년 대비 4DU 증가했다.

④ 2022년 이산화탄소의 농도는 2017년 대비 7ppm 증가했다.

11 전체가 200명인 집단을 대상으로 S, K, M의 3개 방송사 오디션 프로그램에 대한 선호도를 조사하여 다음과 같은 결과를 얻었다. S방송사의 오디션 프로그램을 좋아하는 사람 중 남자의 비율은?

〈선호도 조사결과〉

• 각 응답자는 S방송사, K방송사, M방송사 중 하나만을 선택하여 응답하였다.

• 전체 응답자 중 여자는 60%이다.

• 여자 응답자 중 50%가 S방송사를 선택했다.

• K방송사를 선택한 남자 응답자는 30명이다.

• 남자 응답자 중 M방송사를 선택한 사람은 40%이다.

• M방송사를 선택한 여자 응답자는 20명이다.

① $\dfrac{1}{5}$

② $\dfrac{2}{5}$

③ $\dfrac{3}{13}$

④ $\dfrac{19}{39}$

12 다음은 2017 ~ 2022년 소유자별 국토면적을 나타낸 자료이다. 이에 대한 설명으로 옳지 않은 것은?

〈소유자별 국토면적〉

(단위 : km²)

구분	2017년	2018년	2019년	2020년	2021년	2022년
전체	99,646	99,679	99,720	99,828	99,897	100,033
민유지	56,457	55,789	54,991	54,217	53,767	53,357
국유지	23,033	23,275	23,460	23,705	23,891	24,087
도유지	2,451	2,479	2,534	2,580	2,618	2,631
군유지	4,741	4,788	4,799	4,838	4,917	4,971
법인	5,207	5,464	5,734	5,926	6,105	6,287
비법인	7,377	7,495	7,828	8,197	8,251	8,283
기타	380	389	374	365	348	417

① 국유지 면적은 매년 증가하였고, 민유지 면적은 매년 감소하였다.

② 전년 대비 2018 ~ 2022년 군유지 면적의 증가량은 2021년에 가장 많다.

③ 2017년과 2022년을 비교했을 때, 법인보다 국유지 면적의 차이가 크다.

④ 전체 국토면적은 매년 조금씩 증가하고 있다.

13 다음은 영농자재 구매사업의 변화 양상에 관한 자료이다. 이에 대한 설명으로 옳은 것은?

〈영농자재 구매사업의 변화 양상〉

(단위 : %)

연도	비료	농약	농기계	면세유류	종자 / 종묘	배합사료	일반자재	자동차	합계
1970년	74.1	12.6	5.4	–	3.7	2.5	1.7	–	100
1980년	59.7	10.8	8.6	–	0.5	12.3	8.1	–	100
1990년	48.5	12.7	19.6	0.3	0.2	7.1	11.6	–	100
2000년	30.6	9.4	7.3	7.8	0.7	31.6	12.6	–	100
2010년	31.1	12.2	8.5	13.0	–	19.2	16.0	–	100
2020년	23.6	11.0	4.2	29.7	–	20.5	10.9	0.1	100

① 일반자재 구매 비율은 10년마다 증가하였다.

② 영농자재 중 비료 구매 비율은 조사기간 동안 항상 가장 높다.

③ 배합사료와 농기계 구매 비율은 조사기간 동안 증가와 감소추이를 교대로 반복하였다.

④ 면세유류 구매 비율은 1990년부터 감소한 적이 없다.

※ 다음은 농촌·도시 간 유동인구 현황에 대한 자료이다. 이를 참고하여 이어지는 질문에 답하시오.
[14~15]

⟨농촌·도시 간 유동인구 현황⟩

(단위 : 백 명)

구분	2020년	2021년	2022년
농촌 → 도시	500	600	700
도시 → 농촌	400	300	100

14 2019년의 농촌의 인구가 150,000명, 도시의 인구가 300,000명이라면, 다음 중 2022년의 도시와 농촌의 인구로 바른 것은?

        도시의 인구   농촌의 인구
①   430,000명   20,000명
②   420,000명   30,000명
③   410,000명   40,000명
④   400,000명   50,000명

15 2019년의 농촌의 인구가 150,000명, 도시의 인구가 300,000명이라면, 다음 중 도시와 농촌의 2020년 대비 2022년의 인구 증감률로 바른 것은?(단, 소수점은 버림한다)

     도시   농촌
① 27%   − 66%
② 28%   − 65%
③ 29%   − 64%
④ 30%   − 63%

※ 다음은 2018 ~ 2022년 우리나라의 예산분야별 재정지출 추이를 나타낸 자료이다. 이를 참고하여 이어지는 질문에 답하시오. **[16~17]**

〈우리나라의 예산분야별 재정지출 추이〉

(단위 : 조 원, %)

구분	2018년	2019년	2020년	2021년	2022년	연평균 증가율
예산	137.3	147.5	153.7	165.5	182.8	7.4
기금	59.0	61.2	70.4	72.9	74.5	6.0
교육	24.5	27.6	28.8	31.4	35.7	9.9
사회복지·보건	32.4	49.6	56.0	61.4	67.5	20.1
R&D	7.1	7.8	8.9	9.8	10.9	11.3
SOC	27.1	18.3	18.4	18.4	18.9	−8.6
농림·해양·수산	12.3	14.1	15.5	15.9	16.5	7.6
산업·중소기업	11.4	11.9	12.4	12.6	12.6	2.5
환경	3.5	3.6	3.8	4.0	4.4	5.9
국방비	18.1	21.1	22.5	24.5	26.7	10.2
통일·외교	1.4	2.0	2.6	2.4	2.6	16.7
문화·관광	2.3	2.6	2.8	2.9	3.1	7.7
공공질서·안전	7.6	9.4	11.0	10.9	11.6	11.2
균형발전	5.0	5.5	6.3	7.2	8.1	12.8
기타	43.5	35.2	35.1	37.0	38.7	−2.9
총 지출	196.3	208.7	224.1	238.4	257.3	7.0

※ (총 지출)=(예산)+(기금)

16 다음 중 자료에 대한 설명으로 옳은 것은?(단, 비율은 소수점 첫째 자리에서 반올림한다)

① 교육 분야의 전년 대비 재정지출 증가율이 가장 높은 해는 2019년이다.
② 전년 대비 재정지출액이 증가하지 않은 해가 있는 분야는 5개이다.
③ 사회복지·보건 분야의 재정지출은 언제나 기타 분야보다 크다.
④ 기금의 연평균 증가율보다 낮은 연평균 증가율을 보이는 분야는 3개이다.

17 다음 중 2020년 대비 2021년 사회복지·보건 분야의 재정지출 증감률과 공공질서·안전 분야의 재정지출 증감률의 차이는 얼마인가?(단, 소수점 둘째 자리에서 반올림한다)

① 9.4%p
② 10.5%p
③ 11.2%p
④ 12.6%p

18 다음은 지역별 컴퓨터 업체들의 컴퓨터 종류별 보유 비율에 대한 자료이다. 이에 대한 설명으로 옳지 않은 것은?(단, 대수는 소수점 첫째 자리에서, 비율은 소수점 둘째 자리에서 반올림한다)

〈컴퓨터 종류별 보유 비율〉

(단위 : %)

구분		전체 컴퓨터 대수(대)	데스크톱	노트북	태블릿 PC	PDA	스마트폰	기타
지역별	서울	605,296	54.5	22.4	3.7	3.2	10.0	6.2
	부산	154,105	52.3	23.7	3.8	1.7	5.2	13.3
	대구	138,753	56.2	26.4	3.0	5.1	5.2	4.1
	인천	124,848	62.3	21.6	1.0	1.0	12.1	2.0
	광주	91,720	75.2	16.1	2.5	0.6	5.6	–
	대전	68,270	66.2	20.4	0.8	1.0	4.5	7.1
	울산	42,788	67.5	20.5	0.6	–	3.8	7.6
	세종	3,430	91.5	7.0	1.3	–	–	0.2
	경기	559,683	53.7	27.2	3.3	1.1	10.0	4.7
	강원	97,164	59.2	12.3	4.0	0.5	18.9	5.1
	충북	90,774	71.2	16.3	0.7	1.9	5.9	4.0
	충남	107,066	75.8	13.7	1.4	0.4	0.7	8.0
	전북	88,019	74.2	12.2	1.1	0.3	11.2	1.0
	전남	91,270	76.2	12.7	0.6	1.5	9.0	–
	경북	144,644	45.1	6.9	2.1	3.0	14.5	28.4
	경남	150,997	69.7	18.5	1.5	0.2	0.4	9.7
	제주	38,964	53.5	13.0	3.6	–	12.9	17.0
전국		2,597,791	59.4	20.5	2.7	1.7	8.7	7.0

① 서울 업체가 보유한 노트북 수는 20만 대 미만이다.

② 전국 컴퓨터 보유 대수 중 스마트폰의 비율은 전국 컴퓨터 보유 대수 중 노트북 비율의 30% 미만이다.

③ 대전과 울산 업체가 보유하고 있는 데스크톱 보유 대수는 전국 데스크톱 보유 대수의 6% 미만이다.

④ PDA 보유 대수는 전북이 전남의 15% 이상이다.

19 다음은 초·중·고교생 스마트폰 중독 현황에 대한 자료이다. 이에 대한 〈보기〉의 설명으로 옳지 않은 것을 모두 고르면?

〈초·중·고생 스마트폰 중독 비율〉

(단위 : %)

구분		전체	초등학생 (9 ~ 11세)	중·고생 (12 ~ 17세)
전체		32.38	31.51	32.71
아동성별	남성	32.88	33.35	32.71
	여성	31.83	29.58	32.72
가구소득별	기초수급	30.91	30.35	31.05
	차상위	30.53	24.21	30.82
	일반	32.46	31.56	32.81
거주지역별	대도시	31.95	30.80	32.40
	중소도시	32.49	32.00	32.64
	농어촌	34.50	32.84	35.07
가족유형별	양부모	32.58	31.75	32.90
	한부모·조손	31.16	28.83	31.79

※ 각 항목의 전체 인원은 그 항목에 해당하는 초등학생 수와 중·고생 수의 합을 말한다.

보기

ㄱ. 초등학생과 중·고생 모두 남자의 스마트폰 중독비율이 여자의 스마트폰 중독비율보다 높다.
ㄴ. 한부모·조손 가족의 스마트폰 중독 비율은 초등학생의 경우가 중·고생 중독 비율의 70% 이상이다.
ㄷ. 조사대상 중 대도시에 거주하는 초등학생 수는 중·고생 수보다 많다.
ㄹ. 초등학생과 중·고생 모두 기초수급가구의 경우가 일반가구의 경우보다 스마트폰 중독 비율이 높다.

① ㄴ ② ㄱ, ㄷ
③ ㄱ, ㄹ ④ ㄱ, ㄷ, ㄹ

20 다음은 A시 마을의 상호 간 태양광 생산 전력판매량에 관한 자료이다. 이에 대한 설명으로 옳지 않은 것은?(단, A시 마을은 제시된 4개 마을이 전부이며, 모든 마을의 전력 판매가는 같다고 가정한다)

(단위 : kW)

전력판매량 \ 전력구매량	갑 마을	을 마을	병 마을	정 마을
갑 마을	–	180	230	160
을 마을	250	–	200	190
병 마을	150	130	–	230
정 마을	210	220	140	–

※ (거래수지)＝(전력판매량)－(전력구매량)

① 총 거래량이 같은 마을은 없다.

② 갑 마을이 을 마을에 40kW를 더 판매했다면, 을 마을의 구매량은 병 마을보다 많게 된다.

③ 태양광 전력 거래 수지가 흑자인 마을은 을 마을뿐이다.

④ 전력을 가장 많이 판매한 마을과 가장 많이 구매한 마을은 각각 을 마을과 갑 마을이다.

CHAPTER 03
문제해결능력

합격 CHEAT KEY

문제해결능력은 업무를 수행하면서 여러 가지 문제 상황이 발생하였을 때, 창의적이고 논리적인 사고를 통하여 이를 올바르게 인식하고 적절히 해결하는 능력을 말한다. 하위능력으로는 사고력과 문제처리능력이 있다.

문제해결능력은 NCS 기반 채용을 진행하는 대다수의 공사·공단에서 채택하고 있으며, 문항 수는 평균 24% 정도로 상당히 많이 출제되고 있다. 하지만 많은 수험생들은 더 많이 출제되는 다른 영역에 몰입하고 문제해결능력은 집중하지 않는 실수를 하고 있다. 다른 영역보다 더 많은 노력이 필요할 수는 있지만 그렇기에 차별화를 할 수 있는 득점 영역이므로 포기하지 말고 꾸준하게 노력해야 한다.

01 질문의 의도를 정확하게 파악하라!

문제해결능력은 문제에서 무엇을 묻고 있는지 정확하게 파악하여 먼저 풀이 방향을 설정하는 것이 가장 효율적인 방법이다. 특히, 조건이 주어지고 답을 찾는 창의적·분석적인 문제가 주로 출제되고 있기 때문에 처음에 정확한 풀이 방향이 설정되지 않는다면 시간만 허비하고 결국 문제도 풀지 못하게 되므로 첫 번째로 출제의도 파악에 집중해야 한다.

02 중요한 정보는 반드시 표시하라!

위에서 말한 출제의도를 정확히 파악하기 위해서는 문제의 중요한 정보는 반드시 표시나 메모를 하여 하나의 조건, 단서도 잊고 넘어가는 일이 없도록 해야 한다. 실제 시험에서는 시간의 압박과 긴장감으로 정보를 잘못 적용하거나 잊어버리는 실수가 많이 발생하므로 사전에 충분한 연습이 필요하다.

가령 명제 문제의 경우 주어진 명제와 그 명제의 대우를 본인이 한눈에 파악할 수 있도록 기호화, 도식화하여 메모하면 흐름을 이해하기가 더 수월하다. 이를 통해 자신만의 풀이 순서와 방향, 기준 또한 생길 것이다.

03 반복 풀이를 통해 취약 유형을 파악하라!

길지 않은 한정된 시간 동안 모든 문제를 다 푸는 것은 조금은 어려울 수도 있다. 따라서 고득점을 할 수 있는 효율적인 문제 풀이 방법을 찾아야 한다. 이때, 반복적인 문제 풀이를 통해 자신이 취약한 유형을 파악하는 것이 중요하다. 취약 유형 파악은 종료 시간이 임박했을 때 빛을 발할 것이다. 풀 수 있는 문제부터 빠르게 풀고 취약한 유형은 나중에 푸는 효율적인 문제 풀이를 통해 최대한의 고득점을 하는 것이 중요하다. 그러므로 본인의 취약 유형을 파악하기 위해서는 많은 문제를 풀어 봐야 한다.

04 타고나는 것이 아니므로 열심히 노력하라!

대부분의 수험생들이 문제해결능력은 공부해도 실력이 늘지 않는 영역이라고 생각한다. 하지만 그렇지 않다. 문제해결능력이야말로 노력을 통해 충분히 고득점이 가능한 영역이다. 정확한 질문 의도 파악, 취약한 유형의 반복적인 풀이, 빈출유형 파악 등의 방법으로 충분히 실력을 향상시킬 수 있다. 자신감을 갖고 공부하기 바란다.

01 사고력 ① - 창의적 사고

다음 〈보기〉 중 창의적 사고 에 대한 설명으로 적절하지 않은 것을 모두 고르면?

풀이순서

1) 질문의도
   창의적 사고 이해

2) 보기(㉠~㉤) 확인

3) 정답도출

보기

㉠ 창의적 사고는 아무것도 없는 무에서 유를 만들어 내는 것이다.
   └▶ 창의적 사고는 끊임없이 참신하고 새로운 아이디어를 만들어 내는 것

㉡ 창의적 사고는 끊임없이 참신한 아이디어를 산출하는 힘이다.

㉢ 우리는 매일 끊임없이 창의적 사고를 계속하고 있다.

㉣ 필요한 물건을 싸게 사기 위해서 하는 많은 생각들은 창의적 사고에 해당하지 않는다. └▶ 창의적 사고는 일상생활의 작은 것부터 위대한 것까지 포함되며, 우리는 매일 창의적 사고를 하고 있음

㉤ 창의적 사고를 대단하게 여기는 사람들의 편견과 달리 창의적 사고는 누구에게나 존재한다.

① ㉠, ㉢　　　　　　　　　　✓② ㉠, ㉣
③ ㉡, ㉣　　　　　　　　　　④ ㉢, ㉤
⑤ ㉣, ㉤

유형 분석	• 주어진 설명을 통해 이론이나 개념을 활용하여 풀어가는 문제이다. 응용 문제 : 주로 빠른 시간 안에 정답을 도출하는 문제가 출제된다.
풀이 전략	모듈이론에 대한 전반적인 학습을 미리 해 두어야 하며, 이를 토대로 주어진 문제에 적용하여 문제를 해결해 나가도록 한다.

02 | 사고력 ② - 명제

게임 동호회 회장인 귀하는 주말에 진행되는 게임 행사에 동호회 회원인 A ~ E의 참여 가능 여부를 조사하려고 한다. 다음을 참고하여 E가 행사에 참여하지 않는다고 할 때, 행사에 참여 가능한 사람은 모두 몇 명인가? ~e

• A가 행사에 참여하지 않으면, B가 행사에 참여한다.	~a → b의 대우
~a b	: ~b → a
• A가 행사에 참여하면, C는 행사에 참여하지 않는다.	
a ~c	
• B가 행사에 참여하면, D는 행사에 참여하지 않는다.	b → ~d의 대우
b ~d	: d → ~b
• D가 행사에 참여하지 않으면, E가 행사에 참여한다.	~d → e의 대우
~d e	: ~e → d

풀이순서

1) 질문의도
   명제 추리

2) 문장분석
   기호화

3) 정답도출
   ~e → d
   d → ~b
   ~b → a
   a → ~c
   ∴ 2명

① 0명
✓ 2명
⑤ 4명

② 1명
④ 3명

유형 분석	• 주어진 문장을 토대로 논리적으로 추론하여 참 또는 거짓을 구분하는 문제이다. • 대체로 연역추론을 활용한 명제 문제가 출제된다. 응용문제 : 자료를 제시하고 새로운 결과나 자료에 주어지지 않은 내용을 추론해 가는 형식의 문제가 출제된다.
풀이 전략	명제와 관련한 기본적인 논법에 대해서는 미리 학습해 두며, 이를 바탕으로 각 문장에 있는 핵심단어 또는 문구를 기호화하여 정리한 후, 선택지와 비교하여 참 또는 거짓을 판단한다.

03 | 문제처리 ① - SWOT 분석

다음은 분식점에 대한 SWOT 분석 결과이다. 이에 대한 대응 방안으로 가장 적절한 것은?

풀이순서

1) 질문의도
   SWOT 분석

2) SWOT 분석

S(강점)	W(약점)
• 좋은 품질의 재료만 사용 • 청결하고 차별화된 이미지	• 타 분식점에 비해 한정된 메뉴 • 배달서비스를 제공하지 않음
O(기회)	T(위협)
• 분식점 앞에 곧 학교가 들어설 예정 • 최근 TV프로그램 섭외 요청을 받음	• 프랜차이즈 분식점들로 포화 상태 • 저렴한 길거리 음식으로 취급하는 경향이 있음

① ST전략 : 비싼 재료들을 사용하여 가격을 올려 저렴한 길거리 음식이라는 인식을 바꾼다.
② WT전략 : 다른 분식점들과 차별화된 전략을 유지하기 위해 배달서비스를 시작한다.
✔ SO전략 : TV프로그램에 출연해 좋은 품질의 재료만 사용한다는 점을 부각시킨다.
               O   S
④ WO전략 : TV프로그램 출연용으로 다양한 메뉴를 일시적으로 개발한다.
⑤ WT전략 : 포화 상태의 시장에서 살아남기 위해 다른 가게보다 저렴한 가격으로 판매한다.

3) 정답도출

유형 분석
• 상황에 대한 환경 분석 결과를 통해 주요 과제를 도출하는 문제이다.
• 주로 3C 분석 또는 SWOT 분석을 활용한 문제들이 출제되고 있으므로 해당 분석도구에 대한 사전 학습이 요구된다.

풀이 전략
문제에 제시된 분석도구를 확인한 후, 분석 결과를 종합적으로 판단하여 각 선택지의 전략 과제와 일치 여부를 판단한다.

04 | 문제처리 ② - 공정 관리

다음은 제품 생산에 소요되는 작업 시간을 정리한 자료이다. 〈조건〉이 다음과 같을 때, 이에 대한 설명으로 가장 적절한 것은?

〈제품 생산에 소요되는 작업 시간〉

(단위 : 시간)

작업 구분 제품	절삭 작업	용접 작업
a	2	1
b	1	2
c	3	3

조건

• a, b, c제품을 각 1개씩 생산한다.
• 주어진 기계는 절삭기 1대, 용접기 1대이다.
• 각 제품은 절삭 작업을 마친 후 용접 작업을 해야 한다.
• 총 작업 시간을 최소화하기 위해 제품의 제작 순서는 관계없다.

☑ 가장 적게 소요되는 총 작업 시간은 8시간이다.
　 b → c → a의 순서
② 가장 많이 소요되는 총 작업 시간은 12시간이다.
　 a → c → b의 순서 : 총 10시간
③ 총 작업 시간을 최소화하기 위해 제품 b를 가장 늦게 만든다.
④ 총 작업 시간을 최소화하기 위해 제품 a를 가장 먼저 만든다.
⑤ b → c → a의 순서로 작업할 때, b 작업 후 1시간 동안 용접을 더 하면 작업
　 시간이 늘어난다.
　 b 작업 후 1시간의 유휴 시간이 있으므로 작업 시간 변함 없음

유형 분석	• 주어진 상황과 정보를 종합적으로 활용하여 풀어가는 문제이다. • 비용, 시간, 순서, 해석 등 다양한 주제를 다루고 있어 유형을 한 가지로 단일화하기 어렵다.
풀이 전략	문제에서 묻는 것을 정확히 파악한 후, 필요한 상황과 정보를 찾아 이를 활용하여 문제를 풀어간다.

01 다음 중 SWOT분석에 대한 설명으로 적절하지 않은 것은?

① 문제를 해결하기 위한 전략을 수립하는 과정에서 외부의 환경과 내부의 역량을 동시에 분석하는 방법이다.

② WT전략은 외부의 위협에 대해 대응할 수 있는 조직 내부의 역량이 부족하거나, 약점밖에 없는 상태이므로 사업을 축소하거나 철수를 고려하는 전략이다.

③ ST전략은 내부의 강점을 이용하여 외부의 기회를 포착하는 전략이다.

④ 조직 내부의 강점 / 약점을 외부의 기회 / 위협 요인과 대응시켜 전략을 개발하는 방법이다.

02 대한, 민국, 만세에게 분홍색 모자 1개와 노란색 모자 1개, 하늘색 모자 2개를 보여주고 이 중 한 개씩 각자의 머리에 씌운다고 알려준 후, 눈을 감게 한 다음 모자를 씌웠다. 세 사람은 대한 – 민국 – 만세 순서로 한 줄로 서서 벽을 바라보고 서 있으며, 앞에 있는 사람의 모자만 볼 수 있다. 세 사람이 다음과 같이 말했을 때, 다음 중 항상 옳은 것은?(단, 세 사람 모두 다른 사람의 말을 들을 수 있으며, 거짓말은 하지 않았다)

> 만세 : 내 모자 색깔이 뭔지 모르겠어.
> 민국 : 음, 나도 내 모자가 무슨 색인지 도무지 모르겠다.
> 대한 : 아, 난 알겠다! 내 모자 색깔이 뭔지.

① 대한이의 모자는 하늘색이다.

② 대한이는 만세의 말만 듣고도 자신의 모자 색깔을 알 수 있다.

③ 민국이의 모자는 하늘색이다.

④ 민국이의 모자는 분홍색이다.

03 다음 〈조건〉이 모두 참일 때, 반드시 참인 것은?

> **조건**
> • 김팀장이 이번 주 금요일에 월차를 쓴다면, 최대리는 이번 주 금요일에 월차를 쓰지 못한다.
> • 최대리가 이번 주 금요일에 월차를 쓰지 못한다면, 강사원의 프로젝트 마감일은 이번 주 금요일이다.

① 강사원의 프로젝트 마감일이 이번 주 금요일이 아니라면 김팀장은 이번 주 금요일에 월차를 쓰지 않을 것이다.

② 강사원의 프로젝트 마감일이 금요일이라면 최대리는 이번 주 금요일에 월차를 쓰지 않을 것이다.

③ 강사원의 프로젝트 마감일이 금요일이라면 김팀장은 이번 주 금요일에 월차를 쓰지 않을 것이다.

④ 최대리가 이번 주 금요일에 월차를 쓰지 않는다면 김팀장은 이번 주 금요일에 월차를 쓸 것이다.

04 다음은 SWOT분석에 대한 설명과 유전자 관련 업무를 수행 중인 H사의 SWOT분석 자료이다. 이를 참고했을 때, 〈보기〉 중 빈칸 A, B에 들어갈 내용으로 적절한 것은?

> SWOT분석은 기업의 내부환경과 외부환경을 분석하여 강점(Strength), 약점(Weakness), 기회(Opportunity), 위협(Threat) 요인을 규정하고 이를 토대로 경영전략을 수립하는 기법으로, 미국의 경영컨설턴트인 앨버트 험프리(Albert Humphrey)에 의해 고안되었다.
> • 강점(Strength) : 내부환경(자사 경영자원)의 강점
> • 약점(Weakness) : 내부환경(자사 경영자원)의 약점
> • 기회(Opportunity) : 외부환경(경쟁, 고객, 거시적 환경)에서 비롯된 기회
> • 위협(Threat) : 외부환경(경쟁, 고객, 거시적 환경)에서 비롯된 위협
>
> 〈H사 SWOT분석 결과〉
>
> | 강점(Strength) | 약점(Weakness) |
> |---|---|
> | • 유전자 분야에 뛰어난 전문가로 구성
• _____A_____ | • 유전자 실험의 장기화 |
>
> | 기회(Opportunity) | 위협(Threat) |
> |---|---|
> | • 유전자 관련 업체 수가 적음
• _____B_____ | • 고객들의 실험 부작용에 대한 두려움 인식 |

> **보기**
> ㉠ 투자 유치의 어려움   ㉡ 특허를 통한 기술 독점 가능
> ㉢ 점점 증가하는 유전자 의뢰   ㉣ 높은 실험 비용

	A	B
①	㉠	㉣
②	㉡	㉠
③	㉠	㉢
④	㉡	㉢

05 S사원은 유아용품 판매직영점을 추가로 개장하기 위하여 팀장으로부터 다음과 같은 자료를 받았다. 팀장은 직영점을 정할 때에는 영유아 인구가 많은 곳이어야 하며, 향후 5년간 수요가 지속적으로 증가하는 지역으로 선정해야 한다고 설명하였다. 이를 통해 유아용품 판매직영점이 설치될 최적의 지역을 선정하라는 팀장의 요청으로 가장 적절한 답변은?

구분	총 인구수(명)	영유아 비중	향후 5년간 영유아 변동률				
			1년 차	2년 차	3년 차	4년 차	5년 차
A	3,460,000	3%	−0.5%	1.0%	−2.2%	2.0%	4.0%
B	2,470,000	5%	0.5%	0.1%	−2.0%	−3.0%	−5.0%
C	2,710,000	4%	0.5%	0.7%	1.0%	1.3%	1.5%
D	1,090,000	11%	1.0%	1.2%	1.0%	1.5%	1.7%

① "총 인구수가 많은 A−C−B−D 지역 순으로 직영점을 개장하면 충분한 수요로 인하여 영업이 원활할 것 같습니다."

② "현재 시점에서 영유아 비율이 가장 높은 D−B−C−A 지역 순으로 직영점을 설치하는 계획을 수립하는 것이 적절할 것 같습니다."

③ "현재 각 지역에서 영유아 수가 가장 많은 B지역을 우선적으로 개장하는 것이 좋을 것 같습니다."

④ "D지역은 현재 영유아 인구수가 두 번째이나, 향후 5년간 지속적인 인구 성장이 기대되는 지역으로 예상되므로 D지역이 가장 적절하다고 판단합니다."

06 다음은 H교통카드의 환불방법에 대한 자료이다. H교통카드에서 근무하고 있는 C사원은 이를 통해 고객들에게 환불규정을 설명하고자 한다. 다음 중 설명으로 적절하지 않은 것은?

〈H교통카드 정상카드 잔액환불 안내〉

환불처		환불금액	환불방법	환불수수료	비고
편의점	A편의점	2만 원 이하	환불처에 방문하여 환불수수료를 제외한 카드잔액 전액을 현금으로 환불받음	500원	카드값 환불 불가
	B편의점 C편의점 D편의점 E편의점	3만 원 이하			
지하철	역사 내 H교통카드 서비스센터	5만 원 이하	환불처에 방문하여 환불수수료를 제외한 카드잔액 전액 또는 일부 금액을 현금으로 환불받음 ※ 한 카드당 한 달에 최대 50만 원까지 환불 가능	500원 ※ 기본운임료(1,250원) 미만 잔액은 수수료 없음	
은행 ATM	A은행	20만 원 이하	− 본인 명의의 해당은행 계좌로 환불 수수료를 제외한 잔액 이체 ※ 환불 불가카드 − 모바일 H교통카드, Y사 플러스카드	500원	
	B은행 C은행 D은행 E은행 F은행	50만 원 이하			

모바일 (P사, Q사, R사)	50만 원 이하	– 1인 월 3회, 최대 50만 원까지 환불 　가능 : 10만 원 초과 환불은 월 1회, 　연 5회 가능 ※ App에서 환불신청 가능하며 고객 　명의 계좌로 환불수수료를 제외한 　금액이 입금	500원 ※ 기본운임료(1,250 　원) 미만 잔액은 수 　수료 없음
H교통카드 본사		– 1인 1일 최대 50만 원까지 환불 가능 – 5만 원 이상 환불요청 시 신분확인 　(이름, 생년월일, 연락처) ※ 10만 원 이상 고액 환불의 경우 내방 　당일 카드잔액 차감 후 익일 18시 이 　후 계좌로 입금(주말, 공휴일 제외) ※ 지참서류 : 통장사본, 신분증	월 누적 50만 원까지 수수료 없음 (50만 원 초과 시 수수료 1%)

– 잔액이 5만 원을 초과하는 경우 H교통카드 본사로 내방하시거나, H교통카드 잔액환불 기능이
　있는 ATM에서 해당은행 계좌로 환불이 가능합니다(단, 모바일 H교통카드, Y사 플러스카드는
　ATM에서 환불이 불가능합니다).
– ATM 환불은 주민번호 기준으로 월 50만 원까지 가능하며, 환불금액은 해당은행 본인명의 계좌
　로 입금됩니다.
※ 환불접수처 : H교통카드 본사, 지하철 역사 내 H교통카드 서비스센터, 은행 ATM, 편의점 등
　　단, 부분환불 서비스는 H교통카드 본사, 지하철 역사 내 H교통카드 서비스센터에서만 가능합니다.
※ 부분환불 금액 제한 : 환불요청금액 1만 원 이상 5만 원 이하만 부분환불 가능(환불금액단위는 1만 원이며,
　　이용 건당 수수료는 500원입니다)

① 카드 잔액이 4만 원이고 환불요청금액이 2만 원일 경우 지하철 역사 내 서비스센터에서 환불이
　가능하다.
② 모바일에서 환불 시 카드 잔액이 40만 원일 경우 399,500원을 환불받을 수 있다.
③ 카드 잔액 30만 원을 전액 환불할 경우 A은행을 제외한 은행 ATM에서 299,500원을 환불받을
　수 있다.
④ 카드 잔액 17만 원을 H교통카드 본사에 방문해 환불한다면 당일 카드잔액을 차감하고 즉시 계좌
　로 이체 받을 수 있다.

07 8층 건물의 엘리베이터는 2층을 제외한 모든 층에서 타고 내릴 수 있다. 1층에서 출발한 엘리베이
터 안에는 철수, 만수, 태영, 영수, 희수, 다희가 타고 있고, 이들은 각자 다른 층에서 내린다.
엘리베이터가 1층에서 올라가고 다희는 철수보다는 한 층 늦게 내렸지만 영수보다는 한 층 빨리
내렸다. 희수는 만수보다 한 층 더 가서 내렸고 영수보다는 3층 전에 내렸다. 그리고 영수가 마지막
에 내린 것이 아닐 때, 홀수 층에서 내린 사람은?

① 영수　　　　　　　　　　　　② 태영
③ 다희　　　　　　　　　　　　④ 희수

다음은 H구청의 민원사무처리규정 일부이다. 이를 참고하여 A∼C씨가 요청한 민원이 처리·완료되는 시점을 바르게 연결한 것은?

■ 민원사무처리기본표(일부)

소관별	민원명	처리기간(일)	수수료(원)
공통	진정, 단순질의, 건의	7	없음
	법정질의	14	없음
주민복지	가족, 종중, 법인묘지설치허가	7 ∼ 30	없음
	개인묘지설치(변경)신고	5	없음
	납골시설(납골묘, 납골탑)설치신고	7 ∼ 21	없음
종합민원실	토지(임야)대장등본	즉시	500
	지적(임야)도등본	즉시	700
	토지이용계획확인서	1	1,000
	등록사항 정정	3	없음
	토지거래계약허가	15	없음
	부동산중개사무소 등록	7	개인 : 20,000/법인 : 3,000
	토지(임야)분할측량	7	별도

■ 민원사무처리기간 산정방식(1일 근무시간은 8근무시간으로 한다)
 • 민원사무처리기간을 "즉시"로 정한 경우
  – 정당한 사유가 없으면 접수 후 3근무시간 내에 처리하여야 한다.
 • 민원사무처리기간을 "5일" 이하로 정한 경우
  – 민원 접수 시각부터 "시간" 단위로 계산한다.
  – 토요일과 공휴일은 산입하지 않는다.
 • 민원사무처리기간을 "6일" 이상으로 정한 경우
  – 초일을 산입하여 "일" 단위로 계산한다.
  – 토요일은 산입하되, 공휴일은 산입하지 않는다.
 • 신청서의 보완이 필요한 기간은 처리기간에 포함되지 않는다.

[4월 29일(금) 민원실 민원접수 현황]
01. 오전 10시 / A씨 / 부동산중개사무소 개점으로 인한 등록신청서 제출
02. 낮 12시 / B씨 / 토지의 소유권을 이전하는 계약을 체결하고자 허가서 제출
03. 오후 2시 / C씨 / 토지대장에서 잘못된 부분이 있어 정정요청서 제출
※ 공휴일 : 5/5 어린이날, 5/6 임시공휴일, 5/14 석가탄신일

	A씨	B씨	C씨
①	5/9(월)	5/19(목)	5/4(수) 오전 10시
②	5/9(월)	5/19(목)	5/4(수) 오후 2시
③	5/9(월)	5/23(월)	5/10(월) 오후 2시
④	5/10(화)	5/19(목)	5/3(화) 오후 2시

09 귀하는 자동차도로 고유번호 부여 규정을 근거로 하여 도로에 노선번호를 부여할 계획이다. 다음 그림에서 점선은 '영토'를, 실선은 '고속국도'를 표시한 것이며, (가) ~ (라)는 '간선노선'을, (마), (바)는 '보조간선노선'을 나타낸 것이다. 다음 중 노선번호를 올바르게 부여한 것은?

〈자동차도로 고유번호 부여 규정〉

자동차도로는 관리상 고속국도, 일반국도, 특별광역시도, 지방도, 시도, 군도, 구도의 일곱 가지로 구분된다. 이들 각 도로에는 고유번호가 부여되어 있고, 이는 지형도 상의 특정 표지판 모양 안에 표시되어 있다. 그러나 군도와 구도는 구간이 짧고 노선 수가 많아 노선번호가 중복될 우려가 있어 표지 상에 번호를 표기하지 않는다.

고속국도 가운데 간선노선의 경우 두 자리 숫자를 사용하며, 남북을 연결하는 경우는 서에서 동으로 가면서 숫자가 증가하는데 끝자리에 5를 부여하고, 동서를 연결하는 경우는 남에서 북으로 가면서 숫자가 증가하는데 끝자리에 0을 부여한다.

보조간선노선은 간선노선 사이를 연결하는 고속국도로서 이 역시 두 자리 숫자로 표기한다. 그런데 보조간선노선이 남북을 연결하는 모양에 가까우면 첫자리는 남쪽 시작점의 간선노선 첫자리를 부여하고 끝자리는 5를 제외한 홀수를 부여한다. 한편 동서를 연결하는 모양에 가까우면 첫자리는 동서를 연결하는 간선노선 가운데 해당 보조간선노선의 바로 아래쪽에 있는 간선노선의 첫자리를 부여하며, 끝자리는 0을 제외한 짝수를 부여한다.

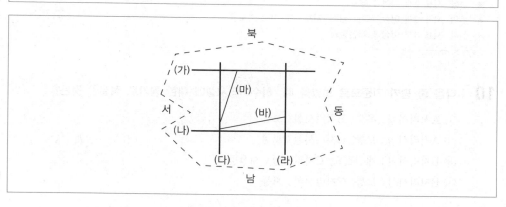

	(가)	(나)	(다)	(라)	(마)	(바)
①	25	15	10	20	19	12
②	20	10	15	25	18	14
③	25	15	20	10	17	12
④	20	10	15	25	17	12

※ 다음은 하수처리시설 평가 기준 및 결과에 관한 자료이다. 이를 보고 이어지는 질문에 답하시오.
[10~11]

〈하수처리시설 평가 기준〉

구분	정상	주의	심각
생물화학적 산소요구량	5 미만	5 이상	15 이상
화학적 산소요구량	20 미만	20 이상	30 이상
부유물질	10 미만	10 이상	20 이상
질소 총량	20 미만	20 이상	40 이상
인 총량	0.2 미만	0.2 이상	1.0 이상

〈A ~ C처리시설의 평가 결과〉

구분	생물화학적 산소요구량	화학적 산소요구량	부유물질	질소 총량	인 총량
A처리시설	4	10	15	10	0.1
B처리시설	9	25	25	22	0.5
C처리시설	18	33	15	41	1.2

※ '정상' 지표 4개 이상 : 우수
※ '주의' 지표 2개 이상 또는 '심각' 지표 2개 이하 : 보통
※ '심각' 지표 3개 이상 : 개선필요

10 다음 중 평가 기준으로 보았을 때, 하수처리시설에 대한 평가로 적절한 것은?

① A처리시설 : 우수, B처리시설 : 보통
② A처리시설 : 보통, C처리시설 : 보통
③ B처리시설 : 개선필요, C처리시설 : 개선필요
④ B처리시설 : 보통, C처리시설 : 보통

11 다음 글을 읽고 B처리시설의 문제점 및 개선방향을 지적한 내용으로 적절한 것은?

B처리시설은 C처리시설에 비해 좋은 평가를 받았지만, '정상' 지표는 없었다. 그렇기 때문에 관련된 시설분야에 대한 조사와 개선이 필요하다. 지적사항으로 '심각' 지표를 가장 우선으로 개선하고, 최종적으로 '우수' 단계로 개선해야 한다.

① 생물화학적 산소요구량은 4로 '정상' 지표이기 때문에 개선할 필요가 없다.
② 화학적 산소요구량은 25로 '주의' 지표이기 때문에 가장 먼저 개선해야 한다.
③ 질소 총량과 인 총량을 개선한다면 평가결과 '우수' 지표를 받을 수 있다.
④ 부유물질은 가장 먼저 개선해야 하는 '심각' 지표이다.

※ 부산교통공사 인사팀 팀원 6명이 회식을 하기 위해 이탈리안 레스토랑에 갔다. 다음 주문한 결과를 바탕으로 이어지는 질문에 답하시오. [12~13]

- 인사팀은 토마토 파스타 2개, 크림 파스타 1개, 토마토 리소토 1개, 크림 리소토 2개, 콜라 2잔, 사이다 2잔, 주스 2잔을 주문했다.
- 인사팀은 K팀장, L과장, M대리, S대리, H사원, J사원으로 구성되어 있는데, 같은 직급끼리는 같은 소스 가 들어가는 요리를 주문하지 않았고, 같은 음료도 주문하지 않았다.
- 각자 좋아하는 요리가 있으면 그 요리를 주문하고, 싫어하는 요리나 재료가 있으면 주문하지 않았다.
- K팀장은 토마토 파스타를 좋아하고, S대리는 크림 리소토를 좋아한다.
- L과장과 H사원은 파스타면을 싫어한다.
- 대리들 중에 콜라를 주문한 사람은 없다.
- 크림 파스타를 주문한 사람은 사이다도 주문했다.
- 토마토 파스타나 토마토 리소토와 주스는 궁합이 안 맞는다고 하여 함께 주문하지 않았다.

12 다음 중 주문한 결과로 적절하지 않은 것은?

① 사원들은 중 한 사람은 주스를 주문했다.
② L과장은 크림 리소토를 주문했다.
③ K팀장은 콜라를 주문했다.
④ 토마토 리소토를 주문한 사람은 콜라를 주문했다.

13 다음 중 같은 요리와 음료를 주문한 사람으로 바르게 짝지어진 것은?

① J사원, S대리
② H사원, L과장
③ S대리, L과장
④ M대리, H사원

※ 홍보팀 사원인 귀하는 최근 규제가 강화되고 있는 허위표시나 과대광고를 예방하기 위해 법무팀으로부터 관련 법조문을 받았다. 다음 허위표시 및 과대광고 관련 법조문을 보고 이어지는 질문에 답하시오.
[14~15]

〈허위표시 및 과대광고 관련 법조문〉

제00조

① 식품에 대한 허위표시 및 과대광고의 범위는 다음 각 호의 어느 하나에 해당하는 것으로 한다.

  1. 질병의 치료와 예방에 효능이 있다는 내용의 표시·광고

  2. 각종 감사장·상장 또는 체험기 등을 이용하거나 '인증'·'보증' 또는 '추천'을 받았다는 내용을 사용하거나 이와 유사한 내용을 표현하는 광고. 다만, 중앙행정기관·특별지방행정 기관 및 그 부속기관 또는 지방자치단체에서 '인증'·'보증'을 받았다는 내용의 광고는 제외한다.

  3. 다른 업소의 제품을 비방하거나 비방하는 것으로 의심되는 광고나, 제품의 제조방법·품질·영양가·원재료·성분 또는 효과와 직접적인 관련이 적은 내용 또는 사용하지 않은 성분을 강조함으로써 다른 업소의 제품을 간접적으로 다르게 인식하게 하는 광고

② 제1항에도 불구하고 다음 각 호에 해당하는 경우에는 허위표시나 과대광고로 보지 않는다.

  1. 일반음식점과 제과점에서 조리·제조·판매하는 식품에 대한 표시·광고

  2. 신체조직과 기능의 일반적인 증진, 인체의 건전한 성장 및 발달과 건강한 활동을 유지하는 데 도움을 준다는 표시·광고

  3. 제품에 함유된 영양성분의 기능 및 작용에 관하여 식품영양학적으로 공인된 사실

14 법조문을 전달받은 귀하는 회사 계열사들이 허위표시 및 과대광고를 하고 있는지 알아보기 위해 각 계열사별 광고 문구를 확인하였다. 허위표시 및 과대광고를 하지 않은 곳을 모두 고르면?

> ㄱ. (삼계탕 식당 광고) "고단백 식품인 닭고기와 스트레스 해소에 효과가 있는 인삼을 넣은 삼계탕은 인삼, 찹쌀, 밤, 대추 등의 유효성분이 어우러져 영양의 균형을 이룬 아주 훌륭한 보양식입니다."
> ㄴ. (라면의 표시·광고) "우리 회사의 라면은 폐식용유를 사용하지 않습니다."
> ㄷ. (두부의 표시·광고) "건강유지 및 영양보급에 만점인 단백질을 많이 함유한 ○○두부"
> ㄹ. (녹차의 표시·광고) "변비와 당뇨병 예방에 탁월한 ○○녹차"
> ㅁ. (소시지의 표시·광고) "식품의약품안전처에서 인증 받은 ○○소시지"

① ㄱ, ㄴ

② ㄹ, ㅁ

③ ㄱ, ㄴ, ㄹ

④ ㄱ, ㄷ, ㅁ

15 귀하는 법조문을 받은 후, 동료들과 점심식사를 하면서 허위표시 및 과대광고에 대한 주제로 대화를 하게 되었다. 대화 내용으로 적절하지 않은 것은?

① 얼마 전 어머니가 당뇨병에 좋다며 사온 건강식품도 허위표시로 봐야 하는구나.

② 최근 인터넷 검색을 하면 체험후기가 많은데 그것도 모두 과대광고에 속하는 거지?

③ 어제 구매한 운동보조식품의 경우 신체의 건강한 발달에 도움이 된다고 광고한 것도 과대광고인 거지?

④ 혈관성 질환에 확실히 효과가 있다고 광고하는 것도 과대광고구나.

PART 1

16 국내 금융그룹의 SWOT 분석 결과가 다음과 같을 때, 분석 결과에 대응하는 전략과 그 내용이 바르게 짝지어진 것은?

〈국내 금융그룹 SWOT 분석〉	
〈S(강점)〉	〈W(약점)〉
• 탄탄한 국내 시장 지배력 • 뛰어난 위기관리 역량 • 우수한 자산건전성 지표 • 수준 높은 금융 서비스	• 은행과 이자수익에 편중된 수익구조 • 취약한 해외 비즈니스와 글로벌 경쟁력 • 낙하산식 경영진 교체와 관치금융 우려 • 외화 자금 조달 리스크
〈O(기회)〉	〈T(위협)〉
• 해외 금융시장 진출 확대 • 기술 발달에 따른 핀테크의 등장 • IT 인프라를 활용한 새로운 수익 창출 • 계열사 간 협업을 통한 금융 서비스	• 새로운 금융 서비스의 등장 • 은행의 영향력 약화 가속화 • 글로벌 금융사와의 경쟁 심화 • 비용 합리화에 따른 고객 신뢰 저하

① SO전략 : 해외 비즈니스TF팀 신설로 상반기 해외 금융시장 진출 대비

② ST전략 : 금융 서비스를 다방면으로 확대해 글로벌 경쟁사와의 경쟁에서 우위 차지

③ WO전략 : 국내의 탄탄한 시장점유율을 기반으로 핀테크 사업 진출

④ WT전략 : 국내금융사의 우수한 자산건전성 지표를 홍보하여 고객 신뢰 회복

※ 다음은 H카페의 음료의 메뉴별 성분 자료와 甲이 요일별로 마실 음료를 선택하는 기준이다. 자료를 보고 이어지는 질문에 답하시오. **[17~18]**

〈메뉴별 성분〉

구분	우유	시럽	기타	구분	우유	시럽	기타
아메리카노	×	×	−	카페모카	○	초콜릿	크림
카페라테	○	×	−	시나몬모카	○	초콜릿	시나몬
바닐라라테	○	바닐라	−	비엔나커피	×	×	크림
메이플라테	○	메이플	−	홍차라테	○	×	홍차

※ ○(함유), ×(미함유)

〈甲의 음료 선택 기준〉

• 월요일과 화요일에는 크림이 들어간 음료를 마신다.
• 화요일과 목요일에는 우유가 들어간 음료를 마시지 않는다.
• 수요일에는 바닐라 시럽이 들어간 음료를 마신다.
• 금요일에는 홍차라테를 마신다.
• 주말에는 시럽이 들어가지 않고, 우유가 들어간 음료를 마신다.
• 비엔나커피는 일주일에 2번 이상 마시지 않는다.
• 바로 전날 마신 음료와 동일한 음료는 마시지 않는다.

17 甲이 오늘 아메리카노를 마셨다면, 오늘은 무슨 요일인가?

① 수요일   ② 목요일

③ 금요일   ④ 토요일

18 甲이 금요일에 홍차라테가 아닌 카페라테를 마신다면, 토요일과 일요일에 마실 음료를 바르게 짝지은 것은?

	토요일	일요일
①	아메리카노	카페라테
②	카페라테	홍차라테
③	아메리카노	카페모카
④	홍차라테	카페라테

※ H극장의 직원은 A ~ F 6명으로, 매일 오전과 오후 2회로 나누어 각 근무 시간에 2명의 직원이 근무하고 있다. 직원은 1주에 4회 이상 근무를 해야 하며, 7회 이상은 근무할 수 없고, 인사 담당자는 근무 계획을 작성할 때 다음 〈조건〉을 충족시켜야 한다. 이어지는 질문에 답하시오. [19~20]

조건

- A는 오전에 근무하지 않는다.
- B는 수요일에 근무한다.
- C은 수요일을 제외하고는 매일 1회 근무한다.
- D는 토요일과 일요일을 제외한 날의 오전에만 근무할 수 있다.
- E은 월요일부터 금요일까지는 근무하지 않는다.
- F는 C와 함께 근무해야 한다.

19 다음 중 F가 근무할 수 있는 요일을 모두 고르면?

① 월요일, 화요일, 수요일, 목요일
② 월요일, 화요일, 목요일, 금요일
③ 목요일, 금요일, 토요일, 일요일
④ 화요일, 목요일, 금요일, 일요일

20 다음 중 적절하지 않은 것은?

① C와 F는 평일 중 하루는 오전에 함께 근무한다.
② D는 수요일 오전에 근무한다.
③ E는 주말 오전에는 C와, 오후에는 A와 근무한다.
④ B는 평일에 매일 한 번씩만 근무한다.

CHAPTER 04
자원관리능력

합격 CHEAT KEY

자원관리능력은 현재 많은 NCS 기반 채용을 진행하는 공사·공단에서 핵심영역으로 자리 잡아, 일부를 제외한 대부분의 시험에서 출제 영역으로 꼽히고 있다. 전체 문항수의 10 ~ 15% 비중으로 출제되고 있고, 난이도가 상당히 높기 때문에 NCS를 치를 수험생이라면 반드시 준비해야 할 필수 과목이다.

실제 시험 기출 키워드를 살펴보면 비용 계산, 해외파견 지원금 계산, 주문 제작 단가 계산, 일정 조율, 일정 선정, 행사 대여 장소 선정, 최단거리 구하기, 시차 계산, 소요시간 구하기, 해외파견 근무 기준에 부합한 또는 부합하지 않는 직원 고르기 등 크게 자원계산, 자원관리문제 유형이 출제된다. 대표유형문제를 바탕으로 응용되는 방식의 문제가 출제되고 있기 때문에 비슷한 유형을 계속해서 풀어보면서 감을 익히는 것이 중요하다.

01 시차를 먼저 계산하자!

시간자원관리문제의 대표유형 중 시차를 계산하여 일정에 맞는 항공권을 구입하거나 회의시간을 구하는 문제에서는 각각의 나라 시간을 한국 시간으로 전부 바꾸어 계산하는 것이 편리하다. 조건에 맞는 나라들의 시간을 전부 한국 시간으로 바꾸고 한국 시간과의 시차만 더하거나 빼주면 시간을 단축하여 풀 수 있다.

02 보기를 활용하자!

예산자원관리문제의 대표유형에서는 계산을 해서 값을 요구하는 문제들이 있다. 이런 문제유형에서는 문제 보기를 먼저 본 후 자리 수가 몇 단위로 끝나는지 확인한다. 예를 들어 412,300원, 426,700원, 434,100원, 453,800원인 보기가 있다고 하자. 이 보기는 100원 단위로 끝나기 때문에 제시된 조건에서 100원 단위로 나올 수 있는 항목을 찾아 그 항목만 계산하여 시간을 단축시키는 방법이 있다.
또한, 일일이 계산하는 문제가 많은데 예를 들어 640,000원, 720,000원, 810,000원 등의 수를 이용해 푸는 문제가 있다고 하자. 만 원 단위를 절사하고 계산하여 64, 72, 81처럼 요약하여 적는 것도 시간을 단축하는 방법이다.

03 최적의 값을 구하는 문제인지 파악하자!

물적자원관리문제의 대표유형에서는 제한된 자원 내에서 최대의 만족 또는 이익을 얻을 수 있는 방법을 강구하는 문제가 출제된다. 이때, 구하고자 하는 값을 x, y로 정하고 연립방정식을 이용해 x, y값을 구한다. 최소 비용으로 목표생산량을 달성하기 위한 업무 및 인력 할당, 정해진 시간 내에 최대 이윤을 낼 수 있는 업체 선정, 정해진 인력으로 효율적 업무 배치 등을 구하는 문제에서 사용되는 방법이다.

04 각 평가항목을 비교해보자!

인적자원관리문제의 대표유형에서는 각 평가항목을 비교하여 기준에 적합한 인물을 고르거나, 저렴한 업체를 선정하거나, 총점이 높은 업체를 선정하는 문제가 출제된다. 이런 문제를 해결할 때는 평가항목에서 가격이나 점수 차이에 영향을 많이 미치는 항목을 찾아 지우면 1~2개의 보기를 삭제하고 3~4개의 보기만 계산하여 시간을 단축할 수 있다.

05 문제의 단서를 이용하자!

자원관리능력은 계산문제가 많기 때문에, 복잡한 계산은 딱 떨어지게끔 조건을 제시하는 경우가 많다. 단서를 보고 보기에서 부합하지 않는 보기를 1~2개 먼저 소거한 뒤 계산을 하는 것도 시간을 단축하는 방법이다.

01 | 시간자원관리

H공사는 한국 현지 시각 기준으로 오후 4시부터 5시까지 외국 지사와 화상 회의를 진행하려고 한다. 모든 지사는 각국 현지 시각으로 오전 8시부터 오후 6시까지 근무한다고 때, 다음 중 회의에 참석할 수 없는 지사 는?(단, 서머타임을 시행하는 국가는 +1:00을 반영한다)

국가	시차	국가	시차
파키스탄	−4:00	불가리아	−6:00
호주	+1:00	영국	−9:00
싱가포르	−1:00		

※ 오후 12시부터 1시까지는 점심시간이므로 회의를 진행하지 않는다.
※ 서머타임 시행 국가 : 영국

☑ 파키스탄 지사(오후 12 ~ 1시) → 회의 참석 불가능(점심시간)
② 호주 지사(오후 5 ~ 6시) → 회의 참석 가능
③ 싱가포르 지사 (오후 3 ~ 4시) → 회의 참석 가능
④ 불가리아 지사(오전 10 ~ 11시) → 회의 참석 가능
⑤ 영국 지사(오전 8 ~ 9시) → 회의 참석 가능

풀이순서

1) 질문의도
   회의에 참석할 수 없는 지사

2) 조건확인
   (i) 오후 12시부터 1시까지 점심시간 : 회의 ×
   (ii) 서머타임 시행 국가 : 영국

3) 조건적용

4) 정답도출

유형 분석
- 시간자원과 관련된 다양한 정보를 활용하여 문제풀이를 이어간다.
- 대체로 교통편 정보나 국가별 시차 정보가 제공되며, 이를 근거로 '회의에 참석할 수 없는 지사'를 고르는 문제가 출제된다.
- 업무수행에 필요한 기술의 개념·원리·절차, 관련 용어, 긍정적·부정적 영향에 대한 이해를 평가한다.

풀이 전략
먼저 문제에서 묻는 것을 정확히 파악한다. 특히 제한사항에 대해서는 빠짐없이 확인해 두어야 한다. 이후 제시된 정보(시차 등)에서 필요한 것을 선별하여 문제를 풀어간다.

02 | 예산자원관리

K공사 임직원은 신입사원 입사를 맞아 워크숍을 가려고 한다. 총 13명의 임직원이 워크숍에 참여한다고 할 때, 다음 중 가장 저렴한 비용으로 이용할 수 있는 교통편의 조합은 무엇인가?

풀이순서

1) 질문의도
   가장 저렴한 비용인
   교통편의 조합

〈이용 가능한 교통편 현황〉

구분	탑승 인원	비용	주유비	비고
소형버스	10명	200,000원	0원	1일 대여 비용
대형버스	40명	500,000원	0원	–
렌터카	5명	80,000원(대당)	50,000원	동일 기간 3대 이상 렌트 시 렌트비용 5% 할인
택시	3명	120,000원(편도)	0원	–
대중교통	제한 없음	13,400원 (1인당, 편도)	0원	10명 이상 왕복티켓 구매 시 총금액에서 10% 할인

2) 조건확인
   비고란

3) 조건적용

4) 정답도출

① 대형버스 1대 → 500,000원
② 소형버스 1대, 렌터카 1대 → 200,000+130,000=330,000원
③ 소형버스 1대, 택시 1대 → 200,000+(120,000×2)=440,000원
④ 렌터카 3대 → (80,000×3×0.95)+(50,000×3)=378,000원
✓ 대중교통 13명 → 13,400×13×2×0.9=313,560원

유형 분석	• 가장 저렴한 비용으로 예산관리를 수행할 수 있는 업무에 대해 묻는 문제이다.
풀이 전략	제한사항인 예산을 고려하여 문제에서 묻는 것을 정확히 파악한 후 제시된 정보에서 필요한 것을 선별하여 문제를 풀어간다.

03 | 물적자원관리

대학교 입학을 위해 지방에서 올라온 대학생 S씨는 자취방을 구하려고 한다. 대학교 근처 자취방의 월세와 대학교까지 거리는 아래와 같다. 한 달을 기준으로 S씨가 지출하게 될 자취방 월세와 자취방에서 대학교까지 왕복 시 거리비용을 합산할 때, S씨가 선택할 수 있는 가장 저렴한 비용의 자취방은?

구분	월세	대학교까지 거리
A자취방	330,000원	1.8km
B자취방	310,000원	2.3km
C자취방	350,000원	1.3km
D자취방	320,000원	1.6km
E자취방	340,000원	1.4km

※ 대학교 통학일(한 달 기준)=15일
※ 거리비용=1km당 2,000원

① A자취방
   330,000+(1.8×2,000×2×15)=438,000원
② B자취방
   310,000+(2.3×2,000×2×15)=448,000원
③ C자취방
   350,000+(1.3×2,000×2×15)=428,000원
✔ D자취방
   320,000+(1.6×2,000×2×15)=416,000원
⑤ E자취방
   340,000원+(1.4km×2,000원×2(왕복)×15일)=424,000원

풀이순서

1) 질문의도
   조건에 적합한 가장 저렴한 비용의 장소 찾기

2) 조건확인
   ① 대학교 통학일(한 달 기준)=15일
   ② 거리비용=1km 당 2,000원

3) 조건적용

4) 정답도출

유형 분석	• 물적자원과 관련된 다양한 정보를 활용하여 풀어가는 문제이다. • 주로 공정도・제품・시설 등에 대한 가격・특징・시간 정보가 제시되며, 이를 종합적으로 고려하는 문제가 출제된다.
풀이 전략	문제에서 묻고자 하는 바를 정확히 파악하는 것이 중요하다. 문제에서 제시한 물적자원의 정보를 문제의 의도에 맞게 선별하면서 풀어간다.

04 | 인적자원관리

다음은 어느 회사의 승진대상과 승진 규정이다. 다음의 규정에 따를 때, 2022년 현재 직급이 대리인 사람은?

풀이순서

1) 질문의도
   현재 직급 확인

〈승진규정〉

- 2021년까지 근속연수가 3년 이상인 자 ⓐ 를 대상으로 한다.
- 출산 휴가 및 병가 기간은 근속 연수에서 제외 ⓑ 한다.
- 평가연도 업무평가 점수가 80점 이상 ⓒ 인 자를 대상으로 한다.
- 평가연도 업무평가 점수는 직전연도 업무평가 점수에서 벌점을 차감한 점수 ⓓ 이다.
- 벌점은 결근 1회당 －10점, 지각 1회당 －5점 ⓔ 이다.

2) 조건확인
   ⓐ～ⓔ

〈승진후보자 정보〉

구분	근무기간	작년 업무평가	근태현황		기타
			지각	결근	
사원 A	1년 4개월	79	1	－	－
주임 B	3년 1개월	86	－	1	출산휴가 35일
대리 C	7년 1개월	89	1	1	병가 10일
과장 D	10년 3개월	82	－	－	－
차장 E	12년 7개월	81	2	－	－

3) 조건적용

① A
② B
✓③ C
④ D
⑤ E

4) 정답도출

유형 분석
- 인적자원과 관련된 다양한 정보를 활용하여 문제를 풀어가는 문제이다.
- 주로 근무명단, 휴무일, 업무할당 등의 주제로 다양한 정보를 활용하여 종합적으로 풀어나가는 문제가 출제된다.

풀이 전략
문제에서 근무자배정 혹은 인력배치 등의 주제가 출제될 경우에는 주어진 규정 혹은 규칙을 꼼꼼히 확인하여야 한다. 이를 근거로 각 선택지가 어긋나지 않는지 검토하며 문제를 풀어간다.

01 다음 중 물적자원의 관리를 방해하는 요인에 대한 사례로 적절하지 않은 것은?

① A대리는 부서 예산으로 구입한 공용 노트북을 분실하였다.

② B주임은 세미나를 위해 회의실의 의자를 옮기던 중 의자를 훼손하였다.

③ C대리는 예산의 목적과 달리 겨울에 사용하지 않는 선풍기를 구입하였다.

④ D주임은 사내 비품을 구매하는 과정에서 필요 수량을 초과하여 구입하였다.

02 다음중 물적자원에 대한 설명으로 옳지 않은 것은?

① 세상에 존재하는 모든 물체가 물적자원에 포함되는 것은 아니다.

② 물적자원은 자연자원과 인공자원으로 나눌 수 있다.

③ 자연자원은 석유, 석탄, 나무 등을 가리킨다.

④ 인공자원은 사람들이 인위적으로 가공하여 만든 것이다.

03 기획팀의 A대리는 같은 팀의 B대리와 동일한 업무를 진행함에도 불구하고 항상 업무 마감 기한을 제대로 지키지 못해 어려움을 겪고 있다. A대리가 B대리의 업무 처리 과정을 따라 실천한다고 할 때 얻을 수 있는 효과로 적절하지 않은 것은?

① A대리의 업무 스트레스가 줄어들 것이다.

② 기업의 생산성 향상에 도움을 줄 수 있을 것이다.

③ A대리는 다양한 역할 수행을 통해 균형적인 삶을 살 수 있을 것이다.

④ A대리는 앞으로 가시적인 업무에 전력을 다할 수 있을 것이다.

04 H공사에서 근무하는 K사원은 새로 도입되는 교통관련 정책 홍보자료를 만들어서 배포하려고 한다. 다음 중 가장 저렴한 비용으로 인쇄할 수 있는 업체로 옳은 것은?

〈인쇄업체별 비용 견적〉

(단위 : 원)

업체명	페이지당 비용	표지 가격		권당 제본비용	할인
		유광	무광		
A인쇄소	50	500	400	1,500	–
B인쇄소	70	300	250	1,300	
C인쇄소	70	500	450	1,000	100부 초과 시 초과 부수만 총비용에서 5% 할인
D인쇄소	60	300	200	1,000	–

※ 홍보자료는 관내 20개 지점에 배포하고, 각 지점마다 10부씩 배포한다.
※ 홍보자료는 30페이지 분량으로 제본하며, 표지는 유광표지로 한다.

① A인쇄소
② B인쇄소
③ C인쇄소
④ D인쇄소

05 다음 중 사원 A ~ D가 성과급을 〈조건〉과 같이 나눠가졌을 때, 총 성과급은?

조건

- A는 총 성과급의 3분의 1에 20만 원을 더 받았다.
- B는 그 나머지 성과급의 2분의 1에 10만 원을 더 받았다.
- C는 그 나머지 성과급의 3분의 1에 60만 원을 더 받았다.
- D는 그 나머지 성과급의 2분의 1에 70만 원을 더 받았다.

① 840만 원
② 900만 원
③ 960만 원
④ 1,020만 원

06 A대리는 다가오는 9월에 결혼을 앞두고 있다. 다음 〈조건〉을 참고할 때, A대리의 결혼날짜로 가능한 날은?

> **조건**
> • 9월은 1일부터 30일까지이며, 9월 1일은 금요일이다.
> • 9월 30일부터 추석연휴가 시작되고 추석연휴 이틀 전엔 A대리가 주관하는 회의가 있다.
> • A대리는 결혼식을 한 다음날 8박 9일간 신혼여행을 간다.
> • 회사에서 신혼여행으로 주는 휴가는 5일이다.
> • A대리는 신혼여행과 겹치지 않도록 수요일 3주 연속 치과 진료가 예약되어 있다.
> • 신혼여행에서 돌아오는 날 부모님 댁에서 하루 자고, 그 다음날 출근할 예정이다.

① 1일　　　　　　　　　　　　② 2일
③ 22일　　　　　　　　　　　　④ 23일

07 다음은 어느 기업의 팀별 성과급 지급 기준 및 영업팀의 평가표이다. 영업팀에게 지급되는 성과급의 1년 총액은?(단, 성과평가 등급이 A등급이면 직전 분기 차감액의 50%를 가산하여 지급한다)

〈성과급 지급 기준〉

성과평가 점수	성과평가 등급	분기별 성과급 지급액
9.0 이상	A	100만 원
8.0 ~ 8.9	B	90만 원(10만 원 차감)
7.0 ~ 7.9	C	80만 원(20만 원 차감)
6.9 이하	D	40만 원(60만 원 차감)

〈영업팀 평가표〉

구분	1분기	2분기	3분기	4분기
유용성	8	8	10	8
안정성	8	6	8	8
서비스 만족도	6	8	10	8

※ (성과평가 점수)=[(유용성)×0.4]+[(안정성)×0.4]+[(서비스 만족도)×0.2]

① 350만 원　　　　　　　　　　② 360만 원
③ 370만 원　　　　　　　　　　④ 380만 원

08 다음은 임직원 출장여비 지급규정과 T차장의 출장비 지출 내역이다. T차장이 받을 수 있는 여비는 얼마인가?

〈임직원 출장여비 지급규정〉

- 출장여비는 일비, 숙박비, 식비, 교통비로 구성된다.
- 일비는 출장일수에 따라 매일 10만 원씩 지급한다.
- 숙박비는 숙박일수에 따라 실비 지급한다. 다만, 항공 또는 선박 여행 시 항공기 내 또는 선박 내에서의 숙박은 숙박비를 지급하지 아니한다.
- 식비는 일수에 따라 식사 여부에 상관없이 1일 3식으로 지급하며, 1식당 1만 원씩 지급한다. 단, 항공 또는 선박 여행 시에는 기내식이 포함되지 않을 경우만 지급하며, 출장 마지막 날 저녁은 지급하지 않는다.
- 교통비는 교통편의 운임 혹은 유류비 산출액을 실비 지급한다.

〈T차장의 2박 3일 출장비 지출 내역〉

3월 8일	3월 9일	3월 10일
• 인천 – 일본 항공편 : 84,000원 (아침 기내식 포함 ×) • 점심 식사 : 7,500원 • 일본 J공항 – B호텔 택시비 : 10,000원 • 저녁 식사 : 12,000원 • B호텔 숙박비 : 250,000원	• 아침 식사 : 8,300원 • 호텔 – 거래처 택시비 : 16,300원 • 점심 식사 : 10,000원 • 거래처 – 호텔 택시비 : 17,000원 • B호텔 숙박비 : 250,000원	• 아침 식사 : 5,000원 • 일본 – 인천 항공편 : 89,000원 (점심 기내식 포함)

① 880,000원

② 1,053,000원

③ 1,059,100원

④ 1,086,300원

09 H마트 B지점은 개점 10주년을 맞이하여 2월 22일부터 4일 동안 마트에서 구매하는 고객에게 소정의 사은품을 나누어 주는 행사를 진행하고자 한다. 올해 행사 기간 내 예상 방문 고객은 작년보다 20% 증가할 것으로 예측되며, 단가가 가장 낮은 품목부터 800개를 준비하여 100단위씩 줄여 준비하기로 하였다. 다음은 작년 행사 결과 보고서이며 올해도 작년과 같은 상품을 준비한다고 할 때, 이번 행사에 필요한 예상금액은 얼마인가?

〈B지점 9주년 행사 결과〉

- 행사명 : 9주년 특별 고객감사제
- 행사기간 : 2022년 2월 22일(화) ~ 25일(금)
- 참여대상 : 행사기간 내 상품구매고객
- 추첨방법 : 주머니에 담긴 공 뽑기를 하여 공 색상에 따라 경품을 지급함
- 참여인원 : 3,000명

〈공 색상별 경품〉

구분	빨강	주황	노랑	초록	파랑	남색	보라	검정
경품	갑 티슈	수건세트	우산	다도세트	식기 건조대	보조 배터리	상품권	전자렌지

※ 소진된 경품의 공을 선택했을 때는 공을 주머니에 다시 넣고 다른 색의 공이 나올 때까지 뽑는다.

〈경품별 단가〉

(단위 : 원)

구분	갑 티슈	수건세트	우산	다도세트	전자렌지	식기 건조대	보조 배터리	상품권
단가	3,500	20,000	9,000	15,000	50,000	40,000	10,000	30,000

---

① 48,088,000원

② 49,038,000원

③ 50,080,000원

④ 52,600,000원

10 부산교통공사는 현재 모든 사원과 연봉 협상을 하는 중이다. 연봉은 전년도 성과지표에 따라서 결정된다. 직원들의 성과지표가 다음과 같을 때, 가장 많은 연봉을 받을 직원은 누구인가?

〈성과지표별 가중치〉

(단위 : 원)

성과지표	수익 실적	업무 태도	영어 실력	동료 평가	발전 가능성
가중치	3,000,000	2,000,000	1,000,000	1,500,000	1,000,000

〈사원별 성과지표 결과〉

구분	수익 실적	업무 태도	영어 실력	동료 평가	발전 가능성
A사원	3	3	4	4	4
B사원	3	3	3	4	4
C사원	5	2	2	3	2
D사원	3	3	2	2	5

※ (당해 연도 연봉)=3,000,000원+(성과금)
※ 성과금은 각 성과지표와 그에 해당하는 가중치를 곱한 뒤 모두 더한다.
※ 성과지표의 평균이 3.5 이상인 경우 당해 연도 연봉에 1,000,000원이 추가된다.

① A사원
② B사원
③ C사원
④ D사원

※ A대리는 대전에서 출발하여 각각 광주, 대구, 부산, 울산에 있는 4개 지부로 출장을 갈 계획이다. 다음
 자료를 읽고 이어지는 질문에 답하시오. [11~12]

〈도시 간 이동비용〉

(단위 : 원)

출발지 \ 도착지	대전	광주	대구	부산	울산
대전		41,000	38,000	44,500	39,000
광주	41,000		32,000	35,500	37,500
대구	38,000	32,000		7,500	10,500
부산	44,500	35,500	7,500		22,000
울산	39,000	37,500	10,500	22,000	

〈도시 간 이동소요시간〉

출발지 \ 도착지	대전	광주	대구	부산	울산
대전		2시간 40분	2시간 20분	3시간 10분	2시간 45분
광주	2시간 40분		2시간 5분	2시간 15분	2시간 35분
대구	2시간 20분	2시간 5분		40분	1시간 5분
부산	3시간 10분	2시간 15분	40분		1시간 40분
울산	2시간 45분	2시간 35분	1시간 5분	1시간 40분	

11 A대리는 4개 지부를 방문한 후 대전으로 돌아와야 한다. 다음 이동경로 중 A대리가 대전으로 복귀
 하기까지 이동비용이 가장 저렴한 경로는?

① 대전 – 광주 – 대구 – 부산 – 울산 – 대전
② 대전 – 광주 – 부산 – 울산 – 대구 – 대전
③ 대전 – 대구 – 부산 – 울산 – 광주 – 대전
④ 대전 – 울산 – 대구 – 부산 – 광주 – 대전

12 A대리는 4개 지부를 방문한 후 집으로 퇴근한다. A대리의 집이 대구라고 할 때, 다음 이동경로
 중 A대리가 퇴근하기까지 이동소요시간이 가장 짧은 경로는?

① 대전 – 부산 – 울산 – 광주 – 대구
② 대전 – 부산 – 광주 – 울산 – 대구
③ 대전 – 광주 – 울산 – 부산 – 대구
④ 대전 – 광주 – 부산 – 울산 – 대구

※ 다음은 A~G지점 간 경로와 구간별 거리를 나타낸 자료이다. A지점으로 출장을 나온 K사원이 업무를 마치고 사무실이 있는 G지점으로 운전해 돌아가려고 할 때, 이어지는 질문에 답하시오. **[13~14]**

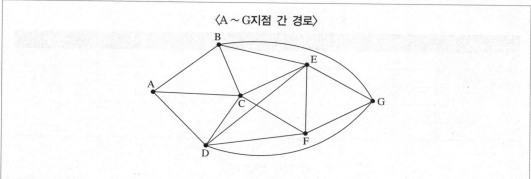

〈A ~ G지점 간 경로〉

〈구간별 거리〉

(단위 : km)

지점	A	B	C	D	E	F	G
A	–	52	108	51	–	–	–
B	52	–	53	–	66	–	128
C	108	53	–	56	53	55	–
D	51	–	56	–	62	69	129
E	–	66	53	62	–	59	58
F	–	–	55	69	59	–	54
G	–	128	–	129	58	54	–

※ 지점과 지점 사이 경로가 없는 경우 '–'로 표시한다.

13 다음 중 K사원이 갈 수 있는 최단거리는?(단, 모든 지점을 거칠 필요는 없다)

① 159km
② 163km
③ 167km
④ 171km

14 K사원은 최단거리를 확인한 후 출발하려 했으나, C지점에 출장을 갔던 H대리가 픽업을 요청해 C지점에 들러 H대리를 태우고 사무실로 돌아가려고 한다. 이때, C지점을 거치지 않았을 때의 최단 거리와 C지점을 거쳤을 때의 최단거리의 차는?

① 41km
② 43km
③ 45km
④ 47km

※ 다음은 부산교통공사의 신입사원 채용시험 결과와 합격자 선발기준이다. 이어지는 질문에 답하시오.
[15~16]

<신입사원 채용시험 상위 5명 점수>

구분	언어	수리	정보	상식	인성
A	90	80	90	80	90
B	80	90	80	90	90
C	90	70	100	90	80
D	80	90	100	100	80
E	100	80	70	80	90

<합격자 선발기준>

언어	수리	정보	상식	인성
30%	30%	10%	10%	20%

※ 다음의 선발기준의 가중치를 고려하여 채용시험 성적 총점을 산출하고 합격자를 정한다.

15 5명 중 점수가 가장 높은 상위 2명을 합격자로 선발할 때, 합격자를 바르게 짝지은 것은?

① A, B ② A, D
③ C, D ④ D, E

16 합격자 선발기준에서 인성에 대한 가중치를 높이고자 인성 점수와 수리 점수의 가중치를 서로 바꾸었을 때, 합격자를 올바르게 짝지은 것은?

① A, B ② A, D
③ A, E ④ B, E

※ 부산교통공사 인사팀에 근무하고 있는 E대리는 다른 부서의 D대리와 B과장의 승진심사를 위해 다음과 같이 표를 작성하였다. 이어지는 질문에 답하시오. [17~18]

〈승진심사 점수〉

(단위 : 점)

구분	기획력	업무실적	조직 성과업적	청렴도	승진심사 평점
B과장	80	72	78	70	
D대리	60	70	48		63.6

※ 승진심사 평점은 기획력 30%, 업무실적 30%, 조직 성과업적 25%, 청렴도 15%를 반영하여 합산한다.
※ 부문별 만점 기준점수는 100점이다.

17 다음 중 D대리의 청렴도 점수로 옳은 것은?

① 81점
② 82점
③ 83점
④ 84점

18 부산교통공사에서 과장이 승진후보에 오르기 위해서는 승진심사 평점이 80점 이상이어야 할 때, B과장이 승진후보가 되기 위해 몇 점이 더 필요한가?

① 4.2점
② 4.4점
③ 4.6점
④ 4.8점

※ 다음은 수발실에서 근무하는 직원들에 대한 3분기 근무평정 자료이다. 이어지는 질문에 답하시오.
[19~20]

〈정보〉

- 수발실은 공사로 수신되거나 공사에서 발송하는 문서를 분류, 배부하는 업무를 한다. 문서 수발이 중요한 업무인 만큼, 부산교통공사는 매분기 수발실 직원별로 사고 건수를 조사하여 다음의 벌점 산정방식에 따라 벌점을 부과한다.
- 부산교통공사는 이번 3분기 수발실 직원들에 대해 벌점을 부과한 후, 이를 반영하여 성과급을 지급하고자 한다.

〈벌점 산정방식〉

- 분기 벌점은 사고 유형별 건수와 유형별 벌점의 곱의 총합으로 계산한다.
- 전분기 무사고였던 직원의 경우, 해당분기 벌점에서 5점을 차감하는 혜택을 부여받는다.
- 전분기에 무사고였더라도, 해당분기 발신사고 건수가 4건 이상인 경우 벌점차감 혜택을 적용받지 못 한다.

〈사고 건수 당 벌점〉

(단위 : 점)

사고 종류	수신사고		발신사고	
	수신물 오분류	수신물 분실	미발송	발신물 분실
벌점	2	4	4	6

〈3분기 직원별 오류발생 현황〉

(단위 : 건)

직원	수신물 오분류	수신물 분실	미발송	발신물 분실	전분기 총사고 건수
A	–	2	–	4	2
B	2	3	3	–	–
C	2	–	3	1	4
D	–	2	2	2	8

19 벌점 산정방식에 따를 때, 수발실 직원 중 두 번째로 높은 벌점을 부여받는 직원은?

① A직원

② B직원

③ C직원

④ D직원

20 부산교통공사는 수발실 직원들의 등수에 따라 3분기 성과급을 지급하고자 한다. 수발실 직원들의 경우 해당 분기 벌점이 작을수록 부서 내 등수가 높다고 할 때, 다음 중 B직원이 지급받을 성과급 총금액은 얼마인가?

〈성과급 지급 기준〉

- (성과급)=(부서별 성과급 기준액)×(등수별 지급비율)
- 수발실 성과급 기준액 : 100만 원
- 등수별 성과급 지급비율

등수	1등	2~3등	4~5등
지급비율	100%	90%	80%

※ 분기당 벌점이 30점을 초과하는 경우 등수와 무관하게 성과급 기준액의 50%만 지급한다.

① 50만 원

② 70만 원

③ 90만 원

④ 100만 원

CHAPTER 05

정보능력

정보능력은 업무를 수행함에 있어 기본적인 컴퓨터를 활용하여 필요한 정보를 수집, 분석, 활용하는 능력을 의미한다. 또한 업무와 관련된 정보를 수집하고, 이를 분석하여 의미있는 정보를 얻는 능력이다.

국가직무능력표준에 따르면 정보능력의 세부 유형은 컴퓨터 활용 능력·정보처리능력으로 나눌 수 있다.

정보능력은 NCS 기반 채용을 진행한 곳 중 52% 정도가 다뤘으며, 문항 수는 전체에서 평균 6% 정도 출제되었다.

01 평소에 컴퓨터 활용 스킬을 틈틈이 익혀라!

윈도우(OS)에서 어떠한 설정을 할 수 있는지, 응용프로그램(엑셀 등)에서 어떠한 기능을 활용할 수 있는지를 평소에 직접 사용해 본다면 문제를 보다 수월하게 해결할 수 있다. 여건이 된다면 컴퓨터활용능력에 관련된 자격증 공부를 하는 것도 이론과 실무를 익히는 데 도움이 될 것이다.

02 문제의 규칙을 찾는 연습을 하라!

일반적으로 코드체계나 시스템 논리체계를 제공하고 이를 분석하여 문제를 해결하는 유형이 출제된다. 이러한 문제는 문제해결능력과 같은 맥락으로 규칙을 파악하여 접근하는 방식으로 연습이 필요하다.

03 현재 보고 있는 그 문제에 집중하자!

정보능력의 모든 것을 공부하려고 한다면 양이 너무나 방대하다. 그렇기 때문에 수험서에서 본인이 현재 보고 있는 문제들을 집중적으로 공부하고 기억하려고 해야 한다. 그러나 엑셀의 함수 수식, 연산자 등 암기를 필요로 하는 부분들은 필수적으로 암기를 해서 출제가 되었을 때 오답률을 낮출 수 있도록 한다.

04 사진·그림을 기억하자!

컴퓨터 활용 능력을 파악하는 영역이다 보니 컴퓨터 속 옵션, 기능, 설정 등의 사진·그림이 문제에 같이 나오는 경우들이 있다. 그런 부분들은 직접 컴퓨터를 통해서 하나하나 확인을 하면서 공부한다면 더 기억에 잘 남게 된다. 조금 귀찮더라도 한 번씩 클릭하면서 확인을 해보도록 한다.

01 | 엑셀 함수

「=INDEX(배열로 입력된 셀의 범위, 배열이나 참조의 행 번호, 배열이나 참조의 열 번호)」

다음 시트에서 [E10] 셀에 수식 「=INDEX(E2:E9, MATCH(0,D2:D9,0))」를 입력했을 때, [E10] 셀에 표시되는 결괏값은?

「=MATCH(찾으려고 하는 값, 연속된 셀 범위, 되돌릴 값을 표시하는 숫자)」

	A	B	C	D	E
1	부서	직위	사원명	근무연수	근무월수
2	재무팀	사원	이수연	2	11
3	교육사업팀	과장	조민정	3	5
4	신사업팀	사원	최지혁	1	3
5	교육컨텐츠팀	사원	김다연	0	2
6	교육사업팀	부장	민경희	8	10
7	기구설계팀	대리	김형준	2	1
8	교육사업팀	부장	문윤식	7	3
9	재무팀	대리	한영혜	3	0
10					

① 0 ② 1
✔ 2 ④ 3
⑤ 4

「=INDEX(E2:E9,MATCH(0,D2:D9,0))」을 입력하면 근무연수가 0인 사람의 근무월수가 셀에 표시된다. 따라서 2가 표시된다.

풀이순서

1) 질문의도
   엑셀 함수의 활용
   방법

2) 자료비교

3) 정답도출

유형 분석
- 주어진 상황에 사용할 적절한 엑셀 함수가 무엇인지 묻는 문제이다.
- 주로 업무 수행 중에 많이 활용되는 대표적인 엑셀 함수가 출제된다.

응용문제 : 엑셀시트를 제시하여 각 셀에 들어갈 함수식을 고르는 문제가 출제된다.

풀이 전략
제시된 조건의 엑셀 함수를 파악 후, 함수를 적용하여 값을 구한다. 엑셀 함수에 대한 기본적인 지식을 익혀 두면 풀이시간을 단축할 수 있다.

02 | 프로그램 언어(코딩)

다음 프로그램의 결괏값으로 옳은 것은?

```c
#include <stdio.h>

int main(){
        int i = 4;
        int k = 2;
        switch(i) {
                case 0:
                case 1:
                case 2:
                case 3: k = 0;
                case 4: k += 5;
                case 5: k -= 20;
                default: k++;
        }
        printf("%d", k);
}
```

i가 4기 때문에 case 4부터 시작한다.
k는 2이고, k+=5를 하면 7이 된다.
case 5에서 k-=20을 하면 -13이 되고,
default에서 1이 증가하여 결괏값은 -12가
된다.

① 12
③ 10
⑤ -11

☑ -12
④ -10

풀이순서

1) 질문의도
    C언어 연산자의 이해

2) 자료비교
    · 연산자 +
    · 연산자 -
    · 연산자 ++

3) 정답도출

유형 분석
· 주어진 정보를 통해 결괏값이 무엇인지 묻는 문제이다.
· 주로 C언어 연산자를 적용하여 나오는 값을 구하는 문제가 출제된다.
응용문제 : 정보를 제공하지 않고, 기본적인 C언어 지식을 통해 결괏값을 구하는 문제가 출제된다.

풀이 전략
제시된 C언어 연산자를 파악 후, 연산자를 적용하여 값을 구한다. C언어에 대한 기본적인 지식을 익혀 두면 코딩 및 풀이시간을 줄일 수 있다.

01 다음 설명에 해당하는 차트는 무엇인가?

- 데이터 계열이 하나만 있으므로 축이 없다.
- 차트의 조각은 사용자가 직접 분리할 수 있다.
- 차트에서 첫째 조각의 각을 '0 ~ 360°' 사이의 값을 이용하여 회전시킬 수 있다.

① 영역형 차트   ② 분산형 차트
③ 꺾은선형 차트   ④ 원형 차트

02 다음 중 워크시트의 데이터 입력에 관한 설명으로 옳은 것은?

① 숫자와 문자가 혼합된 데이터가 입력되면 문자열로 입력된다.
② 문자 데이터는 기본적으로 오른쪽으로 정렬된다.
③ 날짜 데이터는 자동으로 셀의 왼쪽으로 정렬된다.
④ 수치 데이터는 셀의 왼쪽으로 정렬된다.

03 다음 중 정보, 자료, 지식에 관한 설명으로 옳은 것을 〈보기〉에서 모두 고르면?

> **보기**
> ㄱ. 자료와 정보 가치의 크기는 절대적이다.
> ㄴ. 정보는 특정한 상황에 맞도록 평가한 의미 있는 기록이다.
> ㄷ. 정보는 사용하는 사람과 사용하는 시간에 따라 달라질 수 있다.
> ㄹ. 지식은 평가되지 않은 상태의 숫자나 문자들의 나열을 의미한다.

① ㄱ, ㄴ   ② ㄱ, ㄷ
③ ㄴ, ㄷ   ④ ㄴ, ㄹ

04 다음 중 개인정보 유출 방지책에 대한 설명으로 적절한 것을 〈보기〉에서 모두 고르면?

> **보기**
>
> ㄱ. 기억하기 쉬운 비밀번호 사용하기
> ㄴ. 가입 해지 시 정보 파기 요구하기
> ㄷ. 비밀번호를 정기적으로 교체하기
> ㄹ. 회원가입 시 이용 약관 확인하기
> ㅁ. 이용 목적에 부합하는 정보를 요구하는지 확인하기
> ㅂ. 회사 업무에 필요한 개인 정보들을 공유하기

① ㄱ, ㄴ, ㄷ, ㄹ
② ㄱ, ㄴ, ㅁ, ㅂ
③ ㄴ, ㄷ, ㄹ, ㅁ
④ ㄴ, ㄷ, ㄹ, ㅂ

05 K씨는 프레젠테이션을 이용하여 발표를 진행하다가 키보드의 〈Home〉 버튼을 잘못 눌러 슬라이드가 처음으로 되돌아가 버렸다. 발표를 진행했던 슬라이드부터 프레젠테이션을 실행하기 위해 〈ESC〉 버튼을 눌러 쇼 화면 상태에서 나간 후, [여러 슬라이드]에서 해당 슬라이드를 선택하여 프레젠테이션을 실행하려고 할 때, 직장인 K씨가 눌러야 할 단축키는?

① 〈Ctrl〉+〈S〉
② 〈Shift〉+〈F5〉
③ 〈Ctrl〉+〈P〉
④ 〈Shift〉+〈F10〉

06 다음 중 ㉠, ㉡에 들어갈 기능을 바르게 나열한 것은?

> ___㉠___ 은/는 특정 값의 변화에 따른 결괏값의 변화 과정을 한 번의 연산으로 빠르게 계산하여 표의 형태로 표시해 주는 도구이고, ___㉡___ 은/는 비슷한 형식의 여러 데이터의 결과를 하나의 표로 통합하여 요약해 주는 도구이다.

	㉠	㉡
①	데이터 표	통합
②	정렬	시나리오 관리자
③	데이터 표	피벗 테이블
④	해 찾기	데이터 유효성 검사

07 다음 중 워드프로세서(한글 2010)에서 파일을 다른 이름으로 저장할 때 사용하는 단축키는 무엇인가?

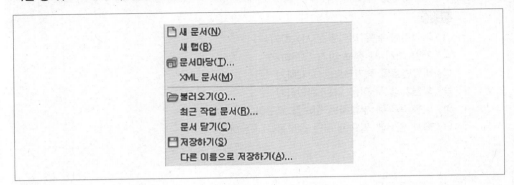

① 〈Alt〉+〈N〉
② 〈Ctrl〉+〈N〉, 〈P〉
③ 〈Alt〉+〈S〉
④ 〈Alt〉+〈V〉

08 다음은 워드프로세서(한글 2010)의 기능을 설명한 것이다. (가), (나)에 들어갈 용어를 바르게 나열한 것은?

워드프로세서의 기능 중 자주 쓰이는 문자열을 따로 등록해 놓았다가, 필요할 때 등록한 준말을 입력하면 본말 전체가 입력되도록 하는 기능을 ___(가)___(이)라고 하고, 본문에 들어가는 그림이나 표, 글상자, 그리기 개체, 수식에 번호와 제목, 간단한 설명 등을 붙이는 기능을 ___(나)___(이)라고 한다.

	(가)	(나)
①	매크로	캡션달기
②	매크로	메일머지
③	스타일	메일머지
④	상용구	캡션달기

09 다음 중 아래 [A4:B4] 영역을 기준으로 차트를 만들었을 때, 차트에 대한 설명으로 옳지 않은 것은?

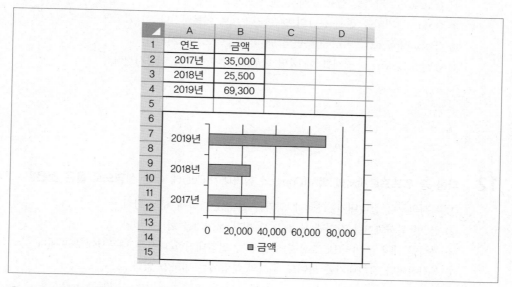

① 표의 데이터를 수정하면 차트도 자동으로 수정된다.

② 차트에서 주 눈금선을 선택하여 삭제하면 주 눈금선이 사라진다.

③ 표의 [A5:B5] 영역에 새로운 데이터를 추가하면 차트에도 자동으로 추가된다.

④ 표의 [A3:B3] 영역과 [A4:B4] 영역 사이에 새로운 데이터를 삽입하면 차트에도 자동으로 삽입된다.

10 다음 중 Windows 11의 바탕화면에 있는 바로가기 아이콘에 관한 설명으로 옳지 않은 것은?

① 바로가기 아이콘의 왼쪽 아래에는 화살표 모양의 그림이 표시된다.

② 바로가기 아이콘의 이름, 크기, 형식, 수정한 날짜 등의 순으로 정렬하여 표시할 수 있다.

③ 바로가기 아이콘의 바로가기를 또 만들 수 있다.

④ 바로가기 아이콘을 삭제하면 연결된 실제의 대상 파일도 삭제된다.

11 다음 중 워드프로세서의 커서 이동키에 대한 설명으로 옳은 것은?

① ⟨Home⟩ : 커서를 현재 문서의 맨 처음으로 이동시킨다.
② ⟨End⟩ : 커서를 현재 문단의 맨 마지막으로 이동시킨다.
③ ⟨Back Space⟩ : 커서를 화면의 맨 마지막으로 이동시킨다.
④ ⟨Page Down⟩ : 커서를 한 화면 단위로 하여 아래로 이동시킨다.

12 다음 중 워드프로세서의 복사(Copy)와 잘라내기(Cut)에 대한 설명으로 옳은 것은?

① 복사하거나 잘라내기를 할 때 영역을 선택한 다음에 해야 한다.
② 한 번 복사하거나 잘라낸 내용은 한 번만 붙이기를 할 수 있다.
③ 복사한 내용은 버퍼(Buffer)에 보관되며, 잘라내기한 내용은 내문서에 보관된다.
④ 복사하거나 잘라내기를 하여도 문서의 분량에는 변화가 없다.

13 다음 중 워드프로세서 스타일(Style)에 관한 설명으로 옳지 않은 것은?

① 자주 사용하는 글자 모양이나 문단 모양을 미리 정해 놓고 쓰는 것을 말한다.
② 특정 문단을 사용자가 원하는 스타일로 변경할 수 있다.
③ 해당 문단의 글자 모양과 문단 모양을 한꺼번에 바꿀 수 있다.
④ 스타일을 적용하려면 항상 범위를 설정하여야 한다.

14 귀하는 회사 내의 자원봉사활동으로 H교육원에서 워드프로세서 강의를 맡게 되었다. H교육원에서 강의하는 내용 중 삽입, 삭제, 수정에 대해 잘못 설명한 것은?

① 삽입 상태에서 삽입할 위치에 커서를 두고 새로운 내용을 입력하면 원래의 내용은 뒤로 밀려나며 내용이 입력됩니다.
② 임의의 내용을 블록(영역) 지정한 후 ⟨Delete⟩ 키를 누르면 영역을 지정한 곳의 내용은 모두 삭제됩니다.
③ ⟨Delete⟩ 키는 커서는 움직이지 않고 오른쪽 문자열을 하나씩 삭제합니다.
④ ⟨Space Bar⟩ 키는 삽입 상태에서 커서를 오른쪽으로 이동시키면서 한 문자씩 삭제합니다.

15 P공사 총무부에서 근무하는 S사원은 워드프로세서 프로그램을 사용해 결재 문서를 작성하는데 결재란을 페이지마다 넣고자 한다. 다음 중 S사원이 사용해야 하는 워드프로세서 기능은?

① 스타일
② 쪽 번호
③ 미주
④ 머리말

16 2진수 "101111110"을 8진수로 변환하면?

① $557_{(8)}$
② $576_{(8)}$
③ $557_{(8)}$
④ $567_{(8)}$

17 다음 중 버퍼(Buffer)에 대한 설명으로 옳은 것은?

① 데이터를 한 곳에서 다른 곳으로 전송하는 동안 일시적으로 그 데이터를 보관하는 메모리의 영역이다.
② 컴퓨터 안의 프로세스 사이에서 데이터를 저장할 때 사용된다.
③ 입・출력 장치를 업데이트 할 때 사용된다.
④ 데이터를 한 곳에서 다른 곳으로 전송하는 동안 백업하는 역할을 한다.

18 다음 중 도스(MS-DOS)에서 저장된 파일을 삭제하는 명령은?

① TIME

② COPY

③ DATE

④ DEL

19 다음 중 시스템의 성능을 극대화하기 위한 운영체제의 목적으로 적절하지 않은 것은?

① 처리능력 증대

② 응답시간 단축

③ 사용가능도 증대

④ 보안성 향상

20 두 개의 파일의 차이가 있을 때 차이점이 나타난 바이트 위치와 행 번호를 표시하는 UNIX 명령어는?

① cmp

② paste

③ comm

④ diff

PART 2

전공

01 법의 해석방법 중 유추해석 방법에 해당하는 것은?

① 서로 반대되는 두 개의 사실 중 하나의 사실에 관해서만 규정이 되어 있을 때 다른 하나에 관해서는 법문과 반대의 결과를 인정하는 해석방법

② 법규의 문자가 가지는 사전적 의미에 따라서 법규의 의미를 확정하는 해석방법

③ 두 개의 유사한 사실 중 법규에서 어느 하나의 사실에 관해서만 규정하고 있는 경우에 나머지 다른 사실에 대해서도 마찬가지의 효과를 인정하는 해석방법

④ 법규의 내용에 포함되는 개념을 문자 자체의 보통의 뜻보다 확장해서 효력을 인정함으로써 법의 타당성을 확보하려는 해석방법

02 다음 중 법체계에 대한 설명으로 옳지 않은 것은?

① 일반적으로 승인된 국제법규는 국내법과 같은 효력을 가진다.

② 대통령의 긴급명령은 법률과 같은 효력을 가진다.

③ 민법이 사법이므로 민사소송법도 사법에 속한다.

④ 민법과 상법은 실체법이다.

03 다음 중 추정과 간주에 대한 설명으로 옳은 것은?

① 사실의 확정에 있어서 '추정'보다는 '간주'의 효력이 훨씬 강하다.

② 우리 민법에서 "~한 것으로 본다."라고 규정하고 있으면 이는 추정규정이다.

③ 우리 민법 제28조에서는 "실종선고를 받은 자는 전조의 규정이 만료된 때에 사망한 것으로 추정한다."라고 규정하고 있다.

④ '간주'는 편의상 잠정적으로 사실의 존부를 인정하는 것이므로, 간주된 사실과 다른 사실을 주장하는 자가 반증을 들면 간주의 효과는 발생하지 않는다.

04 다음 중 우리나라의 민법상의 주소, 거소, 가주소에 대한 내용으로 옳지 않은 것은?

① 민법에서는 객관주의와 복수주의를 택한다.

② 국내에 주소가 없거나 주소를 알 수 없을 때에는 거소를 주소로 본다.

③ 법인의 주소 효력은 주된 사무소의 소재지로부터 생긴다.

④ 현재지가 주소로서의 효력을 가지는 경우 등의 예외는 있다.

05 다음 중 민법이 규정하는 재단법인과 사단법인과의 차이에 대한 설명으로 옳지 않은 것은?

① 사단법인에는 사원총회가 있으나 재단법인에는 없다.

② 양자는 모두 공익법인이다.

③ 재단법인의 기부행위는 반드시 서면으로 작성할 것을 요하지 않으나 사단법인의 정관은 반드시 서면으로 작성하지 않으면 안 된다.

④ 양자는 모두 설립에 있어서 주무관청의 허가를 필요로 한다.

06 다음 중 의사표시의 효력발생에 대한 설명으로 옳지 않은 것은?

① 격지자 간의 계약은 승낙의 통지를 발한 때에 성립한다.

② 우리 민법은 도달주의를 원칙으로 하고 예외적으로 발신주의를 택하고 있다.

③ 의사표시의 부도착(不到着)의 불이익은 표의자가 입는다.

④ 표의자가 그 통지를 발한 후 도달하기 전에 사망하면 그 의사표시는 무효이다.

07 다음 중 상법상 주식회사에 대한 설명으로 옳지 않은 것은?

① 회사가 공고를 하는 방법은 정관의 절대적 기재사항이다.

② 회사가 가진 자기주식에도 의결권이 있다.

③ 각 발기인은 서면에 의하여 주식을 인수하여야 한다.

④ 창립총회에서는 이사와 감사를 선임하여야 한다.

08 다음 중 행정주체가 국민에 대하여 명령·강제하고, 권리나 이익(利益)을 부여하는 등 법을 집행하는 행위를 무엇이라고 하는가?

① 행정조직　　　　　　　　　　　　② 행정처분
③ 행정구제　　　　　　　　　　　　④ 행정강제

09 다음 중 국정감사 및 조사에 대한 설명으로 옳은 것은?

① 국정감사는 공개가 원칙이고, 국정조사는 비공개가 원칙이다.
② 재판절차의 신속성에 하자가 있는 경우 국정조사의 대상이 될 수 없다.
③ 개인의 사생활에 관계되는 것은 예외적으로도 국정조사의 대상이 될 수 없다.
④ 국정감사는 정기적이며, 국정조사는 수시로 할 수 있다.

10 다음 중 형법상 공범에 대한 설명으로 옳지 않은 것은?

① 어느 행위로 인하여 처벌되지 아니하는 자를 교사하여 범죄행위의 결과를 발생하게 한 자도 처벌한다.
② 교사를 받은 자가 범죄의 실행을 승낙하고 실행의 착수에 이르지 아니한 때에는 교사자와 피교사자를 음모 또는 예비에 준하여 처벌한다.
③ 2인 이상의 공동으로 죄를 범한 때에는 각자를 그 죄의 정범으로 처벌한다.
④ 종범은 정범과 동일한 형으로 처벌한다.

11 다음 중 우리나라에서 실시하고 있는 4대 보험에 대한 설명으로 옳지 않은 것은?

① 우리나라에서 시행하고 있는 사회보험으로는 고용보험, 건강보험, 산재보험, 국민연금이 있다.
② 1주간의 소정근로시간이 15시간 미만인 자를 포함한 1월간의 소정근로시간이 60시간 미만인 자는 고용보험 적용제외 근로자이다
③ 산재보험의 경우 원칙적으로 근로자가 50%, 사업자가 50%의 금액을 부담한다.
④ 건강보험의 보험자는 국민건강보험공단이며, 주요업무는 건강보험 적용대상자의 자격관리, 보험료의 부과 및 징수, 보험급여 등이 있다.

12 다음 〈보기〉에서 의무이면서 권리의 성격을 띠는 것을 모두 고르면?

> **보기**
>
> ㄱ. 국방의 의무   ㄴ. 교육의 의무
> ㄷ. 근로의 의무   ㄹ. 납세의 의무

① ㄱ, ㄴ   ② ㄱ, ㄷ
③ ㄴ, ㄷ   ④ ㄴ, ㄹ

13 다음 〈보기〉는 육아휴직에 관한 법률과 노동조합규칙, 그리고 사내 취업규칙의 내용이다. 〈보기〉의 내용상 서로 충돌이 있을 경우 적용 순서를 순서대로 바르게 나열한 것은?

> **보기**
>
> • 남녀고용평등과 일·가정 양립 지원에 관한 법률 : 육아휴직의 기간은 1년 이내로 한다.
> • 노동조합규칙 : 육아휴직의 기간은 2년 이내로 한다.
> • 사내 취업규칙 : 육아휴직의 기간은 6개월 이내로 한다.

① 법＝노동조합규칙＝사내 취업규칙
② 법＞노동조합규칙＞사내 취업규칙
③ 사내 취업규칙＞노동조합규칙＞법
④ 노동조합규칙＞법＞사내 취업규칙

14 다음 중 근로기준법상 근로시간과 휴식에 대한 설명으로 옳지 않은 것은?

① 1일의 근로시간은 휴게시간을 제외하고 8시간을 초과할 수 없다.
② 사용자는 근로자에게 1주에 평균 1회 이상의 유급휴일을 보장하여야 한다.
③ 사용자는 야간근로에 대하여는 통상임금의 100분의 80 이상을 가산하여 근로자에게 지급하여야 한다.
④ 사용자는 8시간 이내의 휴일근로에 대하여는 통상임금의 100분의 50 이상을 가산하여 근로자에게 지급하여야 한다.

15 다음 중 근로기준법상 용어별 정의로 옳지 않은 것은?

① "근로자"란 직업의 종류에 따라 사무직 수행하며, 영업직 수행하는 근로를 제공하는 사람을 말한다.
② "근로"란 정신노동과 육체노동을 말한다.
③ "사용자"란 사업주 또는 사업 경영 담당자, 그 밖에 근로자에 관한 사항에 대하여 사업주를 위하여 행위하는 자를 말한다.
④ "임금"이란 사용자가 근로의 대가로 근로자에게 임금, 봉급, 그 밖에 어떠한 명칭으로든지 지급하는 모든 금품을 말한다.

16 다음 중 근로기준법상 일반근로자에게 서면으로 교부하는 근로계약서상 명시되지 않는 것은?

① 임금의 구성항목　　　　　　　　② 복리후생제도
③ 소정근로시간　　　　　　　　　　④ 임금의 계산방법

17 다음 〈보기〉는 법의 이념을 구성하는 요소들에 대한 내용이다. ⓐ ~ ⓒ의 용어와 정의를 순서대로 바르게 나열한 것은?

> **보기**
>
> ⓐ 사회가 추구하는 가치의 실현
> ⓑ 법이 추구하는 궁극적인 이념
> ⓒ 구성원들이 법을 믿고 따를 수 있는 상태

	ⓐ	ⓑ	ⓒ
①	정의	합목적성	법적 안정성
②	법적 안정성	합목적성	정의
③	합목적성	정의	법적 안정성
④	정의	법적 안정성	합목적성

18 다음 중 변론주의와 관련한 판례의 입장에 대한 설명으로 옳지 않은 것은?

① 청구취지가 특정되지 않은 경우 당사자가 부주의 또는 오해로 인하여 이를 명백히 간과한 채 본안에 관하여 공방을 하고 있는 경우 보정의 기회를 부여하지 아니하고 청구취지 불특정을 이유로 소를 각하할 수 있다.

② 판례는 재심사유의 존부에 관하여 당사자의 처분권을 인정할 수 없고 재심법원은 직권으로 당사자가 주장하는 재심사유 해당사실의 존부에 관해 판단할 필요가 있으므로 재심사유에 대하여는 당사자의 자백이 허용되지 않는다.

③ 판례는 민사소송에 있어서 변론주의는 주요사실에 대해서만 인정될 뿐 주요사실의 존부를 추인케 하는 간접사실에 대하여는 그 적용이 없다고 보고 있다.

④ 판례는 변론주의 원칙상 당사자가 주장하지 않은 사실을 기초로 법원이 판단할 수 없지만, 법원은 청구의 객관적 실체가 동일하다고 보여지는 한 청구원인으로 주장된 실체적 권리관계에 대한 정당한 법률해석에 의하여 판결할 수 있다고 보고 있다.

19 다음 중 전자금융법상 정의하고 있는 용어로 옳지 않은 것은?

① "전자적 장치"라 함은 전자금융거래정보를 전자적 방법으로 전송하거나 처리하는데 이용되는 장치로서 현금자동지급기, 자동입출금기, 지급용단말기, 컴퓨터, 전화기 그 밖에 전자적 방법으로 정보를 전송하거나 처리하는 장치를 말한다.

② "접근매체"라 함은 전자금융거래에 있어서 거래지시를 하거나 이용자 및 거래내용의 진실성과 정확성을 확보하기 위하여 사용되는 다음 각 목의 어느 하나에 해당하는 수단 또는 정보를 말한다.

③ "전자지급거래"라 함은 금융회사 또는 전자금융업자가 전자적 장치를 통하여 금융상품 및 서비스를 제공하고, 이용자가 금융회사 또는 전자금융업자의 종사자와 직접 대면하거나 의사소통을 하지 아니하고 자동화된 방식으로 이를 이용하는 거래를 말한다.

④ "결제중계시스템"이라 함은 금융회사와 전자금융업자 사이에 전자금융거래정보를 전달하여 자금 정산 및 결제에 관한 업무를 수행하는 금융정보처리운영체계를 말한다.

20 다음 중 즉결심판에 대한 절차로 옳은 것은?

① 지방법원 또는 그 지원의 판사는 소속 지방법원장의 명령을 받아 소속 법원의 관할사무와 관계가 있는 경우에만 즉결심판청구사건을 심판할 수 있다.

② 판사는 사건이 즉결심판을 할 수 없거나 즉결심판절차에 의하여 심판함이 적당하지 아니하다고 인정할 때에는 결정으로 즉결심판의 청구를 인용하여야 한다.

③ 즉결심판은 관할경찰서장 또는 관할해양경찰서장이 관할법원에 이를 청구한다.

④ 즉결심판을 청구할 때에는 사전에 피고인에게 즉결심판의 절차를 이해하는 데 필요한 사항을 서면으로만 알려주어야 한다.

01 다음 중 자본예산제도의 장점으로 옳지 않은 것은?

① 자본예산제도는 자본적 지출에 대한 특별한 분석과 예산사정을 가능하게 한다.

② 자본예산제도에 수반되는 장기적인 공공사업 계획은 조직적인 자원의 개발 및 보존을 위한 수단이 될 수 있다.

③ 계획과 예산 간의 불일치를 해소하고 이들 간에 서로 밀접한 관련성을 갖게 한다.

④ 경제적 불황기 내지 공황기에 적자예산을 편성하여 유효수요와 고용을 증대시킴으로써 불황을 극복하는 유용한 수단이 될 수 있다.

02 다음 중 우리나라의 지방자치제도에 대한 설명으로 옳지 않은 것은?

① 지방의회는 법률에 위배되는 내용을 포함한 조례를 제정할 수 없다.

② 지방의회는 지방자치단체의 장을 감시하고 통제하는 기능을 하지만, 지방자치단체의 장에 대한 불신임권은 갖고 있지 않다.

③ 우리나라 지방자치단체의 기관구성 형태는 기관통합형이다.

④ 조례안이 지방의회에서 의결되면 의장은 의결된 날부터 5일 이내에 그 지방자치단체의 장에게 이를 이송하여야 한다.

03 근무성적평정 오차 중 사람에 대한 경직적 편견이나 고정 관념 때문에 발생하는 오차는?

① 상동적 오차(Error of Stereotyping)

② 연속화의 오차(Error of Hallo effect)

③ 관대화의 오차(Error of Leniency)

④ 규칙적 오차(Systematic of Error)

04 다음 중 행정학의 접근방법에 대한 설명으로 옳은 것은?

① 법률적·제도론적 접근방법은 공식적 제도나 법률에 기반을 두고 있기 때문에 제도 이면에 존재하는 행정의 동태적 측면을 체계적으로 파악할 수 있다.

② 행태론적 접근방법은 후진국의 행정현상을 설명하는 데 크게 기여했으며, 행정의 보편적 이론보다는 중범위이론의 구축에 자극을 주어 행정학의 과학화에 기여했다.

③ 합리적 선택 신제도주의는 방법론적 전체주의(Holism)에, 사회학적 신제도주의는 방법론적 개체주의(Individualism)에 기반을 두고 있다.

④ 신공공관리론은 기업경영의 원리와 기법을 그대로 정부에 이식하려고 한다는 비판을 받는다.

05 다음 중 우리나라의 주민 직접 참여 제도에 대한 설명으로 가장 옳지 않은 것은?

① 주민은 해당 지방자치단체의 장에게 조례를 제정·개정하거나 폐지할 것을 청구할 수 있다.

② 지방자치단체의 장은 주민에게 과도한 부담을 주거나 중대한 영향을 미치는 지방자치단체의 주요 결정사항 등에 대하여 주민투표에 부칠 수 있다.

③ 주민은 해당 지방자치단체와 그 장의 권한에 속하는 사무의 처리가 법령에 위반되거나 공익을 현저히 해친다고 인정되면 감사를 청구할 수 있다.

④ 주민은 그 지방자치단체의 장 및 비례대표 지방의회의원을 포함한 지방의회의원을 소환할 권리를 가진다.

06 조직이론에 대한 다음 〈보기〉의 설명 중 옳은 것은 모두 몇 개인가?

> **보기**
>
> ㄱ. 과학적 관리론은 운동이라기보다 하나의 이론으로 출발하였다.
> ㄴ. 테일러(Taylor)는 과학적 조사, 연구, 실험 등을 통해 관리업무의 능률성을 극대화시킬 수 있다고 믿었다.
> ㄷ. 베버(Weber)는 조직을 사회관계의 특수한 형태로 간주하였으며, 조직운영에 필요한 명령을 구성원들이 수행하도록 보장하기 위한 권위의 계층제를 주장했다.
> ㄹ. 메이요(Mayo)의 호손실험은 과학적 관리론을 뒷받침하고 있다.
> ㅁ. 아지리스(Argyris)는 조직이 개인의 심리적 성공경험을 중시하여 인간의 자아가 미성숙 상태에서 성숙 상태로 변화하는 데 도움을 준다고 주장하였다.

① 1개

② 2개

③ 3개

④ 4개

07 다음 중 전통적인 관료제 정부와 기업가적 정부에 대한 설명으로 옳은 것은?

① 행정의 가치적 측면에서 기업가적 정부는 형평성과 민주성을 추구한다.
② 행정관리 기제에 있어서 기업가적 정부는 임무 중심 관리를 추구한다.
③ 행정관리 방식에 있어서 전통적인 관료제 정부는 예측과 예방을 중시한다.
④ 공공서비스를 제공함에 있어서 전통적인 관료제 정부는 민영화 방식의 도입을 추진한다.

08 다음 중 정책평가에서 인과관계의 타당성을 저해하는 요인에 대한 설명으로 옳지 않은 것은?

① 성숙효과 : 정책으로 인하여 그 결과가 나타난 것이 아니라 그냥 가만히 두어도 시간이 지나면서 자연스럽게 변화가 일어나는 경우
② 회귀인공요소 : 정책대상의 상태가 정책의 영향력과는 관계없이 자연스럽게 평균값으로 되돌아 가는 경향
③ 호손효과 : 정책효과가 나타날 가능성이 높은 집단을 의도적으로 실험집단으로 선정함으로써 정책의 영향력이 실제보다 과대평가되는 경우
④ 혼란변수 : 정책 이외에 제3의 변수도 결과에 영향을 미치는 경우 정책의 영향력을 정확히 평가하기 어렵게 만드는 변수

09 다음 중 제도화된 부패의 특징으로 옳지 않은 것은?

① 부패저항자에 대한 보복
② 비현실적 반부패 행동규범의 대외적 발표
③ 부패행위자에 대한 보호
④ 공식적 행동규범의 준수

10 다음 중 조직이론의 발달과정에 대한 설명으로 옳지 않은 것은?

① 초기 고전적 조직이론에서는 조직 내부의 효율성과 합리성이 주요 논의대상이었다.
② 호손실험은 고전적 조직이론의 대표적인 사례이다.
③ 신고전적 조직이론에서의 인간은 사회적 욕구를 지닌 존재로 파악한다.
④ 카오스 이론, 복잡성 이론, 가상 조직 등은 환경의 변화에 신속하게 반응하는 새로운 패러다임이 도입에 초점을 둔 이론이다.

11 다음 중 정책결정 모형에 대한 설명으로 옳지 않은 것은?

① 사이먼(Simon)은 결정자의 인지능력의 한계, 결정상황의 불확실성 및 시간의 제약 때문에 결정은 제한적 합리성의 조건하에 이루어지게 된다고 주장한다.

② 점증모형은 이상적이고 규범적인 합리모형과는 대조적으로 실제의 결정상황에 기초한 현실적이고 기술적인 모형이다.

③ 합리모형에서 말하는 합리성은 정치적 합리성을 의미한다.

④ 쓰레기통모형에서 가정하는 결정상황은 불확실성과 혼란이 심한 상태로 정상적인 권위구조와 결정규칙이 작동하지 않는 경우이다.

12 다음 중 조직혁신기법에 대한 설명으로 옳지 않은 것은?

① 리엔지니어링(BPR)이란 비용, 품질, 서비스 등과 같은 조직의 핵심적 성과에 있어 극적인 개선을 이루기 위해 업무프로세서를 급진적으로 재설계하는 것이다.

② 벤치마킹(Benchmarking)은 단순히 더 나은(Better) 실제가 아니라 최상(Best)의 실제를 발견하고 집행하는데 초점을 둔다.

③ 균형성과관리(BSC)는 조직관리에 있어서 재무적 관점, 고객 관점, 학습 및 성장 관점을 통해 단기적인 목표와 조직의 내부요소, 비재무적 지표에 주로 집중하여 조직을 혁신하는 방법이다.

④ 전략적 관리(SM)란 환경과의 관계를 중시하고 조직의 미래에 대한 전략적 계획을 강조하는 변혁적 관리이다.

13 다음 중 직무설계에 대한 설명으로 옳지 않은 것은?

① 직무설계는 조직구조 설계의 첫 번째 단계로서 조직을 구성하는 기본요소인 직위가 담당하는 직무를 설계하는 것이다.

② 일선관리직무는 수직적 전문화가 높고, 수평적 전문화가 낮은 경우에 효과적이다.

③ 부서화란 개별직무와 직위를 부서로 묶어서 분류하는 작업을 의미하며, 조직의 업무 과정상 상호의존성이 높은 직무들을 한 부서로 통합하는 것이다.

④ 사업부서화는 유사한 기능 혹은 업무과정을 수행하는 구성원을 같은 부서로 묶는 방식이다.

14 다음 중 페로우(Perrow)에 따른 조직구조와 기술분류에 대한 설명으로 옳지 않은 것은?

① 페로우는 문제의 분석가능성과 과업의 다양성에 따라서 4가지 기술로 분류한다.

② 표준화된 제품의 대량생산과 같은 기술은 일상적 기술에 해당한다.

③ 비일상적 기술은 좁은 통솔범위와 분권화된 의사결정의 특징을 가진 유기적 조직구조에서 자주 나타난다.

④ 과업의 다양성이 높고, 문제의 분석가능성이 쉬울 경우 일상적 기술에 해당한다.

15 다음 중 퇴직공직자의 취업제한의무에 대한 설명으로 적절하지 않은 것은?

① 취업심사대상자는 퇴직일부터 5년간 퇴직 전 3년 동안 소속하였던 부서 또는 기관의 업무와 취업 심사대상기관 간에 밀접한 관련성이 있는 취업심사대상기관에 취업할 수 없다.

② 국회규칙, 대법원규칙, 헌법재판소규칙, 중앙선거관리위원회규칙 또는 대통령령으로 정하는 공 무원과 공직유관단체의 직원인 경우 취업심사대상자이다.

③ 관할 공직자윤리위원회로부터 취업심사대상자가 퇴직 전 5년 동안 소속하였던 부서 또는 기관의 업무와 취업심사대상기관 간에 밀접한 관련성이 없다는 확인을 받은 경우에는 취업이 가능하다.

④ 취업제한의무 위반자에 대한 해임요구를 거부한 취업심사대상기관의 장에게는 1천만 원 이하의 과태료를 부과한다.

16 다음 중 개방형 직위제도에 대한 설명으로 적절하지 않은 것은?

① 개방형 직위제도는 고도의 전문성이 요구되거나, 효율적인 정책수립이 필요할 경우 공직 내부나 외부에서 적격자를 임용하는 제도이다.

② 개방형 직위에 공무원을 임용하려는 경우에는 공직내부와 외부를 대상으로 공개모집 후 개방형 직위 중앙선발시험위원회가 실시하는 선발시험을 거쳐야 한다.

③ 원칙적으로 개방형 직위에 임용되는 공무원은 임기제 일반직 공무원이다.

④ 개방형 직위에 임용되는 공무원의 임용기간은 다른 법령에 특별한 규정이 있는 경우를 제외하고 10년 범위에서 소속장관이 정하되, 최소한 3년 이상으로 하여야 한다.

17 다음 중 계급제의 특성에 대한 설명으로 옳지 않은 것은?

① 순환보직을 통해 다양한 업무를 경험할 수 있도록 한다.

② 공직에 자리가 비었을 때 외부 충원을 원칙으로 한다.

③ 계급을 신분과 동일시하려는 경향이 강하다.

④ 공무원의 신분이 안정적으로 보장된다.

18 다음 중 인사체계 유형에 대한 설명으로 옳지 않은 것은?

① 폐쇄형 임용의 경우 영국, 독일, 프랑스에서 발달한 제도이다.

② 개방형 임용의 경우 미국, 캐나다에서 발달한 제도이다.

③ 개방형 임용의 경우 직무중심으로 공직을 분류하며, 최적격자를 승진기준으로 하는 제도이다.

④ 개방형 임용의 경우 공직 내의 안정성 유지와 일반 행정가 양성에 있어서 폐쇄형 임용에 비해 유리하다.

19 다음 중 우리나라에서 실시하고 있는 균형인사제도에 해당하지 않는 것은?

① 여성관리자 임용확대   ② 양성평등채용목표제

③ 장애인 의무고용제   ④ 인문계 공무원 임용목표제

20 다음 〈보기〉 중 실적주의에 관한 설명으로 옳은 것은 모두 몇 개인가?

> **보기**
>
> ㉠ 채용시험의 내용과 직무수행 능력과의 직접적인 연계성이 부족하다.
> ㉡ 공무원의 정치적 자유를 지나치게 제약한다.
> ㉢ 정당의 대중화와 정당정치에 기여한다.
> ㉣ 공직취임에 대한 기회균등을 보장한다.
> ㉤ 관직의 남설로 인해 재정적 낭비를 초래한다.

① 1개   ② 2개

③ 3개   ④ 4개

01 다음 표를 이용하여 결합레버리지도를 구한 값은?

매출액	100	영업이익	40
변동비	30	이자비용	30
고정비	30	법인세차감전이익	10

① 3   ② 7

③ 9   ④ 10

02 다음 중 공정가치 측정에 대한 설명으로 옳지 않은 것은?

① 공정가치란 측정일에 시장참여자 사이의 정상거래에서 자산을 매도할 때 받거나 부채를 이전할 때 지급하게 될 가격이다.

② 비금융자산의 공정가치를 측정할 때는 자신이 그 자산을 최고 최선으로 사용하거나 최고 최선으로 사용할 다른 시장참여자에게 그 자산을 매도함으로써 경제적 효익을 창출할 수 있는 시장참여자의 능력을 고려한다.

③ 공정가치를 측정하기 위해 사용하는 가치평가기법은 관측할 수 있는 투입변수를 최소한으로 사용하고 관측할 수 없는 투입변수를 최대한으로 사용한다.

④ 기업은 시장참여자가 경제적으로 최선의 행동을 한다는 가정하에, 시장참여자가 자산이나 부채의 가격을 결정할 때 사용할 가정에 근거하여 자산이나 부채의 공정가치를 측정하여야 한다.

03 다음의 특징을 모두 가지고 있는 자산은?

- 개별적으로 식별하여 별도로 인식할 수 없다.
- 손상징후와 관계없이 매년 손상검사를 실시한다.
- 손상차손환입을 인식할 수 없다.
- 사업결합시 이전대가가 피취득자 순자산의 공정가치를 초과한 금액이다.

① 특허권   ② 회원권

③ 영업권   ④ 라이선스

04 H회사는 2022년 초 액면금액 ₩100,000인 전환상환우선주(액면배당률 연 2%, 매년 말 배당지급)를 액면발행하였다. 전환상환우선주 발행 시 조달한 현금 중 금융부채요소의 현재가치는 ₩80,000이고 나머지는 자본요소(전환권)이다. 전환상환우선주 발행시점의 금융부채요소 유효이자율은 연 10%이다. 2022년 초 전환상환우선주의 40%를 보통주로 전환할 때 H회사의 자본증가액은?

① ₩32,000
② ₩34,400
③ ₩40,000
④ ₩42,400

05 다음 중 주가순자산비율(PBR)에 대한 설명으로 옳은 것은?

① 주가를 주당순자산가치(BPS)로 나눈 비율로서 주가와 1주당 순자산가치를 비교한 수치이다.
② PBR이 1보다 클 경우 순자산보다 주가가 낮게 형성되어 저평가되었다고 판단한다.
③ 주가순자산비율(PBR)은 재무회계상 주가를 판단하는 기준지표로서 성장성을 보여주는 지표이다.
④ 기업 청산 시 채권자가 배당받을 수 있는 자산의 가치를 의미하며 1을 기준으로 한다.

06 다음 중 이자율의 기간구조에 대한 설명으로 적절하지 않은 것은?

① 채권금리는 만기가 길수록 금리도 높아지는 우상향의 모양을 보인다.
② 기간에 따라 달라질 수 있는 이자율 사이의 관계를 이자율의 기간구조라고 부른다.
③ 이자율의 기간구조는 흔히 수익률곡선(yield curve)으로 나타낸다.
④ 장기이자율이 단기이자율보다 높으면 우하향곡선의 형태를 취한다.

07 다음 중 재무제표의 표시에 대한 설명으로 옳지 않은 것은?

① 매출채권에 대한 대손충당금을 차감하여 관련 자산을 순액으로 측정하는 것은 상계표시에 해당하지 아니한다.
② 기업이 재무상태표에 유동자산과 비유동자산으로 구분하여 표시하는 경우, 이연법인세자산은 유동자산으로 분류하지 아니한다.
③ 비용을 기능별로 분류하는 기업은 감가상각비, 기타 상각비와 종업원급여비용을 포함하여 비용의 성격에 대한 추가 정보를 공시한다.
④ 수익과 비용의 어느 항목은 포괄손익계산서 또는 주석에 특별손익 항목으로 별도 표시한다.

08 H회사의 2022년 초 유통보통주식수는 18,400주이며, 주주우선배정 방식으로 유상증자를 실시하였다. 유상증자 권리행사 전일의 공정가치는 주당 ₩50,000이고, 유상증자 시의 주당 발행금액은 ₩40,000, 발행주식수는 2,000주이다. H회사는 2021년 9월 초 자기주식을 1,500주 취득하였다. H회사의 2022년 가중평균유통보통주식수는?(단, 가중평균유통보통주식수는 월할 계산한다)

① 18,667주   ② 19,084주

③ 19,268주   ④ 19,400주

09 다음 중 항목과 계정 분류의 연결이 적절하지 않은 것은?

① 직접 소유 또는 금융리스를 통해 보유하고 운용리스로 제공하고 있는 건물 – 재고자산
② 소유자가사용부동산 – 유형자산
③ 처분예정인 자가사용부등산 – 매각예정비유동자산
④ 통상적인 영업과정에서 판매하기 위한 부동산이나 이를 위하여 건설 또는 개발 중인 부동산 – 재고자산

10 다음은 A주식의 정보이다. 자본자산가격결정모형(CAPM)을 이용하여 A주식의 기대수익률을 구하면?

- 시장무위험수익률 : 5%
- 시장기대수익률 : 18%
- 베타 : 0.5

① 9.35%   ② 10.25%

③ 10.45%   ④ 11.5%

11 다음 중 우리나라의 공기업에 대한 설명으로 적절하지 않은 것은?

① 자산규모가 2조 원 이상이고, 총수입액 중 자체수입액이 85% 이상인 공기업은 준시장형 공기업에 해당한다.
② 공공기관운영법 제4조에 따라 지정된 공공기관은 동법 제5조에 따라 정원, 총수입액, 자산규모, 자체수입비율 기준에 따라 공기업·준정부기관·기타공공기관으로 구분한다.
③ 공기업이란 직원 정원이 50명, 총수입액이 30억 원, 자산규모가 10억 원 이상이면서, 총수입액 중 자체수입액이 차지하는 비중이 50% 이상인 공공기관을 말한다.
④ 공기업은 손익 계산에 근거하여 사업성 여부를 고려하는 민간 부문에 맡겨서는 적정한 수준의 서비스가 이루어지지 않는 공공서비스를 제공하기 위해 필요하다.

12 다음 중 MMF(Money Market Fund)에 대한 설명으로 적절하지 않은 것은?

① CMA처럼 수시 입출금이 가능하고 하루만 예치해도 운용 실적에 따른 이익금을 받을 수 있기 때문에 단기자금 운용에 적합하다.

② 법적으로 우량채권에만 투자하도록 되어있기 때문에 손실에 대한 위험은 매우 낮다.

③ 이자지급방식으로, 확정금리형 상품이다.

④ 상품의 운용기간 만기 설정은 30일 이상 180일 이내이다.

13 H제약회사가 신약개발 R&D에 투자하려고 하고, 이에 담당 임원은 200만 달러를 특정 연구에 쏟아 부어야 하는지를 결정해야 한다. 당신이 의사결정자라면 다음 상황에서 어떻게 할 것인가? (단, 기대수익으로 가장 적절한 것을 결정한다)

〈상황〉

이 연구개발 프로젝트의 성공 여부는 확실하지 않으며, 의사의 결정자는 특허를 받는 기회를 70%로 보고 있다. 만일 특허를 받는다면 이 회사는 2,500만 달러의 기술료를 받아 다른 회사에 넘기거나, 1,000만 달러를 더 투자해 개발품을 직접 판매할 수 있다. 만일 직접 판매할 경우 수요가 몰릴 확률은 25%, 수요가 중간인 경우는 55%, 수요가 낮을 경우는 20%이다. 수요가 높으면 5,500만 달러를 판매 수입으로 벌 것으로 보이며, 수요가 중간인 경우는 3,300만 달러, 수요가 없는 경우에도 1,500만 달러를 벌 것으로 예상된다.

---

① 개발을 그만둔다.

② 개발한 다음 기술료를 받고, 특허를 외부에 판다.

③ 개발한 다음 직접 판매한다.

④ 개발이 된다 하더라도 특허를 받지 않는다.

14 다음 중 기업이 다각화(Diversification) 전략을 시행하는 목적으로 적절하지 않은 것은?

① 새로운 성장동력을 찾아 기업 자체의 성장성을 위하여 실시한다.

② 개별 사업부문들의 경기순환에 의한 리스크를 줄이기 위함이다.

③ 범위의 경제성 또는 시너지 효과를 통해 실질적으로 기업의 이익을 증대시키기 위함이다.

④ 하나의 사업분야에 집중화하여 제품이나 서비스의 품질을 향상시켜 소비자들로부터 프리미엄이라는 인식을 심어 한 분야에서 독보적인 자리를 유지하기 위함이다.

15 다음 중 경제적 자립권과 독립성 둘 다 포기한 채, 시장독점이라는 하나의 목적 아래 여러 기업이 뭉쳐서 이룬 하나의 통일체를 의미하는 형태의 조직은?

① 카르텔(Kartell)

② 신디케이트(Syndicate)

③ 트러스트(Trust)

④ 콘체른(Konzern)

16 다음 중 기업의 합병에 대한 설명으로 옳지 않은 것은?

① 기업합병이란 두 독립된 기업이 법률적, 실질적으로 하나의 기업실체로 통합되는 것이다.

② 기업합병에는 흡수합병과 신설합병이 있으며, 흡수합병은 한 회사는 존속하고 다른 회사의 주식이 소멸하는 형태의 합병이다.

③ 기업인수는 한 기업이 다른 기업의 지배권을 획득하기 위하여 주식이나 자산을 취득하는 것이다.

④ 수평적 합병은 기업의 생산이나 판매과정 전후에 있는 기업 간의 합병으로, 주로 원자재 공급의 안정성 등을 목적으로 한다.

17 다음 중 빈칸에 공통으로 들어갈 알맞은 용어로 가장 적절한 것은?

> _____의 의미는 일반적으로 '소형화'를 말하는 것으로 종래의 제품 프레임보다 작으면서도 성능은 뛰어나게 만드는 것을 말한다. _____은/는 IBM 왓슨연구소 직원의 이름에서 따온 것으로 알려졌다. 그는 1980년대 초 메인프레임보다 작으면서 보다 우수하고, 유연하면서도 빠르며 더욱 신뢰성 있는 컴퓨터의 개발을 추구했다. 비즈니스에서 _____은 조직을 야위게 만드는 기법을 말하는 것으로, 슬림화를 통해 능률의 증진을 추구한다. 일반적으로 비즈니스 _____와/과 정보시스템 _____로/으로 나뉜다. 비즈니스 _____은/는 기업체의 관료화에 따른 불필요한 낭비조직을 제거하는 것이다. 이를 통해 불필요하고 불합리한 본사의 임원이나 지원부서가 축소되고 기업의 계층구조가 줄어들며 중간 관리층이 대폭 감소하게 된다. 이를 위한 조직개편 수단이 팀 제도이다.

① 권고사직

② 다운사이징(Downsizing)

③ 구조조정

④ 스와핑(Swapping)

18 다음 중 시스템 이론(System Theory)에 대한 설명으로 옳지 않은 것은?

① 시스템 이론의 가장 핵심적인 원리는 전체나 혹은 부분을 볼 때 서로의 상호 연관성을 관련지어 생각하지 않고는 둘 다 제대로 이해할 수 없다는 것이다.

② 시스템 이론은 1차 대전 이후 독일의 생물학자인 베르탈란피(L. von Bertalanffy)가 여러 학문 분야의 통합을 위한 공통적인 사고와 연구의 틀을 찾으려는 노력으로 발표된 이론이다.

③ 시스템의 구성요소는 첫째는 전체, 둘째는 이를 구성하고 있는 부분, 셋째는 부분들 사이 및 부분들과 개체와의 상호 연관성들로 구성된다.

④ 시스템 이론은 경영활동을 기술활동, 상업활동, 재무활동, 회계활동, 관리활동, 보호활동으로 구분한다.

19 다음 경영학의 지도원리 중 수익성의 원리로 옳은 것은?

① 이익/투자자본
② 수익/비용
③ 성과/비용
④ 경제상의 효율성

20 다음 중 지식관리에 대한 설명으로 옳지 않은 것은?

① 형식적 지식은 쉽게 체계화할 수 있는 특성이 있다.
② 암묵적 지식은 조직에서 명시적 지식보다 강력한 힘을 발휘하기도 한다.
③ 형식적 지식은 경쟁기업이 쉽게 모방하기 어려운 지식으로, 경쟁우위 창출에 기반이 된다.
④ 암묵적 지식은 사람의 머릿속에 있는 지식으로, 지적자본(Intellectual Capital)이라고도 한다.

01 인플레이션에 의해 나타날 수 있는 현상으로 보기 어려운 것은?

① 구두창 비용의 발생

② 메뉴비용의 발생

③ 통화가치 하락

④ 총요소생산성의 상승

02 완전경쟁시장에서 개별기업의 평균총비용곡선 및 평균가변비용곡선은 U자형이며, 현재 생산량은 50이다. 이 생산량 수준에서 한계비용은 300, 평균총비용은 400, 평균가변비용은 200일 때 다음 〈보기〉 중 적절한 것을 모두 고르면?(단, 시장가격은 300으로 주어져 있다)

> **보기**
> ㄱ. 현재의 생산량 수준에서 평균총비용곡선 및 평균가변비용곡선은 우하향한다.
> ㄴ. 현재의 생산량 수준에서 평균총비용곡선은 우하향하고 평균가변비용곡선은 우상향한다.
> ㄷ. 개별기업은 현재 양의 이윤을 얻고 있다.
> ㄹ. 개별기업은 현재 음의 이윤을 얻고 있다.
> ㅁ. 개별기업은 단기에 조업을 중단하는 것이 낫다.

① ㄱ, ㄷ

② ㄱ, ㅁ

③ ㄴ, ㄷ

④ ㄴ, ㄹ

03 시장구조에 대한 설명으로 적절하지 않은 것은?

① 과점시장에서 기업은 이윤극대화를 위해 비가격 경쟁을 치열하게 한다.

② 완전경쟁시장에서는 시장의 진입과 퇴출이 자유롭기 때문에 기업들은 가격을 자유롭게 결정할 수 있다.

③ 독점적 경쟁시장은 기업들의 제품 차별화와 관련이 깊다.

④ 완전경쟁시장의 장기균형상태에서 기술능력이 동일한 기업들의 초과이윤은 0이다.

04 경기변동에 대한 설명으로 적절하지 않은 것은?

① 투자는 소비에 비해 GDP 대비 변동성이 크므로 경기변동의 주요 원인이 된다.

② 기간 간 고른 소비가 어려운 저소득계층이 늘어나면, 이전에 비해 경기변동이 심해진다.

③ 실물적 경기변동은 경기변동을 자연실업률 자체가 변화하여 일어난다고 생각한다.

④ 총공급–총수요 모형에서 총수요의 변동이 경기변동의 요인이라고 본다면 물가는 경기와 반대로 움직인다.

05 케인즈학파 경제학자들이 경기침체기에 금융정책이 효과를 나타내지 못한다고 생각하는 이유로 가장 적절한 것은?

① 화폐수요와 투자수요 모두 이자율에 대해 상당히 탄력적이다.

② 화폐수요와 투자수요 모두 이자율에 대해 상당히 비탄력적이다.

③ 화폐수요와 투자수요 모두 이자율에 대해 완전 비탄력적이다.

④ 화폐수요는 이자율에 대해 상대적으로 탄력적이며 투자수요는 이자율에 대해 상대적으로 비탄력적이다.

06 실물적 경기변동이론(Real Business Cycle Theory)에 대한 설명으로 적절하지 않은 것은?

① 장기에서는 고전적 이분성이 성립하지만 단기에는 성립하지 않는다.

② 현재 이자율의 일시적 상승에도 사람들은 노동공급을 증가시킨다.

③ 경기변동은 변화하는 경제상황에 대한 경제의 자연적이며 효율적인 반응이다.

④ 경기후퇴는 기술의 퇴보에 의해 설명할 수 있다.

07 법정지불준비율이 0.2이고, 은행시스템 전체의 지불준비금은 300만 원이다. 은행시스템 전체로 볼 때 요구불예금의 크기는?(단, 초과지불준비금은 없고, 현금통화비율은 0이다)

① 1,000만 원

② 1,200만 원

③ 1,500만 원

④ 2,000만 원

08 노동수요의 임금탄력성에 대한 설명으로 적절하지 않은 것은?

① 노동수요의 임금탄력성은 단기보다 장기에서 더 크다.

② 노동수요의 임금탄력성은 총생산비 중 노동비용이 차지하는 비중에 의해 영향을 받는다.

③ 노동을 대체할 수 있는 다른 생산요소로의 대체가능성이 클수록 동일한 임금상승에 대하여 고용 감소는 적어진다.

④ 노동수요는 노동을 생산요소로 사용하는 최종생산물 수요의 가격탄력성에 영향을 받는다.

09 A근로자의 연봉이 올해 1,500만 원에서 1,650만 원으로 150만 원 인상되었다. 이 기간에 인플레이션율이 12%일 때, A근로자의 임금변동에 대한 설명으로 적절한 것은?

① 2% 명목임금 증가   ② 2% 명목임금 감소

③ 2% 실질임금 증가   ④ 2% 실질임금 감소

10 독점적 경쟁에 대한 설명으로 적절하지 않은 것은?

① 완전경쟁과 마찬가지로 다수의 기업이 존재하며, 진입과 퇴출이 자유롭다.

② 독점적 경쟁기업은 차별화된 상품을 생산함으로써, 어느 정도 시장지배력을 갖는다.

③ 독점적 경쟁기업 간의 경쟁이 판매서비스, 광고 등의 형태로 일어날 때, 이를 비가격경쟁이라고 한다.

④ 독점적 경쟁기업은 독점기업과 마찬가지로 과잉설비를 갖지 않는다.

11 다음 〈보기〉 중 산업 간 무역(Inter-industry Trade)에 대한 설명으로 적절한 것을 모두 고르면?

> **보기**
>
> ㉠ 생산에 있어서 규모의 경제가 전제된다.
> ㉡ 동일한 산업 내에서 수출입이 발생한다.
> ㉢ 경제발전정도가 상이한 국가 간에 주로 발생한다.
> ㉣ 비교우위에 의해 무역이 발생한다.
> ㉤ 독점적 경쟁에 의해 무역이 발생한다.

① ㉠, ㉡   ② ㉡, ㉢
③ ㉢, ㉣   ④ ㉣, ㉤

12 현재 한국과 미국의 연간 명목이자율이 각각 6%와 3%이고, 현재 환율이 1,000원/달러일 때, 이자율평가설에 따른 1년 뒤 예상환율은 얼마인가?

① 1,000원/달러   ② 1,010원/달러
③ 1,020원/달러   ④ 1,030원/달러

13 다음 〈보기〉 중 국가 간 비교우위가 무역의 원인이 된다는 헥셔 올린 정리(Heckscher Ohlin Theorem)의 기본 가정을 모두 고르면?

> **보기**
>
> 가. 두 국가의 생산요소는 노동 한 가지이고, 국가 간 노동의 이동은 자유롭다.
> 나. 두 국가의 생산함수는 동일하며, 규모에 대해 수익불변이다.
> 다. 두 국가의 선호체계를 반영하는 사회후생함수는 동일하다.
> 라. 두 국가의 요소부존도는 동일하다.

① 가, 나   ② 가, 다
③ 나, 다   ④ 나, 라

14 다음은 A국과 B국의 경제에 대한 자료이다. A국의 실질환율과 수출량의 변화로 옳은 것은?

구분	2021년	2022년
A국 통화로 표시한 B국 통화 1단위의 가치	1,000	1,150
A국의 물가지수	100	107
B국의 물가지수	100	103

	실질환율	수출량
①	불변	감소
②	11% 상승	증가
③	11% 하락	감소
④	19% 상승	증가

15 경제적 지대와 준지대에 대한 설명으로 적절하지 않은 것은?

① 경제적 지대란 생산요소 공급자가 얻는 잉여분을 말한다.
② 준지대란 단기적으로 고정된 생산요소에 대한 보수이다.
③ 준지대는 총수입에서 총고정비용을 차감하여 계산할 수 있다.
④ 경제적 지대는 단기와 장기 모두 발생 가능하다.

16 지대에 대한 설명으로 적절하지 않은 것은?

① 지대란 토지와 같이 공급이 고정된 생산요소가 생산과정에서 제공한 서비스에 대한 대가로 지불되는 보수를 의미한다.
② 리카도(Ricardo)에 따르면 지대는 일종의 불로소득에 해당한다.
③ 준지대란 공장설비 등과 같이 단기적으로 고정된 생산요소에 대한 보수를 의미한다.
④ 일반적으로 노동공급이 탄력적일수록 경제적 지대가 차지하는 비중이 커진다.

17 공공재의 특성에 대한 설명으로 가장 적절한 것은?

① 한 사람의 소비가 다른 사람의 소비를 감소시킨다.

② 소비에 있어서 경합성 및 배제성의 원리가 작용한다.

③ 무임승차 문제로 과소 생산의 가능성이 있다.

④ 공공재는 민간이 생산·공급할 수 없다.

18 공공재에 대한 설명으로 적절하지 않은 것은?

① 공공재 한 단위를 추가로 공급하는 사회적 한계편익은 그 한 단위를 소비하는 모든 소비자의 한계편익의 합과 일치한다.

② 공공재에 대한 시장수요함수는 개별수요함수를 수직으로 합하여 얻어진다.

③ 공공재는 비배제성은 충족되지 않으나 비경합성은 충족된다.

④ 특정 소비자를 공공재의 소비로부터 배제할 수 없다.

19 다음은 중국과 인도 근로자 한 사람의 시간당 의복과 자동차의 생산량을 나타낸 것이다. 리카도 (Ricardo)의 비교우위이론에 따르면, 양국은 어떤 제품을 수출하는가?

〈국가별 시간당 의복, 자동차 생산량〉

구분	중국	인도
의복(벌)	40	30
자동차(대)	20	10

① 중국 : 의복과 자동차, 인도 : 수출하지 않음

② 중국 : 수출하지 않음, 인도 : 자동차와 의복

③ 중국 : 의복, 인도 : 자동차

④ 중국 : 자동차, 인도 : 의복

20 공공재의 공급모형에 대한 설명으로 적절하지 않은 것은?

① 린달(Lindahl)모형은 각 개인이 진정한 공공재 수요를 표출한다는 비현실적인 가정을 전제한다.

② 사무엘슨(Samuelson)모형은 각 개인의 한계대체율의 합과 한계전환율의 합이 일치하도록 공급한다.

③ 사무엘슨(Samuelson)모형은 사용재와 공공재간의 파레토효율적인 배분조건을 제시한다.

④ 공공재의 시장수요곡선은 개별수요의 수평합으로 도출된다.

01 다음 중 재고자산의 회계처리에 관한 설명으로 옳은 것은?

① 완성될 제품이 원가 이상으로 판매될 것으로 예상하는 경우에는 그 생산에 투입하기 위해 보유하는 원재료 및 기타 소모품을 감액하지 아니한다.

② 선입선출법은 기말재고자산의 평가관점에서 현행원가를 적절히 반영하지 못한다.

③ 선입선출법은 먼저 매입 또는 생산된 재고자산이 기말에 재고로 남아 있고 가장 최근에 매입 또는 생산된 재고자산이 판매되는 것을 가정한다.

④ 통상적으로 상호 교환될 수 없는 재고자산 항목의 원가와 특정 프로젝트별로 생산되고 분리되는 재화 또는 용역의 원가는 총평균법을 사용하여 결정한다.

02 미래에 현금을 수취할 계약상 권리에 해당하는 금융자산과 이에 대응하여 미래에 현금을 지급할 계약상 의무에 해당하는 금융부채로 옳지 않은 것은?

① 매출채권과 매입채무　　　　　　　　② 받을어음과 지급어음

③ 대여금과 차입금　　　　　　　　　　④ 선급금과 선수금

03 (주)한국의 영업활동으로 인한 현금흐름이 500,000원일 때, 다음 자료를 기초로 당기순이익을 계산하면?

• 매출채권(순액) 증가	50,000원
• 재고자산 감소	40,000원
• 미수임대료의 증가	20,000원
• 매입채무의 감소	20,000원
• 유형자산처분손실	30,000원

① 420,000원　　　　　　　　　　　② 450,000원

③ 520,000원　　　　　　　　　　　④ 540,000원

04 다음 중 자본이 증가하는 거래는?(단, 각 거래는 상호독립적이고, 자기주식의 취득은 상법상 정당한 것으로 가정한다)

① 중간배당(현금배당) 100,000원을 실시하였다.
② 액면금액이 주당 5,000원인 주식 25주를 4,000원에 할인발행하였다.
③ 자기주식(액면금액 주당 5,000원) 25주를 주당 4,000원에 취득하였다.
④ 당기순손실 100,000원이 발생하였다.

05 다음 중 유용한 재무정보의 질적 특성에 관한 설명으로 옳지 않은 것은?

① 명확하고 간결하게 분류되고 특징지어져 표시된 정보는 이해가능성이 높다.
② 어떤 재무정보가 예측가치나 확인가치 또는 이 둘 모두를 갖는다면 그 재무정보는 이용자의 의사결정에 차이가 나게 할 수 있다.
③ 검증가능성은 정보가 나타내고자 하는 경제적 현상을 충실히 표현하는지를 정보이용자가 확인하는데 도움을 주는 근본적 질적 특성이다.
④ 적시성은 정보이용자가 의사결정을 내릴 때 사용되어 그 결정에 영향을 줄 수 있도록 제때에 이용가능함을 의미한다.

06 다음 중 회계거래의 기록과 관련된 설명으로 옳지 않은 것은?

① 분개란 복식부기의 원리를 이용하여 발생한 거래를 분개장에 기록하는 절차이다.
② 분개장의 거래기록을 총계정원장의 각 계정에 옮겨 적는 것을 전기라고 한다.
③ 보조 회계장부로는 분개장과 현금출납장이 있다.
④ 시산표의 차변 합계액과 대변 합계액이 일치하는 경우에도 계정기록의 오류가 존재할 수 있다.

07 다음 중 재무제표 표시에 관한 설명으로 옳지 않은 것은?

① 재고자산의 판매 또는 매출채권의 회수시점이 보고기간 후 12개월을 초과한다면 유동자산으로 분류하지 못한다.
② 재무상태표의 자산과 부채는 유동과 비유동으로 구분하여 표시하거나 유동성 순서에 따라 표시할 수 있다.
③ 수익과 비용의 어느 항목도 당기손익과 기타 포괄손익을 표시하는 보고서에 특별손익 항목으로 표시할 수 없다.
④ 당기손익의 계산에 포함된 비용항목에 대해 성격별 또는 기능별 분류방법 중에서 신뢰성 있고 더욱 목적적합한 정보를 제공할 수 있는 방법을 적용하여 표시한다.

08 다음 중 재무보고의 개념체계에 관한 설명으로 옳은 것은?

① 일부 부채의 경우는 상당한 정도의 추정을 해야만 측정이 가능할 수 있다.
② 자산 측정기준으로서의 역사적 원가는 현행원가와 비교하여 적시성이 더 높다.
③ 보고기업의 경제적 자원과 청구권의 변동은 그 기업의 재무성과에 의해서만 발생한다.
④ 일반목적재무보고서는 보고기업의 가치를 직접 보여주기 위해 고안되었다.

09 12월 한 달간 상품판매와 관련된 자료가 다음과 같을 때 매출액은?(단, 상품판매가격은 단위당 100으로 동일하다)

- 12월 1일에 상품 200개를 5개월 할부로 판매하고, 대금은 매월 말에 20%씩 받기로 하다.
- 12월 17일에 상품 100개를 판매하였다.
- 12월 28일에 위탁상품 50개를 수탁자에게 발송하였고, 12월 31일 현재 수탁자가 판매하지 않고 전량 보유 중이다.
- 12월 30일에 상품 50개를 도착지인도조건으로 판매하여 다음 달에 도착할 예정이다.

① 14,000 ② 15,000
③ 19,000 ④ 30,000

10 다음 중 활동기준원가계산에 관한 설명으로 옳지 않은 것은?

① 전통적인 원가계산에 비해 배부기준의 수가 많다.
② 활동이 자원을 소비하고 제품이 활동을 소비한다는 개념을 이용한다.
③ 제조원가뿐만 아니라 비제조원가도 원가동인에 의해 배부할 수 있다.
④ 직접재료원가 이외의 원가를 고정원가로 처리한다.

11 기업의 재무제표는 재무상태표, 포괄손익계산서, 자본변동표, 현금흐름표, 그리고 주석으로 구성된다. 다음 중 현금흐름표에 대한 설명으로 옳지 않은 것은?

① 현금흐름표는 한 회계기간 동안의 현금흐름을 영업활동과 투자활동으로 나누어 보고한다.
② 재화의 판매와 관련한 현금 유입은 영업활동 현금흐름에 해당한다.
③ 유형자산의 취득과 관련한 현금 유출은 투자활동 현금흐름에 해당한다.
④ 영업활동 현금흐름을 표시하는 방식에는 직접법과 간접법 모두 인정된다.

12 다음 중 현금흐름표상 영업활동 현금흐름에 대한 설명으로 옳은 것은?

① 영업활동 현금흐름은 직접법 또는 간접법 중 하나의 방법으로 보고할 수 있으나, 한국채택국제회계기준에서는 직접법을 사용할 것을 권장하고 있다.

② 단기매매 목적으로 보유하는 유가증권의 판매에 따른 현금은 영업활동으로부터의 현금유입에 포함되지 않는다.

③ 일반적으로 법인세로 납부한 현금은 영업활동으로 인한 현금유출에 포함되지 않는다.

④ 직접법은 당기순이익의 조정을 통해 영업활동 현금흐름을 계산한다.

13 다음 중 현금흐름표에 대한 설명으로 옳지 않은 것은?

① 단기매매목적으로 보유하는 유가증권의 취득과 판매에 따른 현금흐름은 재무활동 현금흐름으로 분류한다.

② 현금흐름표는 회계기간 동안 발생한 현금흐름을 영업활동, 투자활동 및 재무활동으로 분류하여 보고한다.

③ 유형자산 또는 무형자산 처분에 따른 현금유입은 투자활동 현금흐름으로 분류한다.

④ 차입금의 상환에 따른 현금유출은 재무활동 현금흐름으로 분류한다.

14 다음 중 K-IFRS 제1151호 따른 '고객과의 계약에서 생기는 수익'에 대한 설명으로 옳지 않은 것은?

① 계약 당사자 중 어느 한 편이 계약을 수행했을 때, 기업의 수행 정도와 고객의 지급과의 관계에 따라 그 계약을 계약자산이나 계약부채로 재무상태표에 표시한다.

② 계약은 둘 이상의 당사자 사이에 집행 가능한 권리만이 생기게 하는 합의로, 계약상 권리와 의무의 집행 가능성은 경제적인 문제이다.

③ 계약변경이란 계약 당사자들이 승인한 계약의 범위나 계약가격(또는 둘 다)의 변경을 말한다.

④ 거래가격을 상대적 개별 판매가격에 기초하여 각 수행의무에 배분하기 위하여 계약 개시시점에 계약상 각 수행의무의 대상인 구별되는 재화나 용역의 개별 판매가격을 산정하고 이 개별 판매가격에 비례하여 거래가격을 배분한다.

15 다음 중 현금흐름표의 재무활동 현금흐름에 포함되는 항목은?

① 이자수익으로 인한 현금유입

② 건물의 취득 및 처분

③ 현금의 대여 및 회수

④ 차입금의 차입 및 상환

16 다음 〈보기〉 중 금융자산과 금융부채에 각각 해당하는 계정을 순서대로 바르게 나열한 것은?

> **보기**
>
> ㄱ. 매입채무　　　　　　　　　　ㄴ. 차입금
> ㄷ. 미지급금　　　　　　　　　　ㄹ. 현금
> ㅁ. 사채　　　　　　　　　　　　ㅂ. 타사에 관한 지분증권

	금융자산	금융부채
①	ㄱ, ㄴ, ㄷ	ㄹ, ㅁ, ㅂ
②	ㄷ, ㅁ	ㄱ, ㄴ, ㄹ, ㅂ
③	ㄹ, ㅂ	ㄱ, ㄴ, ㄷ, ㅁ
④	ㄷ, ㄹ, ㅁ, ㅂ	ㄱ, ㄴ

17 다음 〈보기〉는 장단기투자자산에 관련된 계정이다. 단기투자자산과 장기투자자산으로 구분할 때, 각각 해당하는 계정을 알맞게 연결한 것은?

> **보기**
>
> ㄱ. FVOCI 금융자산　　　　　　ㄴ. AC 금융자산
> ㄷ. CMA　　　　　　　　　　　ㄹ. 장기성 예금
> ㅁ. 유가증권　　　　　　　　　　ㅂ. 단기대여금

	단기투자자산	장기투자자산
①	ㄱ, ㄴ, ㄷ	ㄹ, ㅁ, ㅂ
②	ㄴ, ㄷ, ㄹ	ㄱ, ㅁ, ㅂ
③	ㄱ, ㅁ, ㅂ	ㄴ, ㄷ, ㄹ
④	ㄷ, ㅁ, ㅂ	ㄱ, ㄴ, ㄹ

18 다음 〈보기〉 중 비유동부채에 해당하는 것은 모두 몇 개인가?

> **보기**
>
> ㄱ. 매입채무 ㄴ. 예수금
> ㄷ. 미지급금 ㄹ. 장기차입금
> ㅁ. 임대보증금 ㅂ. 선수수익
> ㅅ. 단기차입금 ㅇ. 선수금
> ㅈ. 장기미지급금 ㅊ. 유동성장기부채

① 1개 　　　　　　　　② 3개
③ 5개 　　　　　　　　④ 7개

19 다음 중 회계상 거래에 해당하지 않는 것은?

① 20억 원 상당의 비업무용 토지를 매입하다.
② 5,000만 원 상당의 기계장치를 기증받다.
③ 100억 원 상당의 매출계약을 체결하다.
④ 1년분 보험료 60만 원을 미리 지급하다.

20 2022년 초에 설립된 (주)한국의 2022년도 영업활동에 관한 자료는 다음과 같고, 2022년도에 제품을 8,000단위 생산하여 6,500단위 판매하였을 경우, 전부원가계산에 의한 영업이익과 변동원가계산에 의한 영업이익의 차이는?(단, 기말재공품은 없다)

• 단위당 판매가격	1,500원	• 단위당 변동판매관리비	50원
• 단위당 직접재료원가	700원	• 고정제조간접원가	800,000원
• 단위당 직접노무원가	350원	• 고정판매관리비	400,000원
• 단위당 변동제조간접원가	100원		

① 100,000원 　　　　　② 120,000원
③ 150,000원 　　　　　④ 180,000원

합격의 공식 SD에듀

S D E D U

아이들이 답이 있는 질문을 하기 시작하면
그들이 성장하고 있음을 알 수 있다.

- 존 J. 플롬프 -

PART 3

최종점검 모의고사

최종점검
모의고사

※ 부산교통공사 최종점검 모의고사는 채용공고와 수험생들의 시험후기를
   기준으로 구성한 것으로 실제 시험과 다를 수 있습니다.

※ 모바일 OMR 답안채점 / 성적분석 서비스

법학

행정학

경영학

경제학

회계학

■ 취약영역 분석

01 직업기초능력평가

번호	O/×	영역	번호	O/×	영역	번호	O/×	영역
01		문제해결능력	18		수리능력	35		수리능력
02		문제해결능력	19		문제해결능력	36		수리능력
03		문제해결능력	20		의사소통능력	37		
04		의사소통능력	21		의사소통능력	38		문제해결능력
05		의사소통능력	22		자원관리능력	39		문제해결능력
06		의사소통능력	23		자원관리능력	40		
07		문제해결능력	24		수리능력	41		수리능력
08			25		수리능력	42		문제해결능력
09			26		문제해결능력	43		의사소통능력
10		자원관리능력	27		의사소통능력	44		의사소통능력
11			28		의사소통능력	45		
12			29		의사소통능력	46		수리능력
13		문제해결능력	30		의사소통능력	47		의사소통능력
14		문제해결능력	31		자원관리능력	48		수리능력
15			32		자원관리능력	49		수리능력
16		수리능력	33		정보능력	50		
17		수리능력	34		정보능력			

02 전공

번호	51	52	53	54	55	56	57	58	59	60	61	62	63	64	65	66	67
O/×																	
영역	법학 / 행정학 / 경영학 / 경제학 / 회계학																
번호	68	69	70	71	72	73	74	75	76	77	78	79	80	81	82	83	84
O/×																	
영역	법학 / 행정학 / 경영학 / 경제학 / 회계학																
번호	85	86	87	88	89	90	91	92	93	94	95	96	97	98	99	100	
O/×																	
영역	법학 / 행정학 / 경영학 / 경제학 / 회계학																

평가문항	100문항	평가시간	100분
시작시간	:	종료시간	:
취약영역			

응시시간 : 100분 문항 수 : 100문항 정답 및 해설 p.064

01 직업기초능력평가

※ 다음은 H아동병원의 8월 진료스케줄을 안내한 일부 자료이다. 자료를 보고 이어지는 질문에 답하시오. [1~2]

〈H아동병원 8월 진료스케줄〉

(◎ : 휴진, ● : 진료, ★ : 당직)

〈진료시간〉
평일 : 오전 9시 ~ 오후 8시
공휴일(토, 일) : 오전 9시 ~ 오후 5시
점심시간 : 오후 12시 30분 ~ 오후 2시

구분	일	월 오전	월 오후	월 야간	화 오전	화 오후	화 야간	수 오전	수 오후	수 야간	목 오전	목 오후	목 야간	금 오전	금 오후	금 야간	토 오전	토 오후
1주 차								1			2			3			4	
의사 A								●	●		●	●		●	●		●	●
의사 B								◎	◎	◎	◎	◎	◎	◎	◎		◎	◎
의사 C								●	●		●	●		●	★		●	●
의사 D	●										◎	◎	◎	◎	◎		◎	◎
의사 E								●	★		●	★		●	●		●	●
2주 차	5		6			7			8			9			10		11	
의사 A			●	★	●	●			●	★	●	●		●	●		●	●
의사 B	●	●	●			●	★	●			●	●		●	●		●	●
의사 C			●		●	●		●	●		◎	◎	◎		★		●	●
의사 D	◎	◎	◎	◎	◎	◎	◎	◎	◎	◎	◎	◎	◎	◎	◎	◎	◎	◎
의사 E								●	●		●	●			★		●	●
3주 차	12		13			14			15(광복절)			16			17		18	
의사 A	●		●	★	●	●		◎	◎		●	●		●			●	●
의사 B			●		●	●		◎	◎		●	●		●	★		●	●
의사 C	●		●		●	●		●	★		●			●			●	●
의사 D			●	●			★	●	●			●	★				●	●
의사 E		◎	◎	◎	◎	◎	◎	◎	◎	◎	◎	◎	◎	◎	◎	◎	◎	◎

01 진료스케줄을 보고 이해한 것으로 옳지 않은 것은?

① 2~3주 차에 당직을 가장 많이 하는 의사는 A이다.

② 의사 D는 8월 2일부터 11일까지 휴진이다.

·③ 2주 차 월~토요일 오전에 근무하는 의사는 요일마다 3명 이상이다.

④ 1~3주 차 동안 가장 많은 의사가 휴진하는 날은 광복절이다.

02 직장인 S씨는 아들의 예방접종을 위해 진료를 예약하려고 한다. 오후에 출근하는 S씨는 8월 2~3주 차 중, 평일 오전에 하루 시간을 내려고 하며, 아들이 평소에 좋아하는 의사 A에게 진료를 받고자 할 때, 예약날짜로 적절한 날짜는?

① 8월 3일

② 8월 8일

③ 8월 9일

④ 8월 13일

03 다음은 불만고객 응대를 위한 8단계 프로세스이다. 이를 참고하여 고객 상담을 하고 있는 상담사가 '감사와 공감 표시' 단계에서 언급해야 할 발언으로 적절한 것은?

〈불만고객 응대를 위한 8단계 프로세스〉

경청 ⇒ 감사와 공감 표시 ⇒ 사과 ⇒ 해결약속 ⇒ 정보파악 ⇒ 신속처리 ⇒ 처리확인과 사과 ⇒ 피드백

① 고객님, 혹시 어떤 부분이 불편하셨는지 구체적으로 말씀해주시면 감사하겠습니다.

② 이렇게 전화 주셔서 너무 감사합니다. 비도 오고 날도 추운데 고생 많으셨겠습니다.

③ 고객님이 말씀하신 내용이 어떤 내용인지 정확히 확인한 후 바로 도움을 드리도록 하겠습니다.

④ 내용을 확인하는 데 약 1분 정도 시간이 소요될 수 있는 점 양해 부탁드립니다.

04 다음 글의 내용으로 적절하지 않은 것은?

경제질서는 국가 간의 교역과 상호투자 등을 원활히 하기 위해 각 국가가 준수할 규범들을 제정하고 이를 이행시키면서 이루어진 질서이다. 경제질서는 교역 당사국 모두에 직접적인 이익을 가져다주기 때문에 비교적 잘 지켜지고 있다. 특히 1995년 WTO가 발족되어 안보질서보다도 더 정교한 질서로 자리를 잡고 있다. 경제질서를 준수하게 하는 힘은 준수하지 않았을 때 가해지는 불이익으로, 다른 나라들의 집단적 경제제재가 그에 해당된다. 자연보호질서는 경제 질서의 한 종류로, 자원보호질서와 환경보호질서로 나뉜다. 이 두 가지 질서는 다음과 같은 생각에서 제안된 범세계적 운동이다. 자원보호질서는 유한한 자원을 모두 소비하면 후세 사람들이 살아갈 수 없으므로 재생 가능한 자원을 많이 사용하고 가능한 한 자원을 재활용하자는 생각이다. 환경보호질서는 하나밖에 없는 지구의 원 모습을 지켜 후손에게 물려주어야 한다는 생각이다. 자원보호질서는 부존자원의 낭비를 막기 위해 사용 물질의 양에 대한 규제를 주도하는 질서이고, 환경보호질서는 글자 그대로 환경을 쾌적한 상태로 유지하려는 질서이다. 이 두 가지 질서는 서로 연관되어 있으나 지키려는 내용에서 다르다. 자원보호질서는 사람이 사용하는 물자의 양을 통제하기 위한 질서이고, 환경보호질서는 환경의 원형보존을 위한 질서이다.

경제질서와는 달리 공공질서는 일부가 아닌 모든 구성국들에 이익을 가져다주는 국제질서이다. 국가 간의 교류 및 협력을 위해서는 서로 간의 의사소통, 인적·물적 교류 등이 원활히 이루어져야 한다. 이러한 거래, 교류, 접촉 등을 원활하게 하는 공동규범들이 공공질서를 이룬다. 공공질서는 모든 구성국에 편익을 주는 공공재를 창출하고 유지하려는 구성국들의 공동노력으로 이루어진다.

가장 새롭게 등장한 국제질서가 인권보호질서이다. 웨스트팔리아체제라 부르는 주권국가 중심의 현 국제정치질서에서는 주권존중, 내정불간섭 원칙이 엄격히 지켜진다. 그래서 자국 정부에 의한 자국민 학살, 탄압, 인권유린 등이 국외에서는 외면되어 왔다. 그러나 정부에 의한 인민학살의 피해나, 다민족국가에서의 자국 내 소수민족 탄압이 용인될 수 없는 상태에까지 이르게 됨에 따라 점차로 인권보호를 위한 인도주의적 개입의 당위가 논의되기 시작하고 있다.

이러한 흐름 속에서 국제연합인권위원회 및 각종 NGO 등의 노력으로 국제사회에서 공동 개입하여 인권보호를 이루어내자는 운동이 일어나고 있다. 이러한 노력의 결과 하나의 새로운 국제질서인 인권보호질서가 자리를 잡아가고 있다. 인권보호질서는 아직 형성과정에 있으며, 또한 주권국가 중심의 현 국제정치질서와 충돌하므로 앞으로도 쉽게 자리를 잡기는 어려우리라 예상된다. 그러나 21세기에 접어들면서 '세계시민의식'이 급속히 확산되고 있는 점을 감안한다면, 어떤 국가도 결코 무시할 수 없는 국제질서로 발전하리라 생각한다.

① 교역 당사국에 직접 이익을 주기 때문에 WTO에 의한 경제질서는 비교적 잘 유지되고 있다.

② 세계시민의식의 확산과 더불어 등장한 인권보호질서는 내정 불간섭 원칙의 엄격한 준수를 요구한다.

③ 세계적 차원에서 유한한 자원의 낭비를 규제하고 자원을 재활용하기 위해 자원보호질서가 제안되었다.

④ 인적·물적 교류를 원활하게 하는 공동규범으로 이루어진 공공질서는 그 구성국들에 이익을 가져다준다.

05 다음 글의 주된 내용 전개방식으로 가장 적절한 것은?

식물명에는 몇 가지 작명 원리가 있다. 가장 흔한 건 생김새를 보고 짓는 것이다. 그중 동물에 비유해서 지어진 이름이 많다. 강아지 꼬리를 닮은 풀이면 강아지풀, 호랑이 꼬리를 닮으면 범꼬리, 잎에 털이 부숭한 모양이 노루의 귀 같아서 노루귀, 열매가 매의 발톱처럼 뾰족해서 매발톱, 마디가 소의 무릎처럼 굵어져서 쇠무릎, 호랑이 눈을 닮은 버드나무라 해서 호랑버들이라고 부르는 것들이 그렇다.

물건에 비유해 붙이기도 한다. 혼례식 때 켜는 초롱을 닮았다 하여 초롱꽃, 조롱조롱 매달린 꽃이 은방울을 닮아서 은방울꽃, 꽃이 피기 전의 꽃봉오리가 붓 같아서 붓꽃, 꽃대가 한 줄기로 올라오는 모습이 홀아비처럼 외로워 보여서 홀아비꽃대로 불리는 것이 그렇다.

생김새나 쓰임새가 아닌 다른 특징에 의해 짓기도 한다. 애기똥풀이나 피나물은 잎을 자르면 나오는 액을 보고 지은 이름이다. 식물명에 '애기'가 들어가면 대개 기본종에 비해 작거나 앙증맞은 경우를 일컫는다. 애기나리, 애기중의무릇, 애기부들, 애기메꽃처럼 말이다. 그와 달리 애기똥풀의 '애기'는 진짜 애기를 가리킨다. 자르면 나오는 노란 액이 애기의 똥 같아서 붙여진 이름인 것이다. 피나물은 잎을 자르면 정말로 핏빛 액체가 나온다.

향기가 이름이 된 경우도 있다. 오이풀을 비벼보면 싱그러운 오이 향이 손에 묻어난다. 생강나무에서는 알싸한 생강 향기가 난다. 분꽃나무의 꽃에서는 여자의 화장품처럼 분내가 풍겨온다. 누리장나무는 고기의 누린내가 나서 붙여진 이름이다.

소리 때문에 지어진 경우도 있다. 한지를 만드는 데 썼던 닥나무는 가지를 꺾으면 딱 하는 소리가 나서 딱나무로 불리다가 닥나무가 됐다. 꽝꽝나무는 불 속에 던져 넣으면 "꽝꽝" 하는 소리가 난다고 해서 붙여졌다. 나무에서 정말로 그런 소리가 나는지는 몰라도 잎을 태워보면 "빵" 하는 소리가 난다. 자작나무도 소리로 인해 붙여진 이름이다. 자작나무의 껍질에는 지방분이 많아 불을 붙이면 "자자자작" 하는 소리를 내면서 탄다. 기름이 귀했던 옛날에는 자작나무 기름으로 신방의 불을 밝혔다.

① 다양한 관점들을 제시한 뒤, 예를 들어 설명하고 있다.
② 대상들을 분류한 뒤, 예를 들어 설명하고 있다.
③ 여러 가지 대상들의 원리에 대해 설명하고 있다.
④ 현상에 대한 해결방안에 대해 제시하고 있다.

06 다음 글에 대한 이해를 심화·발전시키기 위한 활동으로 적절하지 않은 것은?

한국 춤을 흔히 멋과 흥의 춤이라고 하는데, 이것은 일상성의 자연스런 파격과 결부해 볼 수 있다. 한 마디로 그것은 제멋대로의 것이어서 강한 개성이 드러난다. 다음은 조선 후기의 유학자인 송시열의 시조이다.

청산(靑山)도 절로절로 녹수(綠水)도 절로절로
산(山) 절로 수(水) 절로 산수간(山水間)에 나도 절로
이 중(中)에 절로 자란 몸이 늙기도 절로 하리라

위 시조에서 알 수 있듯이 자연 속에서의 원초적인 해방감은 현실 세계 속에 세상 만사를 마치 타고 노니는 듯한 자유로운 일탈마저 엿보게 한다. 그러나 이 일탈은 현실에서의 도피를 의미하지 않는다. 오히려 이 일탈은 단조롭고 힘겨운 일상 생활을 유지할 수 있는 활력소를 제공하는 역할을 한다. 음악이나 춤에서 타고 노니는 구체적인 표현의 하나인 장단을 먹어 주는 것이나 엇박을 타는 것에도 어떤 일정한 규정이 있는 것은 아니다. 비교적 엄격한 틀 속에서 전래되어 온 궁중악이나 궁중 춤도 시대의 변천에 따라 또는 실현하는 사람이나 현장의 분위기에 따라 그 양상을 달리하면서 변모되어 왔다. 한국인의 미적 심성에서는 판에 박은 듯한 글씨나 그림을 높이 평가하지 않고, 도자기를 굽더라도 서로 모양이 다른 것이 나오는 것에 묘미를 느낀다. 똑같은 것을 두 번 다시 되풀이하는 것을 재미없어 하는 것이다.

같은 음악, 같은 춤을 공연하더라도 할 때마다 조금씩 다르다. 그만큼 우리 공연 예술의 특성인 일회성이 두드러진다. 또 같은 춤을 공연하더라도 고정된 것을 반복하는 녹음테이프에 맞춰 하면 춤추는 사람부터가 어딘가 어색해지고 관중도 별 흥을 느끼지 못한다. 생음악의 반주여야 하고, 그것도 춤추는 사람과 반주하는 사람이 마주보고 눈길을 서로 주고받으며 호흡을 같이 해야 제대로 판이 어우러지는 것이다. 그래서 음악과 춤이 앞서거니 뒤서거니 하면서, 때로는 음악과 춤이 전혀 제각기 제멋대로 공연되어도 좋은 것이다. 이를테면, 휘모리로 마구 몰아대는 음악 반주에 춤은 거기에 아랑곳없이 아주 느리고 태평스런 춤을 춘다든지 하는 음악과 춤의 이러한 극단적인 대비에서 오히려 역동성이 드러나고, 나아가 춤과 음악이 자유로운 불일치를 이룰 때 음악과 춤의 만남은 극치를 이루는 것이다.

이와 같은 파격적인 일탈이나 불일치는 하나의 커다란 테두리 속에 포함되어 진행됨으로써 가능한 것이며, 이를 위해서는 반주자와 공연자가 이미 한통속이 되어 있어야 한다. 이러한 틀은 공연현장에서의 즉흥성을 보장해준다. 우리는 이를 통일적인 것 속의 다양성이라고 할 수 있고, 전체 속에서의 부분이 전체를 대표할 수 있다는 부분의 독자성이라고 할 수 있다. 커다란 테두리 속의 즉흥성은 춤추는 이뿐만 아니라 보는 이에게까지 사람으로서 누릴 수 있는 최대한의 자유로움을 보장해 준다.

① 서민들이 즐기던 춤에 드러난 풍자적 성격을 조사해 보았다.
② 스승과 제자의 춤 공연을 공통점과 차이점에 주목하여 감상하였다.
③ 박물관에 가서 조선 시대 백자에도 파격미가 나타나는지 조사해 보았다.
④ 봉산탈춤 대본을 읽고 난 뒤, 실제 공연을 보고 대본과의 차이점을 찾아보았다.

07 다음 문제해결절차에 따라 (가) ~ (마)를 순서대로 바르게 나열한 것은?

〈문제해결절차〉

문제 인식 → 문제 도출 → 원인 분석 → 해결안 개발 → 실행 및 평가

(가) 파악된 핵심문제에 대한 분석을 통해 근본 원인을 도출한다.
(나) 실행계획을 실제 상황에 적용하는 활동으로 당초 장애가 되는 문제의 원인들을 해결안을 사용하여 제거한다.
(다) 해결해야 할 전체 문제를 파악하여 우선순위를 정하고, 선정 문제에 대한 목표를 명확히 한다.
(라) 문제로부터 도출된 근본 원인을 효과적으로 해결할 수 있는 최적의 해결방안을 수립한다.
(마) 선정된 문제를 분석하여 해결해야 할 것이 무엇인지를 명확히 한다.

① (가) – (나) – (다) – (라) – (마)
② (나) – (마) – (가) – (라) – (다)
② (다) – (가) – (마) – (나) – (라)
④ (다) – (마) – (가) – (라) – (나)

08 P공사에서 근무하는 A대리가 회의실 탁자를 옮기던 중 나사가 풀려 탁자의 다리 하나가 빠졌다. A대리는 탁자 다리의 육각볼트는 찾았지만 육각너트는 찾지 못하였고, 공사 비품실에서 육각볼트의 규격에 맞는 육각너트와 스패너를 이용해 빠진 탁자의 다리를 다시 맞추고자 한다. 아래의 〈조건〉에 부합하는 육각너트와 스패너를 찾으려고 할 때, 육각너트 규격과 스패너 규격을 참고하여 사용해야 할 육각너트 규격과 스패너 규격으로 가장 적절한 것은?

조건

• 육각볼트 규격은 나사 지름(in)×길이(in)로 구성된다.
• A대리가 찾은 육각볼트 규격은 나사 지름이 5/16인치(in)이며, 길이는 2인치(in)이다.
• 1인치(in)는 2.54cm이다.
• 육각너트 규격은 육각볼트의 나사 지름과 가장 유사한 너비의 내경이 적합하다.
• 스패너 규격은 육각너트의 외경과 가장 유사한 너비의 대변을 갖는 것이 적합하다.

〈육각너트 규격〉			〈스패너 규격〉	
규격	내경(mm)	외경(mm)	규격	대변(mm)
M6	6	10	M6	6
M8	8	13	M8	8
M10	10	17	M10	10
M12	12	19	M14	14

	육각너트 규격	스패너 규격
①	M6	M10
②	M8	M10
③	M8	M14
④	M10	M10

P공사는 직원들의 여가를 위해 하반기 동안 다양한 프로그램을 운영하고자 한다. 운영할 프로그램은 후보들을 대상으로 한 수요도 조사 결과를 통해 결정된다. 다음 〈조건〉에 따라 프로그램을 선정할 때, 운영될 프로그램들을 바르게 나열한 것은?

〈프로그램 후보〉

분야	프로그램명	인기 점수	필요성 점수
운동	강변 자전거 타기	6	5
진로	나만의 책 쓰기	5	7
여가	자수교실	4	2
운동	필라테스	7	6
교양	독서토론	6	4
여가	볼링모임	8	3

※ 수요도 조사에는 전 직원이 참여함

조건

- 수요도는 인기 점수와 필요성 점수에 가점을 적용한 후, 2 : 1의 가중치에 따라 합산하여 판단한다.
- 각 프로그램의 인기 점수와 필요성 점수는 10점 만점으로 하여 전 직원들이 부여한 점수의 평균값이다.
- 단일 분야에 하나의 프로그램만 있는 경우, 그 프로그램의 필요성 점수에 2점을 가산한다.
- 단일 분야에 복수의 프로그램이 있는 경우, 분야별로 필요성 점수가 가장 낮은 프로그램은 후보에서 탈락한다.
- 수요도 점수가 동점일 경우, 인기 점수가 높은 프로그램을 우선시한다.
- 수요도 점수가 가장 높은 2개의 프로그램을 선정한다.

① 강변 자전거 타기, 볼링모임
② 나만의 책 쓰기, 필라테스
③ 자수교실, 독서토론
④ 필라테스, 볼링모임

10 시간계획을 함에 있어 명심할 사항으로는 권한위임, 우선순위, 유연성이 있다. 이에 대한 설명으로 옳은 것을 〈보기〉에서 알맞게 연결한 것은?

> **보기**
>
> ㄱ. 여러 일 중에 우선적인 일을 먼저 처리
> ㄴ. 시간 계획을 유연하게 작성
> ㄷ. 타인에게 일을 맡김

	권한위임	우선순위	유연성
①	ㄱ	ㄴ	ㄷ
②	ㄴ	ㄱ	ㄷ
③	ㄷ	ㄱ	ㄴ
④	ㄷ	ㄴ	ㄱ

11 H컨설팅사에 근무하고 있는 A사원은 팀장으로부터 새로운 프로젝트를 수주하기 위해 제안서를 작성하라는 과제를 받았다. 우선 프로젝트 제안 비용을 결정하기 위해 직접비와 간접비를 기준으로 예산을 작성하려 한다. 다음 중 직접비와 간접비의 연결이 잘못된 것은?

	직접비	간접비
①	재료비	보험료
②	과정개발비	여행(출장) 및 잡비
③	인건비	광고비
④	시설비	사무비품비

12 다음 중 개인의 시간 계획 과정에서 고려해야 할 내용으로 옳지 않은 것은?

① 시간 손실이 발생했다면 가능한 한 미루지 않고 즉시 메워야 한다.

② 끝내지 못한 일은 차기 계획에 반영하여야 한다.

③ 불의의 상황에 대비하여 예비시간을 고려하여야 한다.

④ 수립한 시간 계획은 목표달성과 관계없이 반드시 준수하여야 한다.

〈상황〉

설탕과 프림을 넣지 않은 고급 인스턴트 블랙커피를 커피믹스와 같은 스틱 형태로 선보이겠다는 아이디어를 제시하였지만, 인스턴트커피를 제조하고 판매하는 H회사의 경영진의 반응은 차가웠다. H회사의 커피믹스가 너무 잘 판매되고 있었기 때문이었다.

〈회의 내용〉

기획팀 부장 : 신제품 개발과 관련된 회의를 진행하도록 하겠습니다. 이 자리는 누구에게 책임이 있는지를 묻는 회의가 아닙니다. 신제품 개발에 대한 서로의 상황을 인지하고 문제 상황을 해결하자는 데 그 의미가 있습니다. 먼저 신제품 개발과 관련하여 마케팅팀 의견을 제시해 주십시오.

마케팅 부장 : A제품이 생산될 수 있도록 연구소 자체 공장에 파일럿 라인을 만들어 샘플을 생산하였으면 합니다.

연구소 소장 : 성공 여부가 불투명한 신제품을 위한 파일럿 라인을 만들기는 어렵습니다.

기획팀 부장 : 조금이라도 신제품 개발을 위해 생산현장에서 무언가 협력할 방안은 없을까요?

마케팅 부장 : 고급 인스턴트커피의 생산이 가능한지를 먼저 알아본 후 한 단계씩 전진하면 어떨까요?

기획팀 부장 : 좋은 의견인 것 같습니다. 소장님은 어떻게 생각하십니까?

연구소 소장 : 커피 전문점 수준의 고급 인스턴트커피를 만들기 위해서는 최대한 커피 전문점이 만드는 커피와 비슷한 과정을 거쳐야 할 것 같습니다.

마케팅 부장 : 그렇습니다. 하지만 100% 커피전문점 원두커피를 만드는 것이 아닙니다. 전문점 커피를 100으로 봤을 때, 80～90% 정도 수준이면 됩니다.

연구소 소장 : 퀄리티는 높이고 일회용 스틱 형태의 제품인 믹스의 사용 편리성은 그대로 두자는 이야기죠?

마케팅 부장 : 그렇습니다. 우선 커피를 추출하는 장비가 필요합니다. 또한, 액체인 커피를 봉지에 담지 못하니 동결건조방식을 활용해야 할 것 같습니다.

연구소 소장 : 보통 믹스커피는 하루 1t 분량의 커피를 만들 수 있는데, 이야기한 방법으로는 하루에 100kg도 못 만듭니다.

마케팅 부장 : 예, 잘 알겠습니다. 그 부분에 대해서는 조금 더 논의가 필요할 것 같습니다. 검토를 해보겠습니다.

13 마케팅 부장이 취하는 문제해결 방법은 무엇인가?

① 소프트 어프로치   ② 하드 어프로치

③ 퍼실리테이션   ④ 비판적 사고

14 H회사의 신제품 개발과 관련하여 가장 필요했던 것은?

① 전략적 사고   ② 분석적 사고

③ 발상의 전환   ④ 내·외부자원의 효과적 활용

15 다음 중 (가) ~ (다)에 들어갈 내용으로 바르게 짝지어진 것은?

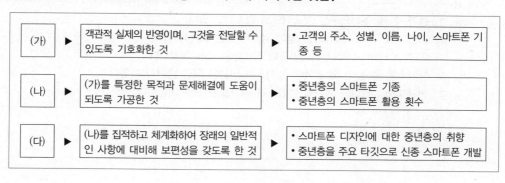

	(가)	(나)	(다)
①	자료	지식	정보
②	정보	자료	지식
③	지식	자료	정보
④	자료	정보	지식

※ 다음은 농가 수 및 농가인구 추이와 농가소득을 나타낸 자료이다. 이를 참고하여 이어지는 질문에 답하시오. [16~17]

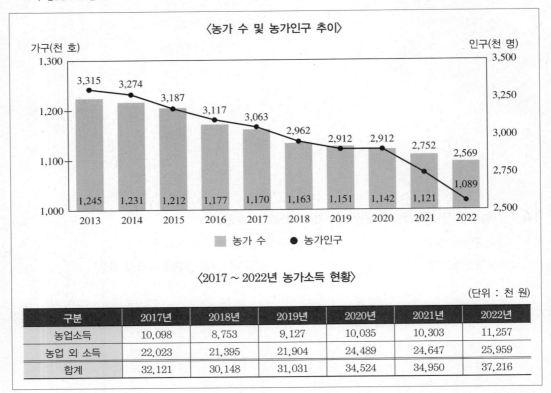

〈농가 수 및 농가인구 추이〉

〈2017 ~ 2022년 농가소득 현황〉

(단위 : 천 원)

구분	2017년	2018년	2019년	2020년	2021년	2022년
농업소득	10,098	8,753	9,127	10,035	10,303	11,257
농업 외 소득	22,023	21,395	21,904	24,489	24,647	25,959
합계	32,121	30,148	31,031	34,524	34,950	37,216

16 다음 중 자료에 대한 설명으로 옳지 않은 것을 모두 고르면?(단, 비율은 소수점 셋째 자리에서 반올림한다)

ㄱ. 농가 수 및 농가인구는 지속적으로 감소하고 있다.
ㄴ. 전년 대비 농가 수가 가장 많이 감소한 해는 2014년이다.
ㄷ. 2017년 대비 2022년 농가인구의 감소율은 15% 이상이다.
ㄹ. 농가소득 중 농업 외 소득이 차지하는 비율은 매년 증가하고 있다.
ㅁ. 전년 대비 2022년 농가의 농업소득 증가율은 10% 이상이다.

① ㄱ, ㄷ
② ㄴ, ㄹ
③ ㄷ, ㄹ
④ ㄹ, ㅁ

17 2022년 총 가구 중 농가의 비중이 5.7%라고 할 때, 2022년 총 가구 수는 얼마인가?(단, 천 단위 미만은 버림한다)

① 약 18,418천 호

② 약 19,105천 호

③ 약 19,814천 호

④ 약 20,266천 호

18 다음은 공공도서관 현황에 대한 자료이다. 이에 대한 설명으로 적절하지 않은 것은?

〈공공도서관 현황〉

구분	공공도서관 수(개관)	1개관당 인구수(명)	1인당 장서 수(권)	장서 수(천 권)	방문자 수(천 명)
2019년	644	76,926	1.16	58,365	204,919
2020년	703	70,801	1.31	65,366	235,140
2021년	759	66,556	1.10	70,539	258,315
2022년	786	64,547	1.49	75,575	270,480

① 공공도서관 수는 점점 증가하고 있는 추세이다.

② 2022년 1인당 장서 수는 전년 대비 0.39권 증가하였다.

③ 2022년 1개관당 인구수는 2019년 대비 12,379명 증가했다.

④ 2021년 방문자 수는 전년 대비 9% 이상 증가했다.

19 A, B, C, D 4명이 다음 〈조건〉에 따라 구두를 샀다고 할 때, A는 주황색 구두를 포함하여 어떤 색의 구두를 샀는가?(단, 빨간색 – 초록색, 주황색 – 파란색, 노란색 – 남색은 보색 관계이다)

> **조건**
>
> • 세일하는 품목은 빨간색, 주황색, 노란색, 초록색, 파란색, 남색, 보라색으로 각 한 켤레씩 남았다.
> • A는 주황색을 포함하여 두 켤레를 샀다.
> • C는 빨간색 구두를 샀다.
> • B, D는 파란색을 좋아하지 않는다.
> • C, D는 같은 수의 구두를 샀다.
> • B는 C가 산 구두와 보색 관계인 구두를 샀다.
> • D는 B가 산 구두와 보색 관계인 구두를 샀다.
> • 모두 한 켤레 이상씩 샀으며, 네 사람은 세일품목을 모두 샀다.

① 노란색

② 초록색

③ 파란색

④ 남색

※ 다음은 P공사의 해외출장 보고서의 일부 내용이다. 다음 보고서를 참고하여 이어지는 질문에 답하시오.
[20~21]

<해외출장 보고서>

1. 목적 : P공사 호주 연구개발 정책 및 기술현황 조사
2. 기간 : 2023년 2월 2일 ~ 2023년 2월 11일
3. 국가 : 호주(멜버른, 시드니)
4. 출장자 인적사항

소속		직위	성명	비고
사업실	사업기획부	1급	김영훈	단장
	사업관리부	2급	김중민	단원
	품질관리부	4급	최고진	단원
	자산관리부	4급	이기현	단원
	수수료관리부	3급	정유민	단원
인사실	인사관리부	2급	서가람	단원

⋮

Ⅱ. 주요업무 수행 사항
   1. 출장의 배경 및 세부 일정
      가. 출장 배경
         ㄱ. P공사는 호주 기관과 1999년 2월 양자협력 양해각서(MOU)를 체결하여 2년 주기로 양 기관 간 협력 회의 개최
         ㄴ. 연구개발 주요 정책 및 중장기 핵심 정책 조사
         ㄷ. 지역특화 연구개발 서비스 현황 조사

20 다음 중 보고서에 반드시 포함되어야 할 내용을 바르게 짝지은 것은?

① 대상이 되는 사람들의 나이와 성별 정보, 시간 단위별로 제시된 자세한 일정 관련 정보
② 출장지에서 특별히 주의해야 할 사항, 과거 협력 회의 시 다루었던 내용 요약
③ 시간 단위별로 제시된 자세한 일정 관련 정보, 과거 협력 회의 시 다루었던 내용 요약
④ 과거 협력 회의 시 다루었던 내용 요약, 대상이 되는 사람들의 나이와 성별 정보

21 보고서의 전체 흐름으로 가장 알맞은 것은?

① 해외 출장 개요 – 주요 수행내용 – 첨부 자료 – 결과보고서 양식 – 수행 내용별 세부사항
② 해외 출장 개요 – 주요 수행내용 – 결과보고서 양식 – 수행 내용별 세부사항 – 첨부 자료
③ 해외 출장 개요 – 주요 수행내용 – 결과보고서 양식 – 첨부 자료 – 수행 내용별 세부사항
④ 해외 출장 개요 – 주요 수행내용 – 수행 내용별 세부사항 – 결과보고서 양식 – 첨부 자료

22 다음은 H학교의 성과급 기준표이다. 표에 제시된 기준들을 적용해 H학교 교사들의 성과급 배점을 계산하고자 할 때, 〈보기〉의 A ~ D교사 중 가장 높은 배점을 받을 교사는?

〈성과급 기준표〉

항목	평가 사항	배점 기준		배점
수업지도	주당 수업시간	24시간 이하	14점	20점
		25시간	16점	
		26시간	18점	
		27시간 이상	20점	
	수업 공개 유무	교사 수업 공개	10점	10점
		학부모 수업 공개	5점	
생활지도	담임 유무	담임교사	10점	10점
		비담임교사	5점	
담당업무	업무 곤란도	보직교사	30점	30점
		비보직교사	20점	
경력	호봉	10호봉 이하	5점	30점
		11 ~ 15호봉	10점	
		16 ~ 20호봉	15점	
		21 ~ 25호봉	20점	
		26 ~ 30호봉	25점	
		31호봉 이상	30점	

※ 수업지도 항목에서 교사 수업 공개, 학부모 수업 공개를 모두 진행했을 경우 10점으로 배점하며, 수업 공개를 하지 않았을 경우 배점은 없다.

보기

구분	주당 수업시간	수업 공개 유무	담임 유무	업무 곤란도	호봉
A교사	20시간	–	담임교사	비보직교사	32호봉
B교사	29시간	–	비담임교사	비보직교사	35호봉
C교사	26시간	학부모 수업 공개	비담임교사	보직교사	22호봉
D교사	22시간	교사 수업 공개	담임교사	보직교사	17호봉

① A교사   ② B교사

③ C교사   ④ D교사

23 P공사는 구내식당 기자재의 납품업체를 선정하고자 한다. 각 입찰업체에 대한 정보와 선정 조건이 아래와 같을 때, 선정될 업체는 어디인가?

〈선정 조건〉

- 선정 방식

  선정점수가 가장 높은 업체를 선정한다. 선정점수는 납품품질 점수, 가격경쟁력 점수, 직원규모 점수에 가중치를 반영해 합산한 값을 의미한다. 선정점수가 가장 높은 업체가 2개 이상일 경우, 가격 경쟁력 점수가 더 높은 업체를 선정한다.

- 납품품질 점수

구분	최상	상	중	하	최하
점수	100점	90점	80점	70점	60점

- 가격 경쟁력 점수

구분	2억 원 미만	2억 원 이상 ~ 2억 5천만 원 미만	2억 5천만 원 이상 ~ 3억 원 미만	3억 원 이상
점수	100점	90점	80점	70점

- 직원규모 점수

구분	50명 미만	50명 이상 ~ 100명 미만	100명 이상 ~ 200명 미만	200명 이상
점수	70점	80점	90점	100점

- 가중치 점수

구분	납품품질 점수	가격경쟁력 점수	직원규모 점수	합계
가중치	40	30	30	100

〈입찰업체 정보〉

구분	납품품질	납품가격 총액(원)	직원규모(명)
A업체	최상	3억 2,000만	98
B업체	상	2억 6천만	210
C업체	상	2억	125
D업체	중	1억 7,000만	141

① A업체
② B업체
③ C업체
④ D업체

〈2014 ~ 2022년 산업별 취업자 수〉

(단위 : 천 명)

연도	총계	농·임·어업		광공업		사회간접자본 및 기타·서비스업				
		합계	농·임업	합계	제조업	합계	건설업	도소매·음식·숙박업	전기·운수·통신·금융업	사업·개인·공공서비스 및 기타
2014년	21,156	2,243	2,162	4,311	4,294	14,602	1,583	5,966	2,074	4,979
2015년	21,572	2,148	2,065	4,285	4,267	15,139	1,585	5,874	2,140	5,540
2016년	22,169	2,069	1,999	4,259	4,241	15,841	1,746	5,998	2,157	5,940
2017년	22,139	1,950	1,877	4,222	4,205	15,967	1,816	5,852	2,160	6,139
2018년	22,558	1,825	1,749	4,306	4,290	16,427	1,820	5,862	2,187	6,558
2019년	22,855	1,815	1,747	4,251	4,234	16,789	1,814	5,806	2,246	6,923
2020년	23,151	1,785	1,721	4,185	4,167	17,181	1,835	5,762	2,333	7,251
2021년	23,432	1,726	1,670	4,137	4,119	17,569	1,850	5,726	7,600	2,393
2022년	23,577	1,686	–	3,985	3,963	17,906	1,812	5,675	2,786	7,633

24 다음 중 자료를 해석한 것으로 옳지 않은 것은?

① 2014년 '도소매·음식·숙박업' 분야에 종사하는 사람의 수는 총 취업자 수의 30% 미만이다.
② 2014 ~ 2022년 '농·임·어업' 분야의 취업자 수는 꾸준히 감소하고 있다.
③ 2014년 대비 2022년 취업자 수가 가장 많이 증가한 분야는 '사업·개인·공공서비스 및 기타'이다.
④ 2014 ~ 2022년 '건설업' 분야의 취업자 수는 꾸준히 증가하고 있다.

25 다음 중 옳은 설명을 모두 고른 것은?

> ㄱ. 2017년 '어업' 분야의 취업자 수는 73천 명이다.
> ㄴ. 2021년 취업자 수가 가장 많은 분야는 '전기·운수·통신·금융업'이다.
> ㄷ. 2022년 이후 '농·임업' 분야의 종사자는 계속 줄어들 것이지만, '어업' 분야 종사자는 현상을 유지하거나 늘어난다고 볼 수 있다.

① ㄱ
② ㄴ
③ ㄱ, ㄴ
④ ㄱ, ㄷ

26 H항공사는 현재 신입사원을 모집하고 있으며, 지원자격은 다음과 같다. 다음 〈보기〉의 지원자 중 H항공사 지원자격에 부합하는 사람은 모두 몇 명인가?

〈H항공사 대졸공채 신입사원 지원자격〉

- 4년제 정규대학 모집대상 전공 중 학사학위 이상 소지한 자(졸업예정자 지원 불가)
- TOEIC 750점 이상인 자(국내 응시 시험에 한함)
- 병역필 또는 면제자로 학업성적이 우수하고, 해외여행에 결격사유가 없는 자
  ※ 공인회계사, 외국어 능통자, 통계 전문가, 전공 관련 자격 보유자 및 장교 출신 지원자 우대

모집분야		대상 전공
일반직	일반관리	• 상경, 법정 계열 • 통계/수학, 산업공학, 신문방송, 식품공학(식품 관련 학과) • 중국어, 러시아어, 영어, 일어, 불어, 독어, 서반아어, 포르투갈어, 아랍어
	운항관리	• 항공교통, 천문기상 등 기상 관련 학과 - 운항관리사, 항공교통관제사 등 관련 자격증 소지자 우대
전산직		• 컴퓨터공학, 전산학 등 IT 관련 학과
시설직		• 전기부문 : 전기공학 등 관련 전공 - 전기기사, 전기공사기사, 소방설비기사(전기) 관련 자격증 소지자 우대 • 기계부문 : 기계학과, 건축설비학과 등 관련 전공 - 소방설비기사(기계), 전산응용기계제도기사, 건축설비기사, 공조냉동기사, 건설기계기사, 일반기계기사 등 관련 자격증 소지자 우대 • 건축부문 : 건축공학 관련 전공(현장 경력자 우대)

보기

지원자	지원분야	학력	전공	병역사항	TOEIC 점수	참고사항
A	전산직	대졸	컴퓨터공학	병역필	820점	• 중국어, 일본어 능통자이다. • 해외 비자가 발급되지 않는 상태이다.
B	시설직 (건축부문)	대졸	식품공학	면제	930점	• 건축현장 경력이 있다. • 전기기사 자격증을 소지하고 있다.
C	일반직 (운항관리)	대재	항공교통학	병역필	810점	• 전기공사기사 자격증을 소지하고 있다. • 학업 성적이 우수하다.
D	시설직 (기계부문)	대졸	기계공학	병역필	745점	• 건축설비기사 자격증을 소지하고 있다. • 장교 출신 지원자이다.
E	일반직 (일반관리)	대졸	신문방송학	미필	830점	• 소방설비기사 자격증을 소지하고 있다. • 포르투갈어 능통자이다.

① 없음
② 1명
③ 2명
④ 3명

27 다음 제시된 문단을 읽고, 이어질 문단을 논리적 순서대로 바르게 나열한 것은?

> 우리는 자본주의 체제에서 살고 있다. '우리는 자본주의라는 체제의 종말보다 세계의 종말을 상상하는 것이 더 쉬운 시대에 살고 있다.'고 할 만큼 현재 세계는 자본주의의 논리 아래에 굴러가고 있다. 이러한 자본주의는 어떻게 발생하였을까?

> (가) 그러나 1920년대에 몰아친 세계 대공황은 자본주의가 완벽하지 않은 체제이며 수정이 필요함을 모든 사람에게 각인시켜줬다. 학문적으로 보자면 대표적으로 존 메이너드 케인스의 『고용·이자 및 화폐에 관한 일반이론』 등의 저서를 통해 수정자본주의가 꾀해졌다.
>
> (나) 애덤 스미스로부터 학문화된 자본주의는 데이비드 리카도의 비교우위론 등의 이론을 포섭해 나가며 자신의 영역을 공고히 했다. 자본의 폐해에 대한 마르크스 등의 경고가 있었지만, 자본주의는 그 위세를 계속 떨칠 것 같이 보였다.
>
> (다) 1950년대에는 중산층의 신화가 이루어지면서 수정자본주의 체제는 영원할 것 같이 보였지만, 오일 쇼크 등으로 인해서 수정자본주의 또한 그 한계를 보이게 되었고, 빈 학파로부터 파생된 신자유주의 이론이 가미되기 시작하였다.
>
> (라) 자본주의의 시작이라 하면 대부분 애덤 스미스의 『국부론』을 떠올리겠지만, 역사학자인 페르낭 브로델에 의하면 자본주의는 16세기 이탈리아에서부터 시작된 것이라고 한다. 이를 학문적으로 정립한 최초의 저작이 『국부론』이다.

① (나) – (라) – (다) – (가)
② (나) – (라) – (가) – (다)
③ (라) – (나) – (다) – (가)
④ (라) – (나) – (가) – (다)

28 다음 글의 중심 내용으로 가장 적절한 것은?

> 칸트는 인간이 이성을 부여받은 것은 욕망에 의해 움직이지 않게 하기 위함이라고 말하면서 자신의 행복을 우선시하기보다는 도덕적인 의무를 먼저 수행해야 한다고 주장했다. 칸트의 시각에서 볼 때 행동의 도덕적 가치를 결정하는 것은 어떠한 상황에서든 모든 사람들이 그 행동을 했을 때에 아무런 모순이 생기지 않아야 한다는 보편주의이다. 내가 타인을 존중하지 않으면서 타인이 나를 존중하고 도와줄 것을 기대한다면, 이는 보편주의를 위배하는 것이다. 그러므로 남이 나에게 해주길 바라는 것을 실천하는 것이 바로 도덕적 행동이라는 것이다. 따라서 도덕적 행동이 나의 이익이나 본성과 일치하지 않더라도 나는 나의 의무를 수행해야 한다고 역설했다.

① 칸트의 도덕관에 대한 비판
② 칸트가 생각하는 도덕적 행동
③ 도덕적 가치에 대한 칸트의 관점
④ 무목적성을 지녀야 하는 도덕적 행위

29 다음 글을 바탕으로 세미나를 개최하고자 한다. 세미나의 안내장에 들어갈 표제와 부제로 가장 적절하지 않은 것은?

인간은 자연 속에서 태어나 살다가 자연으로 돌아간다. 이처럼 자연은 인간 삶의 무대요 안식처이다. 그러므로 자연과 인간의 관계는 불가분의 관계이다. 유교는 바로 이 점에 주목하여 인간과 자연의 원만한 관계를 추구하였다. 이는 자연이 인간을 위한 수단이 아니라 인간과 공존해야 할 대상이라는 것을 뜻한다.

유교는 자연을 인간의 부모로 생각하고 인간은 자연의 자식이라고 여겨왔다. 그러므로 유교에서는 인간의 본질적 근원을 천(天)에 두었다. 하늘이 명한 것을 성(性)이라 하고, 하늘이 인간에게 덕(德)을 낳아 주었다고 하였다. 이는 인간에게 주어진 본성과 인간에 내재한 덕이 하늘에서 비롯한 것임을 밝힌 것이다. 이와 관련하여 이이는 "사람이란 천지의 이(理)를 부여받아 성(性)을 삼고, 천지의 기(氣)를 나누어 형(形)을 삼았다."라고 하였다. 이는 인간 존재를 이기론(理氣論)으로 설명한 것이다. 인간은 천지의 소산자(所産者)이며 이 인간 생성의 모태는 자연이다. 그러므로 천지 만물이 본래 나와 한몸이라고 할 수 있는 것이다.

유교에서는 천지를 인간의 모범 혹은 완전자(完全者)로 이해하였다. 유교 사상에 많은 영향을 미친 『주역』에 의하면 성인(聖人)은 천지와 더불어 그 덕을 합한 자이며, 해와 달과 함께 그 밝음을 합한 자이며, 사시(四時)와 더불어 그 질서를 합한 자이다. 이에 대하여 이이는 '천지란 성인의 준칙이요 성인이란 중인의 준칙'이라 하여 천지를 성인의 표준으로 이해하였다. 따라서 성인의 덕은 하늘과 더불어 하나가 되므로 신묘하여 헤아릴 수 없다고 하였다. 이와 같이 천지는 인간의 모범으로 일컬어졌고, 인간은 그 천지의 본성을 부여받은 존재로 규정되었다. 그러므로 『중용』에서는 성(誠)은 하늘의 도(道)요, 성(誠)이 되고자 노력하는 것이 인간의 도리라고 하였다. 즉, 참된 것은 우주 자연의 법칙이며, 그 진실한 자연의 법칙을 좇아 살아가는 것은 인간의 도리라는 것이다. 이처럼 유교는 인간 삶의 도리를 자연의 법칙에서 찾았고, 자연의 질서에 맞는 인간의 도리를 이상으로 여겼다. 이렇게 볼 때, 유교에서는 인간과 자연을 하나로 알고 상호 의존하고 있는 유기적 존재로 인식함으로써 천인합일(天人合一)을 추구하였음을 알 수 있다. 이러한 바탕 위에서 유교는 자존과 공존의 자연관을 말하였다. 만물은 저마다 자기 생을 꾸려나간다. 즉, 인간은 인간대로, 동물은 동물대로, 식물은 식물대로 각기 자기 삶을 살아가지만 서로 해치지 않는다. 약육강식의 먹이 사슬로 보면 이러한 설명은 타당하지 않은 듯하다. 그러나 생태계의 질서를 살펴보면 먹고 먹히면서도 전체적으로는 평등하다는 것을 알 수 있다. 또한, 만물의 도는 함께 운행되고 있지만 전체적으로 보면 하나의 조화를 이루어 서로 어긋나지 않는다. 이것이야말로 자존과 공존의 질서가 서로 어긋나지 않으면서 하나의 위대한 조화를 이루고 있는 것이다. 나도 살고 너도 살지만, 서로 해치지 않는 조화의 질서가 바로 유교의 자연관인 것이다.

① 유교와 현대 철학 – 환경 파괴 문제에 관하여
② 우주를 지배하는 자연의 질서 – 자연이 보여준 놀라운 복원력
③ 유교에서 바라본 자연관 – 자연과 인간의 공존을 찾아서
④ 유교의 현대적인 의미 – 자연에서 발견하는 삶의 지혜

30 다음 글의 빈칸에 들어갈 말을 〈보기〉에서 골라 순서에 맞게 나열한 것은?

창은 채광이나 환기를 위해서, 문은 사람들의 출입을 위해서 건물 벽에 설치한 개폐가 가능한 시설이다. 일반적으로 현대적인 건축물에서 창과 문은 각각의 기능이 명확하고 크기와 형태가 달라 구별이 쉽다. 그러나 (가) 그리하여 창과 문을 합쳐서 창호(窓戶)라고 부른다. 이것은 창호가 창과 문의 기능과 미를 공유하고 있다는 것을 의미한다. 그런데 창과 문을 굳이 구별한다면 머름이라는 건축 구성요소를 통해 가능하다. 머름은 창 아래 설치된 낮은 창턱으로, 팔을 얹고 기대어 앉기에 편안한 높이로 하였다.

공간의 가변성을 특징으로 하는 한옥에서 창호는 핵심적인 역할을 한다. 여러 짝으로 된 큰 창호가 한쪽 벽면 전체를 대체하기도 하는데, 이때 외부에 면한 창호뿐만 아니라 방과 방 사이에 있는 창호를 열면 별개의 공간이 합쳐지면서 넓은 새로운 공간을 형성하게 된다. 창호의 개폐에 의해 안과 밖의 공간이 연결되거나 분리되고 실내공간의 구획이 변화되기도 하는 것이다. 이처럼 (나)

한편, 한옥에서 창호는 건축의 심미성이 잘 드러나는 독특한 요소이다. 창호가 열려있을 때 바깥에 나무나 꽃과 같은 자연물이 있을 경우 방 안에서 창호와 일정 거리 떨어져 밖을 내다보면 창호를 감싸는 바깥둘레 안으로 한 폭의 풍경화를 감상하게 된다. 방 안의 사람이 방 밖의 자연과 완전한 소통을 하여 인공의 미가 아닌 자연의 미를 직접 받아들임으로써 한옥의 실내공간은 자연과 하나된 심미적인 공간으로 탈바꿈한다. 열린 창호가 안과 밖, 사람과 자연 사이의 경계를 없앤 것이다. 창호가 닫혀 있을 때에는 창살 문양과 창호지가 중요한 심미적 기능을 한다. 한옥에서 창호지는 방쪽의 창살에 바른다. 방 밖에서 보았을 때 대칭적으로 배열된 여러 창살들이 서로 어울려 만들어내는 창살 문양은 단정한 선의미를 창출한다. 창살로 구현된 다양한 문양에 따라 집의 표정을 읽을 수 있고 집주인의 품격도 알 수 있다. 방 안에서 보았을 때 창호지에 어리는 햇빛은 이른 아침에 청회색을 띠고, 대낮의 햇빛이 들어올 때는 뽀얀 우윳빛, 하루 일과가 끝날 때쯤이면 석양의 붉은색으로 변한다. 또한 (다) 방 안에서 바깥의 바람과 새의 소리를 들을 수 있고, 화창한 날과 흐린 날의 정서와 분위기를 느낄 수 있다. 창호는 이와 같이 사람과 자연간의 지속적인 소통을 가능케 함으로써 양자가 서로 조화롭게 어울리도록 한다.

보기

㉠ 창호는 한옥의 공간구성에서 빠트릴 수 없는 중요한 위치를 차지한다.
㉡ 창호지가 얇기 때문에 창호가 닫혀 있더라도 외부와 소통이 가능하다.
㉢ 한국 전통 건축, 곧 한옥에서 창과 문은 그 크기와 형태가 비슷해서 구별하지 않는 경우가 많다.

(가)	(나)	(다)
① ㉠	㉡	㉢
② ㉡	㉢	㉠
③ ㉡	㉠	㉢
④ ㉢	㉠	㉡

31 P공사는 올해 4분기 성과급을 지급하고자 한다. 성과급 지급 기준과 김대리의 성과평가가 다음과 같을 때, 김대리가 4분기에 지급받을 성과급으로 알맞은 것은?

<그림 제목>〈성과급 지급 기준〉

- 성과급은 직원의 성과평가 점수에 따라 지급한다.
- 성과평가는 항목별 다음과 같은 비율로 구성되어 있다.

구분	성과평가				
	분기실적	직원평가	연수내역	조직기여도	계
일반직	70%	30%	20%	10%	100%
	총점의 70% 반영				
특수직	60%	40%	20%	30%	100%
	총점의 50% 반영				

- 각 평가등급에 따른 가중치

(단위 : 점)

구분	분기실적	직원평가	연수내역	조직기여도
최우수	10	10	10	10
우수	8	6	8	8
보통	6	4	5	6
미흡	4	2	3	4

- 성과평가 점수에 따른 성과급 지급액

점수구간	성과급 지급액	
	일반직	특수직
8.4 이상	120만 원	150만 원
7.6 이상 8.4 미만	105만 원	115만 원
6.8 이상 7.6 미만	95만 원	100만 원
6.0 이상 6.8 미만	80만 원	85만 원
6.0 미만	65만 원	75만 원

〈성과평가〉

구분	부서	분기실적	직원평가	연수내역	조직기여도
김대리	시설관리(특수직)	우수	최우수	보통	보통

① 105만 원 ② 115만 원
③ 100만 원 ④ 95만 원

32 P공사는 6차산업 우수제품 특판 행사에서 직원 선물을 구매하려고 한다. 총무부인 B사원은 상품 명단을 공지하여 부서별로 상품을 하나씩 선택하게 하였다. 상품 선택 결과가 아래와 같을 때, A ~ C의 가격을 포함한 주문총액을 구하면?

〈6차산업 우수제품 설맞이 특판〉

H자원개발원에서는 우수 6차산업 제품 판매 촉진을 위해 전국 6차산업 인증 사업자 협회와 함께 2023년 '6차산업 우수제품 특판 행사'를 진행합니다.

대한민국 정부가 인증한 6차산업 경영체가 지역의 농산물을 이용해 생산하여, 신선하고 믿을 수 있는 제품입니다.

이번 행사에는 선물용 세트 12종(흑삼, 한과 등)을 시중 판매 가격 대비 최대 40% 이상 할인된 가격으로 판매하니 많은 주문 바랍니다.

- 주문기간 : 2023년 1월 9일(월) ~ 2022년 1월 18일(수)
- 주문방법 : 상품 주문서 작성 후 이메일 또는 팩스 발송

구분	상품명	구성	단가 정상가(원)	단가 할인율
1	흑삼 에브리진생	흑삼농축액 스틱형(10ml×10포×3입)	75,000	34%
2	하루절편	흑삼절편 200g(20g×10입)	45,000	12%
3	천지수인고	배·도라지·생강 농축액(240g×3입)	120,000	40%
4	도자기꿀	500g	80,000	40%
5	한과 선물세트	찹쌀유과 700g(콩, 백년초, 쑥)	28,000	26%
6	슬로푸드 선물세트	매실액기스 500ml+감식초 500ml	28,000	29%

※ 할인율 적용 시 10원 단위 이하는 절사함

〈부서별 상품주문 현황〉

구분	상품명	개수	가격
총무	하루절편	10개	396,000원
마케팅	슬로푸드 선물세트	13개	A
영업	도자기꿀	8개	384,000원
인사	흑삼 에브리진생	16개	B
기술	한과 선물세트	9개	C

① 1,230,000원

② 1,235,700원

③ 1,236,900원

④ 2,015,700원

33 귀하는 거래처 컴퓨터를 빌려서 쓰게 되었는데 해당 컴퓨터를 부팅하고 바탕화면에 저장된 엑셀 파일을 열자 어디에 사용될지 모르는 고객의 상세한 신상정보가 담겨 있었다. 다음 중 귀하가 이후에 취할 태도로 가장 적절한 것은?

① 고객 신상 정보를 즉시 지우고 빌린 컴퓨터를 사용한다.

② 고객 신상 정보의 훼손을 방지하고자 자신의 USB에 백업해두고 보관해준다.

③ 고객 신상 정보를 저장장치에 복사해서 빌린 거래처 담당자에게 되돌려 준다.

④ 거래처에 고객 신상 정보 삭제를 요청한다.

34 파워포인트는 상단의 [보기] 탭에서 [프레젠테이션 보기] 그룹을 활용하여 여러 가지 방법으로 슬라이드를 볼 수 있다. 다음 중 슬라이드 보기 방법에 대한 설명으로 옳지 않은 것은?

① [기본]은 슬라이드 작성을 위한 주된 편집 보기 방법이다.

② [개요 보기]에서 프레젠테이션의 내용 수정은 불가능하다.

③ [여러 슬라이드] 상태에서는 슬라이드 순서를 바꾸고 구성할 수 있다.

④ [슬라이드 노트]는 노트 창에 텍스트를 입력할 수 있으며, 인쇄도 가능하다.

35 민우가 접시에 담겨 있는 과자의 반을 먹었다. 지우는 민우가 먹고 남은 과자의 반을 먹었고, 이어서 경태가 남아있는 과자의 $\frac{1}{4}$ 을 먹었다. 마지막으로 수인이와 진형이가 남아있는 과자를 똑같이 나누어 먹었는데, 진형이가 3개의 과자를 먹었다면 민우가 먹기 전 처음 접시에 있었던 과자의 개수는?

① 28개   ② 30개

③ 32개   ④ 34개

※ A씨는 올해 퇴직금(4,000만 원) 중간 정산을 받아 은행에 예금을 넣고자 한다. 다음 은행에서 제공하는 예금상품을 보고 이어지는 질문에 답하시오. **[36~37]**

구분	기간	기본이율(연)	App 경유 가입 시 이율(연)
단리예금상품	3년	7%	9%
복리예금상품	3년	10%	12%

36 예금을 복리로 넣을 때와 단리로 넣을 때의 만기 시 받는 금액의 차이는?(단, 기본이율로 계산한다)

① 464만 원

② 468만 원

③ 484만 원

④ 489만 원

37 A씨가 단리예금상품에 퇴직금을 예치하고자 한다. App을 경유해 가입할 경우, 기본이율과 비교하여 만기 시 얼마의 이득을 더 얻을 수 있는가?

① 200만 원

② 220만 원

③ 240만 원

④ 260만 원

38 논리적인 사고를 하기 위해서는 생각하는 습관, 상대 논리의 구조화, 구체적인 생각, 타인에 대한 이해, 설득의 5가지 요소가 필요하다. 다음 글에서 설명하는 설득에 해당하는 내용은?

> 논리적 사고의 구성요소 중 설득은 자신의 사상을 강요하지 않고, 자신이 함께 일을 진행하는 상대와 의논하기도 하고 설득해 나가는 가운데 자신이 깨닫지 못했던 새로운 가치를 발견하고 발견한 가치에 대해 생각해 내는 과정을 의미한다.

① 아, 네가 아까 했던 말이 이거였구나. 그래, 지금 해보니 아까 했던 이야기가 무슨 말인지 이해가 될 것 같아.

② 네가 왜 그런 생각을 하게 됐는지 이해가 됐어. 그래, 너와 같은 경험을 했다면 나도 그렇게 생각했을 것 같아.

③ 네가 하는 말이 이해가 잘 안 되는데, 내가 이해한 게 맞는지 구체적인 사례를 들어서 한번 얘기해 볼게.

④ 너는 지금처럼 불안정한 시장 상황에서 무리하게 사업을 확장할 경우 리스크가 너무 크게 발생할 수 있다는 거지?

39 다음은 H기술원 소속 인턴들의 직업선호 유형 및 책임자의 관찰 사항에 대한 자료이다. 아래 자료를 참고할 때, 소비자들의 불만을 접수해서 처리하는 업무를 맡기기에 가장 적절한 인턴은 누구인가?

〈직업선호 유형 및 책임자의 관찰 사항〉

구분	유형	유관 직종	책임자의 관찰 사항
A인턴	RI	DB개발, 요리사, 철도기관사, 항공기 조종사, 직업군인, 운동선수, 자동차 정비원	부서 내 기기 사용에 문제가 생겼을 때 해결방법을 잘 찾아냄
B인턴	AS	배우, 메이크업 아티스트, 레크리에이션 강사, 광고기획자, 디자이너, 미술교사, 사회복지사	자기주장이 강하고 아이디어가 참신한 경우가 종종 있었음
C인턴	CR	회계사, 세무사, 공무원, 비서, 통역가, 영양사, 사서, 물류전문가	무뚝뚝하나 잘 흥분하지 않으며, 일처리가 신속하고 정확함
D인턴	SE	사회사업가, 여행안내원, 교사, 한의사, 응급구조 요원, 스튜어디스, 헤드헌터, 국회의원	부서 내 사원들에게 인기가 있으나 일처리는 조금 늦은 편임

① A인턴
② B인턴
③ C인턴
④ D인턴

40 최근 라면시장이 마이너스 성장한 것으로 나타남에 따라 H라면회사에 근무하는 K대리는 신제품 개발 이전 라면 시장에 대한 환경분석과 관련된 보고서를 제출하라는 과제를 받았다. 아래 K대리가 작성한 SWOT 분석 중 기회요인에 작성될 수 있는 내용이 아닌 것은?

강점	약점
– 식품그룹으로서의 시너지 효과 – 그룹 내 위상, 역할 강화 – A제품의 성공적인 개발 경험	– 유통업체의 영향력 확대 – 과도한 신제품 개발 – 신상품의 단명 – 유사상품의 영역침범 – 경쟁사의 공격적인 마케팅 대응 부족 – 원재료의 절대적 수입 비중
기회	위협
	– 저출산, 고령화로 취식인구 감소 – 소득증가 – 언론, 소비단체의 부정적인 이미지 이슈화 – 정보의 관리, 감독 강화

① 1인 가구의 증대(간편식, 편의식)
② 1인 미디어의 먹방 인기
③ 조미료에 대한 부정적 인식 개선
④ 난공불락의 N사

41 A사원이 9월 중 이틀 동안 초과근무를 해야 한다. 다음 〈조건〉을 참고하여 적어도 하루는 특근할 확률을 $\dfrac{p}{q}$ 로 표현할 때, $p+q$의 값은?(단, p와 q는 서로소인 자연수이다)

> **조건**
> • 9월 12 ~ 14일은 추석으로 회사는 쉰다.
> • 9월 1일은 일요일이다.
> • 토요일과 일요일에 회사는 쉰다.
> • 토요일과 일요일에 초과근무를 하는 경우 특근으로 처리한다.
> • 추석 연휴기간에는 특근을 할 수 없다.

① 59
② 113
③ 174
④ 225

42 다음 대화 내용을 읽고 대리가 제안할 수 있는 보완 방법으로 적절한 것은?

> 팀장 : 오늘 발표 내용 참 좋았어. 그런데 고객 맞춤형 서비스 실행방안이 조금 약한 것 같아. 보완할 수 있는 방안을 찾아서 보고서에 추가해 주게.
> 대리 : 네, 팀장님, 감사합니다. 보완 방법을 찾아본 후 다시 보고 드리도록 하겠습니다.

① 고객 접점에 있는 직원에게 고객상담 전용 휴대폰 지급
② 모바일용 고객지원센터 운영 서비스 제공
③ 고객지원센터 24시간 운영 확대
④ 빅데이터를 활용한 고객유형별 전문상담사 사전 배정 서비스

우주 개발이 왜 필요한가에 대한 주장은 크게 다음 세 가지로 구분할 수 있다. 먼저 칼 세이건이 우려하는 것처럼 인류가 혜성이나 소행성의 지구 충돌과 같은 재앙에서 살아남으려면 지구 이외의 다른 행성에 식민지를 건설해야 한다는 것이다. 소행성의 지구 충돌로 절멸한 공룡의 전철을 밟지 않기 위해서 말이다. 여기에는 자원 고갈이나 환경오염과 같은 전 지구적 재앙에 대비하자는 주장도 포함된다. 그 다음으로 우리의 관심을 지구에 한정한다는 것은 인류의 숭고한 정신을 가두는 것이라는 호킹의 주장을 들 수 있다. 지동설, 진화론, 상대성 이론, 양자역학, 빅뱅 이론과 같은 과학적 성과들은 인류의 문명뿐만 아니라 정신적 패러다임의 변화에 지대한 영향을 끼쳤다. 마지막으로 우주 개발의 노력에 따르는 부수적인 기술의 파급 효과를 근거로 한 주장을 들 수 있다. 실제로 우주 왕복선 프로그램을 통해 산업계에 이전된 새로운 기술이 100여 가지나 된다고 한다. 인공심장, 신분확인 시스템, 비행추적 시스템 등이 그 대표적인 기술들이다. 그러나 우주 개발에서 얻는 이익이 과연 인류 전체의 이익을 대변할 수 있는가에 대해서는 쉽게 답할 수가 없다. 역사적으로 볼 때 탐사의 주된 목적은 새로운 사실의 발견이라기보다 영토와 자원, 힘의 우위를 선점하기 위한 것이었기 때문이다. 이러한 이유로 우주 개발에 의심의 눈초리를 보내는 사람들도 적지 않다. 그들은 우주 개발에 소요되는 자금과 노력을 지구의 가난과 자원 고갈, 환경 문제 등을 해결하는 데 사용하는 것이 더 현실적이라고 주장한다.

과연 그 주장을 따른다고 해서 이러한 문제들을 해결할 수 있는가? 인류가 우주 개발에 나서지 않고 지구 안에서 인류의 미래를 위한 노력을 경주한다고 가정해보자. 그렇더라도 인류가 사용할 수 있는 자원이 무한한 것은 아니며, 인구의 자연 증가를 막을 수 없다는 문제는 여전히 남는다. 지구에 자금과 노력을 투자해야 한다고 주장하는 사람들은 지금 당장은 아니더라도 언젠가는 이러한 문제들을 해결할 수 있다는 논리를 펼지도 모른다. 그러나 이러한 논리는 우주 개발을 지지하는 쪽에서 마찬가지로 내세울 수 있다. 오히려 인류가 미래에 닥칠 문제를 해결할 수 있는 방법은 지구 밖에서 찾게 될 가능성이 더 크지 않을까?

우주를 개발하려는 시도가 최근에 등장한 것은 아니다. 인류가 의식을 갖게 되면서부터 우주를 꿈꾸어 왔다는 증거는 세계 여러 민족의 창세신화에서 발견된다. 수천 년 동안 우주에 대한 인류의 꿈은 식어갈 줄 몰랐다. 그리고 그 결과가 오늘날의 우주 개발이라는 현실로 다가온 것이다. 이제 인류는 우주의 시초를 밝히게 되었고, 우주의 끄트머리를 바라볼 수 있게 되었으며, 우주 공간에 인류의 거주지를 만들 수 있게 되었다. 우주 개발을 해야 할 것이냐 말아야 할 것이냐는 이제 문제의 핵심이 아니다. 우리가 선택해야 할 문제는 우주 개발을 어떻게 해야 할 것인가이다. "달과 다른 천체들은 모든 나라가 함께 탐사하고 이용할 수 있도록 자유지역으로 남아 있어야 한다. 어느 국가도 영유권을 주장할 수는 없다."라는 린든 B. 존슨의 경구는 우주 개발의 방향을 일러주는 시금석이 되어야 한다.

① 우주 개발의 한계
② 지구의 당면 과제
③ 우주 개발의 정당성
④ 친환경적인 지구 개발

'아무리 퍼내도 쌀이 자꾸자꾸 차오르는 항아리가 있다면 얼마나 좋을까….' 가난한 사람들에게는 이런 소망이 있을 것이다. 신화의 세계에는 그런 항아리가 얼마든지 있다. 세계 어느 나라 신화를 들추어 보아도 이런 항아리가 등장하지 않는 신화는 없다. (가) 신화에는 사람들의 원망(願望)이 투사(投射)되어 있다.

신화란 신(神)이나 신 같은 존재에 대한 신비롭고 환상적인 이야기, 우주나 민족의 시작에 대한 초인적(超人的)인 내용, 그리고 많은 사람이 믿는, 창작되거나 전해지는 이야기를 의미한다. 다시 말해 모든 신화는 상상력에 바탕을 둔 우주와 자연에 대한 이해이다. (나) 이처럼 신화는 상상력을 발휘하여 얻은 것이지만 그 결과는 우리 인류에게 유익한 생산력으로 나타나고 있다.

그런데 신화는 단순한 상상력으로 이루어지는 것이 아니라 창조적 상상력으로 이루어지는 것이며, 이 상상력은 또 생산적 창조력으로 이어졌다. 오늘날 우리 인류의 삶을 풍족하게 만든 모든 문명의 이기(利器)들은, 그것의 근본을 규명해 보면 신화적 상상력의 결과임을 알 수 있다. (다) 결국, 그것들은 인류가 부단한 노력을 통해 신화를 현실화한 것이다. 또한 신화는 고대인들의 우주 만물에 대한 이해로 끝나지 않고 현재까지도 끊임없이 창조되고 있고, 나아가 신화 자체가 문학적 상상력의 재료로 사용되는 경우도 있다.

신화적 사유의 근간은 환상성(幻想性)이지만, 이것을 잘못 이해하면 현실성을 무시한 황당무계한 것으로 오해하기 쉽다. (라) 그러나 이 환상성은 곧 상상력이고 이것이 바로 창조력이라는 점을 우리는 이해하지 않으면 안 된다. 그래서 인류 역사에서 풍부한 신화적 유산을 계승한 민족이 찬란한 문화를 이룬 예를 서양에서는 그리스, 동양에서는 중국에서 찾아볼 수 있다. 우리나라에도 규모는 작지만 단군·주몽·박혁거세 신화 등이 있었기에 우리 민족 역시 오늘날 이 작은 한반도에서 나름대로 민족 국가를 형성하여 사는 것이다. 왜냐하면 민족이나 국가에 대한 이야기, 곧 신화가 그 민족과 국가의 정체성을 확보해 주기 때문이다.

신화는 물론 인류의 보편적 속성에 기반을 두어 형성되고 발전되어 왔지만 그 구체적인 내용은 민족마다 다르게 나타난다. 즉, 나라마다 각각 다른 지리·기후·풍습 등의 특성이 반영되어 각 민족 특유의 신화가 만들어지는 것이다. 그래서 고대 그리스의 신화와 중국의 신화는 신화적 발상과 사유에 있어서는 비슷하지만 내용은 전혀 다르게 전개되고 있다. 예를 들어 그리스 신화에서 태양은 침범 불가능한 아폴론 신의 영역이지만 중국 신화에서는 후예가 태양을 쏜 신화에서 볼 수 있듯이 떨어뜨려야 할 대상으로 나타나기도 하는 것이다.

보기

오늘날 인류 최고의 교통수단이 되고 있는 비행기도 우주와 창공을 마음껏 날아보려는 신화적 사유의 소산이며, 바다를 마음대로 항해해 보고자 했던 인간의 신화적 사유가 만들어낸 것이 여객선이다. 이러한 것들은 바로 『장자(莊子)』에 나오는, 물길을 차고 높이 날아올라 순식간에 먼 거리를 이동한 곤붕(鯤鵬)의 신화가 오늘의 모습으로 나타난 것이라고 볼 수 있다.

① (가) ② (나)
③ (다) ④ (라)

45 다음 글에서 〈보기〉가 들어가기에 가장 적절한 곳은?

글을 잘 짓는 사람은 병법을 잘 알고 있는 것이로다. 글자는 말하자면 군사요, 뜻은 말하자면 장수에 해당한다. 제목은 적국이요, 전거(典據)로 삼을 지식은 전장(戰場)의 보루(堡壘)와 같다. 글자를 묶어서 구로 만들고 구를 합해서 문장을 이루는 것은 대열을 짓고 진을 짜는 것과 같으며, 운을 가다듬어 소리를 내고 수사로써 빛을 내는 것은 북과 종을 울리고 깃발을 펄럭이는 것과 같은 것이다. (가) 전투를 잘하는 사람에게는 버릴 군사가 없고 글을 잘 짓는 사람에게는 쓰지 못할 글자가 없다. 만약에 적당한 장수만 얻는다면 괭이, 자루, 막대기만 든 농군이 날래고 사나운 군사가 될 수 있다. (나) 마찬가지로 나름대로 이치를 담고만 있다면 집안에서 나누는 일상 대화도 교과서에 실을 수 있고 아이들 노래와 속담도 훌륭한 고전의 사전에 넣을 수 있다. (다) 그러므로 글이 정교하지 못한 것이 글자의 탓은 아니다.

글 지을 줄 모르는 사람이 속으로 아무런 요량도 없이 갑자기 글 제목을 만났다고 하자. 겁결에 산 위의 풀과 나무에 지레 걸려 넘어지듯 눈앞의 붓과 먹이 다 결딴나고, 머릿속에 기억하고 외우던 문자조차 쓸모없이 흩어져서 남는 것이 없으리라. 그래서 글을 짓는 사람의 걱정은 언제나 제풀에 갈팡질팡 길을 잃고 요령(要領)을 잡지 못하는 데 있는 것이다. 길을 잃어버리고 나면 한 글자도 어떻게 쓸 줄 모르는 채 더디고 까다로움만을 고되게 여기게 되고, 글의 전체 핵심을 잡지 못하면 겹겹으로 꼼꼼히 둘러싸 놓고서도 글이 허술하게 된다. (라) 한 마디의 말만 가지고도 요점을 찌르며 나가면 마치 적의 아성(牙城)으로 감쪽같이 쳐들어가는 격이요, 단 한 구절의 말만 가지고도 핵심을 끌어낸다면 마치 적의 힘이 다 할 때를 기다렸다가 드디어 그 진지를 함락시키는 것과 같다. 글 짓는 묘리(妙理)는 바로 이와 같아야 최상이라 할 수 있다.

보기

비유해 말하자면 아무리 맹장이라도 군대가 제 길을 잃어버릴 때에는 최후의 운명을 면치 못하며, 적의 움직임을 파악하지 못하면 아무리 물샐 틈 없이 포위한 때에라도 적이 빠져 도망칠 틈이 있는 것과 같다.

① (가)　　　　　　　　　② (나)
③ (다)　　　　　　　　　④ (라)

46 다음은 J시, K시의 연도별 예산현황을 나타낸 자료이다. 다음 중 자료에 대한 설명으로 옳지 않은 것은?

<J시, K시의 연도별 예산현황>

(단위 : 백만 원)

구분	J시			K시		
	합계	일반회계	특별회계	합계	일반회계	특별회계
2019년	1,951,003	1,523,038	427,965	1,249,666	984,446	265,220
2020년	2,174,723	1,688,922	485,801	1,375,349	1,094,510	280,839
2021년	2,259,412	1,772,835	486,577	1,398,565	1,134,229	264,336
2022년	2,355,574	1,874,484	481,090	1,410,393	1,085,386	325,007
2023년	2,486,125	2,187,790	298,335	1,510,951	1,222,957	287,994

① J시의 전체 예산액이 증가한 시기에는 K시의 전체 예산액도 증가했다.

② J시의 일반회계 예산액은 항상 K시의 일반회계 예산액보다 1.5배 이상 더 많다.

③ 2021년 K시의 특별회계 예산액은 J시의 특별회계 예산액의 절반 이상이다.

④ 2022년 K시 전체 예산액에서 특별회계 예산액의 비중은 25% 이상이다.

PART 3

47 다음 글을 읽고 빈칸에 들어갈 접속어를 순서대로 적절하게 나열한 것은?

우리가 탄수화물을 계속 섭취하지 않으면 우리 몸은 에너지로 사용하던 연료가 고갈되는 상태에 이르게 된다. 이 경우 몸은 자연스레 '대체 연료'를 찾기 위해 처음에는 근육의 단백질을 분해하고, 이어 내장지방을 포함한 지방을 분해한다. 지방 분해 과정에서 '케톤'이라는 대사성 물질이 생겨나면서 수분 손실이 나타나고 혈액 내의 당분이 정상보다 줄어들게 된다. 이 과정에서 체내 세포들의 글리코겐 양이 감소한다. ___㉠___ 이러한 현상은 간세포에서 두드러지게 나타난다. ___㉡___ 혈액 및 소변 등의 체액과 인체조직에서는 케톤 수치가 높아지면서 신진대사 불균형이 생기면 두통, 설사, 집중력 저하, 구취 등의 불편한 증상이 나타난다. ___㉢___ 탄수화물을 극단적으로 제한하는 식단은 바람직하지 않다.

	㉠	㉡	㉢
①	결국	따라서	따라서
②	결국	그러므로	그러므로
③	특히	이로 인해	따라서
④	특히	그런데	그러나

48 동양역과 서양역은 100km 거리에 있으며, 편도로 1시간이 걸린다고 한다. 동양역의 경우 20분마다, 서양역은 15분마다 기차가 출발한다. 동양역과 서양역에서 서로의 역을 향하여 10시에 첫 기차가 출발할 때, 두 번째로 50km인 지점에서 만나는 시각은?(단, 모든 기차의 속력은 같다)

① 10시 30분
② 11시 00분
③ 11시 30분
④ 12시 00분

49 L사원이 처리해야 할 업무는 발송업무, 비용정산업무 외에 5가지가 있다. 이 중에서 발송업무, 비용정산업무를 포함한 5가지의 업무를 오늘 처리하려고 하는데 상사의 지시로 발송업무를 비용정산업무보다 먼저 처리해야 한다. 오늘 처리할 업무를 택하고, 택한 업무의 처리 순서를 정하는 경우의 수는?

① 600가지
② 720가지
③ 840가지
④ 960가지

50 H전자는 토요일에는 2명의 사원이 당직 근무를 하도록 사칙으로 규정하고 있다. H전자의 B팀에는 8명의 사원이 있다. B팀이 앞으로 3주 동안 토요일 당직 근무를 한다고 했을 때, 가능한 모든 경우의 수는?(단, 모든 사원은 당직 근무를 2번 이상 서지 않는다)

① 1,520가지
② 2,520가지
③ 5,040가지
④ 10,080가지

| 법학 |

51 다음 중 국무회의에 대한 설명으로 적절하지 않은 것은?

① 국무회의는 국무총리가 부의장이 된다.

② 국무회의는 심의기관이다.

③ 국무회의는 의사결정기관이다.

④ 대통령은 국무회의의 심의에 구속되지 않는다.

52 다음 중 행정행위에 대한 설명으로 옳지 않은 것은?

① 내용이 명확하고 실현가능하여야 한다.

② 법률상 절차와 형식을 갖출 필요는 없다.

③ 법률의 규정에 위배되지 않아야 한다.

④ 정당한 권한을 가진 자의 행위라야 한다.

53 다음 중 법률행위의 조건에 대한 설명으로 옳지 않은 것은?

① 해제조건부 법률행위는 그 조건이 성취한 때로부터 그 효력이 생긴다.

② 조건이 사회질서에 반하는 것인 때에는 그 법률행위는 무효로 한다.

③ 조건의 성취가 아직 정하여지지 아니한 권리도 상속될 수 있다.

④ "내일 비가 오면 이 반지를 주겠다."는 약속은 정지조건부 법률행위이다.

54 다음 중 의사표시에 대한 설명으로 옳지 않은 것은?

① 진의가 아닌 의사표시는 당사자 사이에는 원칙적으로 유효이다.

② 착오로 인한 의사표시는 원칙적으로 무효이다.

③ 허위표시는 당사자 간에는 언제나 무효이다.

④ 사기에 의한 의사표시는 취소할 수 있다.

55 다음 중 자유권적 기본권으로 옳지 않은 것은?

① 신체의 자유 ② 종교의 자유
③ 직업선택의 자유 ④ 청원권의 보장

56 다음 중 비례대표제에 대한 설명으로 옳지 않은 것은?

① 사표를 방지하여 소수자의 대표를 보장한다.
② 군소정당의 난립이 방지되어 정국의 안정을 가져온다.
③ 득표수와 정당별 당선의원의 비례관계를 합리화시킨다.
④ 그 국가의 정당사정을 고려하여 채택하여야 한다.

57 다음 중 행정기관에 대한 설명으로 옳은 것은?

① 행정청의 자문기관은 합의제이며, 그 구성원은 공무원으로 한정된다.
② 보좌기관은 행정조직의 내부기관으로서 행정청의 권한 행사를 보조하는 것을 임무로 하는 행정기관이다.
③ 국무조정실, 각 부의 차관보·실장·국장 등은 행정조직의 보조기관이다.
④ 행정청은 행정주체의 의사를 결정하여 외부에 표시하는 권한을 가진 기관이다.

58 다음 중 일반적인 법령공포 후 효력발생의 시기로 옳은 것은?

① 20일 ② 30일
③ 40일 ④ 50일

59 다음 중 소선거구제에 대한 설명으로 옳지 않은 것은?

① 소선거구제하에서는 선거 비용을 절약할 수 있다.

② 소선거구제하에서는 군소정당이 난립하여 정국이 불안정하다.

③ 소선거구제하에서는 지연·혈연이 작용할 수 있다.

④ 소선거구제하에서는 후보자 파악이 쉽다.

60 다음 중 판례의 법원성에 대해 규정하고 있는 법은?

① 대법원 규칙　　　　　　　　② 국회법

③ 법원조직법　　　　　　　　④ 형법

61 다음 중 권리의 작용(효력)에 따른 분류에 속하지 않는 것은?

① 항변권　　　　　　　　　　② 인격권

③ 형성권　　　　　　　　　　④ 청구권

62 다음 중 타인이 일정한 행위를 하는 것을 참고 받아들여야 할 의무는?

① 작위의무　　　　　　　　　② 수인의무

③ 간접의무　　　　　　　　　④ 권리반사

63 다음 중 권리에 대한 설명으로 옳지 않은 것은?

① 사권(私權)은 권리의 작용에 의해 지배권, 청구권, 형성권, 항변권으로 구분된다.

② 사권은 권리의 이전성에 따라 절대권과 상대권으로 구분된다.

③ 권능은 권리의 내용을 이루는 개개의 법률상의 힘을 말한다.

④ 권한은 본인 또는 권리자를 위하여 일정한 법률효과를 발생케 하는 행위를 할 수 있는 법률상의 자격을 말한다.

64 다음 〈보기〉에서 사회권적 기본권에 대한 설명으로 옳은 것을 모두 고르면?

> **보기**
> ㄱ. 사회권은 국민의 권리에 해당한다.
> ㄴ. 바이마르헌법에서 사회권을 최초로 규정하였다.
> ㄷ. 사회권은 천부인권으로서의 인간의 권리이다.
> ㄹ. 사회권은 강한 대국가적 효력을 가진다.

① ㄱ, ㄴ ② ㄴ, ㄷ
③ ㄷ, ㄹ ④ ㄱ, ㄹ

65 근대 사법이 공법화 경향을 나타내고 있는 이유로 옳지 않은 것은?

① 계약자유의 범위 확대 ② 공공복리의 실현
③ 사회보장제도의 확충 ④ 사권(私權)의 의무화

66 다음 중 법의 해석에 대한 설명으로 옳지 않은 것은?

① 법해석의 방법은 해석의 구속력 여부에 따라 유권해석과 학리해석으로 나눌 수 있다.
② 법해석의 목표는 법적 안정성을 저해하지 않는 범위 내에서 구체적 타당성을 찾는 데 두어야 한다.
③ 법의 해석에 있어 법률의 입법취지도 고려의 대상이 된다.
④ 민법, 형법, 행정법에서는 유추해석이 원칙적으로 허용된다.

67 다음 〈보기〉에서 행정작용에 대한 설명으로 옳지 않은 것을 모두 고르면?

> **보기**
> ㄱ. 하명은 명령적 행정행위이다.
> ㄴ. 인가는 형성적 행정행위이다.
> ㄷ. 공증은 법률행위적 행정행위이다.
> ㄹ. 공법상 계약은 권력적 사실행위이다.

① ㄱ, ㄴ ② ㄱ, ㄷ
③ ㄱ, ㄹ ④ ㄷ, ㄹ

68 다음 중 법의 분류에 대한 설명으로 옳지 않은 것은?

① 자연법은 시·공간을 초월하여 보편적으로 타당한 법을 의미한다.
② 임의법은 당사자의 의사에 의하여 그 적용이 배제될 수 있는 법을 말한다.
③ 부동산등기법은 사법이며, 실체법이다.
④ 오늘날 국가의 개입이 증대되면서 '사법의 공법화' 경향이 생겼다.

69 다음 중 헌법상 통치구조에 대한 설명으로 옳지 않은 것은?

① 법원의 재판에 이의가 있는 자는 헌법재판소에 헌법소원심판을 청구할 수 있다.
② 헌법재판소는 지방자치단체 상호 간의 권한의 범위에 관한 분쟁에 대하여 심판한다.
③ 행정법원은 행정소송사건을 담당하기 위하여 설치된 것으로서 3심제로 운영된다.
④ 법원의 재판에서 판결선고는 항상 공개하여야 하지만 심리는 공개하지 않을 수 있다.

70 다음 중 법과 관습에 대한 설명으로 옳지 않은 것은?

① 법은 인위적으로 만들어지는 반면, 관습은 자연발생적 현상으로 생성된다.
② 법은 국가 차원의 규범인 반면, 관습은 부분 사회의 관행이다.
③ 법위반의 경우에는 법적 제재가 가능한 반면, 관습 위반의 경우에는 사회적 비난을 받는 데 그친다.
④ 법은 합목적성에 기초하는 반면, 관습은 당위성에 기초한다.

71 다음 중 사회규범의 기능으로 적절하지 않은 것은?

① 개인과 개인의 협조를 도모한다.
② 각 개인 생의 목표를 설정한다.
③ 개인의 자의적인 행동을 규제한다.
④ 공동체와 공동체구성원과의 관계를 규율한다.

72 다음 〈보기〉의 ㉠과 ㉡이 의미하는 행정구제제도의 명칭을 순서대로 바르게 나열한 것은?

> **보기**
>
> ㉠ 지방자치단체가 건설한 교량이 시공자의 흠으로 붕괴되어 지역주민들에게 상해를 입혔을 때, 지방자치단체가 상해를 입은 주민들의 피해를 구제해 주었다.
> ㉡ 도로확장사업으로 인하여 토지를 수용당한 주민들의 피해를 국가가 변상하여 주었다.

	㉠	㉡
①	손실보상	행정소송
②	손해배상	행정심판
③	행정소송	손실보상
④	손해배상	손실보상

73 다음 중 아리스토텔레스의 정의론에 대한 설명으로 옳지 않은 것은?

① 정의를 인간의 선한 성품인 덕성이라는 관점에서 보았다.
② 정의에는 준법성을 지향하는 것과 균등을 원리로 하는 것의 두 가지가 있다고 보았다.
③ 광의의 정의는 법과 도덕이 미분화된 상태의 관념에 따른 것이다.
④ 광의의 정의는 평균적 정의와 배분적 정의로 나누어진다.

74 다음 중 관습법에 대한 설명으로 옳지 않은 것은?

① 관습법은 당사자의 주장·입증이 있어야만 법원이 이를 판단할 수 있다.
② 민법 제1조에서는 관습법의 보충적 효력을 인정하고 있다.
③ 형법은 관습형법금지의 원칙이 적용된다.
④ 헌법재판소 다수의견에 의하면 관습헌법도 성문헌법과 동등한 효력이 있다.

75 다음 중 법의 분류에 대한 설명으로 옳지 않은 것은?

① 대한민국 국민에게 적용되는 헌법은 특별법이다.
② 당사자의 의사와 관계없이 강제적으로 적용되는 법은 강행법이다.
③ 국가의 조직과 기능 및 공익작용을 규율하는 행정법은 공법이다.
④ 당사자가 법의 규정과 다른 의사표시를 한 경우 그 법의 규정을 배제할 수 있는 법은 임의법이다.

76 다음 중 법의 효력에 대한 설명으로 옳지 않은 것은?

① 법률의 시행기간은 시행일부터 폐지일까지이다.

② 법률은 특별한 규정이 없는 한 공포일로부터 30일을 경과하면 효력이 발생한다.

③ 범죄 후 법률의 변경이 피고인에게 유리한 경우에는 소급적용이 허용된다.

④ 외국에서 범죄를 저지른 한국인에게 우리나라 형법이 적용되는 것은 속인주의에 따른 것이다.

77 다음 중 국가배상에 대한 설명으로 옳은 것은?

① 도로건설을 위해 자신의 토지를 수용당한 개인은 국가배상청구권을 가진다.

② 공무원이 직무수행 중에 적법하게 타인에게 손해를 입힌 경우 국가가 배상책임을 진다.

③ 도로·하천 등의 설치 또는 관리에 하자가 있어 손해를 받은 개인은 국가가 배상책임을 진다.

④ 공무원은 어떤 경우에도 국가배상청구권을 행사할 수 없다.

78 다음 중 사권(私權)에 대한 설명으로 옳지 않은 것은?

① 사원권이란 단체구성원이 그 구성원의 자격으로 단체에 대하여 가지는 권리를 말한다.

② 타인의 작위·부작위 또는 인용을 적극적으로 요구할 수 있는 권리를 청구권이라 한다.

③ 취소권·해제권·추인권은 항변권이다.

④ 형성권은 권리자의 일방적 의사표시로 권리변동의 효과를 발생시키는 권리이다.

79 우리나라 헌법은 1948년 이후 몇 차례의 개정이 있었는가?

① 5차

② 7차

③ 8차

④ 9차

80 다음 중 헌법제정권력에 대한 설명으로 옳지 않은 것은?

① 민주국가에서는 국민이 그 주체가 된다.

② 이는 제도적 권리이므로 자연법상의 원리에 의한 제약은 받지 않는다.

③ 헌법제정권력은 시원적이며, 자율성을 갖는다.

④ 헌법개정권력에 우선한다.

81 다음 중 헌법상 헌법개정에 대한 설명으로 옳은 것은?

① 헌법개정은 국회 재적의원 과반수 또는 정부의 발의로 제안된다.
② 대통령의 임기연장 또는 중임변경에 관해서는 이를 개정할 수 없다.
③ 헌법개정이 확정되면 대통령은 즉시 이를 공포하여야 한다.
④ 헌법개정안에 대한 국회의결은 출석의원 3분의 2 이상의 찬성을 얻어야 한다.

82 다음 중 헌법전문에 대한 설명으로 옳지 않은 것은?

① 전문에 선언된 헌법의 기본원리는 헌법해석의 기준이 된다.
② 우리 헌법전문은 헌법제정권력의 소재를 밝힌 전체적 결단으로서 헌법의 본질적 부분을 내포하고 있다.
③ 헌법전의 일부를 구성하며 당연히 본문과 같은 법적 성질을 내포한다.
④ 헌법전문은 전면 개정을 할 수 없으며 일정한 한계를 갖는다.

83 다음 중 행정기관에 대한 설명으로 옳은 것은?

① 다수 구성원으로 이루어진 합의제 행정청이 대표적인 행정청의 형태이며, 지방자치단체의 경우 지방의회가 행정청이다.
② 감사기관은 다른 행정기관의 사무나 회계처리를 검사하고 그 적부에 관해 감사하는 기관이다.
③ 자문기관은 행정청의 내부 실·국의 기관으로 행정청의 권한 행사를 보좌한다.
④ 의결기관은 행정청의 의사결정에 참여하는 권한을 가진 기관이지만 행정청의 의사를 법적으로 구속하지는 못한다.

84 다음 중 현행 헌법상 정당설립과 활동의 자유에 대한 설명으로 옳지 않은 것은?

① 정당의 설립은 자유이며, 복수정당제는 보장된다.
② 정당은 그 목적, 조직과 활동이 민주적이어야 한다.
③ 정당의 목적과 활동이 민주적 기본질서에 위배될 때에는 국회는 헌법재판소에 그 해산을 제소할 수 있다.
④ 국가는 법률이 정하는 바에 의하여 정당의 운영에 필요한 자금을 보조할 수 있다.

85 다음 중 기본권의 효력에 대한 설명으로 옳지 않은 것은?

① 기본권의 효력은 대국가적 효력을 갖는 것이 원칙이다.

② 기본권의 제3자적 효력에서 평등권은 간접 적용된다고 볼 수 있다.

③ 기본권의 사인(私人) 간의 직접적 효력을 헌법이 명문으로 규정한 예로, 근로3권과 언론·출판에 의한 명예 또는 권리침해 금지가 있다.

④ 기본권의 사인 간의 효력은 헌법이 직접적 효력을 규정함이 원칙이나 예외적으로 간접적 효력을 갖는 경우도 있다.

86 다음 중 헌법 제37조 제2항에서 기본권의 제한에 대한 설명으로 옳지 않은 것은?

① 국회의 형식적 법률에 의해서만 제한할 수 있다.

② 처분적 법률에 의한 제한은 원칙적으로 금지된다.

③ 국가의 안전보장과 질서유지를 위해서만 제한할 수 있다.

④ 기본권의 본질적 내용은 침해할 수 없다.

87 다음 중 법 앞의 평등에 대한 설명으로 옳지 않은 것은?

① 법 앞의 평등은 절대적인 것이 아니고 상대적인 것이다.

② 법의 적용뿐만 아니라 법 내용의 평등까지 요구한다.

③ 독일에서는 자의의 금지를, 미국에서는 합리성을 그 기준으로 들고 있다.

④ 차별금지 사유인 성별, 종교, 사회적 신분 등은 열거적 규정이다.

88 다음 중 재산권에 대한 설명으로 옳지 않은 것은?

① 재산권 수용은 공공복리에 적합하여야 한다.

② 재산권의 핵심적인 내용은 침해할 수 없다.

③ 공공복리를 위하여 재산권 수용 시 보상을 지급하지 않을 수 있다.

④ 재산권의 수용과 사용은 법률의 규정에 의한다.

89 다음 중 제한능력자에 대한 설명으로 옳지 않은 것은?

① 미성년자가 법정대리인으로부터 허락을 얻은 특정한 영업에 관하여는 성년자와 동일한 행위능력이 있다.

② 가정법원은 성년후견개시의 심판을 할 때 본인의 의사를 고려하여야 한다.

③ 특정후견은 본인의 의사에 반하여 할 수 없다.

④ 가정법원은 질병, 장애, 노령, 그 밖의 사유로 인한 정신적 제약으로 사무를 처리할 능력이 부족한 사람에 대하여 일정한 자의 청구로 성년후견개시의 심판을 한다.

90 다음 중 부재자 재산관리인에 대한 설명으로 옳지 않은 것은?(다툼이 있는 경우 판례에 의함)

① 부재자가 재산관리인을 정한 경우에 부재자의 생사가 분명하지 않은 때에는 법원은 재산관리인을 개임할 수 있다.

② 법원은 재산관리인의 과거의 처분행위를 추인하는 허가도 할 수 있다.

③ 법원이 선임한 재산관리인의 권한은 부재자가 사망하면 선임결정이 취소되지 않더라도 소멸한다.

④ 법원이 선임한 재산관리인은 관리할 재산목록을 작성하여야 한다.

91 다음 중 권리의 객체에 대한 설명으로 옳지 않은 것은?(다툼이 있는 경우 판례에 의함)

① 주물 자체의 효용과 직접 관계없는 물건은 종물이 아니다.

② 주물에 설정된 저당권의 효력은 특별한 사정이 없으면 종물에 미친다.

③ 입목에 관한 법률에 의하여 입목등기를 한 수목의 집단은 토지와 별개의 부동산이다.

④ 종물은 주물의 처분에 따르므로, 당사자의 특약에 의하여 종물만을 별도로 처분할 수 없다.

92 다음 중 지방자치단체의 조직에 대한 설명으로 옳지 않은 것은?

① 지방자치단체에 주민의 대의기관인 의회를 둔다.

② 지방자치단체의 장은 주민이 보통·평등·직접·비밀선거에 따라 선출한다.

③ 지방자치단체의 장은 법령의 범위 안에서 자치에 관한 조례를 제정할 수 없다.

④ 지방자치단체의 종류는 법률로 정한다.

93 민법 제104조의 불공정한 법률행위에 대한 설명으로 옳은 것은?(다툼이 있는 경우 판례에 의함)

① '무경험'이란 일반적인 생활체험의 부족이 아니라 어느 특정영역에서의 경험부족을 의미한다.

② 급부와 반대급부 사이의 '현저한 불균형'은 당사자의 주관적 가치가 아닌 거래상의 객관적 가치에 의하여 판단한다.

③ '궁박'에는 정신적 또는 심리적 원인에 기인한 것은 포함되지 않는다.

④ 불공정한 법률행위가 성립하기 위해서는 피해자에게 궁박, 경솔, 무경험 요건이 모두 구비되어야 한다.

94 다음 중 착오에 대한 설명으로 옳지 않은 것은?(다툼이 있는 경우 판례에 의함)

① 대리인에 의한 의사표시의 경우, 착오의 유무는 대리인을 표준으로 결정한다.

② 소송대리인의 사무원의 착오로 소를 취하한 경우, 착오를 이유로 취소하지 못한다.

③ 매도인이 매매계약을 적법하게 해제한 후 매수인은 착오를 이유로 매매계약을 취소할 수 없다.

④ 상대방이 착오자의 진의에 동의한 것으로 인정될 때에는 계약의 취소가 허용되지 않는다.

95 다음 중 법률행위의 조건에 대한 설명으로 옳지 않은 것은?(다툼이 있는 경우 판례에 의함)

① 정지조건이 법률행위 당시 이미 성취된 경우에는 그 법률행위는 무효이다.

② 해제조건 있는 법률행위는 조건이 성취한 때로부터 그 효력을 잃는다.

③ 조건의 성취가 미정한 권리의무는 일반규정에 의하여 처분, 상속, 보존 또는 담보로 할 수 있다.

④ 당사자가 합의한 경우에는 조건성취의 효력을 소급시킬 수 있다.

96 다음 중 사용자 甲이 의사능력이 없는 상태에서 乙과 근로계약을 체결하였을 때, 이에 대한 설명으로 옳은 것은?(다툼이 있는 경우 판례에 의함)

① 甲은 乙과의 근로계약을 취소할 수 있다.

② 甲이 의사무능력 상태에서 乙과의 근로계약을 추인하더라도 그 계약은 무효이다.

③ 甲이 의사무능력을 회복한 후에 추인하면, 다른 약정이 없더라도 그 근로계약은 소급하여 유효하다.

④ 甲과 乙의 근로계약은 추인여부와 상관없이 甲이 의사능력을 회복한 때로부터 유효하다.

97 다음 중 소멸시효에 대한 설명으로 옳지 않은 것은?(다툼이 있는 경우 판례에 의함)

① 주채무자가 소멸시효 이익을 포기하면, 보증인에게도 그 효력이 미친다.

② 소멸시효의 기간만료 전 6개월 내에 제한능력자에게 법정대리인이 없는 경우에는 그가 능력자가 되거나 법정대리인이 취임한 때부터 6개월 내에는 시효가 완성되지 않는다.

③ 시효중단의 효력 있는 승인에는 상대방의 권리에 관한 처분의 능력이나 권한 있음을 요하지 않는다.

④ 채무자가 제기한 소에 채권자인 피고가 응소하여 권리를 주장하였으나, 그 소가 각하된 경우에 6개월 이내에 재판상 청구를 하면 응소시에 소급하여 시효중단의 효력이 있다.

98 권력관계에 있어서 국가와 기타 행정주체의 의사는 비록 설립에 흠이 있을지라도 당연무효의 경우를 제외하고는 일단 적법·유효하다는 추정을 받으며, 권한 있는 기관이 직권 또는 쟁송절차를 거쳐 취소하기 전에는 누구라도 이에 구속되고 그 효력을 부정하지 못하는 우월한 힘이 있다. 이를 행정행위의 무엇이라고 하는가?

① 확정력 ② 불가쟁력
③ 공정력 ④ 강제력

99 甲은 乙에게 변제기가 도래한 1억 원의 금전채권을 가지고 있다. 乙은 현재 무자력 상태에 있고 丙에 대하여 변제기가 도래한 5,000만 원의 금전채권을 가지고 있다. 이에 대한 설명으로 옳지 않은 것은?(다툼이 있는 경우 판례에 의함)

① 乙이 반대하는 경우에도 甲은 丙에 대하여 채권자대위권을 행사할 수 있다.

② 甲이 채권자대위권을 행사하는 경우에 丙은 乙에 대해 가지는 모든 항변사유로써 甲에게 대항할 수 있다.

③ 甲은 丙에게 5,000만 원을 乙에게 이행할 것을 청구할 수 있을 뿐만 아니라, 직접 자기에게 이행할 것을 청구할 수 있다.

④ 甲이 丙에게 채권자대위소송을 제기한 경우, 乙은 소송당사자가 아니므로 乙의 丙에 대한 채권은 소멸시효가 중단되지 않는다.

100 다음 중 상계에 대한 설명으로 옳지 않은 것은?(다툼이 있는 경우 판례에 의함)

① 채무의 이행지가 서로 다른 채권은 상계할 수 없다.

② 지급을 금지하는 명령을 받은 제3채무자는 그 후에 취득한 채권에 의한 상계로 그 명령을 신청한 채권자에게 대항하지 못한다.

③ 채권이 압류하지 못할 것인 때에는 그 채무자는 상계로 채권자에게 대항하지 못한다.

④ 소멸시효가 완성된 채권이 그 완성 전에 상계할 수 있었던 것이면 채권자는 상계할 수 있다.

51 다음 중 행정가치에 대한 설명으로 가장 옳은 것은?

① 공익에 대한 실체설에서는 공익을 현실의 실체로 존재하는 사익들의 총합으로 이해한다.

② 행정의 민주성이란 정부가 국민의사를 존중하고 수렴하는 책임행정의 구현을 의미하며 행정조직 내부 관리 및 운영과는 관계없는 개념이다.

③ 수익자부담 원칙은 수평적 형평성, 대표관료제는 수직적 형평성과 각각 관계가 깊다.

④ 장애인들에게 특별한 세금감면 혜택을 부여하는 것은 모든 국민이 동등한 서비스를 제공받아야 한다는 사회적 형평성에 어긋나는 제도이다.

52 다음 중 성과평가시스템으로서의 균형성과표(Balanced Score Card: BSC)에 대한 설명으로 옳지 않은 것은?

① BSC는 추상성이 높은 비전에서부터 구체적인 성과지표로 이어지는 위계적인 체제를 가진다.

② 잘 개발된 BSC라 할지라도 조직구성원들에게 조직의 전략과 목적 달성에 필요한 성과가 무엇인지 알려주는 데 한계가 있기 때문에 조직전략의 해석지침으로는 적합하지 않다.

③ 내부 프로세스 관점의 대표적인 지표들로는 의사결정과정에 시민참여, 적법절차, 조직 내 커뮤니케이션 구조 등이 있다.

④ BSC를 공공부분에 적용할 때 재무적 관점이라 함은 국민이 요구하는 수준의 공공서비스를 제공할 수 있는 재정자원을 확보하여야 한다는 측면을 포함하며 지원시스템의 예산부분이 여기에 해당한다.

53 외부효과를 교정하기 위한 방법에 대한 설명으로 옳지 않은 것은?

① 교정적 조세(피구세: Pigouvian tax)는 사회 전체적인 최적의 생산수준에서 발생하는 외부효과의 양에 해당하는 만큼의 조세를 모든 생산물에 대해 부과하는 방법이다.

② 외부효과를 유발하는 기업에게 보조금을 지급하여 사회적으로 최적의 생산량을 생산하도록 유도한다.

③ 코우즈(R. Coase)는 소유권을 명확하게 확립하는 것이 부정적 외부효과를 줄이는 방법이라고 주장했다.

④ 직접적 규제의 활용 사례로는 일정한 양의 오염허가서(Pollution Permits) 혹은 배출권을 보유하고 있는 경제주체만 오염물질을 배출할 수 있게 허용하는 방식이 있다.

54 조직 구조 형태의 하나인 복합구조(Matrix Structure)가 유용하게 쓰일 수 있는 조건에 해당하지 않는 것은?

① 조직의 규모가 너무 크거나 너무 작지 않은 중간 정도의 크기일 것

② 기술적 전문성이 높고 산출의 변동도 빈번해야 한다는 이원적 요구가 강력할 것

③ 조직이 사용하는 기술이 일상적일 것

④ 사업부서들이 사람과 장비 등을 함께 사용해야 할 필요가 클 것

55 통계적 결론의 타당성 확보에 있어서 발생할 수 있는 오류와 그에 대한 설명을 바르게 연결한 것은?

> ㄱ. 정책이나 프로그램의 효과가 실제로 발생하였음에도 불구하고 통계적으로 효과가 나타나지 않은 것으로 결론을 내리는 경우
> ㄴ. 정책의 대상이 되는 문제 자체에 대한 정의를 잘못 내리는 경우
> ㄷ. 정책이나 프로그램의 효과가 실제로 발생하지 않았음에도 불구하고 통계적으로 효과가 나타난 것으로 결론을 내리는 경우

	제1종 오류	제2종 오류	제3종 오류
①	ㄱ	ㄴ	ㄷ
②	ㄱ	ㄷ	ㄴ
③	ㄴ	ㄱ	ㄷ
④	ㄷ	ㄱ	ㄴ

56 행정이론에 대한 설명으로 옳지 않은 것은?

① 행정관리론(사무관리론·조직관리론)에서는 계획과 집행을 분리하고 권한과 책임을 명확히 규정할 것을 강조하였다.

② 신행정학에서는 정부의 적극적인 역할과 적실성 있는 정책의 수립을 강조하였다.

③ 뉴거버넌스론에서는 공공참여자의 활발한 의사소통, 수평적 합의, 네트워크 촉매자로서의 정부역할을 강조하였다.

④ 신공공서비스론에서는 시민을 주인이 아닌 고객의 관점으로 볼 것을 강조하였다.

57 다음 중 옴부즈만 제도에 대한 설명으로 옳지 않은 것은?

① 1800년대 초반 스웨덴에서 처음으로 채택되었다.

② 옴부즈만은 입법기관에서 임명하는 옴부즈만이었으나 국회의 제청에 의해 행정수반이 임명하는 옴부즈만도 등장하게 되었다.

③ 우리나라 지방자치단체는 시민고충처리위원회를 둘 수 있는데 이것은 지방자치단체의 옴부즈만 이라고 할 수 있다.

④ 국무총리 소속으로 설치한 국민권익위원회는 행정체제 외의 독립통제기관이며, 대통령이 임명하는 옴부즈만의 일종이다.

58 예산제도에 대한 설명으로 옳은 것을 〈보기〉에서 모두 고르면?

> **보기**
>
> ㄱ. 품목별 예산제도(LIBS) – 지출의 세부적인 사항에만 중점을 두므로 정부활동의 전체적인 상황을 알 수 없다.
> ㄴ. 성과주의 예산제도(PBS) – 예산배정 과정에서 필요사업량이 제시되지 않아서 사업계획과 예산을 연계할 수 없다.
> ㄷ. 기획예산제도(PPBS) – 모든 사업이 목표달성을 위해 유기적으로 연계되어 있어 부처 간의 경계를 뛰어넘는 자원배분의 합리화를 가져올 수 있다.
> ㄹ. 영기준예산제도(ZBB) – 모든 사업이나 대안을 총체적으로 분석하므로 시간이 많이 걸리고 노력이 과중할 뿐만 아니라 과도한 문서자료가 요구된다.
> ㅁ. 목표관리제도(MBO) – 예산결정 과정에 관리자의 참여가 어렵다는 점에서 집권적인 경향이 있다.

① ㄱ, ㄷ, ㄹ

② ㄱ, ㄷ, ㅁ

③ ㄴ, ㄷ, ㄹ

④ ㄱ, ㄴ, ㄹ, ㅁ

59 다음 중 딜레마 이론에 대한 설명으로 옳은 것은?

① 정부활동의 기술적·경제적 합리성을 중시하고 정부가 시장의 힘을 활용하는 촉매자 역할을 한다는 점을 강조하는 이론이다.

② 전략적 합리성을 중시하고, 공유된 가치 창출을 위한 시민과 지역공동체 집단들 사이의 이익을 협상하고 중재하는 정부 역할을 강조하는 행정이론이다.

③ 정부신뢰를 강조하고, 정부신뢰가 정부와 시민의 협력을 증진시키며 정부의 효과성을 높이는 가장 중요한 요인이 된다고 주장하는 행정이론이다.

④ 상황의 특성, 대안의 성격, 결과가치의 비교평가, 행위자의 특성 등 상황이 야기되는 현실적 조건 하에서 대안의 선택 방법을 규명하는 것을 통해 행정이론 발전에 기여하였다.

60 다음 중 행정통제에 대한 설명으로 옳지 않은 것은?

① 사전적 통제는 어떤 행동이 통제기준에서 이탈되는 결과를 발생시킬 때까지 기다리지 않고 그러한 결과의 발생을 유발할 수 있는 행동이 나타날 때마다 교정해 나간다.

② 통제주체에 의한 통제 분류의 대표적인 예는 외부적 통제와 내부적 통제이다.

③ 외부적 통제의 대표적인 예는 국회, 법원, 국민 등에 의한 통제이다.

④ 사후적 통제는 목표수행 행동의 결과가 목표 기준에 부합되는가를 평가하여 필요한 시정조치를 취하는 통제이다.

61 다음 중 위원회조직에 대한 설명으로 옳지 않은 것은?

① 의결위원회는 의사결정의 구속력과 집행력을 가진다.

② 자문위원회는 의사결정의 구속력이 없다.

③ 토론과 타협을 통해 운영되기 때문에 상호 협력과 조정이 가능하다.

④ 위원 간 책임이 분산되기 때문에 무책임한 의사결정이 발생할 수 있다.

62 다음 중 정책참여자 간의 관계에 대한 설명으로 옳지 않은 것은?

① 다원주의는 개인 차원에서 정책결정에 직접적 영향력을 행사하기가 수월하다.

② 조합주의(Corporatism)는 정책결정에서 정부의 보다 적극적인 역할을 인정하고 이익집단과의 상호협력을 중시한다.

③ 엘리트주의에서는 권력은 다수의 집단에 분산되어 있지 않으며 소수의 힘 있는 기관에 집중되고, 기관의 영향력 역시 일부 고위층에 집중되어 있다고 주장한다.

④ 하위정부(Subgovernment)는 철의 삼각과 같이 정부관료, 선출직 의원, 그리고 이익집단의 역할에 초점을 맞춘다.

63 다음 중 리더십에 대한 설명으로 옳지 않은 것은?

① 행태론적 접근법은 효과적인 리더의 행동은 상황에 따라 다르다는 사실을 간과한다.

② 변혁적 리더십은 카리스마, 개별적 배려, 지적 자극, 영감(Inspiration) 등을 강조한다.

③ 상황론적 접근법은 리더의 어떠한 행동이 리더십 효과성과 관계가 있는가를 파악하고자 하는 접근법이다.

④ 거래적 리더십은 합리적 과정이나 교환 과정의 중요성을 강조한다.

64 다음 중 신공공관리론(NPM)의 오류에 대한 반작용으로 대두된 신공공서비스론(NPS)에서 주장하는 원칙에 해당하는 것은?

① 지출보다는 수익 창출

② 노젓기보다는 방향잡기

③ 서비스 제공보다 권한 부여

④ 고객이 아닌 시민에 대한 봉사

65 다음 중 시민들의 가치관 변화가 행정조직 문화에 미친 영향으로 옳지 않은 것은?

① 시민들의 프로슈머(Prosumer) 경향화는 관료주의적 문화와 적절한 조화를 형성할 것이다.

② 개인의 욕구를 중시하는 개인주의적 태도는 공동체적 가치관과 갈등을 빚기 시작했다.

③ 시민들의 가치관과 태도의 다양화에도 불구하고 행정기관들은 아직도 행정조직 고유의 가치관과 행동양식을 강조하고 있다고 볼 수 있다.

④ 1990년대 이전까지는 경제성장과 국가안보라는 뚜렷한 국가 목표가 있었다고 볼 수 있다.

66 다음 중 합리적 정책결정 과정에서 정책문제를 정의할 때의 주요 요인으로 옳지 않은 것은?

① 관련 요소 파악

② 관련된 사람들이 원하는 가치에 대한 판단

③ 정책대안의 탐색

④ 관련 요소들간의 인과관계 파악

67 다음 중 윌슨(Wilson)이 주장한 규제정치모형에서 감지된 비용은 좁게 집중되지만, 감지된 편익은 넓게 분산되는 경우에 나타나는 유형은?

① 대중 정치

② 이익집단 정치

③ 고객 정치

④ 기업가 정치

68 다음 중 정책의제 설정에 대한 설명으로 옳지 않은 것은?

① 일반적으로 정책의제는 정치성, 주관성, 동태성 등의 성격을 가진다.

② 정책대안이 아무리 훌륭하더라도 정책문제를 잘못 인지하고 채택하여 정책문제가 여전히 해결되지 않은 상태로 남아있는 현상을 2종 오류라 한다.

③ 킹던(Kingdon)의 정책의 창 모형은 정책문제의 흐름, 정책대안의 흐름, 정치의 흐름이 어떤 계기로 서로 결합함으로써 새로운 정책의제로 형성되는 것을 말한다.

④ 콥(R.W. Cobb)과 엘더(C.D. Elder)의 이론에 의하면 정책의제 설정과정은 사회문제 – 사회적 이슈 – 체제의제 – 제도의제의 순서로 정책의제로 선택됨을 설명하고 있다.

69 다음 중 정책집행에 대한 설명으로 옳지 않은 것은?

① 정책의 희생집단보다 수혜집단의 조직화가 강하면 정책집행이 곤란하다.

② 집행은 명확하고 일관되게 이루어져야 한다.

③ 규제정책의 집행과정에서도 갈등은 존재한다고 본다.

④ 정책집행 유형은 집행자와 결정자와의 관계에 따라 달라진다.

70 다음 중 사회자본에 대한 설명으로 옳지 않은 것은?

① 네트워크에 참여하는 당사자들이 공동으로 소유하는 자산이다.

② 한 행위자만이 배타적으로 소유권을 행사할 수 없다.

③ 협력적 행태를 촉진시키지만 혁신적 조직의 발전을 저해한다.

④ 행동의 효율성을 제고시킨다.

71 다음 중 책임운영기관에 대한 설명으로 옳지 않은 것은?

① 책임운영기관은 집행기능 중심의 조직이다.
② 책임운영기관의 성격은 정부기관이며 구성원은 공무원이다.
③ 책임운영기관은 융통성과 책임성을 조화시킬 수 있다.
④ 책임운영기관은 공공성이 강하고 성과관리가 어려운 분야에 적용할 필요가 있다.

72 다음 중 조직구조에 대한 설명으로 가장 적절한 것은?

① 매트릭스 조직은 수평적인 팀제와 유사하다.
② 정보통신기술의 발달로 통솔의 범위는 과거보다 좁아졌다고 판단된다.
③ 기계적 조직구조는 직무의 범위가 넓다.
④ 수평적 전문화 수준이 높을수록 업무는 단순해진다.

73 동기부여와 관련된 이론을 내용이론과 과정이론으로 나눠볼 때, 다음 중 과정이론에 해당하는 것은?

① 욕구계층이론   ② 기대이론
③ 욕구충족요인 이원론   ④ 성취동기이론

74 다음 중 다면평가제도의 장점에 대한 설명으로 옳지 않은 것은?

① 평가의 객관성과 공정성 제고에 기여할 수 있다.
② 계층제적 문화가 강한 사회에서 조직 간 화합을 제고해준다.
③ 피평가자가 자기의 역량을 강화할 수 있는 기회를 제공해준다.
④ 조직 내 상하 간, 동료 간, 부서 간 의사소통을 촉진할 수 있다.

75 다음 〈보기〉에서 행정가치에 대한 설명으로 옳은 것은 모두 몇 개인가?

> **보기**
> ㄱ. 실체설은 공익을 사익의 총합이라고 파악하며, 사익을 초월한 별도의 공익이란 존재하지 않는다고 본다.
> ㄴ. 롤스(Rawls)의 사회정의의 원리에 의하면 정의의 제1원리는 기본적 자유의 평등원리이며, 제2원리는 차등조정의 원리이다. 제2원리 내에서 충돌이 생길 때에는 '차등원리'가 '기회균등의 원리'에 우선되어야 한다.
> ㄷ. 과정설은 공익을 사익을 초월한 실체적, 규범적, 도덕적 개념으로 파악하며, 공익과 사익과의 갈등이란 있을 수 없다고 본다.
> ㄹ. 베를린(Berlin)은 자유의 의미를 두 가지로 구분하면서, 간섭과 제약이 없는 상태를 적극적 자유라고 하고, 무엇을 할 수 있는 자유를 소극적 자유라고 하였다.

① 0개   ② 1개
③ 2개   ④ 3개

76 다음 중 사회적 자본(Social Capital)에 대한 설명으로 옳지 않은 것은?

① 사회적 자본은 사회 내 신뢰 강화를 통해 거래비용을 감소시킨다.
② 사회적 자본은 경제적 자본에 비해 형성 과정이 불투명하고 불확실하다.
③ 사회적 자본은 집단 결속력으로 인해 다른 집단과의 관계에 있어서 부정적 효과를 나타낼 수도 있다.
④ 사회적 자본은 동조성(Conformity)을 요구하면서 개인의 행동이나 사적 선택을 적극적으로 촉진시킨다.

77 다음 중 피터스(Peters)가 제시한 뉴거버넌스 정부개혁모형별 문제의 진단 기준과 해결 방안으로 옳지 않은 것은?

① 전통적 정부모형의 문제 진단 기준은 전근대적인 권위에 있으며, 구조 개혁 방안으로 계층제를 제안한다.
② 탈내부규제 정부모형의 문제 진단 기준은 내부규제에 있으며, 관리 개혁 방안으로 관리 재량권 확대를 제안한다.
③ 시장적 정부모형의 문제 진단 기준은 공공서비스에 대한 정부의 독점적 공급에 있으며, 구조 개혁 방안으로 분권화를 제안한다.
④ 참여적 정부모형의 문제 진단 기준은 관료적 계층제에 있으며, 구조 개혁 방안으로 가상조직을 제안한다.

78 다음 중 정책문제의 구조화기법과 〈보기〉의 설명이 바르게 연결된 것은?

> (가) 경계분석(Boundary Analysis)
> (나) 가정분석(Assumption Analysis)
> (다) 계층분석(Hierarchy Analysis)
> (라) 분류분석(Classification Analysis)

보기

> ㄱ. 정책문제와 관련된 여러 구조화되지 않은 가설들을 창의적으로 통합하기 위해 사용하는 기법으로 이전에 건의된 정책부터 분석한다.
> ㄴ. 간접적이고 불확실한 원인으로부터 차츰 확실한 원인을 차례로 확인해 나가는 기법으로 인과관계 파악을 주된 목적으로 한다.
> ㄷ. 정책문제의 존속기간 및 형성과정을 파악하기 위해 사용하는 기법으로 포화표본추출(Saturation Sampling)을 통해 관련 이해당사자를 선정한다.
> ㄹ. 문제상황을 정의하기 위해 당면문제를 그 구성요소들로 분해하는 기법으로 논리적 추론을 통해 추상적인 정책문제를 구체적인 요소들로 구분한다.

	(가)	(나)	(다)	(라)
①	ㄱ	ㄷ	ㄴ	ㄹ
②	ㄱ	ㄷ	ㄹ	ㄴ
③	ㄷ	ㄱ	ㄴ	ㄹ
④	ㄷ	ㄱ	ㄹ	ㄴ

79 다음 중 사이어트(R. Cyert)와 마치(J. March)가 주장한 회사모형(Firm Model)의 내용으로 옳지 않은 것은?

① 조직의 전체적 목표 달성의 극대화를 위하여 장기적 비전과 전략을 수립·집행한다.

② 조직 내 갈등의 완전한 해결은 불가능하며 타협적 준해결에 불과하다.

③ 정책결정능력의 한계로 인하여 관심이 가는 문제 중심으로 대안을 탐색한다.

④ 조직은 반복적인 의사결정의 경험을 통하여 결정의 수준이 개선되고 목표달성도가 높아진다.

80 다음 중 롤스(J. Rawls)의 사회 정의의 원리로 옳지 않은 것은?

① 원초상태(Original Position)하에서 합의되는 일련의 법칙이 곧 사회정의의 원칙으로서 계약 당사자들의 사회협동체를 규제하게 된다.

② 정의의 제1원리가 제2원리에 우선하고, 제2원리 중에서는 '차등원리'가 '기회균등의 원리'에 우선되어야 한다.

③ '차등 원리(Difference Principle)'는 가장 불우한 사람들의 편익을 최대화해야 한다는 원리이다.

④ '기회 균등의 원리'는 사회·경제적 불평등은 그 모체가 되는 모든 직무와 지위에 대한 기회 균등이 공정하게 이루어진 조건하에서 직무나 지위에 부수해 존재해야 한다는 원리이다.

81 다음 중 조직구성원의 인간관에 따른 조직관리와 동기부여에 대해 바르게 설명한 것을 모두 고르면?

> ㄱ. 허즈버그의 욕구충족요인 이원론에 의하면, 불만요인을 제거해야 조직원의 만족감을 높이고 동기가 유발된다는 것이다.
> ㄴ. 로크의 목표설정이론에 의하면, 동기 유발을 위해서는 구체성이 높고 난이도가 높은 목표가 채택되어야 한다는 것이다.
> ㄷ. 합리적·경제적 인간관은 테일러의 과학적 관리론, 맥그리거의 X이론, 아지리스의 미성숙인 이론의 기반을 이룬다.
> ㄹ. 자아실현적 인간관은 호손실험을 바탕으로 해서 비공식적 집단의 중요성을 강조하며, 자율적으로 문제를 해결하도록 한다.

① ㄱ, ㄴ, ㄷ, ㄹ   ② ㄱ, ㄴ, ㄷ

③ ㄱ, ㄴ, ㄹ   ④ ㄴ, ㄷ

82 다음 중 개방형 인사관리에 대한 설명으로 옳지 않은 것은?

① 충원된 전문가들이 관료집단에서 중요한 역할을 수행하게 한다.

② 개방형은 승진기회의 제약으로, 직무의 폐지는 대개 퇴직으로 이어진다.

③ 정치적 리더십의 요구에 따른 고위층의 조직 장악력 약화를 초래한다.

④ 공직의 침체, 무사안일주의 등 관료제의 병리를 억제한다.

83 전통적으로 정부는 시장실패의 교정수단으로 간주되었으나 수입할당제, 가격통제, 과도한 규제 등 정부의 지나친 개입은 오히려 시장을 악화시킬 수 있다는 주장이 대두되었다. 이러한 정부실패의 요인에 대한 설명으로 옳지 않은 것은?

① 공공조직의 내부성(Internality)

② 비경합적이고 비배타적인 성격의 재화

③ 정부개입으로 인해 의도하지 않은 파생적 외부효과

④ 독점적 특혜로 인한 지대추구행위

84 정책결정의 유형 가운데 린드블럼(Lindblom)과 윌다브스키(Wildavsky) 등이 주장한 점증주의 (Incrementalism)에 대한 설명으로 옳지 않은 것은?

① 합리적인 요소뿐만 아니라 직관과 통찰력 같은 초합리적 요소의 중요성을 강조한다.

② 기존의 정책에서 소폭의 변화를 조정하여 정책대안으로 결정한다.

③ 정책결정은 다양한 정치적 이해관계자들의 타협과 조정의 산물이다.

④ 정책의 목표와 수단은 뚜렷이 구분되지 않으므로 목표와 수단 사이의 관계 분석은 한계가 있다.

85 다음 중 공공서비스에 대한 설명으로 옳지 않은 것은?

① 의료, 교육과 같은 가치재(Worthy Goods)는 경합적이므로 시장을 통한 배급도 가능하지만 정부가 개입할 수도 있다.

② 공유재(Common Goods)는 정당한 대가를 지불하지 않는 사람들을 이용에서 배제하기 어렵다는 문제가 있다.

③ 노벨상을 수상한 오스트롬(E. Ostrom)은 정부의 규제에 의해 공유자원의 고갈을 방지할 수 있다는 보편적 이론을 제시하였다.

④ 공공재(Public Goods) 성격을 가진 재화와 서비스는 시장에 맡겼을 때 바람직한 수준 이하로 공급될 가능성이 높다.

86 다음 중 현행 행정규제기본법에서 규정하고 있는 내용으로 옳지 않은 것은?

① 규제는 법률에 근거를 두어야 한다.

② 규제를 정하는 경우에도 그 본질적 내용을 침해하지 않도록 하여야 한다.

③ 규제의 존속기한은 원칙적으로 5년을 초과할 수 없다.

④ 규제개혁위원회는 위원장 1명을 포함한 20명 이상 25명 이하의 위원으로 구성된다.

87 다음 중 예산의 신축성을 유지하기 위한 장치에 대한 설명으로 옳지 않은 것은?

① 수입대체경비는 과년도 수입과 지출금을 반납하는 것이다.

② 계속비제도는 완공에 수년이 소요되는 대규모 공사·제조·연구개발 사업의 경우에 총액과 연부금을 정해 집행을 인정하는 것이다.

③ 이월제도는 예산을 당해 회계연도에 집행하지 않고 다음 연도에 넘겨 차기 회계연도의 예산으로 사용하는 것이다.

④ 회계연도 개시 전 예산배정제도는 회계연도 개시 전에 대통령이 정하는 바에 의해 기획재정부장관이 예산을 배정하는 것이다.

88 다음 중 신제도주의에 대한 설명으로 옳지 않은 것은?

① 제도는 공식적·비공식적 제도를 모두 포괄한다.

② 개인의 선호는 제도에 의해서 제약이 되지만 제도가 개인들 간의 상호작용의 결과에 의해서 변화할 수도 있다고 본다.

③ 역사적 제도주의는 경로의존성에 의한 정책선택의 제약을 인정한다.

④ 사회학적 제도주의에서 제도는 개인들 간의 선택적 균형에 기반한 제도적 동형화 과정의 결과물로 본다.

89 다음 중 정책문제의 구조화 방법의 일종인 브레인스토밍(Brainstorming)에 대한 설명으로 옳지 않은 것은?

① 브레인스토밍 집단은 조사되고 있는 문제상황의 본질에 따라 구성되어야 한다.

② 아이디어 개발과 아이디어 평가는 동시에 이루어져야 한다.

③ 아이디어 평가는 첫 단계에서 모든 아이디어가 총망라된 다음에 시작되어야 한다.

④ 아이디어 개발단계에서의 브레인스토밍 활동의 분위기는 개방적이고 자유롭게 유지되어야 한다.

90 다음 중 정책집행에 영향을 미치는 요인들에 대한 설명으로 옳지 않은 것은?

① 정책집행자의 전문성, 사기, 정책에 대한 인식 등이 집행효율성에 상당한 영향을 미친다.

② 정책결정자의 관심과 지도력은 정책집행의 성과에 큰 영향을 미친다.

③ 정책집행은 대상집단의 범위가 광범위하고 활동이 다양한 경우 더욱 용이하다.

④ 정책을 통해 해결하려는 문제가 정책집행 체계의 역량을 넘어서는 경우에는 정책집행이 지체된다.

91 다음 글의 ㉠에 공통으로 해당하는 것은?

> ___㉠___은(는) 정부업무, 업무수행에 필요한 데이터, 업무를 지원하는 응용서비스 요소, 데이터와 응용시스템의 실행에 필요한 정보기술, 보안 등의 관계를 구조적으로 연계한 체계로서 정보자원관리의 핵심수단이다. ___㉠___은(는) 정부의 정보시스템 간의 상호운용성 강화, 정보자원 중복투자 방지, 정보화 예산의 투자효율성 제고 등에 기여한다.

① 블록체인 네트워크

② 정보기술 아키텍처

③ 제3의 플랫폼

④ 클라우드 – 클라이언트 아키텍처

92 다음 〈보기〉에서 근무성적평정의 오류 중 강제배분법으로 방지할 수 있는 것을 모두 고르면?

> **보기**
>
> ㄱ. 첫머리 효과   ㄴ. 집중화 경향
> ㄷ. 엄격화 경향   ㄹ. 선입견에 의한 오류

① ㄱ, ㄴ   ② ㄱ, ㄷ

③ ㄴ, ㄷ   ④ ㄴ, ㄹ

93 다음 중 우리나라 공공기관에 대한 설명으로 옳은 것은?

① 정부기업은 정부가 소유권을 가지고 운영하는 공기업으로서 정부 조직에 해당되지 않는다.

② 국가공기업과 지방공기업은 공공기관의 운영에 관한 법률의 적용을 받는다.

③ 준정부기관은 총수입 중 자체수입의 비율이 50% 이상인 공공기관을 의미한다.

④ 위탁집행형 준정부기관의 사례로는 도로교통공단, 건강보험심사평가원 등이 있다.

94 다음 〈보기〉에서 신공공관리론에 대한 설명으로 옳은 것을 모두 고르면?

보기

ㄱ. 기업경영의 논리와 기법을 정부에 도입·접목하려는 노력이다.
ㄴ. 정부 내의 관리적 효율성에 초점을 맞추고, 규칙중심의 관리를 강조한다.
ㄷ. 거래비용이론, 공공선택론, 주인 - 대리인이론 등을 이론적 기반으로 한다.
ㄹ. 중앙정부의 감독과 통제의 강화를 통해 일선공무원의 책임성을 강화시킨다.
ㅁ. 효율성을 지나치게 강조하는 과정에서 민주주의의 책임성이 결여될 수 있는 한계가 있다.

① ㄱ, ㄴ, ㄷ   ② ㄱ, ㄷ, ㄹ
③ ㄱ, ㄷ, ㅁ   ④ ㄴ, ㄷ, ㅁ

95 다음 중 행정부 소속 소청심사위원회에 대한 설명으로 옳지 않은 것은?

① 심사의 결정을 하기 위해서는 재적위원 3분의 1 이상의 출석이 필요하며, 심사의 결정은 출석위원의 과반수의 합의에 따른다.
② 강임·휴직·직위해제·면직 처분을 받은 공무원은 처분사유 설명서를 받은 후 30일 이내에 심사청구를 할 수 있다.
③ 소청심사위원회는 인사혁신처 소속이며 그 위원장은 정무직으로 보한다.
④ 원징계처분보다 무거운 징계를 부과하는 결정을 할 수 없다.

96 다음 중 지방분권과 지방자치 등의 추진을 위해 설치된 대통령 소속 위원회로 현시점에 운영 중인 것은?

① 정부혁신지방분권위원회   ② 자치분권위원회
③ 지방분권촉진위원회   ④ 지방자치발전위원회

97 다음 중 예산제도에 대한 설명으로 옳지 않은 것은?

① 계획 예산제도(PPBS)는 기획, 사업구조화, 그리고 예산을 연계시킨 시스템적 예산제도이다.
② 계획 예산제도(PPBS)의 단점으로는 의사결정이 지나치게 집권화되고 전문화되어 외부통제가 어렵다는 점과 대중적인 이해가 쉽지 않아 정치적 실현가능성이 낮다는 점이 있다.
③ 품목별 예산제도(LIBS)는 왜 돈을 지출해야 하는지, 무슨 일을 하는지에 대하여 구체적인 정보를 제공하는 장점이 있다.
④ 성과 예산제도(PBS)는 사업별, 활동별로 예산을 편성하고, 성과평가를 통하여 행정통제를 합리화할 수 있다.

98 다음 〈보기〉의 행정이론들을 시기 순으로 바르게 나열한 것은?

> **보기**
>
> ㄱ. 최소의 노동과 비용으로 최대의 능률을 올릴 수 있는 표준적 작업절차를 정하고 이에 따라 예정된 작업량을 달성하기 위한 가장 좋은 방법을 발견하려는 이론이다.
> ㄴ. 기존의 거시적인 제도나 구조가 아닌 개인의 표출된 행태를 객관적·실증적으로 분석하는 이론이다.
> ㄷ. 조직구성원들의 사회적·심리적 욕구와 조직 내 비공식집단 등을 중시하며, 조직의 목표와 조직구성원들의 목표 간의 균형 유지를 지향하는 민주적·참여적 관리 방식을 처방하는 이론이다.
> ㄹ. 시민적 담론과 공익에 기반을 두고 시민에게 봉사하는 정부의 역할을 강조하는 이론이다.

① ㄱ - ㄴ - ㄷ - ㄹ ② ㄱ - ㄷ - ㄴ - ㄹ
③ ㄱ - ㄷ - ㄹ - ㄴ ④ ㄴ - ㄷ - ㄱ - ㄹ

99 다음 중 균형성과표(BSC; Balanced Score Card)에 대한 설명으로 옳지 않은 것은?

① 재무적 관점의 성과지표로는 매출, 자본수익률, 예산 대비 차이 등이 있다.
② 정부는 성과평가에 있어서 재무적 관점보다는 국민이 원하는 정책을 개발하고 재화와 서비스를 제공하는지에 대한 고객의 관점을 중요한 위치에 놓는다.
③ 고객 관점은 BSC의 4가지 관점 중에서 행동지향적 관점에 해당한다.
④ 업무처리 관점은 정부부문에서 정책결정과정, 정책집행과정, 재화와 서비스의 전달과정 등을 포괄하는 넓은 의미를 가진다.

100 다음 〈보기〉의 ㉠에 해당하는 것은?

> **보기**
>
> •　㉠　은 밀러(Gerald J. Miller)가 비합리적 의사결정모형을 예산에 적용하여 1991년에 개발한 예산이론(모형)이다.
> •　㉠　은 독립적인 조직들이나 조직의 하위단위들이 서로 느슨하게 연결되어 독립성과 자율성을 누릴 수 있는 조직의 예산결정에 적합한 예산이론(모형)이다.

① 모호성 모형 ② 단절적 균형 이론
③ 다중합리성 모형 ④ 쓰레기통 모형

51 다음 중 마이클 포터(Michael Porter)의 가치사슬 모형에서 지원적 활동(Support Activities)에 해당하는 것을 모두 고르면?

ㄱ. 기업 하부구조	ㄴ. 내부 물류	ㄷ. 제조 및 생산	ㄹ. 인적자원관리
ㅁ. 기술 개발	ㅂ. 외부 물류	ㅅ. 마케팅 및 영업	ㅇ. 서비스
ㅈ. 조달 활동			

① ㄱ, ㄴ, ㄷ, ㄹ   ② ㄴ, ㄷ, ㄹ, ㅈ

③ ㄱ, ㄹ, ㅁ, ㅈ   ④ ㄷ, ㅂ, ㅅ, ㅇ

52 다음 중 최고경영자, 중간경영자, 하위경영자 모두가 공통적으로 가져야할 능력은?

① 타인에 대한 이해력과 동기부여 능력

② 지식과 경험을 해당 분야에 적용시키는 능력

③ 복잡한 상황 등 여러 상황을 분석하여 조직 전체에 적용하는 능력

④ 담당 업무를 수행하기 위한 육체적, 지능적 능력

53 다음 중 기업이 글로벌 전략을 수행하는 이유로 적절하지 않은 것은?

① 규모의 경제를 달성하기 위해

② 세계 시장에서의 협력 강화를 위해

③ 현지 시장으로의 효과적인 진출을 위해

④ 기업구조를 개편하여 경영의 효율성을 높이고 리스크를 줄이기 위해

54 H회사는 철물 관련 사업을 하는 중소기업이다. 이 회사는 수요가 어느 정도 안정된 소모품을 다양한 거래처에 납품하고 있으며, 내부적으로는 부서별 효율성을 추구하고 있다. 이러한 회사의 조직구조로 적합한 유형은?

① 기능별 조직   ② 사업부제 조직

③ 프로젝트 조직   ④ 매트릭스 조직

55 다음 〈보기〉에서 설명하는 현상으로 옳은 것은?

> **보기**
> •응집력이 높은 집단에서 나타나기 쉽다.
> •집단구성원들이 의견일치를 추구하려다가 잘못된 의사결정을 하게 된다.
> •이에 대처하기 위해서는 자유로운 비판이 가능한 분위기 조성이 필요하다.

① 집단사고(Groupthink)
② 조직시민행동(Organizational Citizenship Behavior)
③ 악마의 옹호자(Devil's Advocacy)
④ 몰입상승(Escalation of Commitment)

56 다음 중 아웃소싱의 기대효과로 적절하지 않은 것은?

① 조직구조를 유연하게 유지하여 환경 대응력을 강화할 수 있다.
② 조직에서 핵심 및 비핵심 분야를 포괄하는 다양한 인재의 역량을 육성할 수 있다.
③ 외부 인력을 활용하여 아웃소싱 업무의 생산성을 높일 수 있다.
④ 핵심역량을 가진 사업분야에 경영자원을 집중할 수 있다.

57 다음 중 촉진믹스(Promotion Mix) 활동으로 옳지 않은 것은?

① 광고
② 인적판매
③ 개방적 유통
④ 간접마케팅

58 P공사의 관련 자료가 다음과 같을 때, 간접법을 적용하여 영업활동으로 인한 현금흐름을 구하면?

당기순이익	₩10,000
감가상각비	₩5,000
매출채권 증가	₩5,000
재고자산 감소	₩1,000
매입채무 증가	₩3,000
유형자산 증가	₩10,000
장기차입금 증가	₩4,000

① ₩12,000 ② ₩13,000
③ ₩14,000 ④ ₩18,000

59 다음 중 경영계획에 대한 설명으로 적절하지 않은 것은?

① 경영자가 수행하는 최초 경영관리 과정이면서 경영관리의 최종적 과정인 경영통제의 전제조건이다.
② 경영계획은 기업조직의 장래 관리활동코스에 대한 의사결정 및 그 과정이다.
③ 경영계획은 관리활동의 출발점으로 기업 조직이 지향해야 할 목표를 제시한다.
④ 광의의 경영계획 개념은 방침, 절차, 프로그램, 규정, 예산만을 경영계획에 포함시킨다.

60 다음 중 OJT(On the Job Training)에 해당하는 것은?

① 세미나 ② 사례연구
③ 도제식 훈련 ④ 시뮬레이션

61 다음 중 재무제표의 요소에 대한 설명으로 적절하지 않은 것은?

① 인식이란 거래나 사건의 경제적 효과를 재무제표에 기록하고 계상하는 것을 의미한다.
② 자본의 금액은 자산과 부채 금액의 측정에 따라 그 차이를 통해 결정된다.
③ 부채는 과거 사건이나 거래의 결과 현재 기업이 부담하고 미래에 자원의 유출이 예상되는 의무이다.
④ 일반적으로 자산의 취득과 지출의 발생은 밀접한 관련이 있으므로 무상으로 증여받은 자산은 자산의 정의를 충족할 수 없다.

62 신제품의 개발 과정은 다음과 같은 일련의 단계로 이루어진다. (가) ~ (다)에 해당하는 내용이 바르게 연결된 것은?

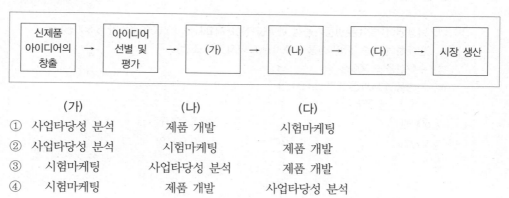

	(가)	(나)	(다)
①	사업타당성 분석	제품 개발	시험마케팅
②	사업타당성 분석	시험마케팅	제품 개발
③	시험마케팅	사업타당성 분석	제품 개발
④	시험마케팅	제품 개발	사업타당성 분석

63 P기업은 2023년 1월 1일에 150만 원을 투자하여 2023년 12월 31일과 2024년 12월 31일 각각 100만 원을 회수하는 투자안을 고려하고 있다. A기업의 요구수익률이 연 10%일 때, 이 투자안의 순현재가치(NPV)는 약 얼마인가?(단, 연 10% 기간이자율에 대한 2기간 단일현가계수는 0.8264 이다)

① 90,910원
② 173,550원
③ 182,640원
④ 235,500원

64 다음 자료에서 현금 및 현금성 자산 합계액을 계산하면 얼마인가?

• 당좌수표	₩35,000
• 당좌개설보증금	₩15,000
• 당좌차월	₩7,000
• 우표	₩2,500
• 우편환증서	₩12,000
• 선일자수표(발행일 30일 이내)	₩17,500
• 배당금지급통지표	₩9,000
• 2021년 12월 1일에 취득한 환매체(만기 2022년 1월 31일)	₩26,500
• 만기가 도래한 국채이자표	₩5,000

① ₩52,500
② ₩82,500
③ ₩87,500
④ ₩90,000

65 회사의 기밀재고자산금액에 다음의 사항이 포함되어 있는 경우 이를 고려하여 감액할 재고자산금액은 얼마인가?

> ㄱ. 반품권이 부여된(반품가능성 예측불가능) 재고자산 10,000원(원가 8,500원)
> ㄴ. 판매하여 운송 중인 상품 5,000원(도착지 인도조건)
> ㄷ. 수탁상품 6,500원
> ㄹ. 시송품 4,000원(원가 3,500원)

① 7,500원

② 8,000원

③ 8,500원

④ 9,000원

66 다음 중 다국적 기업에 대한 설명으로 적절하지 않은 것은?

① 2개국 또는 그 이상의 국가에서 직접적으로 기업 활동을 한다.

② 기업의 소유권이 다국적성을 띤다.

③ 이윤의 현지기업에 대한 재투자는 이루어지지 않는다.

④ 국제투자를 위한 수입국과 투자국과의 마찰문제가 있을 수 있다.

67 다음 자료를 이용하여 당기순이익을 계산하면?(단, 회계기간은 1월 1일부터 12월 31일까지이다)

영업이익	₩300,000
이자비용	₩10,000
영업외 수익	₩50,000
법인세비용	₩15,000

① ₩275,000

② ₩290,000

③ ₩325,000

④ ₩335,000

68 다음 중 포터(M. Porter)가 제시한 산업경쟁에 영향을 미치는 요인으로 옳지 않은 것은?

① 원가구조

② 진입장벽

③ 구매자의 교섭력

④ 산업 내 경쟁업체들의 경쟁

69 다음 중 전문가시스템(ES)의 구성요소로 옳지 않은 것은?

① 지식베이스
② 추론기제
③ 계획기관
④ 설명하부시스템

70 다음 중 허시와 블랜차드(P. Hersey & K. H. Blanchard)의 상황적 리더십 이론에 대한 설명으로 옳은 것은?

① 부하의 성과에 따른 리더의 보상에 초점을 맞춘다.
② 리더는 부하의 성숙도에 맞는 리더십을 행사함으로써 리더십 유효성을 높일 수 있다.
③ 리더가 부하를 섬기고 봉사함으로써 조직을 이끈다.
④ 리더십 유형은 지시형, 설득형, 거래형, 희생형의 4가지로 구분된다.

71 다음 중 오하이오 주립대학 모형의 리더십 유형구분은?

① 구조주도형 리더 – 배려형 리더
② 직무 중심적 리더 – 종업원 중심적 리더
③ 독재적 리더 – 민주적 리더
④ 이상형 리더 – 과업지향형 리더

72 C주식의 금년도 말 1주당 배당금은 3,500원으로 추정되며, 이후 배당금은 매년 5%씩 증가할 것으로 예상된다. C주식에 대한 요구수익률이 12%일 경우, 고든(M. J. Gordon)의 항상성장모형에 의한 C주식의 1주당 현재가치는?

① 24,400원
② 37,333원
③ 41,000원
④ 50,000원

73 다음 중 경영전략의 수준에 대한 설명으로 옳지 않은 것은?

① 경영전략은 조직규모에 따라 차이가 있으나 일반적으로 기업차원의 전략, 사업부 단위 전략, 기능별 전략으로 구분한다.

② 성장, 유지, 축소, 철수, 매각, 새로운 사업에의 진출 등에 관한 전략적 의사결정은 기업차원의 전략 영역에 포함된다.

③ 기능별 전략은 사업단위들간의 시너지 효과를 높이는 데 초점을 둔다.

④ 사업부 전략은 각 사업영역과 제품분야에서 어떻게 경쟁우위를 획득하고 유지해 나갈 것인지를 결정하는 전략을 말한다.

74 다음 중 〈보기〉의 특성에 알맞는 생산운영관리시스템의 명칭은?

> **보기**
> • 칸반(Kanban) 시스템 　　　　• 린(Lean) 시스템
> • 무재고 생산 지향 　　　　　　• 생산의 평준화

① JIT 　　　　　　　　　　　　② MRP

③ MRP Ⅱ 　　　　　　　　　　④ CIM

75 다음 중 특정 기업이 자사 제품을 경쟁제품과 비교하여 유리하고 독특한 위치를 차지하도록 하는 마케팅 전략은?

① 관계마케팅 　　　　　　　　　② 포지셔닝

③ 표적시장 선정 　　　　　　　　④ 일대일 마케팅

76 다음 중 인사고과에 대한 설명으로 옳지 않은 것은?

① 인사고과란 종업원의 능력과 업적을 평가하여 그가 보유하고 있는 현재적 및 잠재적 유용성을 조직적으로 파악하는 방법이다.

② 인사고과의 수용성은 종업원이 인사고과 결과가 정당하다고 느끼는 정도이다.

③ 인사고과의 타당성은 고과내용이 고과목적을 얼마나 잘 반영하고 있느냐에 관한 것이다.

④ 대비오차(Contrast Errors)는 피고과자의 능력을 실제보다 높게 평가하는 경향을 말한다.

77 다음 중 경영정보시스템 관련 용어에 대한 설명으로 옳은 것은?

① 데이터베이스관리시스템은 비즈니스 수행에 필요한 일상적인 거래를 처리하는 정보시스템이다.

② 전문가시스템은 일반적인 업무를 지원하는 정보시스템이다.

③ 중역정보시스템은 최고경영자층이 전략적인 의사결정을 하도록 도와주는 정보시스템이다.

④ 의사결정지원시스템은 데이터를 저장하고 관리하는 정보시스템이다.

78 다음 중 동기부여의 내용이론에 해당하는 것은?

① 성취동기이론   ② 기대이론
③ 공정성이론   ④ 목표설정이론

79 다음 중 동일한 제품이나 지역, 고객, 업무과정을 중심으로 조직을 분화하여 만든 부문별 조직(사업부제 조직)의 장점으로 옳지 않은 것은?

① 책임소재가 명확하다.

② 환경변화에 대해 유연하게 대처할 수 있다.

③ 특정한 제품, 지역, 고객에게 특화된 영업을 할 수 있다.

④ 자원의 효율적인 활용으로 규모의 경제를 기할 수 있다.

80 다음 중 6시그마의 프로세스 개선 5단계에 해당되지 않는 것은?

① 정의   ② 측정

③ 분석   ④ 계획

81 다음 수요예측 기법 중 정성적 예측 기법에 해당되지 않는 것은?

① 델파이법   ② 시계열분석

③ 전문가패널법   ④ 자료유추법

82 다음 중 인간관계론에 대한 설명으로 옳은 것은?

① 과학적 관리법과 유사한 이론이다.

② 인간 없는 조직이란 비판을 들었다.

③ 심리요인과 사회요인은 생산성에 영향을 주지 않는다.

④ 메이요(E. Mayo)와 뢰슬리스버거(F. Roethlisberger)를 중심으로 호손실험을 거쳐 정리되었다.

83 다음 중 제약회사 등에서 많이 사용하는 상표전략으로, 각 제품마다 다른 상표를 적용하는 전략은?

① 개별상표   ② 가족상표

③ 상표확장   ④ 복수상표

84 다음 중 직무분석에 대한 설명으로 옳지 않은 것은?

① 직무분석은 직무와 관련된 정보를 수집·정리하는 활동이다.

② 직무분석을 통해 얻어진 정보는 전반적인 인적자원관리 활동의 기초자료로 활용된다.

③ 직무분석을 통해 직무기술서와 직무명세서가 작성된다.

④ 직무기술서는 직무를 수행하는 데 필요한 인적요건을 중심으로 작성된다.

85 다음 중 거래를 분개할 때 결합관계가 옳지 않은 것은?

	차변	대변
①	자본증가	부채증가
②	자산증가	자산감소
③	자산증가	수익발생
④	부채감소	수익발생

86 다음 중 생산제품의 판매가치와 인건비와의 관계에서 배분액을 계산하는 집단성과급제는?

① 순응임금제   ② 물가연동제

③ 스캔론 플랜   ④ 럭커 플랜

87 다음 중 인사고과에서 평가문항의 발생빈도를 근거로 피고과자를 평가하는 방법은?

① 직접서열법   ② 행위관찰평가법

③ 분류법   ④ 요인비교법

88 다음 중 자본예산기법과 포트폴리오에 대한 설명으로 옳지 않은 것은?

① 포트폴리오의 분산은 각 구성주식의 분산을 투자비율로 가중평균하여 산출한다.

② 비체계적 위험은 분산투자를 통해 제거할 수 있는 위험이다.

③ 단일 투자안의 경우 순현가법과 내부수익률법의 경제성 평가 결과는 동일하다.

④ 포트폴리오 기대수익률은 각 구성주식의 기대수익률을 투자비율로 가중평균하여 산출한다.

89 H기업의 X부품에 대한 연간 수요는 2,000개이다. X부품의 1회 주문비용은 1,000원, 연간 단위당 재고 유지비용은 400원일 때 경제적 주문량 모형을 이용하여 1회 경제적 주문량과 이때의 연간 총비용을 구하면?

① 50개, 20,000원
② 50개, 40,000원
③ 100개, 20,000원
④ 100개, 40,000원

90 다음 중 기업가 정신의 핵심요소로 옳지 않은 것은?

① 새로운 결합
② 창의성과 혁신
③ 새로운 생산 기술
④ 인적 네트워크 구축

91 다음 중 BCG 매트릭스에 대한 설명으로 옳은 것은?

① 횡축은 시장성장률, 종축은 상대적 시장점유율이다.
② 물음표 영역은 시장성장률이 높고, 상대적 시장점유율은 낮아 계속적인 투자가 필요하다.
③ 별 영역은 시장성장률이 낮고, 상대적 시장점유율은 높아 현상유지를 해야 한다.
④ 자금젖소 영역은 현금창출이 많지만, 상대적 시장점유율이 낮아 많은 투자가 필요하다.

92 다음 중 사업부제 조직에 대한 내용으로 적절하지 않은 것은?

① 인원·신제품·신시장의 추가 및 삭감이 신속하고 신축적이다.
② 사업부제 조직의 형태로는 제품별 사업부제, 지역별 사업부제, 고객별 사업부제의 형태 등이 있다.
③ 사업부는 기능조직과 같은 형태를 취하고 있으며, 회사 내의 회사라고 볼 수 있다.
④ 기능조직이 점차 대규모화됨에 따라 제품이나 지역, 고객 등을 대상으로 해서 조직을 분할하고 이를 독립채산제로 운영하는 방법이다.

93 다음 중 시계열 분해법의 4가지 구성요소로 옳지 않은 것은?

① 계절(Seasonal) 변동

② 추세(Trend) 변동

③ 불규칙(Irregular) 변동

④ 인과(Causal) 변동

94 다음 중 최고경영자층의 의사결정을 지원하기 위한 목적으로 개발된 경영정보시스템의 명칭은?

① ERP

② EDI

③ POS

④ EIS

95 다음 네트워크 용어들의 밑줄 친 P에 해당하는 영어 단어는?

• TC<u>P</u> / IP	• HTT<u>P</u>

① Protocol

② Process

③ Procedure

④ Profile

96 다음 중 투자안 분석기법으로서의 순현가(NPV)법에 대한 설명으로 옳은 것은?

① 순현가는 투자의 결과 발생하는 현금유입의 현재가치에서 현금유입의 미래가치를 차감한 것이다.

② 순현가법에서는 수익과 비용에 의하여 계산한 회계적 이익만을 사용한다.

③ 순현가법에서는 투자안의 내용연수 동안 발생할 미래의 모든 현금흐름을 반영한다.

④ 순현가법에서는 현금흐름을 최대한 큰 할인율로 할인한다.

97 다음 중 현대 경영이론에서 계획, 조직, 지휘, 조정, 통제의 관리기능을 주장한 사람은?

① F. W. Taylor
② Henry Ford
③ H. A. Simon
④ Henri Fayol

98 다음 중 산업재해의 원인으로 성격이 다른 것은?

① 건물, 기계설비, 장치의 결함
② 안전보호장치, 보호구의 오작동
③ 생산공정의 결함
④ 개인의 부주의, 불안전한 행동

99 다음 중 경영조직론 관점에서 기계적 조직과 유기적 조직에 대한 설명으로 옳지 않은 것은?

① 기계적 조직은 효율성과 생산성 향상을 목표로 한다.
② 기계적 조직에서는 공식적 커뮤니케이션이 주로 이루어지고, 상급자가 조정자 역할을 한다.
③ 유기적 조직에서는 주로 분권화된 의사결정이 이루어진다.
④ 유기적 조직은 고객의 욕구 및 환경이 안정적이고 예측가능성이 높은 경우에 효과적이다.

100 다음 중 지식경영시스템(KMS)에 관한 설명으로 옳지 않은 것은?

① KMS는 Knowledge Management System의 약자로, 지식경영시스템 또는 지식관리시스템을 나타낸다.
② 지식관리시스템은 지식베이스, 지식스키마, 지식맵의 3가지 요소로 구성되어 있다.
③ 지식베이스가 데이터베이스에 비유된다면 지식스키마는 원시데이터에 대한 메타데이터를 담고 있는 데이터사전 또는 데이터베이스에 비유될 수 있다.
④ 조직에서 필요한 지식과 정보를 창출하는 연구자, 설계자, 건축가, 과학자, 기술자 등은 필수적으로 포함되어야한다.

51 소비함수이론 중 생애주기(Life-cycle)가설에 대한 설명으로 적절하지 않은 것은?

① 소비자는 일생동안 발생한 소득을 염두에 두고 적절한 소비 수준을 결정한다.

② 청소년기에는 소득보다 더 높은 소비수준을 유지한다.

③ 저축과 달리 소비의 경우는 일생에 걸쳐 거의 일정한 수준이 유지된다.

④ 동일한 수준의 가처분소득을 갖고 있는 사람들은 같은 한계소비성향을 보인다.

52 완전경쟁시장에 100개의 개별기업이 존재하며, 모든 기업은 동일한 비용함수 $C=5q^2+10$(단, C는 생산비용, q는 산출량)를 가진다. 시장의 수요함수가 $Q=350-60P$(단, P는 시장가격, Q는 시장산출량)일 경우 완전경쟁시장의 단기균형가격은 얼마인가?

① 5 　　　　　　　　　　　② 10

③ 15 　　　　　　　　　　　④ 20

53 A국과 B국은 각각 고구마와 휴대폰을 생산한다. A국은 고구마 1kg 생산에 200명이, 휴대폰 한 대 생산에 300명이 투입된다. B국은 고구마 1kg 생산에 150명이, 휴대폰 한 대를 생산에 200명이 투입된다. 두 나라에 각각 6천 명의 투입 가능한 인력이 있다고 할 때 비교우위에 의한 생산을 바르게 계산한 것은?

① A국 휴대폰 20대, B국 고구마 30kg

② A국 휴대폰 20대, B국 고구마 40kg

③ A국 고구마 30kg, B국 휴대폰 30대

④ A국 고구마 30kg, B국 휴대폰 40대

54 다음 〈보기〉 중 다른 조건이 일정할 때 통화승수의 증가를 가져오는 요인으로 적절한 것을 모두 고르면?

> **보기**
>
> ㄱ. 법정지급준비금 증가
> ㄴ. 초과지급준비율 증가
> ㄷ. 현금통화비율 하락

① ㄱ 　　　　　　　　　　　② ㄴ

③ ㄷ 　　　　　　　　　　　④ ㄴ, ㄷ

55 다음 〈보기〉 중 인플레이션에 대한 설명으로 적절하지 않은 것을 모두 고르면?

> **보기**
>
> 가. 인플레이션이 예상되지 못한 경우, 채무자에게서 채권자에게로 부가 재분배된다.
> 나. 인플레이션이 예상된 경우, 메뉴비용이 발생하지 않는다.
> 다. 인플레이션이 발생하면 현금 보유의 기회비용이 증가한다.
> 라. 인플레이션이 발생하면 수출이 감소하고 경상수지가 악화된다.

① 가, 나　　　　　　　　　　　　② 가, 다
③ 나, 다　　　　　　　　　　　　④ 다, 라

56 A지역의 자동차 공급은 가격에 대해 매우 탄력적인 반면, B지역의 자동차 공급은 가격에 대해 상대적으로 비탄력적이라고 한다. 두 지역의 자동차 수요가 동일하게 증가하였을 경우 다음 중 적절한 설명을 고르면?

① A지역의 자동차 가격이 B지역 자동차 가격보다 더 크게 상승한다.
② B지역의 자동차 가격이 A지역 자동차 가격보다 더 크게 상승한다.
③ A지역의 자동차 가격은 상승하지만 B지역 자동차 가격은 상승하지 않는다.
④ B지역의 자동차 가격은 상승하지만 A지역 자동차 가격은 상승하지 않는다.

57 인플레이션에 대한 설명으로 가장 적절한 것은?

① 피셔가설은 '(명목이자율)=(실질이자율)+(물가상승률)'이라는 명제로, 예상된 인플레이션이 금융거래에 미리 반영됨을 의미한다.
② 예상된 인플레이션의 경우에는 어떤 형태의 사회적 비용도 발생하지 않는다.
③ 실제 물가상승률이 예상된 물가상승률보다 더 큰 경우, 채권자는 이득을 보고 채무자는 손해를 본다.
④ 실제 물가상승률이 예상된 물가상승률보다 더 큰 경우, 고정된 명목임금을 받는 노동자와 기업 사이의 관계에서 노동자는 이득을 보고 기업은 손해를 보게 된다.

58 노동인구통계에 대한 설명으로 적절하지 않은 것은?

① (실업자)=(마찰적 실업자)+(구조적 실업자)

② (경제활동인구)=(취업자)+(실업자)

③ (생산가능연령인구)=(경제활동인구)+(비경제활동인구)

④ (실업률)=(실업자/경제활동인구)×100

59 우유의 수요곡선은 $Q_d = 100 - P$, 공급곡선은 $Q_s = P$이다. 정부가 우유 소비를 늘리기 위해 소비자에게 개당 2의 보조금을 지급할 때의 설명으로 가장 적절한 것은?(단, P는 가격, Q_d는 수요량, Q_s는 공급량이다)

① 정부의 보조금 지급액은 101이다.

② 보조금 지급 후 판매량은 52이다.

③ 보조금의 수혜규모는 소비자가 생산자보다 크다.

④ 보조금으로 인한 경제적 순손실(Deadweight Loss)은 1이다.

60 수요의 탄력성에 대한 설명으로 가장 적절한 것은?

① 재화가 기펜재라면 수요의 소득탄력성은 양(+)의 값을 갖는다.

② 두 재화가 서로 대체재의 관계에 있다면 수요의 교차탄력성은 음(−)의 값을 갖는다.

③ 수요곡선이 수직선일 때 모든 점에서 수요의 가격탄력성은 '0'이다.

④ 수요의 가격탄력성이 '1'이면 가격변화에 따른 판매총액은 증가한다.

61 A국은 세계 철강시장에서 무역을 시작하였다. 무역 이전과 비교하여 무역 이후에 A국 철강시장에서 발생하는 현상으로 적절한 것을 모두 고르면?(단, 세계 철강시장에서 A국은 가격수용자이며 세계 철강 가격은 무역 이전 A국의 국내 가격보다 높다. 또한 무역 관련 거래비용은 없다)

> ㄱ. A국의 국내 철강 가격은 세계 가격보다 높아진다.
> ㄴ. A국의 국내 철강 거래량은 감소한다.
> ㄷ. 소비자잉여는 감소한다.
> ㄹ. 생산자잉여는 증가한다.
> ㅁ. 총잉여는 감소한다.

① ㄱ, ㄴ, ㄷ 　　　　② ㄱ, ㄴ, ㄹ

③ ㄱ, ㄷ, ㅁ 　　　　④ ㄴ, ㄷ, ㄹ

62 A재의 시장수요곡선은 $Q_d = 20 - 2P$이고 한계비용은 생산량에 관계없이 2로 일정하다. 이 시장이 완전경쟁일 경우와 비교하여 독점에 따른 경제적 순손실(Deadweight Loss)의 크기는 얼마인가?(단, Q_d는 A재의 수요량, P는 A재의 가격이다)

① 8   ② 16
③ 20   ④ 32

63 정부의 가격통제에 대한 설명으로 적절하지 않은 것은?(단, 시장은 완전경쟁이며 암시장은 존재하지 않는다)

① 가격상한제란 정부가 설정한 최고가격보다 낮은 가격으로 거래하지 못하도록 하는 제도이다.
② 가격하한제는 시장의 균형가격보다 높은 수준에서 설정되어야 효력을 가진다.
③ 최저임금제는 저임금근로자의 소득을 유지하기 위해 도입하지만 실업을 유발할 수 있는 단점이 있다.
④ 전쟁 시에 식료품 가격안정을 위해서 시장균형보다 낮은 수준에서 최고가격을 설정하여야 효력을 가진다.

64 A국의 구리에 대한 국내 수요곡선은 $Q = 12 - 2P$이고, 국내 공급곡선은 $Q = P$이다. 구리의 국제 시장가격이 5라면, A국 구리 생산업체들의 국내판매량과 수출량은?(단, Q는 수량, P는 가격을 나타내고, 이 나라는 소규모 개방경제라고 가정한다)

① 국내판매량 : 2, 수출량 : 3
② 국내판매량 : 3, 수출량 : 2
③ 국내판매량 : 3, 수출량 : 3
④ 국내판매량 : 4, 수출량 : 0

65 완전경쟁시장에서 수요곡선은 $Q_d = 8 - 0.5P$이고 공급곡선은 $Q_s = P - 4$라고 할 때, 균형가격 (P)와 소비자잉여(CS)의 크기는?(단, Q_d는 수요량, Q_s는 공급량이다)

① $P = 4$, $CS = 8$ ② $P = 4$, $CS = 16$
③ $P = 8$, $CS = 8$ ④ $P = 8$, $CS = 16$

66 A기업의 생산함수는 $Q=12L^{0.5}K^{0.5}$이다. A기업의 노동과 자본의 투입량이 각각 $L=4$, $K=9$일 때, 노동의 한계생산(MP_L)과 평균생산(AP_L)은?

① $MP_L=0$, $AP_L=9$ ② $MP_L=9$, $AP_L=9$

③ $MP_L=9$, $AP_L=18$ ④ $MP_L=12$, $AP_L=18$

67 쿠르노(Cournot) 경쟁을 하는 복점시장에서 역수요함수는 $P=18-q_1-q_2$이다. 두 기업의 비용구조는 동일하며 고정비용 없이 한 단위당 생산비용은 6일 때, 기업 1의 균형가격과 균형생산량은?(단, P는 가격, q_1은 기업 1의 생산량, q_2는 기업 2의 생산량이다)

① $P=10$, $q_1=2$ ② $P=10$, $q_1=4$

③ $P=14$, $q_1=4$ ④ $P=14$, $q_1=8$

68 소득분배를 측정하는 방식에 대한 설명으로 적절하지 않은 것은?

① 지니계수 값이 커질수록 더 불균등한 소득분배를 나타낸다.
② 십분위분배율 값이 커질수록 더 균등한 소득분배를 나타낸다.
③ 모든 구성원의 소득이 동일하다면 로렌츠 곡선은 대각선이다.
④ 동일한 지니계수 값을 갖는 두 로렌츠 곡선은 교차할 수 없다.

69 우리나라 고용통계에 대한 설명으로 가장 적절한 것은?

① 부모가 경영하는 가게에서 무급으로 하루 5시간씩 주 5일 배달 일을 도와주는 아들은 취업자이다.
② 학생은 유급 파트타임 노동을 하더라도 주로 하는 활동이 취업이 아니므로 취업자가 될 수 없다.
③ 다른 조건이 모두 동일한 상태에서 고교 졸업생 중 취업자는 줄고 대학진학자가 증가하였다면, 취업률은 감소하지만 고용률은 변화가 없다.
④ 실업률은 '100%- (고용률)'이다.

PART 3

70 다음은 농작물재해보험상품 안내 책자의 일부이다. 농부 김씨의 보험가입금액은 5,000만 원이고, 순보험료의 60%를 정부에서 지원받았다. 올해 수확량은 평년 수확량 대비 40%에 불과했고, 보험금 산정과 관련한 미보상감수량은 평년 수확량 대비 5%에 해당한다. 보험금 수령과 관련한 다른 조건은 만족한다고 가정할 때, 김씨가 올해 수령하게 될 수확감소보험금의 금액은?

자기부담비율에 따른 정부지원보험료 차등지원			
자기부담비율	10%형, 15%형, 20%형	30%형	40%형
정부지원비율	순보험료의 50%	순보험료의 55%	순보험료의 60%

수확감소보험금 산정방식	(보험가입금액)×[(피해율)*−(자기부담비율)] * 피해율 = $\dfrac{(평년수확량)-(수확량)-(미보상감수량)}{(평년수확량)}$

① 250만 원　　　　　　　　　　② 500만 원
③ 750만 원　　　　　　　　　　④ 1,000만 원

71 생산물에 물품세가 부과될 경우 상품시장과 노동시장에서 발생하는 현상으로 가장 적절한 것은? (단, 상품시장과 노동시장은 완전경쟁시장이며, 생산에서 자본은 고정되어 있다)

① 고용량은 감소한다.
② 임금은 상승한다.
③ 구매자가 내는 상품가격이 하락한다.
④ 노동공급곡선이 왼쪽으로 이동한다.

72 수요독점 노동시장에서 기업이 이윤을 극대화하기 위한 조건으로 가장 적절한 것은?(단, 상품시장은 독점이고 생산에서 자본은 고정되어 있다)

① 한계비용과 임금이 일치한다.
② 한계비용과 평균수입이 일치한다.
③ 노동의 한계생산물가치(Value Of Marginal Product of Labor)와 임금이 일치한다.
④ 노동의 한계수입생산(Marginal Revenue Product)과 한계노동비용이 일치한다.

73 다음 〈보기〉 중 노동시장에 대한 설명으로 적절한 것을 모두 고르면?

> **보기**
>
> ㄱ. 완전경쟁 노동시장이 수요 독점화되면 고용은 줄어든다.
> ㄴ. 단기 노동수요곡선은 장기 노동수요곡선보다 임금의 변화에 비탄력적이다.
> ㄷ. 채용비용이 존재할 때 숙련 노동수요곡선은 미숙련 노동수요곡선보다 임금의 변화에 더 탄력적이다.

① ㄱ
② ㄷ
③ ㄱ, ㄴ
④ ㄴ, ㄷ

74 주식투자자 K씨는 ROI가 기업의 가치를 나타내는 중요한 척도라고 생각하고, M기업의 최근 2년간의 ROI를 분석하였다. 분석의 결과 K씨는 다음과 같은 결론을 도출하였다. 자료에 근거하여 〈보기〉의 빈칸에 들어갈 내용을 순서대로 바르게 나열한 것은?

〈M기업의 재무정보〉

(단위 : 백만 원)

구분	2020년	2021년
매출액	625	720
영업비용	125	240
영업이익	500	480
투하자본	2,500	2,400

> **보기**
>
> 분석 결과 : 2020년에 비해 2021년의 매출액이익률은 __(A)__ 하였고, 총자산회전율은 __(B)__ 하였다. 그 결과 2021년의 ROI는 __(C)__ 로, 2020년과 동일하다.

	(A)	(B)	(C)
①	증가	증가	20%
②	증가	감소	30%
③	감소	증가	20%
④	감소	증가	10%

75 노동시장에 대한 설명으로 적절하지 않은 것은?

① 교육과 현장훈련을 받는 행위를 인적투자라고 한다.

② 선별가설(Screen Hypothesis)은 교육이 노동수익을 높이는 원인이라는 인적자본이론을 비판한다.

③ 똑같은 일에 종사하는 사람에게는 똑같은 임금이 지급되어야 한다는 원칙을 상응가치(Comparable Worth)원칙이라고 한다.

④ 이중노동시장이론에 의하면, 내부노동시장은 하나의 기업 내에서 이루어지는 노동시장을 말한다.

76 GDP를 Y＝C＋I＋G＋X－M으로 표시할 때, GDP에 대한 설명으로 적절하지 않은 것은?[단, C는 소비, I는 투자, G는 정부지출, X－M은 순수출(무역수지로 측정)이다]

① 무역수지가 적자일 경우, GDP는 국내 경제주체들의 총지출보다 작다.

② GDP가 감소해도 무역수지는 흑자가 될 수 있다.

③ M(수입)은 C, I, G에 포함되어 있는 수입액을 모두 다 더한 것이다.

④ 올해 생산물 중 판매되지 않고 남은 재고는 올해 GDP에 포함되지 않는다.

77 A국에서 중앙은행이 최초로 100 단위의 본원통화를 공급하였다. 민간현금보유비율이 0.1이고, 은행의 지급준비율이 0.2일 때, A국의 통화량은?(단, 통화승수는 소수점 셋째 자리에서 반올림한다)

① 333   ② 357

③ 500   ④ 833

78 다음 중 실업자로 분류되는 경우로 가장 적절한 것은?

① 두 달 후에 있을 공무원 시험을 치기 위해 공부하고 있는 A씨

② 서류 전형에서 거듭 낙방한 후, 산속에 들어가 버섯 재배업을 시작한 B씨

③ 주중 내내 부모님의 식당일을 도와 생활비를 얻어 쓰는 C씨

④ 다니던 직장에 만족하지 못해 사직한 후, 외국계 회사에 면접을 보러 다니는 D씨

79 다음 〈보기〉 중 총수요곡선을 우측으로 이동시키는 요인으로 옳은 것을 모두 고르면?

> **보기**
>
> ㄱ. 주택담보대출의 이자율 인하
> ㄴ. 종합소득세율 인상
> ㄷ. 기업에 대한 투자세액공제 확대
> ㄹ. 물가수준 하락으로 가계의 실질자산가치 증대
> ㅁ. 해외경기 호조로 순수출 증대

① ㄱ, ㄴ, ㄹ   ② ㄱ, ㄷ, ㅁ

③ ㄴ, ㄷ, ㅁ   ④ ㄴ, ㄷ, ㄹ

80 인천공항에 막 도착한 A씨는 미국에서 사먹던 빅맥 1개의 가격인 5달러를 원화로 환전한 5,500원을 들고 햄버거 가게로 갔다. 여기서 A씨는 미국과 똑같은 빅맥 1개를 구입하고도 1,100원이 남았다. 다음 〈보기〉 중 적절한 것을 모두 고르면?

> **보기**
>
> ㄱ. 한국의 빅맥 가격을 달러로 환산하면 4달러이다.
> ㄴ. 구매력 평가설에 의하면 원화의 대미 달러 환율은 1,100원이다.
> ㄷ. 빅맥 가격을 기준으로 한 대미 실질환율은 880원이다.
> ㄹ. 빅맥 가격을 기준으로 볼 때, 현재의 명목환율은 원화의 구매력을 과소평가하고 있다.

① ㄱ, ㄴ   ② ㄱ, ㄷ

③ ㄱ, ㄹ   ④ ㄴ, ㄷ

81 실물적 경기변동이론(Real Business Cycle Theory)에 대한 설명으로 가장 적절한 것은?

① 이자율이 상승하면 현재의 노동공급이 감소한다.
② 통화량의 변화가 경기변동을 초래하는 원인이다.
③ 물가수준의 변화에 대한 예상착오가 경기변동의 주요요인이다.
④ 경기변동을 경제 전체의 충격에 대한 경제주체들의 동태적 최적화행동의 결과로 본다.

82 케인즈 소비함수에 대한 설명으로 적절하지 않은 것은?

① 한계소비성향은 0보다 크고 1보다 작다.

② 소비는 현재 소득의 함수이다.

③ 소득이 없어도 기본적인 소비는 있다.

④ 소득이 증가할수록 평균소비성향은 증가한다.

83 공공재 수요자 3명이 있는 시장에서 구성원 A ~ C의 공공재에 대한 수요함수는 각각 아래와 같다. 공공재의 한계비용이 30으로 일정할 때, 공공재의 최적공급량에서 각 구성원이 지불해야 하는 가격은?(단, P는 가격, Q는 수량이다)

$$A : P_a = 10 - Q_a, \ B : P_b = 20 - Q_b, \ C : P_c = 20 - 2Q_c$$

	A	B	C
①	$P_a = 5$	$P_b = 15$	$P_c = 10$
②	$P_a = 5$	$P_b = 10$	$P_c = 10$
③	$P_a = 10$	$P_b = 10$	$P_c = 15$
④	$P_a = 10$	$P_b = 15$	$P_c = 10$

84 제품 A만 생산하는 독점기업의 생산비는 생산량에 관계없이 1단위당 60원이고, 제품 A에 대한 시장수요곡선은 P= 100− 2Q이다. 다음 중 이 독점기업의 이윤극대화 가격(P)과 생산량(Q)은?

	P	Q
①	50원	25개
②	60원	20개
③	70원	15개
④	80원	10개

85 제시된 두 그래프는 케인즈 모형에서 정부지출의 증가(ΔG)로 인한 효과를 나타내고 있다. 이에 대한 설명으로 적절한 것을 〈보기〉에서 모두 고르면?(단, 그림에서 C는 소비, I는 투자, G는 정부 지출이다)

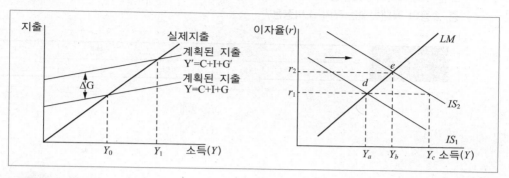

PART 3

보기

ㄱ. $Y_0 \rightarrow Y_1$의 크기는 한계소비성향의 크기에 따라 달라진다.
ㄴ. $Y_0 \rightarrow Y_1$의 크기는 $Y_a \rightarrow Y_b$의 크기와 같다.
ㄷ. 새로운 균형점 e는 구축효과를 반영하고 있다.
ㄹ. 정부지출의 증가는 재고의 예기치 않은 증가를 가져온다.

① ㄱ, ㄴ   ② ㄱ, ㄷ
③ ㄴ, ㄷ   ④ ㄴ, ㄹ

86 여러 형태의 시장 또는 기업에 대한 설명으로 적절하지 않은 것은?

① 독점기업이 직면한 수요곡선은 시장수요곡선 그 자체이다.
② 독점시장의 균형에서 가격과 한계수입의 차이가 클수록 독점도는 커진다.
③ 독점적 경쟁시장에서 제품의 차별화가 클수록 수요의 가격탄력성이 커진다.
④ 모든 기업의 이윤극대화 필요조건은 한계수입과 한계비용이 같아지는 것이다.

87 주어진 예산으로 효용극대화를 추구하는 어떤 사람이 일정 기간에 두 재화 X와 Y만 소비한다고 할 때, X의 가격은 200원이고, 그가 얻는 한계효용이 600이 되는 수량까지 X를 소비한다. 아래 표는 Y의 가격이 300원일 때, 그가 소비하는 Y의 수량과 한계효용 사이의 관계를 보여준다. 다음 중 효용이 극대화되는 Y의 소비량은?

Y의 수량	1개	2개	3개	4개	5개
한계효용	2,600	1,900	1,300	900	800

① 1개   ② 2개

③ 3개   ④ 4개

88 루카스 공급곡선에 대한 설명으로 적절하지 않은 것은?

① 실제물가와 기대물가가 같을 때의 실업률과 생산량을 각각 자연실업률과 완전고용생산량이라고 한다.

② 실제물가가 기대물가보다 높을 때의 생산량은 완전고용생산량보다 많다.

③ 기대물가가 상승하면 생산량은 증가한다.

④ 기대물가가 고정되어 있는 경우 총공급곡선은 우상향한다.

89 다음 〈보기〉 중 최고가격제에 대한 설명으로 적절한 것을 모두 고르면?

> **보기**
> ㄱ. 암시장을 출현시킬 가능성이 있다.
> ㄴ. 초과수요를 야기한다.
> ㄷ. 사회적 후생을 증대시킨다.
> ㄹ. 최고가격은 시장의 균형가격보다 높은 수준에서 설정되어야 한다.

① ㄱ, ㄴ   ② ㄱ, ㄷ

③ ㄱ, ㄹ   ④ ㄴ, ㄷ

90 완전경쟁시장에서 수요곡선과 공급곡선이 다음과 같을 때, 시장균형에서 공급의 가격탄력성은? (단, P는 가격, Q는 수량이다)

- 수요곡선 : $P=7-0.5Q$
- 공급곡선 : $P=2+2Q$

① 0.75

② 1

③ 1.25

④ 1.5

91 수요의 가격탄력성이 0이면서 공급곡선은 우상향하고 있는 재화에 대해 조세가 부과될 경우, 조세부담의 귀착에 대한 설명으로 가장 적절한 것은?

① 조세부담은 모두 소비자에게 귀착된다.

② 조세부담은 모두 판매자에게 귀착된다.

③ 조세부담은 양측에 귀착되지만 소비자에게 더 귀착된다.

④ 조세부담은 양측에 귀착되지만 판매자에게 더 귀착된다.

92 과점시장의 굴절수요곡선 이론에 대한 설명으로 적절하지 않은 것은?

① 한계수입곡선에는 불연속한 부분이 있다.

② 굴절수요곡선은 원점에 대해 볼록한 모양을 갖는다.

③ 한 기업이 가격을 내리면 나머지 기업들도 같이 내리려 한다.

④ 한 기업이 가격을 올리더라도 나머지 기업들은 따라서 올리려 하지 않는다.

93 다음 〈보기〉 중 여러 가지 비용곡선에 대한 설명으로 적절한 것을 모두 고르면?

ㄱ. 평균비용곡선은 평균가변비용곡선의 위에 위치한다.
ㄴ. 평균비용곡선이 상승할 때 한계비용곡선은 평균비용곡선 아래에 있다.
ㄷ. 평균고정비용곡선은 우하향한다.
ㄹ. 총가변비용곡선의 기울기와 총비용곡선의 기울기는 다르다.
ㅁ. 평균비용은 평균고정비용에 평균가변비용을 더한 값이다.

① ㄱ, ㄴ, ㄷ

② ㄱ, ㄷ, ㅁ

③ ㄱ, ㄹ, ㅁ

④ ㄴ, ㄷ, ㄹ

94 기업 A가 생산하는 재화에 투입하는 노동의 양을 L이라 하면, 노동의 한계생산은 27－5L이다. 이 재화의 가격이 20이고 임금이 40이라면, 이윤을 극대화하는 기업 A의 노동수요량은?

① 2

② 3

③ 4

④ 5

95 동일한 자동차 부품을 생산하는 5개 기업의 노동투입량과 자동차 부품 생산량 간의 관계가 다음과 같을 때, 평균노동생산성이 가장 낮은 기업은?

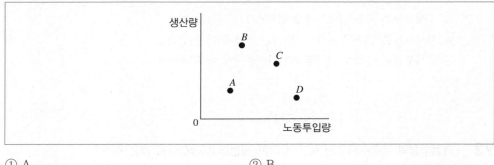

① A

② B

③ C

④ D

96 어떤 산업에서 임금이 상승할 경우, 노동공급은 증가하고 노동수요는 감소하는 상태에서 균형을 이루고 있다. 이 산업에서 생산물 가격이 하락할 때, 새로운 균형 달성을 위한 임금수준과 고용량의 변화에 대한 설명으로 가장 적절한 것은?(단, 생산물시장과 생산요소시장은 완전경쟁이고, 기업들은 이윤극대화를 추구한다)

① 임금 상승, 고용량 감소

② 임금 상승, 고용량 증가

③ 임금 하락, 고용량 감소

④ 임금 하락, 고용량 증가

97 빈칸 (ㄱ) ~ (ㄷ)에 들어갈 내용이 바르게 연결된 것은?

> 여가가 정상재인 상황에서 임금이 상승할 경우 __(ㄱ)__ 효과보다 __(ㄴ)__ 효과가 더 크다면 노동공급은 임금상승에도 불구하고 감소하게 된다. 만약 __(ㄷ)__ 의 기회비용 상승에 반응하여 __(ㄷ)__ 의 총사용량을 줄인다면, 노동공급곡선은 정(+)의 기울기를 가지게 된다.

	(ㄱ)	(ㄴ)	(ㄷ)
①	대체	소득	여가
②	대체	소득	노동
③	소득	대체	여가
④	소득	대체	노동

98 노동시장과 실업에 대한 설명으로 가장 적절한 것은?

① 실망노동자(Discouraged Worker)는 실업자로 분류되지 않는다.
② 완전고용은 자발적 실업이 없는 상태이다.
③ 최저임금제도의 도입은 실업 발생과 무관하다.
④ 실업보험이 확대되면 자연실업률이 낮아진다.

99 생산가능인구가 1,000만 명인 어떤 나라가 있다. 이 가운데 취업자가 570만 명이고 실업자가 30만 명일 때, 다음 중 적절하지 않은 것은?

① 실업률은 5%이다.
② 비경제활동률은 40%이다.
③ 경제활동인구는 600만 명이다.
④ 고용률은 60%이다.

100 경기안정화 정책에 대한 설명으로 적절하지 않은 것은?

① 자동안정화 장치는 주로 재정정책과 관련된 제도적 장치이다.
② 자동안정화 장치는 정책의 내부시차와 외부시차 중에서 외부시차를 줄이기 위해 만들어진 장치이다.
③ 루카스 비판은 과거의 자료를 이용하여 추정된 계량모형을 가지고 새로운 정책의 효과를 예측하면 오류가 발생한다는 것이다.
④ 경기예측력이 제고된다면 재량적 정책의 정당성이 강화된다.

51 다음 중 재무제표의 표시와 작성에 대한 설명으로 옳은 것을 모두 고른 것은?

> 가. 재무상태표에 표시되는 자산과 부채는 반드시 유동자산과 비유동자산, 유동부채와 비유동부채
> 로 구분하여 표시한다.
> 나. 영업활동을 위한 자산의 취득시점부터 그 자산이 현금이나 현금성자산으로 실현되는 시점까지
> 소요되는 기간이 영업주기이다.
> 다. 비용의 기능에 대한 정보가 미래현금흐름을 예측하는 데 유용하기 때문에 비용을 성격별로 분
> 류하는 경우에는 비용의 기능에 대한 추가 정보를 공시하는 것이 필요하다.
> 라. 자본의 구성요소인 기타포괄손익누계액과 자본잉여금은 포괄손익계산서와 재무상태표를 연결
> 시키는 역할을 한다.
> 마. 현금흐름표는 기업의 활동을 영업활동, 투자활동, 재무활동으로 구분한다.

① 가, 나 　　　　　　　　　　② 가, 다
③ 나, 다 　　　　　　　　　　④ 나, 마

52 어느 제품의 변동비용은 2,000원이고, 가격은 5,000원이다. 또한 이 제품을 만드는 기업의 총
고정비용이 500만 원일 때, 이 제품의 공헌이익률은 얼마인가?

① 0.2 　　　　　　　　　　② 0.6
③ 0.8 　　　　　　　　　　④ 1.2

53 다음은 H사의 재무제표중 일부이다. 해당 재무제표를 보고 자기자본이익률(ROE)을 바르게 구한
것은?

(단위 : 억 원)

매출액	4,000
자기자본	300
당기순이익	150
영업이익	820

① 50% 　　　　　　　　　　② 48%
③ 35% 　　　　　　　　　　④ 20%

54 A씨와 B씨는 부동산투자를 통해 임대수익을 얻고자 상가를 3,000만 원에 매입했다. 임대금이 다음과 같을 때 상가의 임대수익률은?

임차인	임대금
A	500만 원
B	700만 원

① 25%　　　　　　　　　　　　② 30%
③ 35%　　　　　　　　　　　　④ 40%

55 다음 중 재무정보의 질적 특성에 대한 설명으로 옳지 않은 것은?

① 적시성은 의사결정에 영향을 미칠 수 있도록 의사결정자가 정보를 제때에 이용가능하게 하는 것을 의미한다.
② 중요성은 정보가 누락된 경우 정보이용자의 의사결정에 영향을 줄 수 있다면 그 정보는 중요하다는 것을 의미한다.
③ 비교가능성은 정보이용자가 항목 간의 유사점과 차이점을 식별하고 이해할 수 있게 하는 질적 특성이다.
④ 충실한 표현은 모든 면에서 정확한 요건을 갖춘 것을 의미한다.

56 다음 재무분석자료에서 기업의 활동성을 분석할 수 있는 것을 모두 고르면?

ㄱ. 매출채권회전율	ㄴ. 재고자산회전율
ㄷ. 총자산회전율	ㄹ. 부채비율
ㅁ. 재고자산평균회전기간	ㅂ. 자기자본이익률

① ㄱ, ㄷ, ㅁ　　　　　　　　　② ㄱ, ㄴ, ㄷ, ㅁ
③ ㄱ, ㄴ, ㄹ, ㅂ　　　　　　　④ ㄱ, ㄷ, ㅁ, ㅂ

57 다음은 H회사의 당기 재고자산 관련 자료이다. 가중평균 소매재고법에 따른 당기 매출원가는?

구분	원가	매가
기초재고	₩1,800	₩2,000
매입	₩6,400	₩8,000
매출	?	₩6,000
기말재고	?	₩4,000

① ₩4,800

② ₩4,920

③ ₩5,100

④ ₩5,400

58 다음 중 재고자산에 대한 설명으로 옳은 것은?(단, 재고자산감모손실 및 재고자산평가손실은 없다)

① 선입선출법 적용 시 물가가 지속적으로 상승한다면, 계속기록법에 의한 기말재고자산금액이 실지재고조사법에 의한 기말재고자산 금액보다 작다.

② 선입선출법 적용 시 물가가 지속적으로 상승한다면, 계속기록법에 의한 기말재고자산금액이 실지재고조사법에 의한 기말재고자산 금액보다 크다.

③ 재고자산 매입 시 부담한 매입운임은 운반비로 구분하여 비용처리한다.

④ 부동산매매기업이 정상적인 영업과정에서 판매를 목적으로 보유하는 건물은 재고자산으로 구분한다.

59 다음 중 유형자산의 취득원가에 포함되는 것은?

① 유형자산이 경영진이 의도하는 방식으로 가동될 수 있으나, 아직 실제로 사용되지 않고 있는 경우에 발생하는 원가

② 유형자산 취득시 정상적으로 작동되는지 여부를 시험하는 과정에서 발생하는 원가(단, 시험과정에서 생산된 재화의 순매각금액은 차감)

③ 유형자산과 관련된 산출물에 대한 수요가 형성되는 과정에서 발생하는 가동손실과 같은 초기 가동손실

④ 기업의 영업 전부 또는 일부를 재배치하거나 재편성하는 과정에서 발생하는 원가

60 H회사는 2023년 1월 1일 다음과 같은 사채를 발행하였으며, 유효이자율법에 따라 회계처리한다. 동 사채와 관련하여 옳지 않은 것은?

- 액면금액 : 1,000,000원
- 만기 : 3년
- 액면이자율 : 연 5%
- 이자지급시기 : 매년 말
- 사채발행비 : 20,000원
- 유효이자율 : 연 8%(단, 유효이자율은 사채발행비가 고려됨)

① 동 사채는 할인발행 사채이다.
② 매년 말 지급할 현금이자는 50,000원이다.
③ 이자비용은 만기일에 가까워질수록 증가한다.
④ 사채발행비가 30,000원이라면 동 사채에 적용되는 유효이자율은 연 8%보다 낮다.

61 다음은 H사의 재고자산 자료이다. 이동평균법을 적용할 경우 기말재고액은?

구분	수량	단위당 원가	단위당 매가
기초재고	200개	30	–
매출(3월 1일)	100개	–	40
매입(6월 1일)	100개	36	–
매출(9월 1일)	120개	–	40
기말재고	80개	?	–

① 2,400원　　　　　　　　　② 2,560원
③ 2,640원　　　　　　　　　④ 2,880원

62 다음 중 금융자산과 관련된 회계처리로 옳지 않은 것은?

① 지분상품은 만기보유금융자산으로 분류할 수 없다.
② 매도가능금융자산에서 발행하는 배당금 수령액은 기타포괄이익으로 계상한다.
③ 매 회계연도말 지분상품은 공정가치로 측정하는 것이 원칙이다.
④ 최초 인식시점에 매도가능금융자산으로 분류하였다면 이후 회계연도에는 당기손익인식금융자산으로 재분류할 수 없다.

63 다음 중 표준원가계산의 고정제조간접원가 차이분석에 대한 설명으로 옳지 않은 것은?

① 예산(소비)차이는 실제 발생한 고정제조간접원가와 기초에 설정한 고정제조간접원가 예산의 차이를 말한다.

② 고정제조간접원가는 조업도의 변화에 따라 능률적으로 통제할 수 있는 원가가 아니므로 능률차이를 계산하는 것은 무의미하다.

③ 조업도차이는 기준조업도와 실제생산량이 달라서 발생하는 것으로, 기준조업도 미만으로 실제조업을 한 경우에는 불리한 조업도차이가 발생한다.

④ 조업도차이는 고정제조간접원가 자체의 통제가 잘못되어 발생한 것으로 원가통제 목적상 중요한 의미를 갖는다.

64 다음 중 수익의 인식 및 측정에 대한 설명으로 옳은 것은?

① 거래와 관련된 경제적 효익의 유입가능성이 높지 않더라도 수익금액을 신뢰성 있게 측정할 수 있다면 수익을 인식할 수 있다.

② 용역제공거래의 결과를 신뢰성 있게 추정할 수 있다면 용역의 제공으로 인한 수익은 용역의 제공이 완료된 시점에 인식한다.

③ 동일한 거래나 사건에 관련된 수익과 비용은 동시에 인식한다. 그러나 관련된 비용을 신뢰성 있게 측정할 수 없다면 수익을 인식할 수 없다.

④ 수익으로 인식한 금액이 추후에 회수가능성이 불확실해지는 경우에는 인식한 수익금액을 조정할 수 있다.

65 다음 중 유용한 재무정보의 질적 특성에 대한 설명으로 옳은 것은?

① 목적적합성과 충실한 표현은 보강적 질적 특성이다.

② 동일한 경제적 현상에 대해 대체적인 회계처리방법을 허용하면 비교가능성이 감소한다.

③ 재무정보가 예측가치를 갖기 위해서는 제공되는 정보 그 자체가 예측치 또는 예상치여야 한다.

④ 재무정보의 제공자와는 달리 이용자의 경우에는 제공된 정보를 분석하고 해석하는 데 원가가 발생하지 않는다.

66 다음 자료를 이용하여 계산한 영업활동순현금흐름은?

• 당기순이익	300,000원
• 감가상각비	30,000원
• 재고자산 증가	40,000원
• 매입채무 증가	60,000원
• 기계장치 처분금액(장부금액 : 70,000원)	90,000원

① 270,000원   ② 290,000원
③ 310,000원   ④ 330,000원

67 집합손익 계정의 차변 합계가 250,000원이고, 대변 합계가 300,000원일 경우, 마감분개로 옳은 것은?(단, 전기이월미처리결손금은 없다)

	차변	대변
①	집합손익 50,000원	자본잉여금 50,000원
②	집합손익 50,000원	이익잉여금 50,000원
③	자본잉여금 50,000원	집합손익 50,000원
④	이익잉여금 50,000원	집합손익 50,000원

68 H사는 2022년 말 토지(유형자산)를 ₩1,000에 취득하였다. 대금의 50%는 취득시 현금 지급하고, 나머지는 2023년 5월 1일에 지급할 예정이다. 토지거래가 없었을 때와 비교하여, 2022년 말 유동비율과 총자산순이익률의 변화는?(단, 토지거래가 있기 전 유동부채가 있으며, 2022년 당기순이익이 보고되었다)

	유동비율	총자산순이익률
①	증가	증가
②	증가	감소
③	감소	증가
④	감소	감소

69 다음 중 회계정보의 기능 및 역할, 적용환경에 대한 설명으로 옳지 않은 것은?

① 모든 기업은 한국채택국제회계기준을 적용하여야 한다.

② 회계정보의 수요자는 기업의 외부이용자뿐만 아니라 기업의 내부이용자도 포함된다.

③ 회계정보는 한정된 경제적 자원이 효율적으로 배분되도록 도와주는 기능을 담당한다.

④ 회계감사는 재무제표가 일반적으로 인정된 회계기준에 따라 적정하게 작성되었는지에 대한 의견 표명을 목적으로 한다.

70 2021년 말 재무상태표의 선수이자는 1,000원, 미수이자의 잔액은 없다. 2022년 말 재무제표 항목이 다음과 같을 때, 2022년도 이자의 현금수령액은?

• 선수이자	0원
• 미수이자	2,000원
• 이자수익	8,000원

① 0원   ② 1,000원

③ 3,000원   ④ 5,000원

71 다음 중 재무제표 작성원칙에 대한 설명으로 옳지 않은 것은?

① 전체 재무제표(비교정보를 포함)는 적어도 1년마다 작성한다.

② 재무제표의 표시통화는 천 단위 이상으로 표시할 수 없다. 예를 들어, 백만 단위로 표시할 경우 정보가 지나치게 누락되어 이해가능성이 훼손될 수 있다.

③ 자산과 부채, 수익과 비용은 상계하지 않고 구분하여 표시하는 것을 원칙으로 한다.

④ 한국채택국제회계기준이 달리 허용하거나 요구하는 경우를 제외하고는 당기 재무제표에 보고되는 모든 금액에 대해 전기 비교정보를 표시한다.

72 다음 중 충당부채 및 우발부채에 대한 설명으로 옳은 것은?

① 충당부채와 우발부채는 재무제표 본문에 표시되지 않고 주석으로 표시된다.

② 자원의 유출가능성이 높고, 금액의 신뢰성 있는 추정이 가능한 경우 충당부채로 인식한다.

③ 자원의 유출가능성이 높지 않더라도, 금액의 신뢰성 있는 추정이 가능한 경우 충당부채로 인식한다.

④ 금액의 신뢰성 있는 추정이 가능하지 않더라도, 자원의 유출가능성이 높은 경우 충당부채로 인식한다.

73 다음은 H사의 1월 동안 거래내역이다. 선입선출법과 이동평균법에 따라 계산된 매출원가는?

구분		수량	단가
1월 1일	기초	50개	₩100
1월 10일	매입	150개	₩108
1월 15일	판매	120개	₩160

	선입선출법	이동평균법
①	₩12,960	₩12,840
②	₩12,560	₩12,840
③	₩12,720	₩12,560
④	₩12,560	₩12,720

74 다음 자료를 이용하여 계산된 H사의 2022년 기말재고자산은?

- 2022년 말 A회사의 창고에 보관 중인 기말재고자산 실사액은 ₩10,000이다.
- 2022년 12월 1일 위탁한 적송품 중 기말까지 판매되지 않은 상품의 판매가는 ₩1,000(매출총이익은 판매가의 20%)이다.
- 2022년 12월 11일 발송한 시송품(원가 ₩2,000) 중 기말 현재 80%에 대하여 고객의 매입 의사표시가 있었다.
- 2022년 말 현재 A회사가 FOB 도착지인도조건으로 매입하여 운송 중인 상품의 원가는 ₩3,000이다.
- 2022년 말 현재 A회사가 FOB 선적지인도조건으로 매출하여 운송 중인 상품의 원가는 ₩4,000이다.

① ₩11,200
② ₩11,400
③ ₩14,200
④ ₩15,200

75 다음 중 무형자산의 회계처리로 옳은 것은?

① 무형자산에 대한 손상차손은 인식하지 않는다.
② 무형자산의 잔존가치는 영(0)이 아닌 경우가 있다.
③ 내용연수가 비한정인 무형자산은 정액법에 따라 상각한다.
④ 무형자산은 유형자산과 달리 재평가모형을 선택할 수 없으며 원가모형을 적용한다.

76 다음 중 전체 재무제표에 포함되지 않는 것은?

① 기말 재무상태표

② 기간 포괄손익계산서

③ 기간 제조원가명세서

④ 기간 현금흐름표

77 다음 중 유형자산의 측정, 평가 및 손상에 대한 설명으로 옳지 않은 것은?

① 현물출자 받은 유형자산의 취득원가는 공정가치를 기준으로 결정한다.

② 최초 재평가로 인한 평가손익은 기타포괄손익에 반영한다.

③ 유형자산의 취득 이후 발생한 지출로 인해 동 자산의 미래 경제적 효익이 증가한다면, 해당 원가는 자산의 장부금액에 포함한다.

④ 유형자산의 장부금액이 순공정가치보다 크지만 사용가치보다 작은 경우 손상차손은 계상되지 않는다.

78 다음 중 회계거래에 해당하지 않는 것은?

① 공동주택의 관리용역에 대한 계약을 체결하고 계약금 100만 원을 수령하였다.

② 본사창고에 보관 중인 100만 원 상당의 제품이 도난되었다.

③ 지하주차장 도장공사를 하고 대금 100만 원은 1개월 후에 지급하기로 하였다.

④ 100만 원 상당의 상품을 구입하기 위해 주문서를 발송하였다.

79 다음 중 시산표에서 발견할 수 있는 오류로 옳은 것은?

① 비품을 현금으로 구입한 거래를 두 번 반복하여 기록하였다.

② 사채 계정의 잔액을 매도가능금융자산 계정의 차변에 기입하였다.

③ 건물 계정의 잔액을 투자부동산 계정의 차변에 기입하였다.

④ 개발비 계정의 잔액을 연구비 계정의 차변에 기입하였다.

80 다음 중 기말에 장부마감 시 재무상태표의 이익잉여금으로 대체되는 항목으로 옳지 않은 것은?

① 매도가능금융자산평가이익　　　② 무형자산상각비
③ 수수료수익　　　　　　　　　　④ 매출원가

81 다음 중 자산, 부채 및 자본에 대한 설명으로 옳지 않은 것은?

① 자산은 과거 사건의 결과로 기업이 통제하고 있고 미래경제적 효익이 기업에 유입될 것으로 기대되는 자원이다.
② 부채는 과거 사건에 의하여 발생하였으며, 경제적 효익을 갖는 자원이 기업으로부터 유출됨으로써 이행될 것으로 기대되는 과거의무이다.
③ 자본은 기업의 자산에서 부채를 차감한 후의 잔여지분이다.
④ 자본은 주식회사의 경우 소유주가 출연한 자본, 이익잉여금, 이익잉여금 처분에 의한 적립금, 자본유지조정을 나타내는 적립금 등으로 구분하여 표시할 수 있다.

82 다음 중 차기로 이월되는 계정(영구계정)에 해당하지 않는 것은?

① 이자비용　　　　　　　　　　　② 장기차입금
③ 산업재산권　　　　　　　　　　④ 자본금

83 다음 중 재무제표 표시에 대한 설명으로 옳지 않은 것은?

① 재무제표의 목적은 광범위한 정보이용자의 경제적 의사결정에 유용한 기업의 재무상태, 재무성과와 재무상태변동에 관한 정보를 제공하는 것이다.
② 당기손익과 기타포괄손익은 단일의 포괄손익계산서에 두 부분으로 나누어 표시할 수 있다.
③ 기업은 재무상태, 경영성과, 현금흐름 정보를 발생기준 회계에 따라 재무제표를 작성한다.
④ 경영진은 재무제표를 작성할 때 계속기업으로서의 존속가능성을 평가해야 한다.

84 다음 중 단기매매금융자산에 대한 설명으로 옳지 않은 것은?

① 단기매매금융자산의 취득과 직접 관련되는 거래원가는 최초 인식하는 공정가치에 가산한다.
② 단기매매금융자산의 처분에 따른 손익은 포괄손익계산서에 당기손익으로 인식한다.
③ 단기매매금융자산은 재무상태표에 공정가치로 표시한다.
④ 단기매매금융자산의 장부금액이 처분금액보다 작으면 처분이익이 발생한다.

85 H기업은 기계장치 A를 D기업의 기계장치 B와 교환하였으며 이러한 교환은 상업적 실질이 있다. 교환 시점의 두 자산에 대한 자료가 다음과 같을 때, H기업이 인식할 기계장치 B의 취득원가는? (단, 기계장치 A의 공정가치가 기계장치 B의 공정가치보다 더 명백하다)

구분	H기업의 기계장치 A	D기업의 기계장치 B
취득원가	10,000원	9,000원
감가상각누계액	3,000원	5,000원
공정가치	8,000원	7,000원

① 6,000원
② 7,000원
③ 8,000원
④ 9,000원

86 다음 중 보조부문원가 배부방법에 대한 설명으로 옳지 않은 것은?

① 직접배부법은 보조부문 상호 간의 용역수수관계를 전혀 고려하지 않는 방법이다.
② 단계배부법은 보조부문원가의 배부순서를 정하여 그 순서에 따라 단계적으로 보조부문원가를 다른 보조부문과 제조부문에 배부하는 방법이다.
③ 단계배부법은 보조부문 상호 간의 용역수수관계를 일부 고려하는 방법이다.
④ 상호배부법은 보조부문 상호 간의 용역수수관계가 중요하지 않을 때 적용하는 것이 타당하다.

87 2023년 원재료가 600kg 사용될 것으로 예상된다. 기초 원재료가 50kg이고, 기말 원재료를 80kg 보유하고자 한다면 2023년에 구입해야 할 원재료의 수량은?

① 570kg
② 630kg
③ 650kg
④ 680kg

88 다음 중 기중거래에서 잔액이 발생되었을 경우, 기말 재무상태표에 표시되지 않는 계정을 모두 고르면?

ㄱ. 부가가치세대급금	ㄴ. 가수금
ㄷ. 당좌차월	ㄹ. 예수금
ㅁ. 충당부채	

① ㄱ, ㄴ   ② ㄴ, ㄷ

③ ㄱ, ㅁ   ④ ㄷ, ㄹ

89 H회사는 2020년 1월 1일 유형자산을 취득하고 그 대금을 다음과 같이 지급하기로 하였다. 동 거래의 액면금액과 현재가치의 차이는 중요하며, 동 거래에 적용할 유효이자율이 연 10%일 때 2021년에 인식할 이자비용은?(단, 단수차이로 인한 오차가 있을 경우 가장 근사치를 선택한다)

〈현금지급〉		
2020년 말	2021년 말	2022년 말
100,000원	100,000원	100,000원

〈정상연금의 현재가치계수〉			
	1기간	2기간	3기간
10%	0.9091	1.7355	2.4869

① 9,091원   ② 15,355원

③ 15,778원   ④ 17,355원

90 다음 자료를 이용하여 계산한 당기의 비용총액은?

기초자산	₩22,000	기말자산	₩80,000
기초부채	₩3,000	기말부채	₩50,000
현금배당	₩1,000		
유상증자	₩7,000		
수익총액	₩35,000		

① ₩10,000   ② ₩20,000

③ ₩30,000   ④ ₩40,000

91 다음 자료를 이용하여 계산한 매입으로 인한 현금유출액은?(단, 매입은 외상으로 이루어진다)

기초재고자산	₩500,000
기말재고자산	₩700,000
기초매입채무	₩400,000
기말매입채무	₩600,000
매출원가	₩800,000

① ₩500,000

② ₩600,000

③ ₩700,000

④ ₩800,000

92 H사는 2022년 12월 말 결산 시 당좌예금잔액을 조회한 결과 은행으로부터 ₩13,500이라는 통보를 받았다. 은행과 회사측 장부금액과의 차이는 다음과 같다. 2022년 12월 말 은행계정 조정 전 H사의 당좌예금 계정의 장부금액은?

은행측 미기입예금	₩2,560
미결제수표	₩4,050
미통지출금(차입금이자)	₩570
발행한 수표 ₩1,560을 회사장부에 ₩1,650으로 잘못 기록함	

① ₩8,700

② ₩11,260

③ ₩12,490

④ ₩14,160

93 다음 자료를 이용할 경우 재무상태표에 계상할 현금 및 현금성 자산은?

지폐	₩30,000
우표	₩10,000
우편환증서	₩1,000
임차보증금	₩50,000
타인발행당좌수표	₩2,000

① ₩33,000

② ₩42,000

③ ₩83,000

④ ₩92,000

94 다음 중 금융부채로 분류되지 않는 것은?

① 차입금   ② 매입채무

③ 선수금   ④ 사채

95 다음 중 무형자산에 대한 설명으로 옳지 않은 것은?

① 내용연수가 비한정인 무형자산은 상각하지 아니한다.

② 무형자산은 미래에 경제적 효익이 기업에 유입될 가능성이 높고 원가를 신뢰성 있게 측정가능할 때 인식한다.

③ 무형자산의 손상차손은 장부금액이 회수가능액을 초과하는 경우 인식하며, 회수가능액은 순공정 가치와 사용가치 중 큰 금액으로 한다.

④ 무형자산의 내용연수는 경제적 내용연수와 법적 내용연수 중 긴 기간으로 한다.

96 H사는 단일제품을 생산·판매하고 있으며, 2023년도 예산 자료는 다음과 같다. 2023년도 예산 고정원가 총액은 ₩60,000이며, 회사는 생산설비를 충분히 보유하고 있다. 법인세율은 20%일 때, 세후목표영업이익 ₩70,000을 달성하기 위한 판매량은?

항목	단위당 금액(₩)
판매가격	150
직접재료원가	10
직접노무원가	30
변동제조간접원가	40
변동판매비	20

① 1,500단위   ② 2,000단위

③ 2,600단위   ④ 2,950단위

97 H사는 2022년 12월 말 화재로 인하여 재고자산 중 ₩110,000을 제외한 나머지가 소실되었다. 기초 재고는 ₩100,000이고, 12월 말까지의 매입액과 매출액은 각각 ₩600,000, ₩400,000이다. 과거 3년 동안의 평균 매출총이익률이 20%일 경우, 화재로 인하여 소실된 재고자산의 추정금액은?

① ₩270,000   ② ₩320,000

③ ₩380,000   ④ ₩600,000

98 H사는 실제원가계산을 적용하고 있으며, 2022년의 기초 및 기말 재고자산은 다음과 같다. 당기 매입한 원재료는 500,000원이고 당기 발생한 직접노무원가와 제조간접원가는 각각 200,000원과 380,000원이다. 2022년의 매출원가는?(단, 원재료는 모두 직접재료이다)

기초원재료	50,000원	기말원재료	20,000원
기초재공품	80,000원	기말재공품	50,000원
기초제품	40,000원	기말제품	130,000원

① 1,050,000원

② 1,110,000원

③ 1,140,000원

④ 1,180,000원

99 H사의 2023년 월별 예상판매량은 다음과 같다. 2023년 초 제품재고는 1,800개이며, 제품의 월말 적정재고량은 다음달 예상판매량의 20%로 유지할 계획이다. 다음 중 1월에 생산해야 할 제품의 수량은?

구분	5월	6월	7월
예상판매량(개)	13,000	15,000	14,000

① 11,200개

② 11,800개

③ 14,200개

④ 14,800개

100 다음 중 현금흐름표상 투자활동현금흐름에 해당하는 것은?

① 설비 매각과 관련한 현금유입

② 자기주식의 취득에 따른 현금유출

③ 담보부사채 발행에 따른 현금유입

④ 종업원급여 지급에 따른 현금유출

PART 4

채용 가이드

1. 블라인드 채용이란?

채용 과정에서 편견이 개입되어 불합리한 차별을 야기할 수 있는 출신지, 가족관계, 학력, 외모 등의 편견요인은 제외하고, 직무능력만을 평가하여 인재를 채용하는 방식입니다.

2. 블라인드 채용의 필요성

- 채용의 공정성에 대한 사회적 요구
  - 누구에게나 직무능력만으로 경쟁할 수 있는 균등한 고용기회를 제공해야 하나, 아직도 채용의 공정성에 대한 불신이 존재
  - 채용상 차별금지에 대한 법적 요건이 권고적 성격에서 처벌을 동반한 의무적 성격으로 강화되는 추세
  - 시민의식과 지원자의 권리의식 성숙으로 차별에 대한 법적 대응 가능성 증가
- 우수인재 채용을 통한 기업의 경쟁력 강화 필요
  - 직무능력과 무관한 학벌, 외모 위주의 선발로 우수인재 선발기회 상실 및 기업경쟁력 약화
  - 채용 과정에서 차별 없이 직무능력중심으로 선발한 우수인재 확보 필요
- 공정한 채용을 통한 사회적 비용 감소 필요
  - 편견에 의한 차별적 채용은 우수인재 선발을 저해하고 외모·학벌 지상주의 등의 심화로 불필요한 사회적 비용 증가
  - 채용에서의 공정성을 높여 사회의 신뢰수준 제고

3. 블라인드 채용의 특징

편견요인을 요구하지 않는 대신 직무능력을 평가합니다.

※ 직무능력중심 채용이란?
기업의 역량기반 채용, NCS기반 능력중심 채용과 같이 직무수행에 필요한 능력과 역량을 평가하여 선발하는 채용방식을 통칭합니다.

4. 블라인드 채용의 평가요소

직무수행에 필요한 지식, 기술, 태도 등을 과학적인 선발기법을 통해 평가합니다.

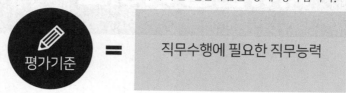

평가기준 **=** 직무수행에 필요한 직무능력

※ 과학적 선발기법이란?
　직무분석을 통해 도출된 평가요소를 서류, 필기, 면접 등을 통해 체계적으로 평가하는 방법으로 입사지원서, 자기소개서, 직무수행능력평가, 구조화 면접 등이 해당됩니다.

5. 블라인드 채용 주요 도입 내용

- 입사지원서에 인적사항 요구 금지
  - 인적사항에는 출신지역, 가족관계, 결혼여부, 재산, 취미 및 특기, 종교, 생년월일(연령), 성별, 신장 및 체중, 사진, 전공, 학교명, 학점, 외국어 점수, 추천인 등이 해당
  - 채용 직무를 수행하는 데 있어 반드시 필요하다고 인정될 경우는 제외
    　예 특수경비직 채용 시 : 시력, 건강한 신체 요구
    　　　연구직 채용 시 : 논문, 학위 요구 등
- 블라인드 면접 실시
  - 면접관에게 응시자의 출신지역, 가족관계, 학교명 등 인적사항 정보 제공 금지
  - 면접관은 응시자의 인적사항에 대한 질문 금지

6. 블라인드 채용 도입의 효과성

- 구성원의 다양성과 창의성이 높아져 기업 경쟁력 강화
  - 편견을 없애고 직무능력 중심으로 선발하므로 다양한 직원 구성 가능
  - 다양한 생각과 의견을 통하여 기업의 창의성이 높아져 기업경쟁력 강화
- 직무에 적합한 인재선발을 통한 이직률 감소 및 만족도 제고
  - 사전에 지원자들에게 구체적이고 상세한 직무요건을 제시함으로써 허수 지원이 낮아지고, 직무에 적합한 지원자 모집 가능
  - 직무에 적합한 인재가 선발되어 직무이해도가 높아져 업무효율 증대 및 만족도 제고
- 채용의 공정성과 기업이미지 제고
  - 블라인드 채용은 사회적 편견을 줄인 선발 방법으로 기업에 대한 사회적 인식 제고
  - 채용과정에서 불합리한 차별을 받지 않고 실력에 의해 공정하게 평가를 받을 것이라는 믿음을 제공하고, 지원자들은 평등한 기회와 공정한 선발과정 경험

02 | 서류전형 가이드

01 채용공고문

1. 채용공고문의 변화

기존 채용공고문	변화된 채용공고문
• 취업준비생에게 불충분하고 불친절한 측면 존재 • 모집분야에 대한 명확한 직무관련 정보 및 평가기준 부재 • 해당분야에 지원하기 위한 취업준비생의 무분별한 스펙 쌓기 현상 발생	• NCS 직무분석에 기반한 채용공고를 토대로 채용전형 진행 • 지원자가 입사 후 수행하게 될 업무에 대한 자세한 정보 공지 • 직무수행내용, 직무수행 시 필요한 능력, 관련된 자격, 직업기초능력 제시 • 지원자가 해당 직무에 필요한 스펙만을 준비할 수 있도록 안내
• 모집부문 및 응시자격 • 지원서 접수 • 전형절차 • 채용조건 및 처우 • 기타사항	• 채용절차 • 채용유형별 선발분야 및 예정인원 • 전형방법 • 선발분야별 직무기술서 • 우대사항

2. 지원 유의사항 및 지원요건 확인

채용 직무에 따른 세부사항을 공고문에 명시하여 지원자에게 적격한 지원 기회를 부여함과 동시에 채용과정에서의 공정성과 신뢰성을 확보합니다.

구성	내용	확인사항
모집분야 및 규모	고용형태(인턴 계약직 등), 모집분야, 인원, 근무지역 등	채용직무가 여러 개일 경우 본인이 해당되는 직무의 채용규모 확인
응시자격	기본 자격사항, 지원조건	지원을 위한 최소자격요건을 확인하여 불필요한 지원을 예방
우대조건	법정·특별·자격증 가점	본인의 가점 여부를 검토하여 가점 획득을 위한 사항을 사실대로 기재
근무조건 및 보수	고용형태 및 고용기간, 보수, 근무지	본인이 생각하는 기대수준에 부합하는지 확인하여 불필요한 지원을 예방
시험방법	서류·필기·면접전형 등의 활용방안	전형방법 및 세부 평가기법 등을 확인하여 지원전략 준비
전형일정	접수기간, 각 전형 단계별 심사 및 합격자 발표일 등	본인의 지원 스케줄을 검토하여 차질이 없도록 준비
제출서류	입사지원서(경력·경험기술서 등), 각종 증명서 및 자격증 사본 등	지원요건 부합 여부 및 자격 증빙서류 사전에 준비
유의사항	임용취소 등의 규정	임용취소 관련 법적 또는 기관 내부 규정을 검토하여 해당여부 확인

02 직무기술서

직무기술서란 직무수행의 내용과 필요한 능력, 관련 자격, 직업기초능력 등을 상세히 기재한 것으로 입사 후 수행하게 될 업무에 대한 정보가 수록되어 있는 자료입니다.

1. 채용분야

설명

NCS 직무분류 체계에 따라 직무에 대한 「대분류 – 중분류 – 소분류 – 세분류」 체계를 확인할 수 있습니다. 채용 직무에 대한 모든 직무기술서를 첨부하게 되며 실제 수행 업무를 기준으로 세부적인 분류정보를 제공합니다.

채용분야	분류체계			
사무행정	대분류	중분류	소분류	세분류
분류코드	02. 경영·회계·사무	03. 재무·회계	01. 재무	01. 예산
				02. 자금
			02. 회계	01. 회계감사
				02. 세무

2. 능력단위

설명

직무분류 체계의 세분류 하위능력단위 중 실질적으로 수행할 업무의 능력만 구체적으로 파악할 수 있습니다.

능력단위	(예산)	03. 연간종합예산수립 05. 확정예산 운영	04. 추정재무제표 작성 06. 예산실적 관리
	(자금)	04. 자금운용	
	(회계감사)	02. 자금관리 05. 회계정보시스템 운용 07. 회계감사	04. 결산관리 06. 재무분석
	(세무)	02. 결산관리 07. 법인세 신고	05. 부가가치세 신고

3. 직무수행내용

설명

세분류 영역의 기본정의를 통해 직무수행내용을 확인할 수 있습니다. 입사 후 수행할 직무내용을 구체적으로 확인할 수 있으며, 이를 통해 입사서류 작성부터 면접까지 직무에 대한 명확한 이해를 바탕으로 자신의 희망직무 인지 아닌지, 해당 직무가 자신이 알고 있던 직무가 맞는지 확인할 수 있습니다.

직무수행내용	(예산) 일정기간 예상되는 수익과 비용을 편성, 집행하며 통제하는 일
	(자금) 자금의 계획 수립, 조달, 운용을 하고 발생 가능한 위험 관리 및 성과평가
	(회계감사) 기업 및 조직 내·외부에 있는 의사결정자들이 효율적인 의사결정을 할 수 있도록 유용한 정보를 제공, 제공된 회계정보의 적정성을 파악하는 일
	(세무) 세무는 기업의 활동을 위하여 주어진 세법범위 내에서 조세부담을 최소화시키는 조세전략을 포함하고 정확한 과세소득과 과세표준 및 세액을 산출하여 과세당국에 신고·납부하는 일

4. 직무기술서 예시

태도	(예산) 정확성, 분석적 태도, 논리적 태도, 타 부서와의 협조적 태도, 설득력
	(자금) 분석적 사고력
	(회계 감사) 합리적 태도, 전략적 사고, 정확성, 적극적 협업 태도, 법률준수 태도, 분석적 태도, 신속성, 책임감, 정확한 판단력
	(세무) 규정 준수 의지, 수리적 정확성, 주의 깊은 태도
우대 자격증	공인회계사, 세무사, 컴퓨터활용능력, 변호사, 워드프로세서, 전산회계운용사, 사회조사분석사, 재경관리사, 회계관리 등
직업기초능력	의사소통능력, 문제해결능력, 자원관리능력, 대인관계능력, 정보능력, 조직이해능력

5. 직무기술서 내용별 확인사항

항목	확인사항
모집부문	해당 채용에서 선발하는 부문(분야)명 확인 [예] 사무행정, 전산, 전기
분류체계	지원하려는 분야의 세부직무군 확인
주요기능 및 역할	지원하려는 기업의 전사적인 기능과 역할, 산업군 확인
능력단위	지원분야의 직무수행에 관련되는 세부업무사항 확인
직무수행내용	지원분야의 직무군에 대한 상세사항 확인
전형방법	지원하려는 기업의 신입사원 선발전형 절차 확인
일반요건	교육사항을 제외한 지원 요건 확인(자격요건, 특수한 경우 연령)
교육요건	교육사항에 대한 지원요건 확인(대졸 / 초대졸 / 고졸 / 전공 요건)
필요지식	지원분야의 업무수행을 위해 요구되는 지식 관련 세부항목 확인
필요기술	지원분야의 업무수행을 위해 요구되는 기술 관련 세부항목 확인
직무수행태도	지원분야의 업무수행을 위해 요구되는 태도 관련 세부항목 확인
직업기초능력	지원분야 또는 지원기업의 조직원으로서 근무하기 위해 필요한 일반적인 능력사항 확인

03 입사지원서

1. 입사지원서의 변화

기존지원서		능력중심 채용 입사지원서
직무와 관련 없는 학점, 개인신상, 어학점수, 자격, 수상경력 등을 나열하도록 구성	VS	해당 직무수행에 꼭 필요한 정보들을 제시할 수 있도록 구성

직무기술서

직무수행내용

요구지식 / 기술

관련 자격증

사전직무경험

인적사항	성명, 연락처, 지원분야 등 작성 (평가 미반영)
교육사항	직무지식과 관련된 학교교육 및 직업교육 작성
자격사항	직무관련 국가공인 또는 민간자격 작성
경력 및 경험사항	조직에 소속되어 일정한 임금을 받거나(경력) 임금 없이(경험) 직무와 관련된 활동 내용 작성

2. 교육사항

- 지원분야 직무와 관련된 학교 교육이나 직업교육 혹은 기타교육 등 직무에 대한 지원자의 학습 여부를 평가하기 위한 항목입니다.
- 지원하고자 하는 직무의 학교 전공교육 이외에 직업교육, 기타교육 등을 기입할 수 있기 때문에 전공 제한 없이 직업교육과 기타교육을 이수하여 지원이 가능하도록 기회를 제공합니다.
(기타교육 : 학교 이외의 기관에서 개인이 이수한 교육과정 중 지원직무와 관련이 있다고 생각되는 교육내용)

구분	교육과정(과목)명	교육내용	과업(능력단위)

3. 자격사항

- 채용공고 및 직무기술서에 제시되어 있는 자격 현황을 토대로 지원자가 해당 직무를 수행하는 데 필요한 능력을 가지고 있는지를 평가하기 위한 항목입니다.
- 채용공고 및 직무기술서에 기재된 직무관련 필수 또는 우대자격 항목을 확인하여 본인이 보유하고 있는 자격사항을 기재합니다.

자격유형	자격증명	발급기관	취득일자	자격증번호

4. 경력 및 경험사항

- 직무와 관련된 경력이나 경험 여부를 표현하도록 하여 직무와 관련한 능력을 갖추었는지를 평가하기 위한 항목입니다.
- 해당 기업에서 직무를 수행함에 있어 필요한 사항만을 기록하게 되어 있기 때문에 직무와 무관한 스펙을 갖추지 않아도 됩니다.
- 경력 : 금전적 보수를 받고 일정기간 동안 일했던 경우
- 경험 : 금전적 보수를 받지 않고 수행한 활동

※ 기업에 따라 경력 / 경험 관련 증빙자료 요구 가능

구분	조직명	직위 / 역할	활동기간(년 / 월)	주요과업 / 활동내용

Tip

입사지원서 작성 방법

○ 경력 및 경험사항 작성
- 직무기술서에 제시된 지식, 기술, 태도와 지원자의 교육사항, 경력(경험)사항, 자격사항과 연계하여 개인의 직무역량에 대해 스스로 판단 가능

○ 인적사항 최소화
- 개인의 인적사항, 학교명, 가족관계 등을 노출하지 않도록 유의

부적절한 입사지원서 작성 사례
- 학교 이메일을 기입하여 학교명 노출
- 거주지 주소에 학교 기숙사 주소를 기입하여 학교명 노출
- 자기소개서에 부모님이 재직 중인 기업명, 직위, 직업을 기입하여 가족관계 노출
- 자기소개서에 석·박사 과정에 대한 이야기를 언급하여 학력 노출
- 동아리 활동에 대한 내용을 학교명과 더불어 언급하여 학교명 노출

1. 자기소개서의 변화

- 기존의 자기소개서는 지원자의 일대기나 관심 분야, 성격의 장·단점 등 개괄적인 사항을 묻는 질문으로 구성되어 지원자가 자신의 직무능력을 제대로 표출하지 못합니다.
- 능력중심 채용의 자기소개서는 직무기술서에 제시된 직업기초능력(또는 직무수행능력)에 대한 지원자의 과거 경험을 기술하게 함으로써 평가 타당도의 확보가 가능합니다.

1. 우리 회사와 해당 지원 직무분야에 지원한 동기에 대해 기술해 주세요.

2. 자신이 경험한 다양한 사회활동에 대해 기술해 주세요.

3. 지원 직무에 대한 전문성을 키우기 위해 받은 교육과 경험 및 경력사항에 대해 기술해 주세요.

4. 인사업무 또는 팀 과제 수행 중 발생한 갈등을 원만하게 해결해 본 경험이 있습니까? 당시 상황에 대한 설명과 갈등의 대상이 되었던 상대방을 설득한 과정 및 방법을 기술해 주세요.

5. 과거에 있었던 일 중 가장 어려웠었던(힘들었었던) 상황을 고르고, 어떤 방법으로 그 상황을 해결했는지를 기술해 주세요.

자기소개서 작성 방법

① 자기소개서 문항이 묻고 있는 평가 역량 추측하기

예시

- 팀 활동을 하면서 갈등 상황 시 상대방의 니즈나 의도를 명확히 파악하고 해결하여 목표 달성에 기여했던 경험에 대해서 작성해 주시기 바랍니다.
- 다른 사람이 생각해내지 못했던 문제점을 찾고 이를 해결한 경험에 대해 작성해 주시기 바랍니다.

② 해당 역량을 보여줄 수 있는 소재 찾기(시간×역량 매트릭스)

예시

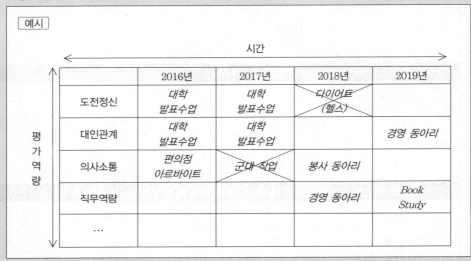

시간

평가역량		2016년	2017년	2018년	2019년
	도전정신	대학 발표수업	대학 발표수업	~~다이어트 (헬스)~~	
	대인관계	대학 발표수업	대학 발표수업		경영 동아리
	의사소통	편의점 아르바이트	~~군대 작업~~	봉사 동아리	
	직무역량			경영 동아리	Book Study
	…				

③ 자기소개서 작성 Skill 익히기
- 두괄식으로 작성하기
- 구체적 사례를 사용하기
- '나'를 중심으로 작성하기
- 직무역량 강조하기
- 경험 사례의 차별성 강조하기

03 | 인성검사 소개 및 모의테스트

01 인성검사 유형

인성검사는 지원자의 성격특성을 객관적으로 파악하고 그것이 각 기업에서 필요로 하는 인재상과 가치에 부합하는가를 평가하기 위한 검사입니다. 인성검사는 KPDI(한국인재개발진흥원), K-SAD(한국사회적성개발원), KIRBS(한국행동과학연구소), SHR(에스에이치알) 등의 전문기관을 통해 각 기업의 특성에 맞는 검사를 선택하여 실시합니다. 대표적인 인성검사의 유형에는 크게 다음과 같은 세 가지가 있으며, 채용 대행업체에 따라 달라집니다.

1. KPDI 검사

조직적응성과 직무적합성을 알아보기 위한 검사로 인성검사, 인성역량검사, 인적성검사, 직종별 인적성 검사 등의 다양한 검사 도구를 구현합니다. KPDI는 성격을 파악하고 정신건강 상태 등을 측정하고, 직무 검사는 해당 직무를 수행하기 위해 기본적으로 갖추어야 할 인지적 능력을 측정합니다. 역량검사는 특정 직무 역할을 효과적으로 수행하는 데 직접적으로 관련 있는 개인의 행동, 지식, 스킬, 가치관 등을 측정합니다.

2. KAD(Korea Aptitude Development) 검사

K-SAD(한국사회적성개발원)에서 실시하는 적성검사 프로그램입니다. 개인의 성향, 지적 능력, 기호, 관심, 흥미도를 종합적으로 분석하여 적성에 맞는 업무가 무엇인가 파악하고, 직무수행에 있어서 요구되는 기초능력과 실무능력을 분석합니다.

3. SHR 직무적성검사

직무수행에 필요한 종합적인 사고 능력을 다양한 적성검사(Paper and Pencil Test)로 평가합니다. SHR의 모든 직무능력검사는 표준화 검사입니다. 표준화 검사는 표본집단의 점수를 기초로 규준이 만들어진 검사이므로 개인의 점수를 규준에 맞추어 해석·비교하는 것이 가능합니다. S(Standardized Tests), H(Hundreds of Version), R(Reliable Norm Data)을 특징으로 하며, 직군·직급별 특성과 선발 수준에 맞추어 검사를 적용할 수 있습니다.

인성검사는 특히 면접질문과 관련성이 높습니다. 면접관은 지원자의 인성검사 결과를 토대로 질문을 하기 때문입니다. 일관적이고 이상적인 답변을 하는 것이 가장 좋지만, 실제 시험은 매우 복잡하여 전문가라 해도 일정 성격을 유지하면서 답변을 하는 것이 힘듭니다. 또한, 인성검사에는 라이 스케일(Lie Scale) 설문이 전체 설문 속에 교묘하게 섞여 들어가 있으므로 겉치레적인 답을 하게 되면 회답태도의 허위성이 그대로 드러나게 됩니다. 예를 들어 '거짓말을 한 적이 한 번도 없다.'에 '예'로 답하고, '때로는 거짓말을 하기도 한다.'에 '예'라고 답하여 라이 스케일의 득점이 올라가게 되면 모든 회답의 신빙성이 사라지고 '자신을 돋보이게 하려는 사람'이라는 평가를 받을 수 있으므로 주의해야 합니다. 따라서 모의테스트를 통해 인성검사의 유형과 실제 시험 시 어떻게 문제를 풀어야 하는지 연습해 보고 체크한 부분 중 자신의 단점과 연결되는 부분은 면접에서 질문이 들어왔을 때 어떻게 대처해야 하는지 생각해 보는 것이 좋습니다.

03 유의사항

1. 기업의 인재상을 파악하라!

인성검사를 통해 개인의 성격 특성을 파악하고 그것이 기업의 인재상과 가치에 부합하는지를 평가하는 시험이기 때문에 해당 기업의 인재상을 먼저 파악하고 시험에 임하는 것이 좋습니다. 모의테스트에서 인재상에 맞는 가상의 인물을 설정하고 문제에 답해 보는 것도 많은 도움이 됩니다.

2. 일관성 있는 대답을 하라!

짧은 시간 안에 다양한 질문에 답을 해야 하는데, 그 안에는 중복되는 질문이 여러 번 나옵니다. 이때 앞서 자신이 체크했던 대답을 잘 기억해뒀다가 일관성 있는 답을 하는 것이 중요합니다.

3. 모든 문항에 대답하라!

많은 문제를 짧은 시간 안에 풀려다 보니 다 못 푸는 경우도 종종 생깁니다. 하지만 대답을 누락하거나 끝까지 다 못했을 경우 좋지 않은 결과를 가져올 수도 있으니 최대한 주어진 시간 안에 모든 문항에 답할 수 있도록 해야 합니다.

※ 모의테스트는 질문 및 답변 유형 연습을 위한 것으로 실제 시험과 다를 수 있습니다.

번호	내용	예	아니오
001	나는 솔직한 편이다.	☐	☐
002	나는 리드하는 것을 좋아한다.	☐	☐
003	법을 어겨서 말썽이 된 적이 한 번도 없다.	☐	☐
004	거짓말을 한 번도 한 적이 없다.	☐	☐
005	나는 눈치가 빠르다.	☐	☐
006	나는 일을 주도하기보다는 뒤에서 지원하는 것을 선호한다.	☐	☐
007	앞일은 알 수 없기 때문에 계획은 필요하지 않다.	☐	☐
008	거짓말도 때로는 방편이라고 생각한다.	☐	☐
009	사람이 많은 술자리를 좋아한다.	☐	☐
010	걱정이 지나치게 많다.	☐	☐
011	일을 시작하기 전 재고하는 경향이 있다.	☐	☐
012	불의를 참지 못한다.	☐	☐
013	처음 만나는 사람과도 이야기를 잘 한다.	☐	☐
014	때로는 변화가 두렵다.	☐	☐
015	나는 모든 사람에게 친절하다.	☐	☐
016	힘든 일이 있을 때 술은 위로가 되지 않는다.	☐	☐
017	결정을 빨리 내리지 못해 손해를 본 경험이 있다.	☐	☐
018	기회를 잡을 준비가 되어 있다.	☐	☐
019	때로는 내가 정말 쓸모없는 사람이라고 느낀다.	☐	☐
020	누군가 나를 챙겨주는 것이 좋다.	☐	☐
021	자주 가슴이 답답하다.	☐	☐
022	나는 내가 자랑스럽다.	☐	☐
023	경험이 중요하다고 생각한다.	☐	☐
024	전자기기를 분해하고 다시 조립하는 것을 좋아한다.	☐	☐
025	감시받고 있다는 느낌이 든다.	☐	☐

PART 4

026	난처한 상황에 놓이면 그 순간을 피하고 싶다.	☐	☐
027	세상엔 믿을 사람이 없다.	☐	☐
028	잘못을 빨리 인정하는 편이다.	☐	☐
029	지도를 보고 길을 잘 찾아간다.	☐	☐
030	귓속말을 하는 사람을 보면 날 비난하고 있는 것 같다.	☐	☐
031	막무가내라는 말을 들을 때가 있다.	☐	☐
032	장래의 일을 생각하면 불안하다.	☐	☐
033	결과보다 과정이 중요하다고 생각한다.	☐	☐
034	운동은 그다지 할 필요가 없다고 생각한다.	☐	☐
035	새로운 일을 시작할 때 좀처럼 한 발을 떼지 못한다.	☐	☐
036	기분 상하는 일이 있더라도 참는 편이다.	☐	☐
037	업무능력은 성과로 평가받아야 한다고 생각한다.	☐	☐
038	머리가 맑지 못하고 무거운 느낌이 든다.	☐	☐
039	가끔 이상한 소리가 들린다.	☐	☐
040	타인이 내게 자주 고민상담을 하는 편이다.	☐	☐

※ 모의테스트는 질문 및 답변 유형 연습을 위한 것으로 실제 시험과 다를 수 있습니다.

※ 이 성격검사의 각 문항에는 서로 다른 행동을 나타내는 네 개의 문장이 제시되어 있습니다. 이 문장들을 비교하여, 자신의 평소 행동과 가장 가까운 문장을 'ㄱ' 열에 표기하고, 가장 먼 문장을 'ㅁ' 열에 표기하십시오.

01 나는 _____

	ㄱ	ㅁ
A. 실용적인 해결책을 찾는다.	☐	☐
B. 다른 사람을 돕는 것을 좋아한다.	☐	☐
C. 세부 사항을 잘 챙긴다.	☐	☐
D. 상대의 주장에서 허점을 잘 찾는다.	☐	☐

02 나는 _____

	ㄱ	ㅁ
A. 매사에 적극적으로 임한다.	☐	☐
B. 즉흥적인 편이다.	☐	☐
C. 관찰력이 있다.	☐	☐
D. 임기응변에 강하다.	☐	☐

03 나는 _____

	ㄱ	ㅁ
A. 무서운 영화를 잘 본다.	☐	☐
B. 조용한 곳이 좋다.	☐	☐
C. 가끔 울고 싶다.	☐	☐
D. 집중력이 좋다.	☐	☐

04 나는 _____

	ㄱ	ㅁ
A. 기계를 조립하는 것을 좋아한다.	☐	☐
B. 집단에서 리드하는 역할을 맡는다.	☐	☐
C. 호기심이 많다.	☐	☐
D. 음악을 듣는 것을 좋아한다.	☐	☐

PART 4

05 나는 _____

	ㄱ	ㅁ
A. 타인을 늘 배려한다.	☐	☐
B. 감수성이 예민하다.	☐	☐
C. 즐겨하는 운동이 있다.	☐	☐
D. 일을 시작하기 전에 계획을 세운다.	☐	☐

06 나는 _____

	ㄱ	ㅁ
A. 타인에게 설명하는 것을 좋아한다.	☐	☐
B. 여행을 좋아한다.	☐	☐
C. 정적인 것이 좋다.	☐	☐
D. 남을 돕는 것에 보람을 느낀다.	☐	☐

07 나는 _____

	ㄱ	ㅁ
A. 기계를 능숙하게 다룬다.	☐	☐
B. 밤에 잠이 잘 오지 않는다.	☐	☐
C. 한 번 간 길을 잘 기억한다.	☐	☐
D. 불의를 보면 참을 수 없다.	☐	☐

08 나는 _____

	ㄱ	ㅁ
A. 종일 말을 하지 않을 때가 있다.	☐	☐
B. 사람이 많은 곳을 좋아한다.	☐	☐
C. 술을 좋아한다.	☐	☐
D. 휴양지에서 편하게 쉬고 싶다.	☐	☐

09 나는 _____

	ㄱ	ㅁ
A. 뉴스보다는 드라마를 좋아한다.	☐	☐
B. 길을 잘 찾는다.	☐	☐
C. 주말엔 집에서 쉬는 것이 좋다.	☐	☐
D. 아침에 일어나는 것이 힘들다.	☐	☐

10 나는 _____

	ㄱ	ㅁ
A. 이성적이다.	☐	☐
B. 할 일을 종종 미룬다.	☐	☐
C. 어른을 대하는 게 힘들다.	☐	☐
D. 불을 보면 매혹을 느낀다.	☐	☐

11 나는 _____

	ㄱ	ㅁ
A. 상상력이 풍부하다.	☐	☐
B. 예의 바르다는 소리를 자주 듣는다.	☐	☐
C. 사람들 앞에 서면 긴장한다.	☐	☐
D. 친구를 자주 만난다.	☐	☐

12 나는 _____

	ㄱ	ㅁ
A. 나만의 스트레스 해소 방법이 있다.	☐	☐
B. 친구가 많다.	☐	☐
C. 책을 자주 읽는다.	☐	☐
D. 활동적이다.	☐	☐

01 면접유형 파악

1. 면접전형의 변화

기존 면접전형에서는 일상적이고 단편적인 대화나 지원자의 첫인상 및 면접관의 주관적인 판단 등에 의해서 입사 결정 여부를 판단하는 경우가 많았습니다. 이러한 면접전형은 면접 내용의 일관성이 결여되거나 직무 관련 타당성이 부족하였고, 면접에 대한 신뢰도에 영향을 주었습니다.

기존 면접(전통적 면접)		능력중심 채용 면접(구조화 면접)

• 일상적이고 단편적인 대화
 • 인상, 외모 등 외부 요소의 영향
 • 주관적인 판단에 의존한 총점 부여
 	
 ⇩
 	
 • 면접 내용의 일관성 결여
 • 직무관련 타당성 부족
 • 주관적인 채점으로 신뢰도 저하
	VS	• 일관성
		   – 직무관련 역량에 초점을 둔 구체적 질문 목록
		   – 지원자별 동일 질문 적용
		 • 구조화
		   – 면접 진행 및 평가 절차를 일정한 체계에 의해 구성
		 • 표준화
		   – 평가 타당도 제고를 위한 평가 Matrix 구성
		   – 척도에 따라 항목별 채점, 개인 간 비교
		 • 신뢰성
		   – 면접진행 매뉴얼에 따라 면접위원 교육 및 실습

2. 능력중심 채용의 면접 유형

① 경험 면접
- 목적 : 선발하고자 하는 직무 능력이 필요한 과거 경험을 질문합니다.
- 평가요소 : 직업기초능력과 인성 및 태도적 요소를 평가합니다.

② 상황 면접
- 목적 : 특정 상황을 제시하고 지원자의 행동을 관찰함으로써 실제 상황의 행동을 예상합니다.
- 평가요소 : 직업기초능력과 인성 및 태도적 요소를 평가합니다.

③ 발표 면접
- 목적 : 특정 주제와 관련된 지원자의 발표와 질의응답을 통해 지원자 역량을 평가합니다.
- 평가요소 : 직무수행능력과 인지적 역량(문제해결능력)을 평가합니다.

④ 토론 면접
- 목적 : 토의과제에 대한 의견수렴 과정에서 지원자의 역량과 상호작용능력을 평가합니다.
- 평가요소 : 직무수행능력과 팀워크를 평가합니다.

1. 경험 면접

① 경험 면접의 특징

- 주로 직업기초능력에 관련된 지원자의 과거 경험을 심층 질문하여 검증하는 면접입니다.
- 직무능력과 관련된 과거 경험을 평가하기 위해 심층 질문을 하며, 이 질문은 지원자의 답변에 대하여 '꼬리에 꼬리를 무는 형식'으로 진행됩니다.

- 능력요소, 정의, 심사 기준
  - 평가하고자 하는 능력요소, 정의, 심사기준을 확인하여 면접위원이 해당 능력요소 관련 질문을 제시합니다.
- Opening Question
  - 능력요소에 관련된 과거 경험을 유도하기 위한 시작 질문을 합니다.
- Follow-up Question
  - 지원자의 경험 수준을 구체적으로 검증하기 위한 질문입니다.
  - 경험 수준 검증을 위한 상황(Situation), 임무(Task), 역할 및 노력(Action), 결과(Result) 등으로 질문을 구분합니다.

경험 면접의 형태

[면접관 1] [면접관 2] [면접관 3]　　[면접관 1] [면접관 2] [면접관 3]

[지원자]　　　　　　　　[지원자 1] [지원자 2] [지원자 3]

〈일대다 면접〉　　　　　　　　〈다대다 면접〉

② 경험 면접의 구조

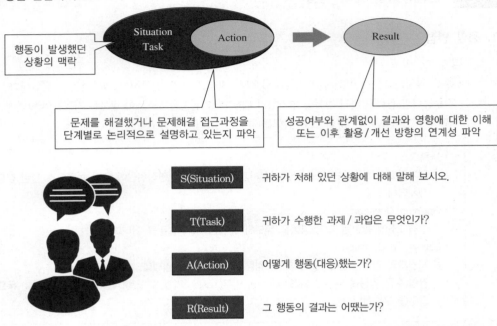

행동이 발생했던 상황의 맥락

문제를 해결했거나 문제해결 접근과정을 단계별로 논리적으로 설명하고 있는지 파악

성공여부와 관계없이 결과와 영향애 대한 이해 또는 이후 활용 / 개선 방향의 연계성 파악

S(Situation) — 귀하가 처해 있던 상황에 대해 말해 보시오.

T(Task) — 귀하가 수행한 과제 / 과업은 무엇인가?

A(Action) — 어떻게 행동(대응)했는가?

R(Result) — 그 행동의 결과는 어땠는가?

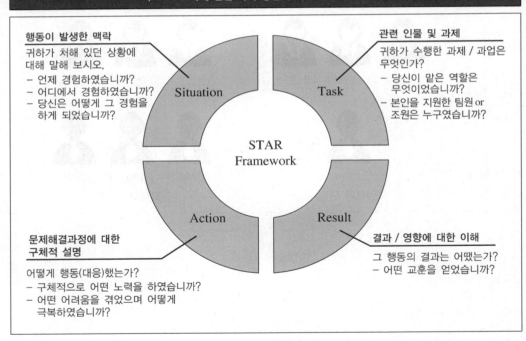

(   )에 관한 과거 경험에 대하여 말해 보시오.

행동이 발생한 맥락
귀하가 처해 있던 상황에 대해 말해 보시오.
– 언제 경험하였습니까?
– 어디에서 경험하였습니까?
– 당신은 어떻게 그 경험을 하게 되었습니까?

Situation

관련 인물 및 과제
귀하가 수행한 과제 / 과업은 무엇인가?
– 당신이 맡은 역활은 무엇이었습니까?
– 본인을 지원한 팀원 or 조원은 누구였습니까?

Task

STAR
Framework

Action

Result

문제해결과정에 대한 구체적 설명
어떻게 행동(대응)했는가?
– 구체적으로 어떤 노력을 하였습니까?
– 어떤 어려움을 겪었으며 어떻게 극복하였습니까?

결과 / 영향에 대한 이해
그 행동의 결과는 어땠는가?
– 어떤 교훈을 얻었습니까?

③ 경험 면접 질문 예시(직업윤리)

시작 질문	
1	남들이 신경 쓰지 않는 부분까지 고려하여 절차대로 업무(연구)를 수행하여 성과를 낸 경험을 구체적으로 말해 보시오.
2	조직의 원칙과 절차를 철저히 준수하며 업무(연구)를 수행한 것 중 성과를 향상시킨 경험에 대해 구체적으로 말해 보시오.
3	세부적인 절차와 규칙에 주의를 기울여 실수 없이 업무(연구)를 마무리한 경험을 구체적으로 말해 보시오.
4	조직의 규칙이나 원칙을 고려하여 성실하게 일했던 경험을 구체적으로 말해 보시오.
5	타인의 실수를 바로잡고 원칙과 절차대로 수행하여 성공적으로 업무를 마무리하였던 경험에 대해 말해 보시오.

후속 질문		
상황 (Situation)	상황	구체적으로 언제, 어디에서 경험한 일인가?
		어떤 상황이었는가?
	조직	어떤 조직에 속해 있었는가?
		그 조직의 특성은 무엇이었는가?
		몇 명으로 구성된 조직이었는가?
	기간	해당 조직에서 얼마나 일했는가?
		해당 업무는 몇 개월 동안 지속되었는가?
	조직규칙	조직의 원칙이나 규칙은 무엇이었는가?
임무 (Task)	과제	과제의 목표는 무엇이었는가?
		과제에 적용되는 조직의 원칙은 무엇이었는가?
		그 규칙을 지켜야 하는 이유는 무엇이었는가?
	역할	당신이 조직에서 맡은 역할은 무엇이었는가?
		과제에서 맡은 역할은 무엇이었는가?
	문제의식	규칙을 지키지 않을 경우 생기는 문제점 / 불편함은 무엇인가?
		해당 규칙이 왜 중요하다고 생각하였는가?
역할 및 노력 (Action)	행동	업무 과정의 어떤 장면에서 규칙을 철저히 준수하였는가?
		어떻게 규정을 적용시켜 업무를 수행하였는가?
		규정은 준수하는 데 어려움은 없었는가?
	노력	그 규칙을 지키기 위해 스스로 어떤 노력을 기울였는가?
		본인의 생각이나 태도에 어떤 변화가 있었는가?
		다른 사람들은 어떤 노력을 기울였는가?
	동료관계	동료들은 규칙을 철저히 준수하고 있었는가?
		팀원들은 해당 규칙에 대해 어떻게 반응하였는가?
		규칙에 대한 태도를 개선하기 위해 어떤 노력을 하였는가?
		팀원들의 태도는 당신에게 어떤 자극을 주었는가?
	업무추진	주어진 업무를 추진하는 데 규칙이 방해되진 않았는가?
		업무수행 과정에서 규정을 어떻게 적용하였는가?
		업무 시 규정을 준수해야 한다고 생각한 이유는 무엇인가?

결과 (Result)	평가	규칙을 어느 정도나 준수하였는가?
		그렇게 준수할 수 있었던 이유는 무엇이었는가?
		업무의 성과는 어느 정도였는가?
		성과에 만족하였는가?
		비슷한 상황이 온다면 어떻게 할 것인가?
	피드백	주변 사람들로부터 어떤 평가를 받았는가?
		그러한 평가에 만족하는가?
		다른 사람에게 본인의 행동이 영향을 주었다고 생각하는가?
	교훈	업무수행 과정에서 중요한 점은 무엇이라고 생각하는가?
		이 경험을 통해 느낀 바는 무엇인가?

2. 상황 면접

① 상황 면접의 특징

직무 관련 상황을 가정하여 제시하고 이에 대한 대응능력을 직무관련성 측면에서 평가하는 면접입니다.

> • 상황 면접 과제의 구성은 크게 2가지로 구분
>   – 상황 제시(Description) / 문제 제시(Question or Problem)
> • 현장의 실제 업무 상황을 반영하여 과제를 제시하므로 직무분석이나 직무전문가 워크숍 등을 거쳐 현장성을 높임
> • 문제는 상황에 대한 기본적인 이해능력(이론적 지식)과 함께 실질적 대응이나 변수 고려능력(실천적 능력) 등을 고르게 질문해야 함

상황 면접의 형태

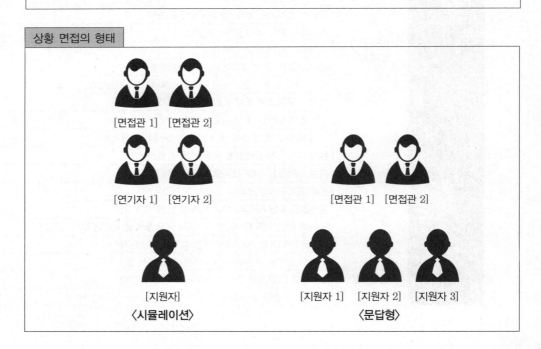

〈시뮬레이션〉　　　　　　　　　　　　　〈문답형〉

② 상황 면접 예시

상황 제시	인천공항 여객터미널 내에는 다양한 용도의 시설(사무실, 통신실, 식당, 전산실, 창고 면세점 등)이 설치되어 있습니다.	실제 업무 상황에 기반함
	금년에 소방배관의 누수가 잦아 메인 배관을 교체하는 공사를 추진하고 있으며, 당신은 이번 공사의 담당자입니다.	배경 정보
	주간에는 공항 운영이 이루어져 주로 야간에만 배관 교체 공사를 수행하던 중, 시공하는 기능공의 실수로 배관 연결 부위를 잘못 건드려 고압배관의 소화수가 누출되는 사고가 발생하였으며, 이로 인해 인근 시설물에 누수에 의한 피해가 발생하였습니다.	구체적인 문제 상황
문제 제시	일반적인 소방배관의 배관연결(이음)방식과 배관의 이탈(누수)이 발생하는 원인에 대해 설명해 보시오.	문제 상황 해결을 위한 기본 지식 문항
	담당자로서 본 사고를 현장에서 긴급히 처리하는 프로세스를 제시하고, 보수완료 후 사후적 조치가 필요한 부분 및 재발방지 방안에 대해 설명해 보시오.	문제 상황 해결을 위한 추가 대응 문항

3. 발표 면접

① 발표 면접의 특징
- 직무관련 주제에 대한 지원자의 생각을 정리하여 의견을 제시하고, 발표 및 질의응답을 통해 지원자의 직무능력을 평가하는 면접입니다.
- 발표 주제는 직무와 관련된 자료로 제공되며, 일정 시간 후 지원자가 보유한 지식 및 방안에 대한 발표 및 후속 질문을 통해 직무적합성을 평가합니다.

- 주요 평가요소
  - 설득적 말하기 / 발표능력 / 문제해결능력 / 직무관련 전문성
- 이미 언론을 통해 공론화된 시사 이슈보다는 해당 직무분야에 관련된 주제가 발표면접의 과제로 선정되는 경우가 최근 들어 늘어나고 있음
- 짧은 시간 동안 주어진 과제를 빠른 속도로 분석하여 발표문을 작성하고 제한된 시간 안에 면접관에게 효과적인 발표를 진행하는 것이 핵심

발표 면접의 형태

[면접관 1] [면접관 2]

[면접관 1] [면접관 2]

[지원자]

〈개별 과제 발표〉

[지원자 1] [지원자 2] [지원자 3]

〈팀 과제 발표〉

※ 면접관에게 시각적 효과를 사용하여 메시지를 전달하는 쌍방향 커뮤니케이션 방식
※ 심층면접을 보완하기 위한 방안으로 최근 많은 기업에서 적극 도입하는 추세
---

② 발표 면접 예시

1. 지시문

> 당신은 현재 A사에서 직원들의 성과평가를 담당하고 있는 팀원이다. 인사팀은 지난주부터 사내 조직문화관련 인터뷰를 하던 도중 성과평가제도에 관련된 개선 니즈가 제일 많다는 것을 알게 되었다. 이에 팀장님은 인터뷰 결과를 종합하려 성과평가제도 개선 아이디어를 A4용지에 정리하여 신속 보고할 것을 지시하셨다. 당신에게 남은 시간은 1시간이다. 자료를 준비하는 대로 당신은 팀원들이 모인 회의실에서 5분 간 발표할 것이며, 이후 질의응답을 진행할 것이다.

2. 배경자료

> <성과평가제도 개선에 대한 인터뷰>
>
> 최근 A사는 회사 사세의 급성장으로 인해 작년보다 매출이 두 배 성장하였고, 직원 수 또한 두 배로 증가하였다. 회사의 성장은 임금, 복지에 대한 상승 등 긍정적인 영향을 주었으나 업무의 불균형 및 성과보상의 불평등 문제가 발생하였다. 또한 수시로 입사하는 신입직원과 경력직원, 퇴사하는 직원들까지 인원들의 잦은 변동으로 인해 평가해야 할 대상이 변경되어 현재의 성과평가제도로는 공정한 평가가 어려운 상황이다.
>
> [생산부서 김상호]
> 우리 팀은 지난 1년 동안 생산량이 급증했기 때문에 수십 명의 신규인력이 급하게 채용되었습니다. 이 때문에 저희 팀장님은 신규 입사자들의 이름조차 기억 못할 때가 많이 있습니다. 성과평가를 제대로 하고 있는지 의문이 듭니다.
>
> [마케팅 부서 김흥민]
> 개인의 성과평가의 취지는 충분히 이해합니다. 그러나 현재 평가는 실적기반이나 정성적인 평가가 많이 포함되어 있어 객관성과 공정성에는 의문이 드는 것이 사실입니다. 이러한 상황에서 평가제도를 재수립하지 않고, 인센티브에 계속 반영한다면, 평가제도에 대한 반감이 커질 것이 분명합니다.
>
> [교육부서 홍경민]
> 현재 교육부서는 인사팀과 밀접하게 일하고 있습니다. 그럼에도 인사팀에서 실시하는 성과평가제도에 대한 이해가 부족한 것 같습니다.
>
> [기획부서 김경호 차장]
> 저는 저의 평가자 중 하나가 연구부서의 팀장님인데, 일 년에 몇 번 같이 일하지 않는데 어떻게 저를 평가할 수 있을까요? 특히 연구팀은 저희가 예산을 배정하는데, 저에게는 좋지만….

4. 토론 면접

① 토론 면접의 특징
- 다수의 지원자가 조를 편성해 과제에 대한 토론(토의)을 통해 결론을 도출해가는 면접입니다.
- 의사소통능력, 팀워크, 종합인성 등의 평가에 용이합니다.

> - 주요 평가요소
>   - 설득적 말하기, 경청능력, 팀워크, 종합인성
> - 의견 대립이 명확한 주제 또는 채용분야의 직무 관련 주요 현안을 주제로 과제 구성
> - 제한된 시간 내 토론을 진행해야 하므로 적극적으로 자신 있게 토론에 임하고 본인의 의견을 개진할 수 있어야 함

토론 면접의 형태

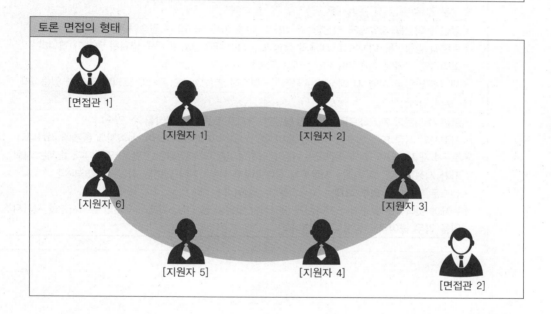

② 토론 면접 예시

고객 불만 고충처리

1. 들어가며

최근 우리 상품에 대한 고객 불만의 증가로 고객고충처리 TF가 만들어졌고 당신은 여기에 지원해 배치받았다. 당신의 업무는 불만을 가진 고객을 만나서 애로사항을 듣고 처리해 주는 일이다. 주된 업무로는 고객의 니즈를 파악해 방향성을 제시해 주고 그 해결책을 마련하는 일이다. 하지만 경우에 따라서 고객의 주관적인 의견으로 인해 제대로 된 방향으로 의사결정을 하지 못할 때가 있다. 이럴 경우 설득이나 논쟁을 해서라도 의견을 관철시키는 것이 좋을지 아니면 고객의 의견대로 진행하는 것이 좋을지 결정해야 할 때가 있다. 만약 당신이라면 이러한 상황에서 어떤 결정을 내릴 것인지 여부를 자유롭게 토론해 보시오.

2. 1분 자유 발언 시 준비사항

• 당신은 의견을 자유롭게 개진할 수 있으며 이에 따른 불이익은 없습니다.
• 토론의 방향성을 이해하고, 내용의 장점과 단점이 무엇인지 문제를 명확히 말해야 합니다.
• 합리적인 근거에 기초하여 개선방안을 명확히 제시해야 합니다.
• 제시한 방안을 실행 시 예상되는 긍정적·부정적 영향요인도 동시에 고려할 필요가 있습니다.

3. 토론 시 유의사항

• 토론 주제문과 제공해드린 메모지, 볼펜만 가지고 토론장에 입장할 수 있습니다.
• 사회자의 지정 또는 발표자가 손을 들어 발언권을 획득할 수 있으며, 사회자의 통제에 따릅니다.
• 토론회가 시작되면, 팀의 의견과 논거를 정리하여 1분간의 자유발언을 할 수 있습니다. 순서는 사회자가 지정합니다. 이후에는 자유롭게 상대방에게 질문하거나 답변을 하실 수 있습니다.
• 핸드폰, 서적 등 외부 매체는 사용하실 수 없습니다.
• 논제에 벗어나는 발언이나 지나치게 공격적인 발언을 할 경우, 위에서 제시한 유의사항을 지키지 않을 경우 불이익을 받을 수 있습니다.

1. 면접 Role Play 편성

- 교육생끼리 조를 편성하여 면접관과 지원자 역할을 교대로 진행합니다.
- 지원자 입장과 면접관 입장을 모두 경험해 보면서 면접에 대한 적응력을 높일 수 있습니다.

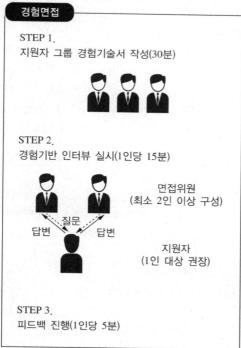

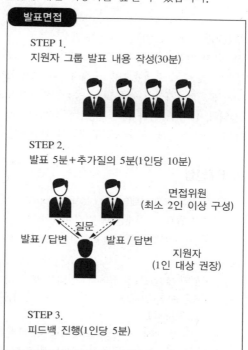

Tip

면접 준비하기
1. 면접 유형 확인 필수
   - 기업마다 면접 유형이 상이하기 때문에 해당 기업의 면접 유형을 확인하는 것이 좋음
   - 일반적으로 실무진 면접, 임원면접 2차례에 거쳐 면접을 실시하는 기업이 많고 실무진 면접과 임원 면접에서 평가요소가 다르기 때문에 유형에 맞는 준비방법이 필요
2. 후속 질문에 대한 사전 점검
   - 블라인드 채용 면접에서는 주요 질문과 함께 후속 질문을 통해 지원자의 직무능력을 판단
     → STAR 기법을 통한 후속 질문에 미리 대비하는 것이 필요

05 | 부산교통공사 면접 기출질문

부산교통공사는 2021년까지 1차 면접으로 토론면접, 2차 면접으로 인성면접을 시행했으나 2022년 상반기부터는 1차 면접이 PT면접으로 변경되었다. PT면접은 일반 시사이슈 또는 공사와 관련된 내부 문제점의 개선방안 등을 주로 출제했으며, 면접자마다 개별적으로 세부 주제를 제시했다. 평가요소로는 '직원으로서의 정신자세', '전공지식의 수준 및 그 응용능력', '의사발표의 정확성과 논리성', '품행, 성실성, 적응성, 어학능력', '창의력, 의지력, 기타 발전 가능성'의 5가지를 각 3점씩 15점 만점으로 평가한다. 따라서 자기소개서 내용에 대한 숙지와 함께 평가소요에 대하여 부산교통공사의 핵심가치를 반영한 답변을 준비할 필요가 있다.

1. PT면접

PT면접은 프레젠테이션(Presentation)면접의 줄임말로, 즉석에서 자료를 만들어 보고하는 형식으로 면접이 진행된다. 주제는 면접 전에 주어지지 않고 면접 시작과 동시에 각기 다른 주제로 주어지는데, 15분의 준비시간과 3분의 발표시간이 주어진다. 조직 이해도와 전문성을 주로 평가한다.

- 현재 부산교통공사의 재정상태를 개선하기 위한 방안을 말해 보시오.
- 지금보다 대중교통의 노선을 더 확대해야 한다는 의견이 있는데, 여기에 대해 입장을 밝히고, 그 근거를 말해 보시오.
- 디지털 화폐가 기존의 화폐 시스템을 대체할 수 있는지 의견을 말해 보시오.
- 디지털 화폐의 장단점에 대해서 말해 보시오.
- 중대재해처벌법의 제정이 가져올 변화에 대해 부산교통공사의 업무와 연관지어서 말해 보시오.
- 우리 공사에서 시행 중인 대규모 사업에 대해 아는 대로 말해 보시오.

2. 토론면접

토론면접은 사회자, 서기, 그리고 토론하는 사람들로 구성하여 부산교통공사가 추구하는 의사발표의 정확성과 논리성, 적응성, 창의력을 확인하는 면접이다.

- 철도운행 중 정전이 된다면 어떻게 대응할 것인가?
- 20대의 지하철 불만율이 높은데 그 이유와 개선방법을 논의하시오.
- 업무 수행 시 매뉴얼과 유연성 중 중요한 것이 무엇이라 생각하는가?
- 최근 중요하게 생각되는 워라밸이 지켜지려면 어떻게 해야 하는가?
- 데이터 구조의 종류와 차이점을 말해 보시오.
- 교통카드의 원리를 설명해 보시오.
- 최저임금을 1만 원으로 인상하는 것에 대한 사회·경제적 영향을 논의하시오.

- 저출산에 따른 문제점을 제시하고, 이에 대한 해결방안을 제시해 보시오.
- 부산교통공사에서 신재생에너지를 어떻게 활용할 수 있을지 논의하시오.
- 전기세를 줄이는 방안을 제시해 보시오.
- (반부패에 대한 주제로 발표 진행) 만약 선배가 로비를 받는 것을 목격했다면 어떻게 대처할 것인가?
- 지하철 이용률을 증가시킬 방안을 발표해 보시오.

3. 개별면접

개별면접은 지원자의 자기소개서 내용을 바탕으로 직무수행에 요구되는 개개인의 지식, 기술, 태도 등을 평가하며, 품행, 성실성, 적응성, 의지력을 확인하는 면접이다. 직무용어에 대해 설명할 수 있어야 하고, 인성에 관한 개별 질문에 솔직한 답변이 요구되며, 부산교통공사의 이슈를 질문하는 경우도 있었다.

- 구조물의 지점과 반력 세 가지를 말해 보시오.
- IoT에 관해 설명해 보시오.
- 전차선 설비에 대해 말해 보시오.
- 귀선에 대해 말해 보시오.
- 카테너리 조가방식과 가공강체가선방식의 차이점을 말해 보시오.
- 전식에 대해 설명해 보시오.
- 부산교통공사 노조에 대해 얼마나 알고 있는가?
- 최근 부산교통공사 기사 중 기억에 남는 것이 있는가?
- 최근 근로기준법 개정 사항에 대해 아는가?
- 관광학과 수업을 많이 들었던데 관광객 유치를 위해 어떻게 할 것인가?
- 기업분석 공모전 경험이 있는데 어떤 부분을 분석했는가?
- 콜센터 봉사활동 경험이 있는데 그때 받은 스트레스를 어떻게 해소했는가?
- 다른 기업에 지원한 적이 있는가?
- 이전 회사에서 왜 퇴사하였는가?
- 역사 내 안전사고가 일어난다면 누구의 책임인지 말해 보시오.
- 지원자가 운영직일 때, 사고 발생 시 어떻게 대처할 것인가?
- 늦은 시간에 긴급출동을 해야 한다면 어떻게 할 것인가?
- 회사와 노조의 불화가 빈번하다면 어떻게 해결할 수 있겠는가?
- 선배보다 먼저 진급하게 되자 선배가 언짢은 태도를 보인다. 어떻게 하겠는가?
- 정규직인 지원자의 입장에서 비정규직을 전부 정규직으로 전환하는 것을 어떻게 생각하는가?
- 파업에 대한 자신의 생각을 말해 보시오.
- KBS, MBC 파업의 이유를 설명해 보시오.
- 부산교통공사의 시설물을 이용하는 고객의 만족을 높이기 위해 어떤 노력을 할 수 있는지 말해 보시오.
- 자신이 채용되어야 하는 이유를 설명해 보시오.
- 옆 지원자를 칭찬해 보시오.
- 자신을 3가지 명사로 표현해 보시오.
- 원만한 인간관계를 위해 무엇이 필요하다고 생각하는가?
- 약간의 군대 문화가 남아있는데 잘 적응할 수 있는가?

4. 전공면접

전공면접은 업무를 수행하는 데 필요한 전공지식을 이해하고 있는지를 확인하는 면접으로 전공지식의 수준 및 응용능력을 평가한다. 2018년 하반기 면접에서는 인성면접을 진행하면서 전공 관련 지식을 질문하기도 하였다. 전공지식에 대한 질문의 답변을 알지 못할 때는 장황하게 설명하는 것보다 솔직하게 이야기하는 것도 하나의 방법이다.

- DC(직류)를 AC(교류)로 변환하는 방법을 설명해 보시오.
- 변류기에 대하여 설명해 보시오.
- 사이리스터 정류와 다이오드 정류의 차이점에 대하여 설명해 보시오.
- 부산교통공사가 개선해야 할 점을 말해 보시오.
- 서울 지하철을 타본 경험이 있는가? 타봤다면 서울 지하철과 부산 지하철의 차이점을 말해 보시오.
- 부산교통공사의 경영가치 5-UP을 재배치하고 그 이유를 설명해 보시오.
- 이어폰마다 소리가 잘 들리는 것과 잘 들리지 않는 것이 있는데 이를 회로 · 통신설비와 관련하여 설명해 보시오.
- IPv4와 IPv6의 차이를 말해 보시오.
- 등화기에 관해 설명해 보시오.
- 나이퀴스트에 대해 설명해 보시오.
- 차단기와 단로기에 대해 아는 것을 설명해 보시오.
- 역률에 관해 설명해 보시오.
- 변압기의 원리를 설명해 보시오.
- 통신직 근무자에게 필요한 소양은 무엇인가?
- UPS에 관해 설명해 보시오.
- 직류전차선과 교류전차선의 차이를 설명해 보시오.
- 우리나라의 전력계통을 설명해 보시오.
- 발전원에 관해 설명해 보시오.
- 변전소에 관해 설명해 보시오.
- 변전소 설비에 대해 설명해 보시오.
- 전차선의 종류와 특징을 설명해 보시오.
- 다이오드와 더블 컨버터를 설명해 보시오.
- 케이블 열화현상을 설명해 보시오.
- 쵸퍼 제어방식과 wwF 제어방식에 대해 설명해 보시오.
- 안전사고와 재난사고의 차이를 설명해 보시오.
- 폭우 시 역사근무요원의 역할을 설명해 보시오.
- 활선 점검 시 점검 방법에 관해 설명해 보시오.

5. 인성면접

공동체 생활에서 필요한 태도를 확인하는 면접으로 직원으로서의 정신자세, 품행, 성실성, 적응성, 의지력, 기타 발전 가능성을 평가한다. 지원자에게 인성에 관한 공통 질문을 하면 이에 대한 답변을 하는 방식으로 진행된다. 특히, 운영직의 경우 부산교통공사 사장이 직접 면접관으로 참여한 사례가 있다는 점을 유념해야 한다.

- 지원자만의 비전은 무엇인가?
- 우리 공사에 지원하게 된 동기가 무엇인가?
- 입사 후 부산교통공사의 발전을 위해 어떤 노력을 할 수 있는가?
- 부산교통공사하면 떠오르는 것은 무엇인가?
- '안전경영품질'로 육행시를 지어보시오.
- '선진도시철도'로 육행시를 지어보시오.
- 개인의 목표와 공동의 목표 중 어떤 것이 더 중요한가?
- 친구와의 약속과 회사 일 중 어느 것이 더 중요한가?
- 사람을 두 그룹으로 분류해 보시오.
- 자신을 사물로 표현해 보시오.
- 가장 자신 있는 질문과 그에 대한 답변을 해보시오.
- 자신에게 가장 소중한 물건 하나를 말해 보시오.
- 자신보다 일을 잘하지 못하는 상사와 일할 때 어떻게 대처할 것인가?
- 자신이 팀장일 때, 일을 안 하는 후임을 어떻게 할 것인가?
- 원치 않는 일을 배정받는다면 어떻게 할 것인가?
- 첫 월급을 타면 무엇을 할 것인가?
- 어머니를 생각했을 때 떠오르는 말은 무엇인가?
- 인생의 좌우명을 말해 보시오.
- 자신의 단점을 말해 보시오.
- 화가 났던 일과 그에 대한 대처방법을 말해 보시오.
- 입사 관련 일은 제외하고 최근 고민거리가 무엇인가?
- 자신만의 스트레스 해소법은 어떤 것이 있는가?
- 사람들이 보는 나와 자신이 보는 나의 차이점을 말해 보시오.
- 자신의 특성을 한마디로 정의해 보시오.
- 주말에 하는 여가활동에는 어떤 것이 있는가?
- 소통에 대한 자신의 생각을 말해 보시오.
- 상사와 트러블이 있을 경우 어떻게 대처하겠는가?
- 직장에서 신뢰를 얻는 방법에는 어떤 것이 있겠는가?

합격의 공식
SD에듀
SD EDU

우리가 해야할 일은 끊임없이 호기심을 갖고
새로운 생각을 시험해보고 새로운 인상을 받는 것이다.

－ 월터 페이터 －

현재 나의 실력을 객관적으로 파악해 보자!

모바일 OMR
답안채점 / 성적분석 서비스

도서에 수록된 모의고사에 대한 객관적인 결과(정답률, 순위)를 종합적으로 분석하여 제공합니다.

OMR 입력

성적분석

채점결과

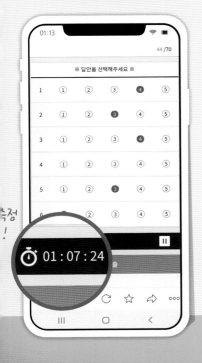

※OMR 답안채점 / 성적분석 서비스는 등록 후 30일간 사용 가능합니다.

참여
방법

 → → → → →

도서 내 모의고사
우측 상단에 위치한
QR코드 찍기

로그인
하기

'시작하기'
클릭

'응시하기'
클릭

나의 답안을
모바일 OMR
카드에 입력

'성적분석 & 채점결과'
클릭

현재 내 실력
확인하기

SD에듀

공기업 취업을 위한 NCS 직업기초능력평가 시리즈

NCS부터 전공까지 완벽 학습 "통합서" 시리즈

공기업 취업의 기초부터 차근차근! 취업의 문을 여는 Master Key!

NCS 영역 및 유형별 체계적 학습 "집중학습" 시리즈

영역별 이론부터 유형별 모의고사까지! 단계별 학습을 통한 Only Way!

SD에듀

2024 최신판

부산교통공사

정답 및 해설

누적 판매량 **1위**
기업별 NCS 시리즈

부교공 봉투모의고사와 **100%** 다른 문제

합격의 별을 따자

2023년 공기업 기출복원문제

NCS 대표유형 + 전공

모의고사 3회

안심도서
합격 99.9%

SDC

SDC는 SD에듀 데이터 센터의 약자로
약 30만 개의 NCS·적성 문제 데이터를
바탕으로 최신출제경향을 반영하여
문제를 출제합니다.

SD에듀
(주)시대고시기획

Add+

특별부록

끝까지 책임진다! SD에듀!

도서 출간 이후에 발견되는 오류와 개정법령 등 변경된 시험 관련 정보, 최신기출문제, 도서 업데이트 자료 등이 있는지 QR코드를 통해 확인해보세요! **시대에듀 합격 스마트 앱**을 통해서도 알려 드리고 있으니 구글플레이나 앱스토어에서 다운 받아 사용하세요! 또한, 도서가 파본인 경우에는 구입하신 곳에서 교환해 드립니다.

01	02	03	04	05	06	07	08	09	10	11	12	13	14	15	16	17	18	19	20
④	③	③	③	③	①	②	⑤	⑤	④	④	②	⑤	④	①	②	④	④	①	④
21	22	23	24	25	26	27	28	29	30	31	32	33	34	35	36	37	38	39	40
③	③	③	②	②	①	④	③	①	②	③	④	①	④	⑤	②	④	④	①	②
41	42	43	44	45	46	47	48	49	50										
④	②	⑤	④	④	⑤	④	④	⑤	③										

01
정답 ④

제시문은 위성영상지도 서비스인 구글어스로 건조지대에도 많은 숲이 존재한다는 사실을 발견했다는 내용이다. 첫 문장에서 구글어스가 세계 환경의 보안관 역할을 톡톡히 하고 있다고 하였으므로, 글의 제목으로는 ④가 가장 적절하다.

02
정답 ③

(마름모의 넓이)=(한 대각선의 길이)×(다른 대각선의 길이)×$\frac{1}{2}$

따라서 두 마름모의 넓이의 차는 $\left(9\times6\times\frac{1}{2}\right)-\left(4\times6\times\frac{1}{2}\right)=27-12=15$이다.

03
정답 ③

5장의 카드에서 2장을 뽑아 두 자리 정수를 만드는 모든 경우의 수 : 4×4=16가지(∵ 십의 자리에는 0이 올 수 없다)
십의 자리가 홀수일 때와 짝수일 때를 나누어 생각하면 다음과 같다.
• 십의 자리가 홀수, 일의 자리가 짝수일 경우의 수 : 2×3=6가지
• 십의 자리가 짝수, 일의 자리가 짝수일 경우의 수 : 2×2=4가지

따라서 구하는 확률은 $\frac{6+4}{16}=\frac{5}{8}$이다.

04
정답 ③

브레인스토밍(Brainstorming)
• 한 사람이 생각하는 것보다 다수가 생각하는 것이 아이디어가 많다.
• 아이디어 수가 많을수록 질적으로 우수한 아이디어가 나올 수 있다.
• 아이디어는 비판이 가해지지 않으면 많아진다.

오답분석
① 스캠퍼(Scamper) 기법 : 창의적 사고를 유도하여 신제품이나 서비스 등을 생각하는 발상 도구이다.
② 여섯 가지 색깔 모자(Six Thinking Hats) : 각각 중립적, 감정적, 부정적, 낙관적, 창의적, 이성적 사고를 뜻하는 여섯 가지 색의 모자를 차례대로 바꾸어 쓰면서 모자 색깔이 뜻하는 유형대로 생각하는 방법이다.
④ TRIZ(Teoriya Resheniya Izobretatelskikh Zadatch) : 문제에 대하여 이상적인 결과를 정하고, 그 결과를 얻는 데 모순이 되는 것을 찾아 모순을 극복할 수 있는 해결안을 찾는 40가지 방법에 대한 이론이다.

05
정답 ③

조건에 따르면 A씨가 쓸 수 있는 항공료는 최대 450,000원이다. 항공료와 지원율을 반영해 실제 쓸 돈을 계산하면 다음과 같다.
- 중국 : $130,000 \times 2 \times 2 \times 0.9 = 468,000$원
- 일본 : $125,000 \times 2 \times 2 \times 0.7 = 350,000$원
- 싱가포르 : $180,000 \times 2 \times 2 \times 0.65 = 468,000$원

최대 항공료를 고려하면 A씨는 일본 여행만 가능하다. 또한 8월 3 ~ 4일은 현장답사로 휴가가 불가능하다고 하였으므로, A씨가 선택할 수 있는 여행기간은 16 ~ 19일이다. 따라서 여행지와 여행기간이 바르게 연결된 것은 ③이다.

06
정답 ①

제시문은 유비쿼터스(Ubiquitous)에 대한 설명이다.

오답분석
② AI(Artificial Intelligence) : 인간과 같이 사고하고, 생각하고, 학습하고, 판단하는 논리적인 방식을 사용하는 인간의 지능을 본 딴 컴퓨터 시스템을 말한다.
③ 딥 러닝(Deep Learning) : 컴퓨터가 여러 데이터를 이용해 마치 사람처럼 스스로 학습할 수 있게 하기 위해 인공 신경망(ANN; Artificial Neural Network)을 기반으로 구축한 기계 학습 기술을 의미한다.
④ 블록체인(Block Chain) : 누구나 열람할 수 있는 장부에 거래 내역을 투명하게 기록하고, 여러 대의 컴퓨터에 이를 복제해 저장하는 분산형 데이터 저장기술이다.

07
정답 ②

전자우편을 사용할 때는 정확한 전달을 위해 가능한 짧게 요점만 작성해야 한다.

오답분석
① 인터넷 이용 예절을 가리키는 용어인 네티켓(Netiquette)은 네트워크(Network)와 에티켓(Etiquette)의 합성어이다.
③ 온라인 채팅은 용도에 맞게 대화 목적으로 사용하여야 한다.
④ 네티켓은 법제화된 규율은 아니며, 사이버 공간상의 비공식적 규약이다.

08
정답 ⑤

제시문의 세 번째 문단에 따르면 스마트 글라스 내부 센서를 통해 충격과 기울기를 감지할 수 있어, 작업자에게 위험한 상황이 발생할 경우 통보 시스템을 통해 바로 파악할 수 있게 되었음을 알 수 있다.

오답분석
① 첫 번째 문단에 따르면 스마트 글라스를 통한 작업자의 음성인식만으로 철도시설물 점검이 가능해졌음을 알 수 있지만, 다섯 번째 문단에 따르면 아직 철도시설물 보수 작업은 가능하지 않음을 알 수 있다.
② 첫 번째 문단에 따르면 스마트 글라스의 도입 이후에도 사람의 작업이 필요함을 알 수 있다.
③ 세 번째 문단에 따르면 스마트 글라스의 도입으로 추락 사고나 그 밖의 위험한 상황을 미리 예측할 수 있어 이를 방지할 수 있게 되었음을 알 수 있지만, 실제로 안전사고 발생 횟수가 감소하였는지는 알 수 없다.
④ 두 번째 문단에 따르면 여러 단계를 거치던 기존 작업 방식에서 스마트 글라스의 도입으로 작업을 한 번에 처리할 수 있게 된 것을 통해 작업 시간이 단축되었음을 알 수 있지만, 필요한 작업 인력의 감소 여부는 알 수 없다.

09

네 번째 문단에 따르면 인공지능 등의 스마트 기술 도입으로 까치집 검출 정확도는 95%까지 상승하였으므로 까치집 제거율 또한 상승할 것임을 예측할 수 있으나, 근본적인 문제인 까치집 생성의 감소를 기대할 수는 없다.

오답분석

① 세 번째 문단과 네 번째 문단에 따르면 정확도가 65%에 불과했던 인공지능의 까치집 식별 능력이 딥러닝 방식의 도입으로 95%까지 상승했음을 알 수 있다.
② 세 번째 문단에서 시속 150km로 빠르게 달리는 열차에서의 까치집 식별 정확도는 65%에 불과하다는 내용으로 보아, 빠른 속도에서는 인공지능의 사물 식별 정확도가 낮음을 알 수 있다.
③ 네 번째 문단에 따르면 작업자의 접근이 어려운 곳에는 드론을 띄워 까치집을 발견 및 제거하는 기술도 시범 운영하고 있다고 하였다.
④ 세 번째 문단에 따르면 실시간 까치집 자동 검출 시스템 개발로 실시간으로 위험 요인의 위치와 이미지를 작업자에게 전달할 수 있게 되었다.

10

제시문의 두 번째 문단에 따르면 CCTV는 열차 종류에 따라 운전실에서 실시간으로 상황을 파악할 수 있는 네트워크 방식과 각 객실에서의 영상을 저장하는 개별 독립 방식으로 설치된다고 하였다. 따라서 개별 독립 방식으로 설치된 일부 열차에서는 각 객실의 상황을 실시간으로 파악하지 못할 수 있다.

오답분석

① 첫 번째 문단에 따르면 2023년까지 현재 운행하고 있는 열차의 모든 객실에 CCTV를 설치하겠다는 내용으로 보아, 현재 모든 열차의 모든 객실에 CCTV가 설치되지 않았음을 유추할 수 있다.
② 첫 번째 문단에 따르면 2023년까지 모든 열차 승무원에게 바디 캠을 지급하겠다고 하였다. 이에 따라 승객이 승무원을 폭행하는 등의 범죄 발생 시 해당 상황을 녹화한 바디 캠 영상이 있어 수사의 증거자료로 사용할 수 있게 되었다.
③ 두 번째 문단에 따르면 CCTV는 사각지대 없이 설치되며 일부는 휴대 물품 보관대 주변에도 설치된다고 하였다. 따라서 인적 피해와 물적 피해 모두 예방할 수 있게 되었다.
⑤ 세 번째 문단에 따르면 CCTV 제품 품평회와 시험을 통해 제품의 형태와 색상, 재질, 진동과 충격 등에 대한 적합성을 고려한다.

11

작년 K대학교의 재학생 수는 6,800명이고 남학생 수와 여학생 수의 비가 $8:9$이므로, 남학생 수는 $6,800 \times \dfrac{8}{8+9} = 3,200$명이고, 여학생 수는 $6,800 \times \dfrac{9}{8+9} = 3,600$명이다. 올해 줄어든 남학생 수와 여학생 수의 비가 $12:13$이므로 올해 K대학교에 재학 중인 남학생 수와 여학생 수의 비는 $(3,200-12k):(3,600-13k) = 7:8$이다.

$7 \times (3,600-13k) = 8 \times (3,200-12k)$
$\rightarrow 25,200-91k = 25,600-96k$
$\rightarrow 5k = 400$
$\therefore k = 80$

따라서 올해 K대학교에 재학 중인 남학생 수는 $3,200-12 \times 80 = 2,240$명이고, 여학생 수는 $3,600-13 \times 80 = 2,560$명이므로 올해 K대학교의 전체 재학생 수는 $2,240+2,560 = 4,800$명이다.

12

마일리지 적립 규정에 회원 등급과 관련된 내용은 없으며, 마일리지 적립은 지불한 운임의 액수, 더블적립 열차 탑승 여부, 선불형 교통카드 Rail＋ 사용 여부에 따라서만 결정된다.

오답분석

① KTX 마일리지는 KTX 열차 이용 시에만 적립된다.

③ 비즈니스 등급은 기업회원 여부와 관계없이 최근 1년간의 활동내역을 기준으로 부여된다.
④ 반기 동안 추석 및 설 명절 특별수송기간 탑승 건을 제외하고 4만 점을 적립하면 VIP 등급을 부여받는다.
⑤ VVIP 등급과 VIP 등급 고객은 한정된 횟수 내에서 무료 업그레이드 쿠폰으로 KTX 특실을 KTX 일반실 가격에 구매할 수 있다.

13
정답 ⑤

K공사를 통한 예약 접수는 온라인 쇼핑몰 홈페이지를 통해서만 가능하며, 오프라인(방문) 접수는 우리·농협은행의 창구를 통해서만 이루어진다.

오답분석
① 구매자를 대한민국 국적자로 제한한다는 내용은 없다.
② 단품으로 구매 시 1인당 화종별 최대 3장으로 총 9장, 세트로 구매할 때도 1인당 최대 3세트로 총 9장까지 신청이 가능하며, 세트와 단품은 중복신청이 가능하므로 1인당 구매 가능한 최대 개수는 18장이다.
③ 우리·농협은행의 계좌가 없다면, K공사 온라인 쇼핑몰을 이용하거나 우리·농협은행에 직접 방문하여 구입할 수 있다.
④ 총발행량은 예약 주문 이전부터 화종별 10,000장으로 미리 정해져 있다.

14
정답 ④

우리·농협은행 계좌 미보유자인 외국인 A씨가 예약 신청을 할 수 있는 방법은 두 가지이다. 하나는 신분증인 외국인등록증을 지참하고 우리·농협은행의 지점을 방문하여 신청하는 것이고, 다른 하나는 K공사 온라인 쇼핑몰에서 가상계좌 방식으로 신청하는 것이다.

오답분석
① A씨는 외국인이므로 창구 접수 시 지참해야 하는 신분증은 외국인등록증이다.
② K공사 온라인 쇼핑몰에서는 가상계좌 방식을 통해서만 예약 신청이 가능하다.
③ 홈페이지를 통한 신청이 가능한 은행은 우리은행과 농협은행뿐이다.
⑤ 우리·농협은행의 홈페이지를 통해 예약 접수를 하려면 해당 은행에 미리 계좌가 개설되어 있어야 한다.

15
정답 ①

3종 세트는 186,000원, 단품은 각각 63,000원이므로 5명의 구매 금액을 계산하면 다음과 같다.
• A : $(186,000 \times 2) + 63,000 = 435,000$원
• B : $63,000 \times 8 = 504,000$원
• C : $(186,000 \times 2) + (63,000 \times 2) = 498,000$원
• D : $186,000 \times 3 = 558,000$원
• E : $186,000 + (63,000 \times 4) = 438,000$원
따라서 가장 많은 금액을 지불한 사람은 D이며, 구매 금액은 558,000원이다.

16
정답 ②

허리디스크는 디스크의 수핵이 탈출하여 생긴 질환이므로 허리를 굽히거나 앉아 있을 때 디스크에 가해지는 압력이 높아져 통증이 더 심해진다. 반면 척추관협착증의 경우 서 있을 때 척추관이 더욱 좁아지게 되어 통증이 더욱 심해진다.

오답분석
① 허리디스크는 디스크의 탄력 손실이나 갑작스런 충격으로 인해 균열이 생겨 발생하고, 척추관협착증은 오랜 기간 동안 황색인대가 두꺼워져 척추관에 변형이 일어나 발생하므로 허리디스크가 더 급작스럽게 증상이 나타난다.
③ 허리디스크는 자연치유가 가능하지만, 척추관협착증은 불가능하다. 따라서 허리디스크는 주로 통증을 줄이고 안정을 취하는 보존치료를 하지만, 척추관협착증은 변형된 부분을 제거하는 외과적 수술을 한다.
④ 허리디스크와 척추관협착증 모두 척추 중앙의 신경 다발(척수)이 압박받을 수 있으며, 심할 경우 하반신 마비 증세를 보일 수 있으므로 빠른 치료를 받는 것이 중요하다.

17

정답 ④

고령인 사람이 서 있을 때 통증이 나타난다면 퇴행성 척추질환인 척추관협착증(요추관협착증)일 가능성이 높다. 반면 허리디스크(추간판탈출증)는 젊은 나이에도 디스크에 급격한 충격이 가해지면 발생할 수 있고, 앉아 있을 때 통증이 심해진다. 따라서 ⊙에는 척추관협착증, ⓒ에는 허리디스크가 들어가야 한다.

18

정답 ④

제시문은 장애인 건강주치의 시범사업을 소개하며 3단계 시범사업에서 기존과 달라지는 내용을 위주로 설명하고 있다. 따라서 가장 처음에 와야 할 문단은 3단계 장애인 건강주치의 시범사업을 소개하는 (마) 문단이다. 이어서 장애인 건강주치의 시범사업 세부 서비스를 소개하는 문단이 와야 하는데, 서비스 종류를 소개하는 문장이 있는 (다) 문단이 이어지는 것이 가장 적절하다. 그리고 2번째 서비스인 주장애관리를 소개하는 (가) 문단이 와야 하며, 그 다음으로 3번째 서비스인 통합관리 서비스와 추가적으로 방문 서비스를 소개하는 (라) 문단이 오는 것이 적절하다. 마지막으로 장애인 건강주치의 시범사업에 신청하는 방법을 소개하며 글을 끝내는 것이 적절하므로 (나) 문단이 이어져야 한다. 따라서 글의 순서를 바르게 나열하면 (마) – (다) – (가) – (라) – (나)이다.

19

정답 ①

- 2019년 직장가입자 건강보험금 및 지역가입자 건강보험금 징수율
  - 직장가입자 : $\frac{6,698,187}{6,706,712} \times 100 ≒ 99.87\%$
  - 지역가입자 : $\frac{886,396}{923,663} \times 100 ≒ 95.97\%$
- 2020년 직장가입자 건강보험금 및 지역가입자 건강보험금 징수율
  - 직장가입자 : $\frac{4,898,775}{5,087,163} \times 100 ≒ 96.3\%$
  - 지역가입자 : $\frac{973,681}{1,003,637} \times 100 ≒ 97.02\%$
- 2021년 직장가입자 건강보험금 및 지역가입자 건강보험금 징수율
  - 직장가입자 : $\frac{7,536,187}{7,763,135} \times 100 ≒ 97.08\%$
  - 지역가입자 : $\frac{1,138,763}{1,256,137} \times 100 ≒ 90.66\%$
- 2022년 직장가입자 건강보험금 및 지역가입자 건강보험금 징수율
  - 직장가입자 : $\frac{8,368,972}{8,376,138} \times 100 ≒ 99.91\%$
  - 지역가입자 : $\frac{1,058,943}{1,178,572} \times 100 ≒ 89.85\%$

따라서 직장가입자 건강보험금 징수율이 가장 높은 해는 2022년이고, 지역가입자 건강보험금 징수율이 가장 높은 해는 2020년이다.

20

정답 ④

이뇨제의 1인 투여량은 60mL/일이고 진통제의 1인 투여량은 60mg/일이므로 이뇨제를 투여한 환자 수와 진통제를 투여한 환자 수의 비는 이뇨제 사용량과 진통제 사용량의 비와 같다.

- 2018년 : $3,000 \times 2 < 6,720$
- 2019년 : $3,480 \times 2 = 6,960$
- 2020년 : $3,360 \times 2 < 6,840$
- 2021년 : $4,200 \times 2 > 7,200$
- 2022년 : $3,720 \times 2 > 7,080$

따라서 2018년과 2020년에 진통제를 투여한 환자 수는 이뇨제를 투여한 환자 수의 2배보다 많다.

오답분석

① 2022년에 사용량이 감소한 의약품은 이뇨제와 진통제로 이뇨제의 사용량 감소율은 $\frac{3,720-4,200}{4,200}\times100 ≒ -11.43\%p$이

고, 진통제의 사용량 감소율은 $\frac{7,080-7,200}{7,200}\times100 ≒ -1.67\%p$이다. 따라서 전년 대비 2022년 사용량 감소율이 가장 큰

의약품은 이뇨제이다.

② 5년 동안 지사제 사용량의 평균은 $\frac{30+42+48+40+44}{5}=40.8$정이고, 지사제의 1인 1일 투여량은 2정이다. 따라서 지사제

를 투여한 환자 수의 평균은 $\frac{40.8}{2}=20.4$이므로 약 20명이다.

③ 이뇨제 사용량은 매년 '증가 – 감소 – 증가 – 감소'를 반복하였다.

21

정답 ③

분기별 사회복지사 인력의 합은 다음과 같다.
- 2022년 3분기 : 391+670+1,887=2,948명
- 2022년 4분기 : 385+695+1,902=2,982명
- 2023년 1분기 : 370+700+1,864=2,934명
- 2023년 2분기 : 375+720+1,862=2,957명

분기별 전체 보건인력 중 사회복지사 인력의 비율은 다음과 같다.
- 2022년 3분기 : $\frac{2,948}{80,828}\times100 ≒ 3.65\%$
- 2022년 4분기 : $\frac{2,982}{82,582}\times100 ≒ 3.61\%$
- 2023년 1분기 : $\frac{2,934}{86,236}\times100 ≒ 3.40\%$
- 2023년 2분기 : $\frac{2,957}{86,707}\times100 ≒ 3.41\%$

따라서 옳지 않은 것은 ③이다.

22

정답 ③

건강생활실천지원금제 신청자 목록에 따라 신청자별로 확인하면 다음과 같다.
- A : 주민등록상 주소지는 시범지역에 속하지 않는다.
- B : 주민등록상 주소지는 관리형에 속하지만, 고혈압 또는 당뇨병 진단을 받지 않았다.
- C : 주민등록상 주소지는 예방형에 속하고, 체질량지수와 혈압이 건강관리가 필요한 사람이므로 예방형이다.
- D : 주민등록상 주소지는 관리형에 속하고, 고혈압 진단을 받았으므로 관리형이다.
- E : 주민등록상 주소지는 예방형에 속하고, 체질량지수와 공복혈당 건강관리가 필요한 사람이므로 예방형이다.
- F : 주민등록상 주소지는 시범지역에 속하지 않는다.
- G : 주민등록상 주소지는 관리형에 속하고, 당뇨병 진단을 받았으므로 관리형이다.
- H : 주민등록상 주소지는 시범지역에 속하지 않는다.
- I : 주민등록상 주소지는 예방형에 속하지만, 필수조건인 체질량지수가 정상이므로 건강관리가 필요한 사람에 해당하지 않는다.

따라서 예방형 신청이 가능한 사람은 C, E이고, 관리형 신청이 가능한 사람은 D, G이다.

23

정답 ③

출산장려금 지급 시기의 가장 우선순위인 임신일이 가장 긴 임산부는 B, D, E임산부이다. 이 중에서 만 19세 미만인 자녀 수가 많은 임산부는 D, E임산부이고, 소득 수준이 더 낮은 임산부는 D임산부이다. 따라서 D임산부가 가장 먼저 출산장려금을 받을 수 있다.

24

정답 ②

제시문은 행위별수가제에 대한 것으로 환자, 의사, 건강보험 재정 등 많은 곳에서 한계점이 있다고 설명하면서 건강보험 고갈을 막기 위해 다양한 지불방식을 도입하는 등 구조적인 개편이 필요함을 설명하고 있다. 따라서 글의 주제로 '행위별수가제의 한계점'이 가장 적절하다.

25

정답 ②

• 구상(求償) : 무역 거래에서 수량·품질·포장 따위에 계약 위반 사항이 있는 경우, 매주(賣主)에게 손해 배상을 청구하거나 이의를 제기하는 일
• 구제(救濟) : 자연적인 재해나 사회적인 피해를 당하여 어려운 처지에 있는 사람을 도와줌

26

정답 ①

• (운동에너지)$=\dfrac{1}{2}\times$(질량)$\times$(속력)$^2=\dfrac{1}{2}\times2\times4^2=16J$
• (위치에너지)$=$(질량)$\times$(중력가속도)$\times$(높이)$=2\times10\times0.5=10J$
• (역학적 에너지)$=$(운동에너지)$+$(위치에너지)$=16+10=26J$

공의 역학적 에너지는 26J이고, 튀어 오를 때 가장 높은 지점에서 운동에너지가 0이므로 역학적 에너지는 위치에너지와 같다. 따라서 공이 튀어 오를 때 가장 높은 지점에서의 위치에너지는 26J이다.

27

정답 ④

출장지까지 거리는 $200\times1.5=300km$이므로 시속 60km의 속력으로 달릴 때 걸리는 시간은 5시간이고, 약속시간보다 1시간 늦게 도착하므로 약속시간은 4시간 남았다. 300km를 시속 60km의 속력으로 달리다 도중에 시속 90km의 속력으로 달릴 때 약속시간보다 30분 일찍 도착했으므로, 이때 걸린 시간은 $4-\dfrac{1}{2}=\dfrac{7}{2}$시간이다.

시속 90km의 속력으로 달린 거리를 $x$km라 하면

$$\dfrac{300-x}{60}+\dfrac{x}{90}=\dfrac{7}{2}$$

$\rightarrow 900-3x+2x=630$

$\therefore x=270$

따라서 A부장이 시속 90km의 속력으로 달린 거리는 270km이다.

28

정답 ③

G와 B의 자리를 먼저 고정하고, 양 끝에 앉을 수 없는 A의 위치를 토대로 경우의 수를 계산하면 다음과 같다.
• G가 가운데에 앉고, B가 G의 바로 왼쪽에 앉는 경우의 수

	A	B	G			
		B	G	A		
		B	G			A

$3\times4!=72$가지
• G가 가운데에 앉고, B가 G의 바로 오른쪽에 앉는 경우의 수

	A		G	B		
		A	G	B		
			G	B		A

$3\times4!=72$가지
따라서 조건과 같이 앉을 때 가능한 경우의 수는 $72+72=144$가지이다.

29

정답 ①

상품의 원가를 x원이라 하면 처음 판매가격은 $1.23x$원이다.

여기서 1,300원을 할인하여 판매했을 때 얻은 이익은 원가의 10%이므로

$(1.23x - 1,300) - x = 0.1x$

$\rightarrow 0.13x = 1,300$

$\therefore x = 10,000$

따라서 상품의 원가는 10,000원이다.

30

정답 ②

유치원생이 11명일 때 평균 키는 113cm이므로 유치원생 11명의 키의 합은 $113 \times 11 = 1,243$cm이다. 키가 107cm인 유치원생이 나갔으므로 남은 유치원생 10명의 키의 합은 $1,243 - 107 = 1,136$cm이다. 따라서 남은 유치원생 10명의 평균 키는 $\frac{1,136}{10} = 113.6$cm이다.

31

정답 ③

'우회수송'은 사고 등의 이유로 직통이 아닌 다른 경로로 우회하여 수송한다는 뜻이기 때문에 '우측 선로로 변경'은 순화로 적절하지 않다.

오답분석

① '열차시격'에서 '시격'이란 '사이에 뜬 시간'이라는 뜻의 한자어로, 열차와 열차 사이의 간격, 즉 배차간격으로 순화할 수 있다.
② '전차선'이란 선로를 의미하고, '단전'은 전기의 공급이 중단됨을 말한다. 따라서 바르게 순화되었다.
④ '핸드레일(Handrail)'은 난간을 뜻하는 영어 단어로, 우리말로는 '안전손잡이'로 순화할 수 있다.
⑤ '키스 앤 라이드(Kiss and Ride)'는 헤어질 때 키스를 하는 영미권 문화에서 비롯된 용어로, 환승정차구역을 지칭한다.

32

정답 ④

세 번째 문단을 통해 정부가 철도 중심 교통체계 구축을 위해 노력하고 있음을 알 수는 있으나, 구체적으로 시행된 조치는 언급되지 않았다.

오답분석

① 첫 번째 문단을 통해 전 세계적으로 탄소중립이 주목받자 이에 대한 방안으로 등장한 것이 철도 수송임을 알 수 있다.
② 첫 번째 문단과 두 번째 문단을 통해 철도 수송의 확대가 온실가스 배출량의 획기적인 감축을 가져올 것임을 알 수 있다.
③ 네 번째 문단을 통해 '중앙선 안동 ~ 영천 간 궤도' 설계 시 탄소 감축 방안으로 저탄소 자재인 유리섬유 보강근이 철근 대신 사용되었음을 알 수 있다.
⑤ 네 번째 문단을 통해 S철도공단은 철도 중심 교통체계 구축을 위해 건설 단계에서부터 친환경·저탄소 자재를 적용하였고, 탄소 감축을 위해 2025년부터는 모든 철도건축물을 일정한 등급 이상으로 설계하기로 결정하였음을 알 수 있다.

33

정답 ①

제시문을 살펴보면 먼저 첫 번째 문단에서는 이산화탄소로 메탄올을 만드는 곳이 있다며 관심을 유도하고, 두 번째 문단에서 메탄올을 어떻게 만들고 어디에서 사용하는지 구체적으로 설명함으로써 탄소 재활용의 긍정적인 측면을 부각하고 있다. 하지만 세 번째 문단에서는 앞선 내용과 달리 이렇게 만들어진 메탄올의 부정적인 측면을 설명하고, 네 번째 문단에서는 이와 같은 이유로 탄소 재활용에 대한 결론이 나지 않았다며 글이 마무리되고 있다. 따라서 글의 주제로 적절한 것은 탄소 재활용의 이면을 모두 포함하는 내용인 ①이다.

오답분석
② 두 번째 문단에 한정된 내용이므로 제시문 전체를 다루는 주제로 보기에는 적절하지 않다.

③ 지열발전소의 부산물을 통해 메탄올이 만들어진 것은 맞지만, 새롭게 탄생된 연료로 보기는 어려우며, 글의 전체를 다루는 주제로 보기에도 적절하지 않다.

④·⑤ 제시문의 첫 번째 문단과 두 번째 문단에서는 버려진 이산화탄소 및 부산물의 재활용을 통해 '메탄올'을 제조함으로써 미래 원료를 해결할 수 있을 것처럼 보이지만, 이어지는 세 번째 문단과 네 번째 문단에서는 이렇게 만들어진 '메탄올'이 과연 미래 원료로 적합한지 의문점이 제시되고 있다. 따라서 글의 주제로 보기에는 적절하지 않다.

34
정답 ④

A ~ C철도사의 차량 1량당 연간 승차인원 수는 다음과 같다.

• 2020년
  - A철도사 : $\frac{775,386}{2,751} ≒ 281.86$천 명/년/1량
  - B철도사 : $\frac{26,350}{103} ≒ 255.83$천 명/년/1량
  - C철도사 : $\frac{35,650}{185} ≒ 192.7$천 명/년/1량

• 2021년
  - A철도사 : $\frac{768,776}{2,731} ≒ 281.5$천 명/년/1량
  - B철도사 : $\frac{24,746}{111} ≒ 222.94$천 명/년/1량
  - C철도사 : $\frac{33,130}{185} ≒ 179.08$천 명/년/1량

• 2022년
  - A철도사 : $\frac{755,376}{2,710} ≒ 278.74$천 명/년/1량
  - B철도사 : $\frac{23,686}{113} ≒ 209.61$천 명/년/1량
  - C철도사 : $\frac{34,179}{185} ≒ 184.75$천 명/년/1량

따라서 3년간 차량 1량당 연간 평균 승차인원 수는 C철도사가 가장 적다.

오답분석
① 2020 ~ 2022년의 C철도사 차량 수는 185량으로 변동이 없다.

② 2020 ~ 2022년의 연간 승차인원 비율은 모두 A철도사가 가장 높다.

③ A ~ C철도사의 2020년의 전체 연간 승차인원 수는 775,386+26,350+35,650=837,386천 명, 2021년의 전체 연간 승차인원 수는 768,776+24,746+33,130=826,652천 명, 2022년의 전체 연간 승차인원 수는 755,376+23,686+34,179=813,241천 명으로 매년 감소하였다.

⑤ 2020 ~ 2022년의 C철도사 차량 1량당 연간 승차인원 수는 각각 192.7천 명, 179.08천 명, 184.75천 명이므로 모두 200천 명 미만이다.

35
정답 ⑤

2018년 대비 2022년에 석유 생산량이 감소한 국가는 C, F이며, 석유 생산량 감소율은 다음과 같다.

• C : $\frac{4,025,936-4,102,396}{4,102,396} \times 100 ≒ -1.9\%p$

• F : $\frac{2,480,221-2,874,632}{2,874,632} \times 100 ≒ -13.7\%p$

따라서 석유 생산량 감소율이 가장 큰 국가는 F이다.

오답분석

① 석유 생산량이 매년 증가한 국가는 A, B, E, H로 총 4개이다.

② 2018년 대비 2022년에 석유 생산량이 증가한 국가의 석유 생산량 증가량은 다음과 같다.

- A : $10,556,259-10,356,185=200,074$bbl/day
- B : $8,567,173-8,251,052=316,121$bbl/day
- D : $5,442,103-5,321,753=120,350$bbl/day
- E : $335,371-258,963=76,408$bbl/day
- G : $1,336,597-1,312,561=24,036$bbl/day
- H : $104,902-100,731=4,171$bbl/day

따라서 석유 생산량 증가량이 가장 많은 국가는 B이다.

③ E국가의 연도별 석유 생산량을 H국가의 석유 생산량과 비교하면 다음과 같다.

- 2018년 : $\frac{258,963}{100,731}≒2.6$
- 2019년 : $\frac{273,819}{101,586}≒2.7$
- 2020년 : $\frac{298,351}{102,856}≒2.9$
- 2021년 : $\frac{303,875}{103,756}≒2.9$
- 2022년 : $\frac{335,371}{104,902}≒3.2$

따라서 2022년 E국가의 석유 생산량은 H국가 석유 생산량의 약 3.2배이므로 옳지 않다.

④ 석유 생산량 상위 2개국은 매년 A, B이며, 매년 석유 생산량의 차이는 다음과 같다.

- 2018년 : $10,356,185-8,251,052=2,105,133$bbl/day
- 2019년 : $10,387,665-8,297,702=2,089,963$bbl/day
- 2020년 : $10,430,235-8,310,856=2,119,379$bbl/day
- 2021년 : $10,487,336-8,356,337=2,130,999$bbl/day
- 2022년 : $10,556,259-8,567,173=1,989,086$bbl/day

따라서 A와 B국가의 석유 생산량의 차이는 '감소 - 증가 - 증가 - 감소'를 보이므로 옳지 않다.

36

정답 ②

제시된 법에 따라 공무원인 친구가 받을 수 있는 선물의 금액은 1회에 100만 원이다.

$$12x<100 \rightarrow x<\frac{100}{12}=\frac{25}{3}≒8.33$$

따라서 A씨는 수석을 최대 8개 보낼 수 있다.

37

정답 ④

거래처로 가기 위해 C와 G를 거쳐야 하므로, C를 먼저 거치는 최소 이동거리와 G를 먼저 거치는 최소 이동거리를 비교해 본다.
- 본사 - C - D - G - 거래처

  $6+3+3+4=16$km
- 본사 - E - G - D - C - F - 거래처

  $4+1+3+3+3+4=18$km

따라서 최소 이동거리는 16km이다.

38

정답 ④

- 볼펜을 30자루 구매하면 개당 200원씩 할인되므로 $800\times30=24,000$원이다.
- 수정테이프를 8개 구매하면 $2,500\times8=20,000$원이지만, 10개를 구매하면 개당 1,000원이 할인되어 $1,500\times10=15,000$원이므로 10개를 구매하는 것이 더 저렴하다.
- 연필을 20자루 구매하면 연필 가격의 25%가 할인되므로 $400\times20\times0.75=6,000$원이다.
- 지우개를 5개 구매하면 $300\times5=1,500$원이며 지우개에 대한 할인은 적용되지 않는다.

따라서 총금액은 24,000+15,000+6,000+1,500=46,500원이고 3만 원을 초과했으므로 10% 할인이 적용되어 46,500×0.9=41,850원이다. 또한 할인 적용 전 금액이 5만 원 이하이므로 배송료 5,000원이 추가로 부과되어 41,850+5,000=46,850원이 된다. 그런데 만약 비품을 3,600원어치 추가로 주문하면 46,500+3,600=50,100원이므로 할인 적용 전 금액이 5만 원을 초과하여 배송료가 무료가 되고, 총금액이 3만 원을 초과했으므로 지불할 금액은 10% 할인이 적용된 50,100×0.9=45,090원이 된다. 그러므로 지불 가능한 가장 저렴한 금액은 45,090원이다.

39

정답 ①

A ~ E가 받는 성과급을 구하면 다음과 같다.

직원	직책	매출 순이익	기여도	성과급 비율	성과급
A	팀장	4,000만 원	25%	매출 순이익의 5%	1.2×4,000×0.05=240만 원
B	팀장	2,500만 원	12%	매출 순이익의 2%	1.2×2,500×0.02=60만 원
C	팀원	1억 2,500만 원	3%	매출 순이익의 1%	12,500×0.01=125만 원
D	팀원	7,500만 원	7%	매출 순이익의 3%	7,500×0.03=225만 원
E	팀원	800만 원	6%	−	0원

따라서 가장 많은 성과급을 받는 사람은 A이다.

40

정답 ②

N사에서 A지점으로 가려면 1호선으로 역 2개를 지난 후 2호선으로 환승하여 역 5개를 더 가야 한다.
따라서 편도로 이동하는 데 걸리는 시간은 (2×2)+3+(2×5)=17분이므로 왕복하는 데 걸리는 시간은 17×2=34분이다.

41

정답 ④

- A지점 : (900×2)+(950×5)=6,550m
- B지점 : 900×8=7,200m
- C지점 : (900×2)+(1,300×4)=7,000m 또는 (900×5)+1,000+1,300=6,800m
- D지점 : (900×5)+(1,000×2)=6,500m 또는 (900×2)+(1,300×3)+1,000=6,700m

따라서 이동거리가 가장 짧은 지점은 D지점이다.

42

정답 ②

- A지점 : 이동거리는 6,550m이고 기본요금 및 거리비례 추가비용은 2호선 기준이 적용되므로 1,500+100=1,600원이다.
- B지점 : 이동거리는 7,200m이고 기본요금 및 거리비례 추가비용은 1호선 기준이 적용되므로 1,200+50×4=1,400원이다.
- C지점 : 이동거리는 7,000m이고 기본요금 및 거리비례 추가비용은 4호선 기준이 적용되므로 2,000+150=2,150원이다.
  또는 이동거리가 6,800m일 때, 기본요금 및 거리비례 추가비용은 4호선 기준이 적용되므로 2,000+150=2,150원이다.
- D지점 : 이동거리는 6,500m이고 기본요금 및 거리비례 추가비용은 3호선 기준이 적용되므로 1,800+100×3=2,100원이다.
  또는 이동거리가 6,700m일 때, 기본요금 및 거리비례 추가비용은 4호선 기준이 적용되므로 2,000+150=2,150원이다.

따라서 이동하는 데 드는 비용이 가장 적은 지점은 B지점이다.

43

정답 ⑤

미국 컬럼비아 대학교에서 만들어낸 치즈케이크는 7가지의 반죽형 식용 카트리지로 만들어졌다. 따라서 페이스트를 층층이 쌓아서 만드는 FDM 방식을 사용하여 제작하였음을 알 수 있다.

오답분석

① PBF / SLS 방식 3D 푸드 프린터는 설탕 같은 분말 형태의 재료를 접착제나 레이저로 굳혀 제작하는 것이므로 설탕케이크 장식을 제작하기에 적절한 방식이다.

② 3D 푸드 프린터는 질감을 조정하거나, 맛을 조정하여 음식을 제작할 수 있으므로 식감 등으로 발생하는 편식을 줄일 수 있다.

③ 3D 푸드 프린터는 음식을 제작할 때 개인별로 필요한 영양소를 첨가하는 등 사용자 맞춤 식단을 제공할 수 있다는 장점이 있다.

④ 네 번째 문단에서 현재 3D 푸드 프린터의 한계점을 보면 디자인적ㆍ심리적 요소로 인해 3D 푸드 프린터로 제작된 음식에 거부감이 들 수 있다고 하였다.

44

정답 ④

(라) 문장이 포함된 문단은 3D 푸드 프린터의 장점에 대해 설명하는 문단이며, 특히 대체육 프린팅의 장점에 대해 소개하고 있다. 그러나 (라) 문장은 대체육의 단점에 대해 서술하고 있으므로 네 번째 문단에 추가로 서술하거나 삭제하는 것이 적절하다.

오답분석

① (가) 문장은 컬럼비아 대학교에서 3D 푸드 프린터로 만들어 낸 치즈케이크의 특징을 설명하는 문장이므로 적절하다.

② (나) 문장은 현재 주로 사용되는 3D 푸드 프린터의 작동 방식을 설명하는 문장이므로 적절하다.

③ (다) 문장은 3D 푸드 프린터의 장점을 소개하는 세 번째 문단의 중심내용이므로 적절하다.

⑤ (마) 문장은 3D 푸드 프린터의 한계점인 '디자인으로 인한 심리적 거부감'을 서술하고 있으므로 적절하다.

45

정답 ④

네 번째 문단은 3D 푸드 프린터의 한계 및 개선점을 설명한 문단으로, 3D 푸드 프린터의 장점을 설명한 세 번째 문단과 역접관계에 있다. 따라서 '그러나'가 적절한 접속부사이다.

오답분석

① ㉠ 앞에서 서술된 치즈케이크의 특징이 대체육과 같은 다른 관련 산업에서 주목하게 된 이유가 되므로 '그래서'는 적절한 접속부사이다.

② ㉡ 앞의 문장은 3D 푸드 프린터의 장점을 소개하는 세 번째 문단의 중심내용이고 뒤의 문장은 이에 대한 예시를 설명하고 있으므로 '예를 들어'는 적절한 접속부사이다.

③ ㉢의 앞과 뒤는 다른 내용이지만 모두 3D 푸드 프린터의 장점을 나열한 것이므로 '또한'은 적절한 접속부사이다.

⑤ ㉣의 앞과 뒤는 다른 내용이지만 모두 3D 푸드 프린터의 단점을 나열한 것이므로 '게다가'는 적절한 접속부사이다.

46

정답 ⑤

2023년 6월의 학교폭력 신고 누계 건수는 7,530+1,183+557+601=9,871건으로, 10,000건 미만이다.

오답분석

① • 2023년 1월의 학교폭력 상담 건수 : 9,652-9,195=457건
   • 2023년 2월의 학교폭력 상담 건수 : 10,109-9,652=457건
   따라서 2023년 1월과 2023년 2월의 학교폭력 상담 건수는 같다.

② 학교폭력 상담 건수와 신고 건수 모두 2023년 3월에 가장 많다.

③ 전월 대비 학교폭력 상담 건수가 가장 크게 감소한 때는 2023년 5월이지만, 학교폭력 신고 건수가 가장 크게 감소한 때는 2023년 4월이다.

④ 전월 대비 학교폭력 상담 건수가 증가한 월은 2022년 9월과 2023년 3월이고, 이때 학교폭력 신고 건수 또한 전월 대비 증가하였다.

47

연도별 전체 발전량 대비 유류·양수 자원 발전량은 다음과 같다.

- 2018년 : $\frac{6,605}{553,256} \times 100 ≒ 1.2\%$

- 2019년 : $\frac{6,371}{537,300} \times 100 ≒ 1.2\%$

- 2020년 : $\frac{5,872}{550,826} \times 100 ≒ 1.1\%$

- 2021년 : $\frac{5,568}{553,900} \times 100 ≒ 1\%$

- 2022년 : $\frac{5,232}{593,958} \times 100 ≒ 0.9\%$

따라서 2022년의 유류·양수 자원 발전량은 전체 발전량의 1% 미만이다.

[오답분석]

① 원자력 자원 발전량과 신재생 자원 발전량은 매년 증가하였다.

② 연도별 석탄 자원 발전량의 전년 대비 감소폭은 다음과 같다.
- 2019년 : $226,571 - 247,670 = -21,099$GWh
- 2020년 : $221,730 - 226,571 = -4,841$GWh
- 2021년 : $200,165 - 221,730 = -21,565$GWh
- 2022년 : $198,367 - 200,165 = -1,798$GWh

따라서 석탄 자원 발전량의 전년 대비 감소폭이 가장 큰 해는 2021년이다.

③ 연도별 신재생 자원 발전량 대비 가스 자원 발전량은 다음과 같다.
- 2018년 : $\frac{135,072}{36,905} \times 100 ≒ 366\%$

- 2019년 : $\frac{126,789}{38,774} \times 100 ≒ 327\%$

- 2020년 : $\frac{138,387}{44,031} \times 100 ≒ 314\%$

- 2021년 : $\frac{144,976}{47,831} \times 100 ≒ 303\%$

- 2022년 : $\frac{160,787}{50,356} \times 100 ≒ 319\%$

따라서 연도별 신재생 자원 발전량 대비 가스 자원 발전량이 가장 큰 해는 2018년이다.

⑤ 전체 발전량이 증가한 해는 2020 ~ 2022년이며, 그 증가폭은 다음과 같다.
- 2020년 : $550,826 - 537,300 = 13,526$GWh
- 2021년 : $553,900 - 550,826 = 3,074$GWh
- 2022년 : $593,958 - 553,900 = 40,058$GWh

따라서 전체 발전량의 전년 대비 증가폭이 가장 큰 해는 2022년이다.

48

네 번째 조건을 제외한 모든 조건과 그 대우를 논리식으로 표현하면 다음과 같다.
- $\sim(D \lor G) \rightarrow F / \sim F \rightarrow (D \land G)$
- $F \rightarrow \sim E / E \rightarrow \sim F$
- $\sim(B \lor E) \rightarrow \sim A / A \rightarrow (B \land E)$

네 번째 조건에 따라 A가 투표를 하였으므로, 세 번째 조건의 대우에 의해 B와 E 모두 투표를 하였다. 또한 E가 투표를 하였으므로, 두 번째 조건의 대우에 따라 F는 투표하지 않았으며, F가 투표하지 않았으므로 첫 번째 조건의 대우에 따라 D와 G는 모두 투표하였다. A, B, D, E, G 5명이 모두 투표하였으므로 네 번째 조건에 따라 C는 투표하지 않았다. 따라서 투표를 하지 않은 사람은 C와 F이다.

49

정답 ⑤

VLOOKUP 함수는 열의 첫 열에서 수직으로 검색하여 원하는 값을 출력하는 함수이다. 함수의 형식은 「=VLOOKUP(찾을 값,범위,열 번호,찾기 옵션)」이며 이 중 근사값을 찾기 위해서는 찾기 옵션에 1을 입력하고, 정확히 일치하는 값을 찾기 위해서는 0을 입력해야 한다. 상품코드 S3310897의 값을 일정한 범위에서 찾아야 하는 것이므로 범위는 절대참조로 지정해야 하며, 크기 중은 범위 중 3번째 열에 위치하고, 정확히 일치하는 값을 찾아야 하므로 입력해야 하는 함수식은 「=VLOOKUP("S3310897",$B$2:$E$8,3,0)」 이다.

[오답분석]

①・② HLOOKUP 함수를 사용하려면 찾고자 하는 값은 '중'이고, [B2:E8] 범위에서 찾고자 하는 행 'S3310897'은 6번째 행이므로 「=HLOOKUP("중",$B$2:$E$8,6,0)」을 입력해야 한다.

③・④ '중'은 테이블 범위에서 3번째 열이다.

50

정답 ③

Windows Game Bar로 녹화한 영상의 저장 위치는 파일 탐색기를 사용하여 [내 PC] - [동영상] - [캡처] 폴더를 원하는 위치로 옮겨 변경할 수 있다.

01 법학

01	02	03	04	05	06	07	08	09
④	①	③	⑤	②	④	④	①	③

01 정답 ④

근로자참여 및 협력증진에 관한 법은 집단적 노사관계법으로, 노동조합과 사용자단체 간의 노사관계를 규율한 법이다. 노동조합 및 노동관계조정법, 근로자참여 및 협력증진에 관한 법, 노동위원회법, 교원의 노동조합설립 및 운영 등에 관한 법률, 공무원직장협의회법 등이 이에 해당한다.

나머지는 근로자와 사용자의 근로계약을 체결하는 관계에 대해 규율한 법으로, 개별적 근로관계법이라고 한다. 근로기준법, 최저임금법, 산업안전보건법, 직업안정법, 남녀고용평등법, 선원법, 산업재해보상보험법, 고용보험법 등이 이에 해당한다.

02 정답 ①

용익물권은 타인의 토지나 건물 등 부동산의 사용가치를 지배하는 제한물권으로, 민법상 지상권, 지역권, 전세권이 이에 속한다.

> **용익물권의 종류**
> • 지상권 : 타인의 토지에 건물이나 수목 등을 설치하여 사용하는 물권
> • 지역권 : 타인의 토지를 자기 토지의 편익을 위하여 이용하는 물권
> • 전세권 : 전세금을 지급하고 타인의 토지 또는 건물을 사용 · 수익하는 물권

03 정답 ③

• 선고유예 : 형의 선고유예를 받은 날로부터 2년이 경과한 때에는 면소된 것으로 간주한다(형법 제60조).
• 집행유예 : 양형의 조건을 참작하여 그 정상에 참작할 만한 사유가 있는 때에는 1년 이상 5년 이하의 기간 형의 집행을 유예할 수 있다(형법 제62조 제1항).

04 정답 ⑤

몰수의 대상(형법 제48조 제1항)
1. 범죄행위에 제공하였거나 제공하려고 한 물건
2. 범죄행위로 인하여 생겼거나 취득한 물건
3. 제1호 또는 제2호의 대가로 취득한 물건

05 정답 ②

상법상 법원에는 상사제정법(상법전, 상사특별법령, 상사조약), 상관습법, 판례, 상사자치법(회사의 정관, 이사회 규칙), 보통거래약관, 조리 등이 있다. 조례는 해당되지 않는다.

06 정답 ④

촉법소년의 적용 연령은 10세 이상 14세 미만이고, 우범소년의 적용 연령은 10세 이상의 소년(19세 미만)이다.

> **보호의 대상과 송치 및 통고(소년법 제4조 제1항)**
> 다음 각 호의 어느 하나에 해당하는 소년은 소년부의 보호사건으로 심리한다.
> 1. 죄를 범한 소년(범죄소년)
> 2. 형벌 법령에 저촉되는 행위를 한 10세 이상 14세 미만인 소년(촉법소년)
> 3. 다음 각 목에 해당하는 사유가 있고 그의 성격이나 환경에 비추어 앞으로 형벌 법령에 저촉되는 행위를 할 우려가 있는 10세 이상인 소년(우범소년)
>   가. 집단으로 몰려다니며 주위 사람들에게 불안감을 조성하는 성벽이 있는 것
>   나. 정당한 이유 없이 가출하는 것
>   다. 술을 마시고 소란을 피우거나 유해환경에 접하는 성벽이 있는 것

07

환경보전의 의무는 국민뿐만 아니라 국가에도 적용되는 기본 의무이다.

> **헌법에 명시된 기본 의무**
> - 교육의 의무 : 모든 국민은 그 보호하는 자녀에게 적어도 초등교육과 법률이 정하는 교육을 받게 할 의무를 진다(헌법 제31조 제2항).
> - 근로의 의무 : 모든 국민은 근로의 의무를 진다. 국가는 근로의 의무의 내용과 조건을 민주주의 원칙에 따라 법률로 정한다(헌법 제32조 제2항).
> - 환경보전의 의무 : 모든 국민은 건강하고 쾌적한 환경에서 생활할 권리를 가지며, 국가와 국민은 환경보전을 위하여 노력하여야 한다(헌법 제35조 제1항).
> - 납세의 의무 : 모든 국민은 법률이 정하는 바에 의하여 납세의 의무를 진다(헌법 제38조).
> - 국방의 의무 : 모든 국민은 법률이 정하는 바에 의하여 국방의 의무를 진다(헌법 제39조 제1항).

08

정답 ①

행정청의 처분의 효력 유무 또는 존재 여부를 확인하는 심판은 행정심판의 종류 중 무효등확인심판에 해당한다(행정심판법 제5조 제2호).

> **헌법 제111조 제1항**
> 헌법재판소는 다음 사항을 관장한다.
> 1. 법원의 제청에 의한 법률의 위헌여부 심판
> 2. 탄핵의 심판
> 3. 정당의 해산 심판
> 4. 국가기관 상호 간, 국가기관과 지방자치단체 간 및 지방자치단체 상호 간의 권한쟁의에 관한 심판
> 5. 법률이 정하는 헌법소원에 관한 심판

09

정답 ③

채권·재산권의 소멸시효(민법 제162조)
① 채권은 10년간 행사하지 아니하면 소멸시효가 완성한다.
② 채권 및 소유권 이외의 재산권은 20년간 행사하지 아니하면 소멸시효가 완성한다.

02 행정학

01	02	03	04	05	06	07	08	09	10
③	④	③	②	④	②	②	④	④	②
11	12	13	14	15					
②	③	②	①	②					

01

정답 ③

현대에는 민주주의의 심화 및 분야별 전문 민간기관의 성장에 따라 정부 등 공식적 참여자보다 비공식적 참여자의 중요도가 높아지고 있다.

[오답분석]
① 의회와 지방자치단체는 정부, 사법부 등과 함께 대표적인 공식적 참여자에 해당된다.
② 정당과 NGO, 언론 등은 비공식적 참여자에 해당된다.
④ 사회적 의사결정에서 정부의 역할이 줄어들면 비공식적 참여자가 해당 역할을 대체하므로 중요도가 높아진다.

02

정답 ④

효율 증대에 따른 이윤 추구라는 경제적 결정이 중심인 기업경영의 의사결정에 비해, 정책문제는 사회효율 등 수단적 가치뿐만 아니라 형평성, 공정성 등 목적적 가치들도 고려가 필요하므로 고려사항이 더 많고 복잡하다는 특성을 갖는다.

03

정답 ③

회사모형은 사이어트와 마치가 주장한 의사결정 모형으로, 준독립적이고 느슨하게 연결되어 있는 조직들의 상호 타협을 통해 의사결정이 이루어진다고 설명한다.

[오답분석]
① 드로어는 최적모형에 따른 의사결정 모형을 제시했다.
② 합리적 결정과 점증적 결정이 누적 및 혼합되어 의사결정이 이루어진다고 본 것은 혼합탐사모형이다.
④ 정책결정 단계를 초정책결정 단계, 정책결정 단계, 후정책결정 단계로 구분하여 설명한 것은 최적모형이다.

04

정답 ②

ㄱ. 호혜조직의 1차적 수혜자는 조직구성원이 맞으나, 은행, 유통업체는 사업조직에 해당되며, 노동조합, 전문가단체, 정당, 사교클럽, 종교단체 등이 호혜조직에 해당된다.
ㄷ. 봉사조직의 1차적 수혜자는 이들과 접촉하는 일반적인 대중이다.

05 　　정답 ④

특수한 경우를 제외하고 일반적으로 해당 구성원 간 동일한 인사 및 보수 체계를 적용받는 구분은 직급이다.

06 　　정답 ②

실적주의에서는 개인의 역량, 자격에 따라 인사행정이 이루어지기 때문에 정치적 중립성 확보가 강조되지만, 엽관주의에서는 정치적 충성심 및 기여도에 따라 인사행정이 이루어지기 때문에 조직 수반에 대한 정치적 정합성이 더 강조된다.

오답분석

① 공공조직에서 엽관주의적 인사가 이루어지는 경우 정치적 충성심에 따라 구성원이 변경되므로, 정치적 사건마다 조직 구성원들의 신분유지 여부에 변동성이 생겨 불안정해진다.

07 　　정답 ②

발생주의 회계는 거래가 발생한 기간에 기록하는 원칙으로, 영업활동 관련 기록과 현금 유출입이 일치하지 않지만, 수익 및 비용을 합리적으로 일치시킬 수 있다는 장점이 있다.

오답분석

①·③·④·⑤ 현금흐름 회계에 대한 설명이다.

08 　　정답 ④

ㄴ. X이론에서는 부정적인 인간관을 토대로 보상과 처벌, 권위적이고 강압적인 지도성을 경영전략으로 강조한다.
ㄹ. Y이론의 적용을 위한 대안으로 권한의 위임 및 분권화, 직무 확대, 업무수행능력의 자율적 평가, 목표 관리전략 활용, 참여적 관리 등을 제시하였다.

오답분석

ㄷ. Y이론에 따르면 인간은 긍정적이고 적극적인 존재이므로, 직접적 통제보다는 자율적 통제가 더 바람직한 경영전략이라고 보았다.

09 　　정답 ④

독립합의형 중앙인사기관의 위원들은 임기를 보장받으며, 각 정당의 추천인사나 초당적 인사로 구성되는 등 중립성을 유지하기 유리하다는 장점을 지닌다. 이로 인해 행정부 수반에 의하여 임명된 기관장 중심의 비독립단독형 인사기관에 비해 엽관주의 영향을 최소화하고, 실적 중심의 인사행정을 실현하기에 유리하다.

오답분석

① 독립합의형 인사기관의 개념에 대한 옳은 설명이다.

② 비독립단독형 인사기관은 합의에 따른 의사결정 과정을 거치지 않으므로, 의견 불일치 시 조율을 하는 시간이 불필요하여 상대적으로 의사결정이 신속히 이루어진다.
③ 비독립단독형 인사기관은 기관장의 의사가 강하게 반영되는 만큼 책임소재가 분명한 데 비해, 독립합의형 인사기관은 다수의 합의에 따라 의사결정이 이루어지므로 책임소재가 불분명하다.

10 　　정답 ②

㉠ 정부가 시장에 대해 충분한 정보를 확보하는 데 실패함으로써 정보 비대칭에 따른 정부실패가 발생한다.
㉢ 정부행정은 단기적 이익을 중시하는 정치적 이해관계의 영향을 받아 사회에서 필요로 하는 바보다 단기적인 경향을 보인다. 이처럼 정치적 할인율이 사회적 할인율보다 높기 때문에 정부실패가 발생한다.

오답분석

㉡ 정부는 독점적인 역할을 수행하기 때문에 경쟁에 따른 개선효과가 미비하여 정부실패가 발생한다.
㉣ 정부의 공공재 공급은 사회적 무임승차를 유발하여 지속가능성을 저해하기 때문에 정부실패가 발생한다.

11 　　정답 ②

공익, 자유, 복지는 행정의 본질적 가치에 해당한다.

> **행정의 가치**
> • 본질적 가치(행정을 통해 실현하려는 궁극적인 가치)
> 　: 정의, 공익, 형평, 복지, 자유, 평등
> • 수단적 가치(본질적 가치 달성을 위한 수단적인 가치)
> 　: 합법성, 능률성, 민주성, 합리성, 효과성, 가외성, 생산성, 신뢰성, 투명성

12 　　정답 ③

영국의 대처주의와 미국의 레이거노믹스는 경쟁과 개방, 위임의 원칙을 강조하는 신공공관리론에 입각한 정치기조이다.

오답분석

① 신공공관리론은 정부실패의 대안으로 등장하였으며, 작고 효율적인 시장지향적 정부를 추구한다.
② 뉴거버넌스는 정부가 사회의 문제해결을 주도하는 것이 아니라, 민간 주체들이 논의를 주도할 수 있도록 조력자의 역할을 하는 것을 추구한다.
④ 뉴거버넌스는 시민 및 기업의 참여를 통한 공동생산을 지향하며, 민영화와 민간위탁을 통한 서비스의 공급은 뉴거버넌스가 제시되기 이전 거버넌스의 내용이다.

13

정답 ②

네트워크를 통한 기기 간의 연결을 활용하지 않으므로 사물인터넷을 사용한 것이 아니다.

오답분석

① 스마트 팜을 통해 각종 센서를 기반으로 온도와 습도, 토양 등에 대한 정보를 정확하게 확인하고 필요한 영양분(물, 비료, 농약 등)을 시스템이 알아서 제공해 주는 것은 사물인터넷을 활용한 경우에 해당된다.

③ 커넥티드 카는 사물인터넷 기술을 통해 통신망에 연결된 차량으로, 가속기, 브레이크, 속도계, 주행 거리계, 바퀴 등에서 운행 데이터를 수집하여 운전자 행동과 차량 상태를 모두 모니터링할 수 있다.

14

정답 ①

ㄱ. 강임은 현재보다 낮은 직급으로 임명하는 것으로, 수직적 인사이동에 해당한다.

ㄴ. 승진은 직위가 높아지는 것으로, 수직적 인사이동에 해당한다.

오답분석

ㄷ. 전보는 동일 직급 내에서 다른 관직으로 이동하는 것으로, 수평적 인사이동에 해당한다.

ㄹ. 전직은 직렬을 변경하는 것으로, 수평적 인사이동에 해당한다.

15

정답 ②

국립공원 입장료는 2007년에 폐지되었다.

오답분석

ㄱ. 2023년 5월에 문화재보호법이 개정되면서 국가지정문화재 보유자 및 기관에 대해 정부 및 지방자치단체가 해당 비용을 지원할 수 있게 되어, 많은 문화재에 대한 관람료가 면제되었다. 그러나 이는 요금제가 폐지된 것이 아니라 법규상 유인책에 따라 감면된 것에 해당한다. 원론적으로 국가지정문화재의 소유자가 관람자로부터 관람료를 징수할 수 있음은 유효하기도 했다.

2023년 8월 새로운 개정을 통해 해당 법에서 칭하던 '국가지정문화재'가 '국가지정문화유산'으로 확대되었다.

03 경영학

01	02	03	04	05	06	07	08	09	10
⑤	②	①	④	④	①	②	①	③	④
11	12	13	14	15					
④	③	④	④	②					

01

정답 ⑤

페이욜은 기업활동을 기술활동, 영업활동, 재무활동, 회계활동, 관리활동, 보전활동 6가지 분야로 구분하였다.

오답분석

② 차별 성과급제, 기능식 직장제도, 과업관리, 계획부 제도, 작업지도표 제도 등은 테일러의 과학적 관리법을 기본이론으로 한다.

③ 포드의 컨베이어 벨트 시스템은 생산원가를 절감하기 위해 표준 제품을 정하고 대량생산하는 방식을 정립한 것이다.

④ 베버의 관료제 조직은 계층에 의한 관리, 분업화, 문서화, 능력주의, 사람과 직위의 분리, 비개인성의 6가지 특징을 가지며, 이를 통해 조직을 가장 합리적이고 효율적으로 운영할 수 있다고 주장한다.

02

정답 ②

논리적인 자료 제시를 통해 높은 이해도를 이끌어 내는 것은 이성적 소구에 해당된다.

오답분석

① 감성적 소구는 감정전이형 광고라고도 하며, 브랜드 이미지 제고, 호의적 태도 등을 목표로 한다.

③ 감성적 소구 방법으로 유머 소구, 공포 소구, 성적 소구 등이 해당된다.

④ 이성적 소구는 자사 제품이 선택되어야만 하는 이유 또는 객관적 근거를 제시하고자 하는 방법이다.

⑤ 이성적 소구는 위험성이 있거나 새로운 기술이 적용된 제품 등의 지식과 정보를 제공함으로써 표적소비자들이 제품을 선택할 수 있게 한다.

03

정답 ①

가치사슬은 미시경제학 또는 산업조직론을 기반으로 하는 분석 도구이다.

오답분석

② 가치사슬은 기업의 경쟁우위를 강화하기 위한 기본적 분석 도구로, 기업이 수행하는 활동을 개별적으로 나누어 분석한다.

③ 구매, 제조, 물류, 판매, 서비스 등을 기업의 본원적 활동으로 정의한다.
④ 인적자원 관리, 인프라, 기술개발, 조달활동 등을 기업의 지원적 활동으로 정의한다.
⑤ 각 가치사슬의 이윤은 전체 수입에서 가치창출을 위해 발생한 모든 비용을 제외한 값이다.

04

정답 ④

ⓛ 자동화 기계 도입에 따른 다기능공 활용이 늘어나면, 작업자는 여러 기능을 숙달해야 하는 부담이 증가한다.
ⓔ 혼류 생산을 통해 공간 및 설비 이용률을 향상시킨다.

오답분석

ㄱ 현장 낭비 제거를 통해 원가를 낮추고 생산성을 향상시킬 수 있다.
ㄷ 소 LOT 생산을 통해 재고율을 감소시켜 재고비용, 공간 등을 줄일 수 있다.

05

정답 ④

주식회사 발기인의 인원 수는 별도의 제한이 없다.

오답분석

① 주식회사의 법인격에 대한 설명이다.
② 출자자의 유한책임에 대한 설명이다(상법 제331조).
③ 주식은 자유롭게 양도할 수 있는 것이 원칙이다.
⑤ 주식회사는 사원(주주)의 수가 다수인 경우가 많기 때문에 사원이 직접 경영에 참여하기보다는 이사회로 경영권을 위임한다.

06

정답 ①

ELS는 주가연계증권으로, 사전에 정해진 조건에 따라 수익률이 결정되며 만기가 있다.

오답분석

② 주가연계파생결합사채(ELB)에 대한 설명이다.
③ 주가지수연동예금(ELD)에 대한 설명이다.
④ 주가연계신탁(ELT)에 대한 설명이다.
⑤ 주가연계펀드(ELF)에 대한 설명이다.

07

정답 ②

블룸의 기대이론에 대한 설명으로, 기대감, 수단성, 유의성을 통해 구성원의 직무에 대한 동기 부여를 결정한다고 주장하였다.

오답분석

① 허즈버그의 2요인이론에 대한 설명이다.
③ 매슬로의 욕구 5단계이론에 대한 설명이다.

④ 맥그리거의 XY이론에 대한 설명이다.
⑤ 로크의 목표설정이론에 대한 설명이다.

08

정답 ①

시장세분화 단계에서는 시장을 기준에 따라 세분화하고, 각 세분시장의 고객 프로필을 개발하여 차별화된 마케팅을 실행한다.

오답분석

②・③ 표적시장 선정 단계에서는 각 세분시장의 매력도를 평가하여 표적시장을 선정한다.
④ 포지셔닝 단계에서는 각각의 시장에 대응하는 포지셔닝을 개발하고 전달한다.
⑤ 재포지셔닝 단계에서는 자사와 경쟁사의 경쟁위치를 분석하여 포지셔닝을 조정한다.

09

정답 ③

• (당기순이익)=(총수익)-(총비용)=35억-20억=15억 원
• (기초자본)=(기말자본)-(당기순이익)=65억-15억 =50억 원
• (기초부채)=(기초자산)-(기초자본)=100억-50억 =50억 원

10

정답 ④

상위에 있는 욕구를 충족시키지 못하면 하위에 있는 욕구는 더욱 크게 증가하여, 하위욕구를 충족시키기 위해 훨씬 더 많은 노력이 필요하게 된다.

오답분석

① 심리학자 앨더퍼가 인간의 욕구에 대해 매슬로의 욕구 5단계설을 발전시켜 주장한 이론이다.
②・③ 존재욕구를 기본적 욕구로 정의하며, 관계욕구, 성장욕구로 계층화하였다.

11

정답 ④

사업 다각화는 무리하게 추진할 경우 수익성에 악영향을 줄 수 있다는 단점이 있다.

오답분석

① 지속적인 성장을 추구하여 미래 유망산업에 참여하고, 구성원에게 더 많은 기회를 줄 수 있다.
② 기업이 한 가지 사업만 영위하는 데 따르는 위험에 대비할 수 있다.
③ 보유자원 중 남는 자원을 활용하여 범위의 경제를 실현할 수 있다.

12

정답 ③

종단분석은 시간과 비용의 제약으로 인해 표본 규모가 작을수록 좋으며, 횡단분석은 집단의 특성 또는 차이를 분석해야 하므로 표본이 일정 규모 이상일수록 정확하다.

13

정답 ④

채권이자율이 시장이자율보다 높아지면 채권가격은 액면가보다 높은 가격에 거래된다. 단, 만기에 가까워질수록 채권가격이 하락하여 가격위험에 노출된다.

오답분석

①·②·③ 채권이자율이 시장이자율보다 낮은 할인채에 대한 설명이다.

14

정답 ④

물음표(Question Mark) 사업은 신규 사업 또는 현재 시장점유율은 낮으나, 향후 성장 가능성이 높은 사업이다. 기업 경영 결과에 따라 개(Dog) 사업 또는 스타(Star) 사업으로 바뀔 수 있다.

오답분석

① 스타(Star) 사업 : 성장률과 시장점유율이 모두 높아서 계속 투자가 필요한 유망 사업이다.
② 현금젖소(Cash Cow) 사업 : 높은 시장점유율로 현금창출은 양호하나, 성장 가능성은 낮은 사업이다.
③ 개(Dog) 사업 : 성장률과 시장점유율이 모두 낮아 철수가 필요한 사업이다.

15

정답 ②

테일러의 과학적 관리법에서는 작업에 사용하는 도구 등을 표준화하여 관리 비용을 낮추고 효율성을 높이는 것을 추구한다.

오답분석

① 과학적 관리법의 특징 중 표준화에 대한 설명이다.
③ 과학적 관리법의 특징 중 동기부여에 대한 설명이다.
④ 과학적 관리법의 특징 중 통제에 대한 설명이다.

04 경제학

01	02	03	04	05	06	07	08	09	10
⑤	②	①	④	⑤	①	④	③	③	④
11	12	13	14	15					
④	③	①	③	④					

01

정답 ⑤

가격탄력성이 1보다 크면 탄력적이라고 할 수 있다.

오답분석

①·② 수요의 가격탄력성은 가격의 변화에 따른 수요의 변화를 의미하며, 분모는 상품 가격의 변화량을 상품 가격으로 나눈 값이며, 분자는 수요량의 변화량을 수요량으로 나눈 값이다.
③ 대체재가 많을수록 해당 상품 가격 변동에 따른 수요의 변화는 더 크게 반응하게 된다.

02

정답 ②

GDP 디플레이터는 명목 GDP를 실질 GDP로 나누어 물가상승 수준을 예측할 수 있는 물가지수로, 국내에서 생산된 모든 재화와 서비스 가격을 반영한다. 따라서 GDP 디플레이터를 구하는 계산식은 (명목 GDP)÷(실질 GDP)×100이다.

03

정답 ①

한계소비성향은 소비의 증가분을 소득의 증가분으로 나눈 값으로, 소득이 1,000만 원 늘었을 때 현재 소비자들의 한계소비성향이 0.7이므로 소비는 700만 원이 늘었다고 할 수 있다. 따라서 소비의 변화폭은 700이다.

04

정답 ④

㉠ 환율이 상승하면 제품을 수입하기 위해 더 많은 원화를 필요로 하고, 이에 따라 수입이 감소하게 되므로 순수출이 증가한다.
㉡ 국내이자율이 높아지면 국내자산 투자수익률이 좋아져 해외로부터 자본유입이 확대되고, 이에 따라 환율은 하락한다.
㉢ 국내물가가 상승하면 상대적으로 가격이 저렴한 수입품에 대한 수요가 늘어나 환율은 상승한다.

05 정답 ⑤

독점적 경쟁시장은 광고, 서비스 등 비가격경쟁이 가격경쟁보다 더 활발히 진행된다.

06 정답 ①

케인스학파는 경기침체 시 정부가 적극적으로 개입하여 총수요의 증대를 이끌어야 한다고 주장하였다.

오답분석

② 고전학파의 거시경제론에 대한 설명이다.
③ 케인스학파의 거시경제론에 대한 설명이다.
④ 고전학파의 이분법에 대한 설명이다.
⑤ 케인스학파의 화폐중립성에 대한 설명이다.

07 정답 ④

오답분석

① 매몰비용의 오류 : 이미 투입한 비용과 노력 때문에 경제성이 없는 사업을 지속하여 손실을 키우는 것을 의미한다.
② 감각적 소비 : 제품을 구입할 때, 품질, 가격, 기능보다 디자인, 색상, 패션 등을 중시하는 소비 패턴을 의미한다.
③ 보이지 않는 손 : 개인의 사적 영리활동이 사회 전체의 공적 이익을 증진시키는 것을 의미한다.
⑤ 희소성 : 사람들의 욕망에 비해 그 욕망을 충족시켜 주는 재화나 서비스가 부족한 현상을 의미한다.

08 정답 ③

- (실업률)=(실업자)÷(경제활동인구)×100
- (경제활동인구)=(취업자)+(실업자)
∴ 5,000÷(20,000+5,000)×100=20%

09 정답 ③

(한계비용)=(총비용 변화분)÷(생산량 변화분)
- 생산량이 50일 때 총비용 : 16(평균비용)×50(생산량) =800
- 생산량이 100일 때 총비용 : 15(평균비용)×100(생산량) =1,500

따라서 한계비용은 700÷50=14이다.

10 정답 ④

A국은 노트북을 생산할 때 기회비용이 더 크기 때문에 TV 생산에 비교우위가 있고, B국은 TV를 생산할 때 기회비용이 더 크기 때문에 노트북 생산에 비교우위가 있다.

구분	노트북 1대	TV 1대
A국	TV 0.75	노트북 1.33
B국	TV 1.25	노트북 0.8

11 정답 ④

다이내믹 프라이싱의 단점은 소비자 후생이 감소해 소비자의 만족도가 낮아진다는 것이다. 이로 인해 기업이 소비자의 불만에 직면할 수 있다는 리스크가 발생한다.

12 정답 ③

ⓛ 빅맥 지수는 동질적으로 판매되는 상품의 가치는 동일하다는 가정하에 나라별 화폐로 해당 제품의 가격을 평가하여 구매력을 비교하는 것이다.
ⓒ 맥도날드의 대표적 햄버거인 빅맥 가격을 기준으로 한 이유는 전 세계에서 가장 동질적으로 판매되고 있기 때문이며, 이처럼 품질, 크기, 재료가 같은 물건이 세계 여러 나라에서 팔릴 때 나라별 물가를 비교하기 수월하다.

오답분석

ⓐ 빅맥 지수는 영국 경제지인 이코노미스트에서 최초로 고안하였다.
ⓔ 빅맥 지수에 사용하는 빅맥 가격은 제품 가격만 반영하고 서비스 가격은 포함하지 않기 때문에 나라별 환율에 대한 상대적 구매력 평가 외에 다른 목적으로 사용하기에는 측정값이 정확하지 않다.

13 정답 ①

확장적 통화정책은 국민소득을 증가시켜 이에 따른 보험료 인상 등 세수확대 요인으로 작용한다.

오답분석

② 이자율이 하락하고, 소비 및 투자가 증가한다.
③·④ 긴축적 통화정책이 미치는 영향이다.

14

정답 ③

토지, 설비 등이 부족하면 한계 생산가치가 떨어지기 때문에 노동자를 많이 고용하는 게 오히려 손해이다. 따라서 노동 수요곡선은 왼쪽으로 이동한다.

오답분석

① 노동 수요는 재화에 대한 수요가 아닌 재화를 생산하기 위해 파생되는 수요이다.
② 상품 가격이 상승하면 기업은 더 많은 제품을 생산하기 위해 노동자를 더 많이 고용한다.
④ 노동에 대한 인식이 긍정적으로 변화하면 노동시장에 더 많은 노동력이 공급된다.

15

정답 ④

S씨가 달리기를 선택할 경우 (기회비용)=1(순편익)+8(암묵적 기회비용)=9로 기회비용이 가장 작다.

오답분석

① 헬스를 선택할 경우
(기회비용)=2(순편익)+8(암묵적 기회비용)=10
② 수영을 선택할 경우
(기회비용)=5(순편익)+8(암묵적 기회비용)=13
③ 자전거를 선택할 경우
(기회비용)=3(순편익)+7(암묵적 기회비용)=10

05 회계학

01	02	03	04	05	06	07	08	09	10
③	②	④	③	③	①	③	①	②	③

01

정답 ③

매출액순이익률은 당기순이익을 매출액으로 나눈 값이다.

오답분석

① 유동비율은 유동자산을 유동부채로 나눈 값으로 안정성 비율에 해당한다.
② 부채비율은 부채를 자기자본으로 나눈 값으로 안정성 비율에 해당한다.
④ 총자산회전율은 매출액을 평균총자산으로 나눈 값으로 활동성 비율에 해당한다.

02

정답 ②

- (당기 제조원가)=(당기 총 제조원가)+[(기초 재공품 재고액)−(기말 재공품 재고액)]
- (당기 총 제조원가)=(재료비)+(노무비)+(제조비)
=140,000원
- (당기 제조원가)=140,000+(40,000−20,000)
=160,000원

03

정답 ④

유동비율이 높다는 것은 기업이 보유하고 있는 현금성 자산이 많다는 의미로 활발한 투자와는 거리가 있다.

오답분석

①·② 유동비율은 1년 이내 현금화가 가능한 자산을 1년 이내 갚아야 하는 부채로 나눈 값이다.
③ 유동자산에 매출채권, 재고자산이 포함됨에 따라 매출이 부진하여 재고가 많이 쌓인 기업의 유동비율이 높게 나타나는 경우도 있다.

04

정답 ③

- (매출총이익)=(매출액)−(매출원가)=100,000,000−60,000,000=40,000,000원
- (영업이익)=(매출총이익)−(판관비)=40,000,000−10,000,000=30,000,000원
- (법인세 차감 전 이익)=(영업이익)+(영업외이익)−(영업외비용)=30,000,000+5,000,000−10,000,000=25,000,000원

법인세비용은 당기순이익을 계산할 때 사용한다.

05 정답 ③

당기 판매된 재고자산을 모두 동일한 단가라고 가정하는 것은 총평균법에 대한 설명이다.

06 정답 ①

애덤 스미스의 절대우위론에 대한 설명이다.

오답분석
② · ③ 리카르도의 비교우위론에 대한 설명이다.
④ 제품 생산에 따른 기회비용이 더 낮은 국가가 상대국에 비해 해당 제품 생산에서 비교우위에 있다고 할 수 있다.

07 정답 ③

- (주당이익)=(보통주 귀속 당기순이익)÷(보통주 주식 수)
- (보통주 귀속 당기순이익)=(전체 당기순이익)-(우선주 주주 배당금)=2,000,000,000-200,000,000=1,800,000,000원
- (주당이익)=1,800,000,000원÷10,000,000주=180원

08 정답 ①

외상매출금은 거래처와의 거래에 의하여 발생하는 영업상 미수채권으로 대표적인 유동자산(당좌자산)이다.

오답분석
② 증가하면 차변에, 감소하면 대변에 기록한다.
③ 기업이 보유자산을 판매하고 받지 못한 대금은 미수금에 해당한다.
④ 외상매출금은 원칙적으로 이자가 붙지 않는다.

09 정답 ②

(유형자산 취득원가)=(구입가격)+(직접관련원가)+(추정복구원가)이다.
광고 및 판촉활동 원가는 기타관련원가로 취득원가 계산 시 포함하지 않는다.

오답분석
① · ③ 직접관련원가에 해당한다.
④ 추정복구원가에 해당한다.

10 정답 ③

- (기초 재고자산 금액)+(당기매입액)=(매출원가)+(기말 재고자산 금액)
- (당기매입액)=(판매가능금액)-(기초 재고자산 금액)
  =300,000,000-200,000,000=100,000,000원
- 200,000,000+100,000,000=80,000,000+(기말 재고자산)
- (기말 재고자산)=220,000,000원

PART 1

직업기초능력평가
정답 및 해설

01	02	03	04	05	06	07	08	09	10
①	④	②	④	②	④	④	④	④	③
11	12	13	14	15	16	17	18	19	20
③	③	③	①	②	③	④	④	④	③

01　　　　　　　　　　　　　정답 ①

조직은 다양한 사회적 경험과 사회적 지위를 토대로 한 개인의 집단이므로 동일한 내용을 제시하더라도 각 구성원은 서로 다르게 받아들이고 반응한다. 그렇기 때문에 조직 내에서 적절한 의사소통을 형성한다는 것은 결코 쉬운 일이 아니다.

오답분석

② 메시지는 고정되고 단단한 덩어리가 아니라 유동적이고 가변적인 요소이기 때문에 상호작용에 따라 다양하게 변형될 수 있다.

③·④ 제시된 갈등 상황에서는 표현 방식의 문제보다는 서로 다른 의견이 문제가 되고 있으므로 적절하지 않다.

02　　　　　　　　　　　　　정답 ④

B대리는 A사원의 질문에 대해 명료한 대답을 하지 않고 모호한 태도를 보이고 있으므로 협력의 원리 중 태도의 격률을 어기고 있음을 알 수 있다.

03　　　　　　　　　　　　　정답 ②

㉠ 작성 주체에 의한 구분 : 문서는 작성 주체에 따라 공문서와 사문서로 구분한다.
 - 공문서 : 행정기관에서 공무상 작성하거나 시행하는 문서와 행정기관이 접수한 모든 문서
 - 사문서 : 개인이 사적인 목적을 위하여 작성한 문서
㉡ 유통 대상에 의한 구분 : 외부로 유통되지 않는 내부결재문서와 외부로 유통되는 문서인 대내문서, 대외문서 등으로 구분한다.
 - 외부로 유통되지 않는 문서 : 행정기관이 내부적으로 계획 수립, 결정, 보고 등을 하기 위하여 결재를 받는 내부결재문서

 - 외부 유통 문서 : 기관 내부에서 보조기관 상호 간 협조를 위하여 수신·발신하는 대내문서, 다른 행정기관에 수신·발신하는 대외문서, 발신자와 수신자 명의가 다른 문서
㉢ 문서의 성질에 의한 분류 : 성질에 따라 법규문서, 지시문서, 공고문서, 비치문서, 민원문서, 일반문서로 구분한다.
 - 법규문서 : 법규사항을 규정하는 문서
 - 지시문서 : 행정기관이 하급기관이나 소속 공무원에 대하여 일정한 사항을 지시하는 문서
 - 공고문서 : 고시·공고 등 행정기관이 일정한 사항을 일반에게 알리기 위한 문서
 - 비치문서 : 행정기관 내부에 비치하면서 업무에 활용하는 문서
 - 민원문서 : 민원인이 행정기관에 특정한 행위를 요구하는 문서와 그에 대한 처리문서
 - 일반문서 : 위의 각 문서에 속하지 않는 모든 문서

04　　　　　　　　　　　　　정답 ④

'신기롭다'와 '신기스럽다' 중 '신기롭다'만을 표준어로 인정한다.

오답분석

한글 맞춤법에 따르면 똑같은 형태의 의미가 몇 가지 있을 경우, 그중 어느 하나가 압도적으로 널리 쓰이면 그 단어만을 표준어로 삼는다.

① '-지만서도'는 방언형일 가능성이 높다고 보아 표준어에서 제외되었으며, '-지만'이 표준어이다.

② '길잡이', '길라잡이'가 표준어이다.

③ '쏜살같이'가 표준어이다.

05　　　　　　　　　　　　　정답 ②

'나위'는 '더 할 수 있는 여유나 더 해야 할 필요'를 뜻하며, '여지'는 '어떤 일을 하거나 어떤 일이 일어날 가능성이나 희망'을 뜻한다.

오답분석

① 유용(有用) : 쓸모가 있음

③ 자취 : 어떤 것이 남긴 표시나 자리

④ 지경(地境) : 경우나 형편, 정도의 뜻을 나타내는 말

06 정답 ④

'한둔'이란 '한데에서 밤을 지새움'을 뜻한다.

[오답분석]
① 하숙 : 일정한 방세와 식비를 내고 남의 집에 머물면서 숙식함
② 숙박 : 여관이나 호텔 따위에서 잠을 자고 머무름
③ 투숙 : 여관, 호텔 따위의 숙박 시설에 들어서 묵음

07 정답 ④

제시문에서는 도로신호와 철도신호의 차이점을 드러내고 있으므로 둘 이상의 대상에서 차이점을 중심으로 설명하는 대조의 설명방식이 가장 적절하다.

[오답분석]
① 비유 : 현상이나 사물을 다른 비슷한 현상이나 사물에 빗대어 설명하는 것
② 예시 : 사물이나 대상에 대하여 구체적인 예를 들어 설명하는 것
③ 비교 : 둘 이상의 대상에서 공통점을 찾아 설명하는 것

08 정답 ④

수출주도형 성장전략은 수요가 외부에 존재한다는 측면에서 공급중시 경제학적 관점을 띠고 있다. 따라서 수요가 외부에 존재한다는 점과 공급을 중시하는 점에 대해 비판할 수 있다. ④에서 내부의 수요를 증대시키는 것은 비판의 입장이지만, 수요 증대를 위해 물품 생산의 공급을 강조하는 것은 비판의 내용이 아니다.

09 정답 ④

제시문은 '과학적 언어'에 대한 글이다. 제시문에서는 모래언덕의 높이, 바람의 세기, 저온의 기준을 사례로 들어 과학자들은 모호한 것은 싫어하지만 대화를 통해 상황에 적절한 합의를 도출한다고 설명하고 있다. 따라서 과학적 언어의 객관성이 엄밀하고 보편적인 정의에 의해 보장된다는 ④가 주장에 대한 비판적 논거로 적절하다.

10 정답 ③

㉠은 기업들이 더 많은 이익을 내기 위해 디자인의 향상에 몰두하는 것이 바람직하다는 판단이다. 즉, 상품의 사회적 마모를 짧게 해서 소비를 계속 증가시키기 위한 방안인데, 이것에 대한 반론이 되기 위해서는 ㉠의 주장이 지니고 있는 문제점을 비판해야 한다. ㉠이 지니고 있는 가장 큰 문제점은 '과연 성능 향상 없는 디자인 변화가 소비를 촉진시킬 수 있는 것인가.'가 되어야 한다. 디자인 변화는 분명히 상품의 소비를 촉진시킬 수 있는 효과적 방법 중의 하나이지만 '성능이나 기능, 내구성'의 향상이 전제되지 않았을 때는 효과를 내기 힘들기 때문이다.

11 정답 ③

여가생활의 질을 높이기 위한 문제를 개인적인 차원으로 보지 말자는 내용을 고려하였을 때 국가적인 문제로 보자는 내용이 들어가는 것이 적절하다.

12 정답 ③

헤겔은 국가를 사회 문제를 해결하고 공적 질서를 확립할 최종 주체로 설정했고, 뒤르켐은 사익을 조정하고 공익과 공동체적 연대를 실현할 도덕적 개인주의의 규범에 주목하면서, 이를 수행할 주체로서 직업 단체의 역할을 강조하였다. 즉, 직업 단체가 정치적 중간 집단으로서 구성원의 이해관계를 국가에 전달하는 한편 국가를 견제해야 한다고 보았다.

[오답분석]
① 뒤르켐이 주장하는 직업 단체는 정치적 중간 집단의 역할로 빈곤과 계급 갈등의 해결을 수행할 주체이다.
②·④ 헤겔의 주장이다.

13 정답 ③

주어진 문장의 '이'는 앞 문장의 내용을 가리키므로, 기업의 이익 추구가 사회 전체의 이익과 관련된 결과를 가져왔다는 내용이 앞에 와야 한다. (다) 앞의 '가장 저렴한 가격으로 상품 공급'이 '사회 전체의 이익'과 연관되므로 보기는 (다)에 들어가는 것이 가장 적절하다.

14 정답 ①

(가) 문단의 마지막 문장에서 '곰돌이 인형이 말하는 사람에게 주의를 기울여 준다'고 했으므로 다음 내용은 그 이유를 설명하는 보기가 와야 적절하다.

15 정답 ②

'직업안전보건국이 제시한 1ppm의 기준이 지나치게 엄격하다고 판결하였다.'와 '직업안전보건국은 노동자를 생명의 위협이 될 수 있는 화학물질에 노출시키는 사람들이 그 안전성을 입증해야 한다.'는 논점의 대립이다. 따라서 빈칸에는 ②와 같이 '벤젠의 노출 수준이 1ppm을 초과할 경우 노동자의 건강에 실질적으로 위험하다는 것을 직업안전보건국이 입증해야 한다.'는 내용이 오는 것이 적절하다.

16 정답 ③

• (가) : 빈칸 다음 문장에서 사회의 기본 구조를 통해 이것을 공정하게 분배해야 된다고 했으므로 ⓒ이 가장 적절하다.
• (나) : '원초적 상황'에서 합의 당사자들은 인간의 심리, 본성 등에 대한 지식 등 사회에 대한 일반적인 지식은 알고 있지만, 이것에 대한 정보를 모르는 무지의 베일 상태에 놓인다고 했으므로 사회에 대한 일반적인 지식과 반대되는 개념, 즉 개인적 측면의 정보인 ⓒ이 가장 적절하다.
• (다) : 빈칸을 사회에 대한 일반적인 지식이라고 하였으므로 ⓒ이 가장 적절하다.

17 정답 ④

토지공공임대제는 토지가치공유제의 하위 제도로, 사용권은 민간이 갖고 수익권은 공공이 갖는다. 처분권의 경우 사용권을 가진 민간에게 한시적으로 맡기는 것일 뿐이며, 처분권도 공공이 갖는다. 따라서 ④는 토지공공임대제에 대한 설명으로 적절하지 않다.

18 정답 ④

중요한 내용을 두괄식으로 작성함으로써 보고받은 자가 해당 문서를 신속하게 이해하고 의사결정하는 데 도움을 주는 것이 중요하다.

19 정답 ④

담당자의 E-mail과 연락처는 이미 명시되어 있으므로 추가할 내용으로 적절하지 않다.

20 정답 ③

A과장의 개인 스케줄 및 업무 점검을 보면 홍보팀, 외부 디자이너와의 미팅이 기재되어 있다. 즉, A과장은 이번 주에 내부 미팅과 외부 미팅을 할 예정이다.

01	02	03	04	05	06	07	08	09	10
③	④	②	②	④	①	③	②	②	②
11	12	13	14	15	16	17	18	19	20
③	③	④	④	③	②	②	②	④	②

01　　정답 ③

A, B, C설탕물의 설탕 질량을 구하면 다음과 같다.
- A설탕물의 설탕 질량 : $200 \times 0.12 = 24g$
- B설탕물의 설탕 질량 : $300 \times 0.15 = 45g$
- C설탕물의 설탕 질량 : $100 \times 0.17 = 17g$

A, B설탕물을 합치면 설탕물 500g에 들어있는 설탕은 $24+45=69g$, 농도는 $\frac{69}{500} \times 100 = 13.8\%$이다. 합친 설탕물을 300g만 남기고, C설탕물과 합치면 설탕물 400g이 되고 여기에 들어있는 설탕의 질량은 $300 \times 0.138 + 17 = 58.4g$이다. 또한 이 합친 설탕물도 300g만 남기면 농도는 일정하므로 설탕물이 $\frac{3}{4}$으로 줄어든 만큼 설탕의 질량도 같이 줄어든다.

따라서 설탕의 질량은 $58.4 \times \frac{3}{4} = 43.8g$이다.

02　　정답 ④

택배상자 무게는 1호 상자 xg, 2호 상자는 yg이므로 택배상자들의 총무게와 저울이 평형을 이루는 상자 개수에 대한 두 방정식을 세우면 다음과 같다.
$6x+7y=960 \cdots \bigcirc$
$4x+2y=2x+5y \rightarrow 2x=3y \rightarrow 2x-3y=0 \cdots \bigcirc$
두 방정식을 연립하면 $x=90$, $y=60$이므로 1호 택배상자는 90g, 2호 택배상자는 60g이 된다.
따라서 $(x \times y)=90 \times 60=5,400$이다.

03　　정답 ②

처음 퍼낸 소금물의 양을 xg이라고 하자.
소금 20g과 물 80g을 섞은 소금물의 농도를 구하면 다음과 같다.

$$\frac{(600-x) \times \frac{8}{100} + 20}{600-x+80+20} \times 100 = 10$$

$\rightarrow \{(600-x) \times 0.08 + 20\} \times 100 = 10 \times (600-x+80+20)$
$\rightarrow (600-x) \times 8 + 2,000 = 7,000 - 10x$
$\rightarrow 6,800 - 8x = 7,000 - 10x$
$\rightarrow 2x = 200$
$\therefore x = 100$

04　　정답 ②

질병에 양성 반응을 보인 사람은 전체 중 95%이고, 그 중 항체가 있는 사람의 비율은 15.2%이므로 항체가 없는 사람은 $95.0-15.2=79.8$이다. 다음으로 질병에 음성 반응을 보인 사람은 $100-95=5\%$이므로 음성인데 항체가 있는 사람의 비율은 $5-4.2=0.8\%$이다. 이를 정리하면 다음과 같다.

구분	항체 ×	항체 ○	합계
양성	79.8%	15.2%	95%
음성	4.2%	0.8%	5%
합계	84%	16%	100%

따라서 조사 참여자 중 항체가 있는 사람의 비율은 16%이다.

05　　정답 ④

(전체 학생 중 운동을 좋아하는 비율)=(여학생 중 운동을 좋아하는 비율)+(남학생 중 운동을 좋아하는 비율)이다.
따라서 $\frac{6}{10} \times \frac{25}{100} + \frac{4}{10} \times \frac{85}{100} = \frac{15}{100} + \frac{34}{100} = \frac{49}{100} = 49\%$
이다.

06

정답 ①

A사이트의 인원 비율을 a, B사이트의 인원 비율을 $(1-a)$라고 하자. 각 사이트 평균점수에 인원 비율을 곱한 값의 합은 전체 평균점수와 같다.

$4.5a+6.5(1-a)=5.1 \rightarrow 2a=1.4 \rightarrow a=0.7$

따라서 A사이트에 참여한 인원은 $2,100 \times 0.7=1,470$명이다.

07

정답 ③

처음 참석한 사람의 수를 x명이라 하자.

ⅰ) $8x<17\times10 \rightarrow x<\dfrac{170}{8}\fallingdotseq21.3$

ⅱ) $9x>17\times10 \rightarrow x>\dfrac{170}{9}\fallingdotseq18.9$

ⅲ) $8(x+9)<10\times(17+6) \rightarrow x<\dfrac{230}{8}-9\fallingdotseq19.8$

세 식을 모두 만족해야 하므로 처음의 참석자 수는 19명이다.

08

정답 ②

A와 B, B와 C가 각각 3세 차이이므로 B의 나이를 x세라 하면 A의 나이는 $(x+3)$세, C는 $(x-3)$세이다.

3년 후 C의 나이가 A 나이의 $\dfrac{2}{3}$이므로 $\dfrac{2}{3}(x+3+3)=x-3+3 \rightarrow \dfrac{1}{3}x=4 \rightarrow x=12$

따라서 B는 12세, A는 $12+3=15$세, C는 $12-3=9$세이므로, 현재 A, B, C의 나이를 모두 더하면 $15+12+9=36$이다.

09

정답 ②

$x-0.4x-\dfrac{1}{2}(x-0.4x)=60,000 \rightarrow 0.3x=60,000$

$\therefore x=200,000$

10

정답 ②

오존전량의 증감추이는 '감소 – 감소 – 감소 – 증가 – 증가 – 감소'이므로 옳지 않은 설명이다.

[오답분석]

① 이산화탄소의 농도는 계속해서 증가하고 있는 것을 확인할 수 있다.

③ 2022년 오존전량은 2016년 대비 $335-331=4$DU 증가했다.

④ 2022년 이산화탄소의 농도는 2017년 대비 $395.7-388.7=7$ppm 증가했다.

11

정답 ③

선호도 조사결과를 참고하면 성별 및 방송사별 응답자 수는 다음과 같다.

구분	남자	여자
전체 응답자 수	$0.4\times200=80$명	$0.6\times200=120$명
S방송사 응답자 수	$80-30-32=18$명	$0.5\times120=60$명
K방송사 응답자 수	30명	$120-60-20=40$명
M방송사 응답자 수	$0.4\times80=32$명	20명

즉, S방송사의 오디션 프로그램을 좋아하는 사람은 $18+60=78$명이다.

따라서 S방송사의 오디션 프로그램을 좋아하는 사람 중 남자의 비율은 $\dfrac{18}{78}=\dfrac{3}{13}$이다.

12

정답 ③

2017년과 2022년을 비교했을 때, 국유지 면적의 차이는 $24,087-23,033=1,054\text{km}^2$이고, 법인 면적의 차이는 $6,287-5,207=1,080\text{km}^2$이므로 법인 면적의 차이가 더 크다.

[오답분석]

① 국유지 면적은 매년 증가하고, 민유지 면적은 매년 감소하는 것을 확인할 수 있다.

② 전년 대비 2018 ~ 2022년 군유지 면적의 증가량은 다음과 같다.
- 2018년 : $4,788-4,741=47\text{km}^2$
- 2019년 : $4,799-4,788=11\text{km}^2$
- 2020년 : $4,838-4,799=39\text{km}^2$
- 2021년 : $4,917-4,838=79\text{km}^2$
- 2022년 : $4,971-4,917=54\text{km}^2$

따라서 군유지 면적의 증가량은 2021년에 가장 많다.

④ 전체 국토면적은 매년 증가하고 있는 것을 확인할 수 있다.

13

면세유류 구매비율은 1990년부터 계속 증가하였고, 2020년에는 영농자재 중 가장 높은 구매 비율을 차지하였다.

오답분석

① 일반자재 구매 비율은 2010년까지 10년마다 증가한 이후 2020년에 감소하였다.
② 2000년에는 배합사료의 구매 비율, 2020년에는 면세유류의 구매 비율이 가장 높았으므로 옳지 않은 설명이다.
③ 배합사료 구매 비율은 조사기간 동안 증가와 감소추이를 반복하였으나, 농기계 구매 비율은 1970 ~ 1990년까지 증가한 이후 증가와 감소를 반복하므로 옳지 않은 설명이다.

14

정답 ④

• 2022년 농촌의 인구 : $150,000-50,000+40,000-60,000+30,000-70,000+10,000=50,000$명
• 2022년 도시의 인구 : $300,000-40,000+50,000-30,000+60,000-10,000+70,000=400,000$명

15

정답 ③

2020년 농촌의 인구는 $150,000-50,000+40,000=140,000$명이고, 2022년 농촌의 인구는 50,000명이다.
2020년 도시의 인구는 $300,000-40,000+50,000=310,000$명이고, 2022년 도시의 인구는 400,000명이다.
• 농촌의 2020년 대비 2022년 인구 증감률 :
$$\frac{50,000-140,000}{140,000}\times100 ≒ -64\%$$
• 도시의 2020년 대비 2022년 인구 증감률 :
$$\frac{400,000-310,000}{310,000}\times100 ≒ 29\%$$

16

정답 ②

'SOC, 산업・중소기업, 통일・외교, 공공질서・안전, 기타'의 5개 분야에서 전년 대비 재정지출액이 증가하지 않은 해가 있으므로 옳은 설명이다.

오답분석

① 교육 분야의 전년 대비 재정지출 증가율은 다음과 같다.
• 2019년 : $\frac{27.6-24.5}{24.5}\times100 ≒ 12.7\%$
• 2020년 : $\frac{28.8-27.6}{27.6}\times100 ≒ 4.3\%$

• 2021년 : $\frac{31.4-28.8}{28.8}\times100 ≒ 9.0\%$
• 2022년 : $\frac{35.7-31.4}{31.4}\times100 ≒ 13.7\%$

따라서 교육 분야의 전년 대비 재정지출 증가율이 가장 높은 해는 2022년이다.
③ 2018년에는 기타 분야의 재정지출이 더 컸다.
④ 'SOC(-8.6%), 산업・중소기업(2.5%), 환경(5.9%), 기타(-2.9%)' 분야가 해당한다.

17

정답 ②

• 사회복지・보건 분야의 2020년 대비 2021년 재정지출 증감률 : $\frac{61.4-56.0}{56.0}\times100 ≒ 9.6\%$
• 공공질서・안전 분야의 2020년 대비 2021년 재정지출 증감률 : $\frac{10.9-11.0}{11.0}\times100 ≒ -0.9\%$

따라서 두 분야의 2018년 대비 2019년 재정지출 증감률 차이는 $9.6-(-0.9)=10.5\%$p이다.

18

정답 ②

전국 컴퓨터 대수 중 스마트폰 비율은 8.7%로, 전체 컴퓨터 대수 중 노트북 비율의 30%인 $20.5\times0.3 ≒ 6.15\%$ 이상이다.

오답분석

① 서울 업체가 보유한 노트북 수는 $605,296\times0.224 ≒ 135,586$대이므로 20만 대 미만이다.
③ 대전 업체가 보유한 데스크톱 수는 $68,270\times0.662 ≒ 45,195$대, 울산은 $42,788\times0.675 ≒ 28,882$대이고, 전국 데스크톱 대수는 $2,597,791\times0.594 ≒ 1,543,088$대이다. 따라서 대전과 울산 업체가 보유한 데스크톱이 전체에서 차지하는 비율은 $\frac{45,195+28,882}{1,543,088}\times100 ≒ 4.8\%$ 이므로 옳은 설명이다.
④ PDA 보유 대수는 전북이 $88,019\times0.003 ≒ 264$대이며, 전남의 15%인 $91,270\times0.015\times0.15 ≒ 205$개 이상이므로 옳은 설명이다.

19

ㄱ. 초등학생의 경우 남자의 스마트폰 중독비율이 33.35%로 29.58%인 여자보다 높은 것을 알 수 있지만, 중·고생의 경우 남자의 스마트폰 중독비율이 32.71로 32.72%인 여자보다 0.01%p가 낮다.

ㄷ. 대도시에 사는 초등학생 수를 a명, 중·고생 수를 b명, 전체 인원을 $(a+b)$명이라고 하면, 대도시에 사는 학생 중 스마트폰 중독 인원에 관한 방정식은 다음과 같다.
$30.80a+32.40b=31.95\times(a+b)$ → $1.15a=0.45b$
∴ $b≒2.6a$
따라서 대도시에 사는 중·고생 수가 초등학생 수보다 2.6배 많다.

ㄹ. 초등학생의 경우 기초수급가구의 경우 스마트폰 중독비율이 30.35%로, 31.56%인 일반 가구의 경우보다 스마트폰 중독 비율이 낮다. 중·고생의 경우에도 기초수급가구의 경우 스마트폰 중독비율이 31.05%로, 32.81%인 일반가구의 경우보다 스마트폰 중독 비율이 낮다.

오답분석

ㄴ. 한부모·조손 가족의 스마트폰 중독 비율은 초등학생의 경우가 28.83%로, 중·고생의 70%인 $31.79\times0.7≒$ 22.3% 이상이므로 옳은 설명이다.

20

마을별 잉여전력의 판매량과 구매량을 정리하면 다음과 같다.

구분	전력판매량	전력구매량	거래량 합계
갑 마을	570	610	1,180
을 마을	640	530	1,170
병 마을	510	570	1,080
정 마을	570	580	1,150
합계	2,290	2,290	4,580

따라서 갑 마을이 을 마을에 40kW를 더 판매했다면, 을 마을의 구매량은 530+40=570kW가 되어 병 마을의 구매량과 같게 되므로 옳지 않다.

오답분석

① 총 거래량이 같은 마을은 없는 것을 확인할 수 있다.
③ 태양광 전력 거래 수지가 흑자인 마을은 을 마을뿐인 것을 확인할 수 있다.
④ 전력을 가장 많이 판매한 마을과 가장 많이 구매한 마을은 각각 을 마을과 갑 마을인 것을 확인할 수 있다.

03 | 문제해결능력
기출예상문제

01	02	03	04	05	06	07	08	09	10	11	12	13	14	15	16	17	18	19	20
③	①	①	④	④	④	①	②	④	①	④	①	③	④	③	②	②	④	②	④

01

정답 ③

ST전략은 외부 환경의 위협 회피를 위해 내부 강점을 사용하는 전략이며, 내부의 강점을 이용하여 외부의 기회를 포착하는 전략은 SO전략이므로 적절하지 않다.

오답분석

① · ④ SWOT분석의 정의 및 분석방법이다.
② WT전략에 대한 적절한 설명이다.

02

정답 ①

세 사람의 판단 및 진술은 눈에 보이는 것은 물론 다른 사람의 대답을 모두 들을 수 있는 것을 고려해야 한다.
ⅰ) 만세는 대한이와 민국이의 모자 색깔을 볼 수 있다. 만약 대한이와 민국의 모자가 분홍색 – 노란색 또는 노란색 – 분홍색이었다면 만세는 자신의 모자가 하늘색이라는 것을 알 수 있었을 것이다. 그러나 그렇지 않기 때문에 만세는 자신의 모자 색깔을 알 수 없다고 답한 것이다. 따라서 대한이와 민국이의 모자 중에 하늘색 모자가 적어도 1개 이상 있다.
ⅱ) 민국이는 대한이의 모자 색깔을 볼 수 있고, 머릿속에서 ⅰ)의 사고과정을 거친다. 따라서 만약 대한이의 모자가 노란색이나 분홍색이라면 자신의 모자 색깔이 하늘색이라는 것을 알 수 있다. 그러나 대한이의 모자가 노란색이나 분홍색이 아니고 하늘색이기 때문에 자신의 모자 색깔을 모른다고 대답했음을 추론해볼 수 있다.
ⅲ) 대한이는 눈앞에 바로 벽이 있으므로, 만세와 민국이의 말만 듣고 자신의 모자 색깔을 추측할 수밖에 없다. ⅱ)의 사고과정을 거치며 자신의 모자가 노란색이나 분홍색이 아니라는 것을 알 수 있고, 따라서 자신의 모자 색깔이 하늘색임을 알 수 있다.

03

정답 ①

'김팀장이 이번 주 금요일에 월차를 쓴다.'를 A, '최대리가 이번 주 금요일에 월차를 쓴다.'를 B, '강사원의 프로젝트 마감일은 이번 주 금요일이다.'를 C라고 하면 제시된 명제는 A → ~B → C이므로 대우 ~C → B → ~A가 성립한다. 따라서 '강사원의 프로젝트 마감일이 이번 주 금요일이 아니라면 김팀장은 이번 주 금요일에 월차를 쓰지 않을 것이다.'는 반드시 참이 된다.

04

정답 ④

ⓒ 특허를 통한 기술 독점은 기업의 내부 환경으로 볼 수 있다. 따라서 내부 환경의 강점(Strength) 사례이다.
ⓒ 점점 증가하는 유전자 의뢰는 기업의 외부 환경(고객)으로 볼 수 있다. 따라서 외부 환경에서 비롯된 기회(Opportunity) 사례이다.

오답분석

㉠ 투자 유치의 어려움은 기업의 외부 환경(거시적 환경)으로 볼 수 있다. 따라서 외부 환경에서 비롯된 위협(Threat) 사례이다.
㉣ 높은 실험 비용은 기업의 내부 환경으로 볼 수 있다. 따라서 내부 환경의 약점(Weakness) 사례이다.

05

정답 ④

팀장의 요구조건은 1) 영유아 인구가 많은 곳, 2) 향후 5년간 지속적인 수요발생 두 가지이며, 두 조건을 모두 충족하는 지역을 선정하면 된다.

ⅰ) 주어진 표에서 영유아 인구수를 구하면 다음과 같다.

(영유아 인구 수)=(총 인구수)×(영유아 비중)

- A지역 : 3,460,000명×3%=103,800명
- B지역 : 2,470,000명×5%=123,500명
- C지역 : 2,710,000명×4%=108,400명
- D지역 : 1,090,000명×11%=119,900명

따라서 B−D−C−A 순으로 영유아 인구수가 많은 것을 알 수 있다.

ⅱ) 향후 5년간 영유아 변동률을 보았을 때 A지역은 1년 차와 3년 차에 감소하였고, B지역은 3년 차～5년 차 동안 감소하는 것을 확인할 수 있다. 따라서 지속적으로 수요가 증가하는 지역은 C지역, D지역이다. 이 중 C지역의 5년간 성장률은 5%이며, D지역의 5년간 성장률은 6.4%이므로 D지역이 상대적으로 우선한다.

따라서 위 ⅰ), ⅱ) 조건을 모두 고려하였을 때, D지역이 유아용품 판매직영점을 설치하는 데 가장 적절한 지역이 된다.

오답분석

① 총 인구수로 판단하는 것은 주어진 조건과 무관하므로 적절하지 않다.
② 단순히 영유아 비율이 높다고 하여 영유아 인구수가 많은 것이 아니므로 조건에 부합하지 않는다.
③ B지역이 영유아 인구수가 가장 많은 것은 맞으나, 향후 5년 동안 변동률이 감소하는 추세를 보이므로 적절하지 않다.

06

정답 ④

H교통카드 본사에서 10만 원 이상의 고액 환불 시 내방 당일 카드잔액 차감 후 익일 18시 이후 계좌로 입금 받는다.

오답분석

① 부분환불은 환불요청금액이 1만 원 이상 5만 원 이하일 때 가능하며, H교통카드 본사와 지하철 역사 내 H교통카드 서비스센터에서 가능하므로 부분환불이 가능하다.
② 모바일 환불 시 1인 최대 50만 원까지 환불 가능하며, 수수료는 500원이므로 카드 잔액이 40만 원일 경우 399,500원이 계좌로 입금된다.
③ 카드 잔액이 30만 원일 경우, A은행을 제외한 은행 ATM기에서 수수료 500원을 제외하고 299,500원의 환불이 가능하다.

07

정답 ①

다희는 철수보다 늦게 내리고 영수보다 빨리 내렸으므로, '철수−다희−영수' 순서로 내렸다. 또한 희수는 만수보다 한 층 더 가서 내렸으므로, '만수−희수' 순서로 내렸다. 희수는 영수보다 3층 전에 내렸으므로 '희수−○○−○○−영수' 순서로 내렸다. 이를 정리하면 '만수−희수−철수−다희−영수' 순서이고, 영수가 마지막에 내리지 않았으므로, 태영이가 8층에 내렸다. 따라서 홀수 층에서 내린 사람은 영수이다.

08

정답 ②

주어진 자료를 토대로 민원처리 시점을 구하면 다음과 같다.

- A씨는 4/29(금)에 '부동산중개사무소 등록'을 접수하였고 민원처리기간은 7일이다. 민원사무처리기간이 6일 이상일 경우, 초일을 산입하고 '일' 단위로 계산하되 토요일은 포함하고 공휴일은 포함하지 않는다. 따라서 민원사무처리가 완료되는 시점은 5/9(월)이다.
- B씨는 4/29(금)에 '토지거래계약허가'를 접수하였고 민원처리기간은 15일이다. 민원사무처리기간이 6일 이상일 경우, 초일을 산입하고 '일' 단위로 계산하되 토요일은 포함하고 공휴일은 포함하지 않는다. 따라서 민원사무처리가 완료되는 시점은 5/19(목)이다.

• C씨는 4/29(금)에 '등록사항 정정'을 접수하였고 민원처리기간은 3일이다. 민원사무처리기간이 5일 이하일 경우, '시간' 단위로 계산하되 토요일과 공휴일은 포함하지 않는다. 따라서 민원사무처리가 완료되는 시점은 5/4(수) 14시이다.

일요일	월요일	화요일	수요일	목요일	금요일	토요일
					4/29	30
5/1	2	3	4	5	6	7
8	9	10	11	12	13	14
15	16	17	18	19	20	21
22	23	24	25	26	27	28
29	30	31				

PART 1

09　　　　　　　　　　　　　　　　　　　　　　　정답 ④

간선노선과 보조간선노선을 구분하여 노선번호를 부여하면 다음과 같다.
• 간선노선
　– 동서를 연결하는 경우 : (가), (나)에 해당하며, 남에서 북으로 가면서 숫자가 증가하고 끝자리에는 0을 부여하므로 (가)는 20, (나)는 10이다.
　– 남북을 연결하는 경우 : (다), (라)에 해당하며, 서에서 동으로 가면서 숫자가 증가하고 끝자리에는 5를 부여하므로 (다)는 15, (라)는 25이다.
• 보조간선노선
　– (마) : 남북을 연결하는 모양에 가까우므로 (마)의 첫자리는 남쪽 시작점의 간선노선인 (다)의 첫자리와 같은 1이 되어야 하고, 끝자리는 5를 제외한 홀수를 부여해야 하므로 가능한 노선번호는 11, 13, 17, 19이다.
　– (바) : 동서를 연결하는 모양에 가까우므로 (바)의 첫자리는 바로 아래쪽에 있는 간선노선인 (나)의 첫자리와 같은 1이 되어야 하고, 끝자리는 0을 제외한 짝수를 부여해야 하므로 가능한 노선번호는 12, 14, 16, 18이다.
따라서 가능한 조합은 ④이다.

10　　　　　　　　　　　　　　　　　　　　　　　정답 ①

구분	생물화학적 산소요구량	화학적 산소요구량	부유물질	질소 총량	인 총량	평가
A처리시설	4(정상)	10(정상)	15(주의)	10(정상)	0.1(정상)	우수
B처리시설	9(주의)	25(주의)	25(심각)	22(주의)	0.5(주의)	보통
C처리시설	18(심각)	33(심각)	15(주의)	41(심각)	1.2(심각)	개선필요

11　　　　　　　　　　　　　　　　　　　　　　　정답 ④

제시문에서 '심각' 지표를 가장 우선으로 개선하라고 하였으므로 '심각' 지표를 받은 부유물질을 가장 먼저 개선해야 한다.

오답분석
① 생물화학적 산소요구량은 9로 '주의' 지표이다.
② 부유물질이 '심각' 지표이므로 가장 먼저 개선해야 한다.
③ 질소 총량과 인 총량을 개선하여도, '주의' 지표가 2개, '심각' 지표가 1개이므로 평가결과는 '보통'이다.

12

네 번째 조건에 따라 K팀장은 토마토 파스타, S대리는 크림 리소토를 주문한다. 이때, L과장은 다섯 번째 조건에 따라 토마토 리소토나 크림 리소토를 주문할 수 있는데, 만약 L과장이 토마토 리소토를 주문한다면, 두 번째 조건에 따라 M대리는 토마토 파스타를 주문해야 하고, 사원들은 둘 다 크림소스가 들어간 메뉴를 주문할 수밖에 없으므로 조건과 모순이 된다. 따라서 L과장은 크림 리소토를 주문했다. 다음으로 사원 2명 중 1명은 크림 파스타, 다른 한 명은 토마토 파스타나 토마토 리소토를 주문해야 하는데, H사원이 파스타면을 싫어하므로 J사원이 크림 파스타, H사원이 토마토 리소토, M대리가 토마토 파스타를 주문했다. 다음으로 일곱 번째 조건에 따라 J사원이 사이다를 주문하였고, H사원은 J사원과 다른 음료를 주문해야 하지만 여덟 번째 조건에 따라 주스를 함께 주문하지 않으므로 콜라를 주문했다. 또한 여덟 번째 조건에 따라 주스를 주문한 사람은 모두 크림소스가 들어간 메뉴를 주문한 사람이어야 하므로 S대리와 L과장이 주스를 주문했다. 마지막으로 여섯 번째 조건에 따라 M대리는 사이다를 주문하고, K팀장은 콜라를 주문했다. 이를 정리하면 다음과 같다.

구분	K팀장	L과장	S대리	M대리	H사원	J사원
토마토 파스타	○			○		
토마토 리소토					○	
크림 파스타						○
크림 리소토		○	○			
콜라	○				○	
사이다				○		○
주스		○	○			

따라서 사원들 중 주스를 주문한 사람은 없다.

13

12번의 결과로부터 S대리와 L과장은 모두 주스와 크림 리소토를 주문했다.

14

오답분석

ㄴ. 사용하지 않은 성분을 강조하였으므로 ① - 3호에 해당한다.
ㄹ. 질병 예방에 효능이 있음을 나타내었으므로 ① - 1호에 해당한다.

15

제2항 제2호에 의해 과대광고가 아니다.

16

수준 높은 금융 서비스를 통해 글로벌 경쟁에서 우위를 차지하는 것은 강점을 이용해 글로벌 금융사와의 경쟁 심화라는 위협을 극복하는 ST전략이다.

오답분석

① 해외 비즈니스TF팀을 신설해 해외 금융시장 진출을 확대하는 것은 글로벌 경쟁력이 낮다는 약점을 극복하고 해외 금융시장 진출 확대라는 기회를 활용하는 WO전략이다.
③ 탄탄한 국내 시장점유율이 국내 금융그룹의 핀테크 사업 진출의 기반이 되는 것은 강점을 통해 기회를 살리는 SO전략이다.
④ 우수한 자산건전성 지표를 홍보하여 고객 신뢰를 회복하는 것은 강점으로 위협을 극복하는 ST전략이다.

17

월요일과 화요일에는 카페모카, 비엔나커피 중 하나를 마시는데, 화요일에는 우유가 들어가지 않은 음료를 마시므로 비엔나커피를 마시고, 전날 마신 음료는 다음 날 마시지 않으므로 월요일에는 카페모카를 마신다. 수요일에는 바닐라가 들어간 유일한 음료인 바닐라라테를 마신다. 목요일에는 우유가 들어가지 않은 아메리카노와 비엔나커피 중 하나를 마시는데, 비엔나커피는 일주일에 2번 이상 마시지 않으며, 비엔나커피는 이미 화요일에 마셨으므로 아메리카노를 마신다. 금요일에는 홍차라테를 마시고, 토요일과 일요일에는 시럽이 없고 우유가 들어가는 카페라테와 홍차라테 중 하나를 마신다. 바로 전날 마신 음료는 마실 수 없으므로 토요일에는 카페라테를, 일요일에는 홍차라테를 마신다. 이를 표로 정리하면 다음과 같다.

일요일	월요일	화요일	수요일	목요일	금요일	토요일
홍차라테	카페모카	비엔나커피	바닐라라테	아메리카노	홍차라테	카페라테

따라서 아메리카노를 마신 요일은 목요일이다.

18

정답 ④

바뀐 조건에 따라 甲이 요일별로 마실 음료를 정리하면 다음과 같다.

일요일	월요일	화요일	수요일	목요일	금요일	토요일
카페라테	카페모카	비엔나커피	바닐라라테	아메리카노	카페라테	홍차라테

금요일에는 카페라테를 마시고, 토요일과 일요일에는 시럽이 없고 우유가 들어가는 카페라테와 홍차라테를 한 잔씩 마신다. 조건에 의해 바로 전날 마신 음료는 마실 수 없으므로 토요일에는 홍차라테를, 일요일에는 카페라테를 마신다.

19

정답 ②

F는 C와 함께 근무해야 한다. 수요일은 C가 근무할 수 없으므로 불가능하고, 토요일과 일요일은 E가 오전과 오후에 근무하므로 2명씩 근무한다는 조건에 위배되어 근무할 수 없다. 따라서 가능한 요일은 월요일, 화요일, 목요일, 금요일이다.

20

정답 ④

수요일, 토요일, 일요일은 다음과 같이 근무조가 확정된다. 월요일, 화요일, 목요일, 금요일은 항상 C와 F가 근무하고, B와 C는 2일 이상, D는 3일 이상 근무해야 한다. 그리고 A는 오전에 근무하지 않고, D는 오전에만 가능하므로 수요일을 제외한 평일에 C와 F는 오전에 1일, 오후에 3일 근무하고, D는 오전에 3일 근무해야 한다. 이때, D는 B와 함께 근무하게 된다. 나머지 평일 오후는 A와 B가 함께 근무한다. 이를 표로 정리하면 다음과 같다.

구분		월요일	화요일	수요일	목요일	금요일	토요일	일요일
경우 1	오전	C, F	B, D	B, D	B, D	B, D	C, E	C, E
	오후	A, B	C, F	A, B	C, F	C, F	A, E	A, E
경우 2	오전	B, D	C, F	B, D	B, D	B, D	C, E	C, E
	오후	C, F	A, B	A, B	C, F	C, F	A, E	A, E
경우 3	오전	B, D	B, D	B, D	C, F	B, D	C, E	C, E
	오후	C, F	C, F	A, B	A, B	C, F	A, E	A, E
경우 4	오전	B, D	B, D	B, D	B, D	C, F	C, E	C, E
	오후	C, F	C, F	A, B	C, F	A, B	A, E	A, E

따라서 B는 수요일에 오전, 오후에 2회 근무하므로 적절하지 않은 설명이다.

오답분석

① C와 F는 월요일, 화요일, 목요일, 금요일 중 하루를 오전에 함께 근무한다.
② ①의 경우를 제외한 평일 오전에는 D가 항상 B와 함께 근무한다.
③ E는 토요일, 일요일에 A, C와 2번씩 근무하고 주어진 조건으로부터 A는 오전에 근무하지 않는다고 하였으므로 적절한 설명이다.

04 | 자원관리능력
기출예상문제

01	02	03	04	05	06	07	08	09	10	11	12	13	14	15	16	17	18	19	20
④	①	④	④	③	①	②	④	④	①	④	③	④	②	④	③	④	②	④	③

01
정답 ④

적절한 수준의 여분은 사용 중인 물품의 파손 등 잠재적 위험에 즉시 대응할 수 있어 생산성을 향상시킬 수 있다.

[오답분석]
① 물품의 분실 사례에 해당한다. 물품의 분실은 훼손과 마찬가지로 물품을 다시 구입해야 하므로 경제적인 손실을 가져올 수 있다.
② 물품의 훼손 사례에 해당한다. 물품을 제대로 관리하지 못하여 새로 구입해야 한다면 경제적인 손실이 발생할 수 있다.
③ 분명한 목적 없이 물품을 구입한 사례에 해당한다. 분명한 목적 없이 물품을 구입한 경우 관리가 소홀해지면서 분실, 훼손의 위험이 커질 수 있다.

02
정답 ①

세상에 존재하는 모든 물체는 물적자원에 포함된다.

03
정답 ④

많은 시간을 직장에서 보내는 일 중독자는 최우선 업무보다 가시적인 업무에 전력을 다하는 경향이 있다. 장시간 일을 한다는 것은 오히려 자신의 일에 대한 시간관리능력의 부족으로 잘못된 시간관리 행동을 하고 있다는 것이다. 시간관리를 잘하여 일을 수행하는 시간을 줄일 수 있다면 일 외에 다양한 여가를 즐길 수 있을 것이다.

04
정답 ④

제작할 홍보자료는 20×10=200부이며, 200×30=6,000페이지이다. 이를 활용하여 업체당 인쇄비용을 구하면 다음 표와 같다.

구분	페이지 인쇄 비용	유광표지 비용	제본 비용	할인을 적용한 총 비용
A	6,000×50=30만 원	200×500=10만 원	200×1,500=30만 원	30+10+30=70만 원
B	6,000×70=42만 원	200×300=6만 원	200×1,300=26만 원	42+6+26=74만 원
C	6,000×70=42만 원	200×500=10만 원	200×1,000=20만 원	42+10+20=72만 원 → 200부 중 100부 5% 할인 → (할인 안한 100부 비용)+(할인한 100부 비용)=36+(36×0.95)=70만 2천 원
D	6,000×60=36만 원	200×300=6만 원	200×1,000=20만 원	36+6+20=62만 원

따라서 가장 저렴한 비용으로 인쇄할 수 있는 업체는 D인쇄소이다.

05

총 성과급을 x만 원이라 하면

- A의 성과급 : $\left(\dfrac{1}{3}x+20\right)$만 원

- B의 성과급 : $\dfrac{1}{2}\left[x-\left(\dfrac{1}{3}x+20\right)\right]+10=\dfrac{1}{3}x$만 원

- C의 성과급 : $\dfrac{1}{3}\left[x-\left(\dfrac{1}{3}x+20+\dfrac{1}{3}x\right)\right]+60=\left(\dfrac{1}{9}x+\dfrac{160}{3}\right)$만 원

- D의 성과급 : $\dfrac{1}{2}\left[x-\left(\dfrac{1}{3}x+20+\dfrac{1}{3}x+\dfrac{1}{9}x+\dfrac{160}{3}\right)\right]+70=\left(\dfrac{1}{9}x+\dfrac{100}{3}\right)$만 원

$x=\dfrac{1}{3}x+20+\dfrac{1}{3}x+\dfrac{1}{9}x+\dfrac{160}{3}+\dfrac{1}{9}x+\dfrac{100}{3}$

$\therefore x=960$만 원

06

- 치과 진료 : 수요일 3주 연속 받는다고 하였으므로 13일, 20일은 무조건 치과 진료가 있다.
- 신혼여행 : 8박 9일간 신혼여행을 가고 휴가는 5일 사용할 수 있으므로 주말 4일을 포함해야 한다.

이 사실을 종합하면, 치과는 6일이 아닌 27일에 예약되어 있으며, 2일(토요일)부터 10일(일요일)까지 주말 4일을 포함하여 9일 동안 신혼여행을 다녀오게 된다. 신혼여행은 결혼식 다음 날 간다고 하였으므로 주어진 일정을 달력에 표시하면 다음과 같다.

일요일	월요일	화요일	수요일	목요일	금요일	토요일
					1 결혼식	2 신혼여행
3 신혼여행	4 신혼여행 / 휴가	5 신혼여행 / 휴가	6 신혼여행 / 휴가	7 신혼여행 / 휴가	8 신혼여행 / 휴가	9 신혼여행
10 신혼여행	11	12	13 치과	14	15	16
17	18	19	20 치과	21	22	23
24	25	26	27 치과	28 회의	29	30 추석연휴

따라서 A대리의 결혼날짜는 9월 1일이다.

07

성과급 지급 기준에 따라 영업팀의 성과를 평가하면 다음과 같다.

구분	성과평가 점수	성과평가 등급	성과급 지급액
1분기	$(8\times0.4)+(8\times0.4)+(6\times0.2)=7.6$	C	80만 원
2분기	$(8\times0.4)+(6\times0.4)+(8\times0.2)=7.2$	C	80만 원
3분기	$(10\times0.4)+(8\times0.4)+(10\times0.2)=9.2$	A	$100+10=110$만 원
4분기	$(8\times0.4)+(8\times0.4)+(8\times0.2)=8.0$	B	90만 원

따라서 영업팀에게 1년간 지급된 성과급의 총액은 $80+80+110+90=360$만 원이다.

CHAPTER 04 자원관리능력 · **39**

08

정답 ④

- 일비 : 하루에 10만 원씩 지급 → $100,000 \times 3 = 300,000$원
- 숙박비 : 실비 지급 → B호텔 2박 → $250,000 \times 2 = 500,000$원
- 식비 : 1일, 2일 날까지는 3식이고, 마지막 날에는 점심 기내식을 제외하여 아침만 포함
  → $(10,000 \times 3) + (10,000 \times 3) + (10,000 \times 1) = 70,000$원
- 교통비 : 실비 지급 → $84,000 + 10,000 + 16,300 + 17,000 + 89,000 = 216,300$원
- ∴ 합계 : $300,000 + 500,000 + 70,000 + 216,300 = 1,086,300$원

09

정답 ④

작년 행사 참여인원이 3,000명이었고, 올해 예상 참여인원은 작년 대비 20% 증가할 것으로 예측되므로, $3,000 \times 1.2 = 3,600$명이다. 각 경품별로 준비물품 개수 합과 당첨고객 수가 같으므로 총액을 계산해보면 다음과 같다.

품목	당첨고객 수	단가	총액
갑 티슈	800명	3,500원	$800 \times 3,500 = 2,800,000$원
우산	700명	9,000원	$700 \times 9,000 = 6,300,000$원
보조 배터리	600명	10,000원	$600 \times 10,000 = 6,000,000$원
다도세트	500명	15,000원	$500 \times 15,000 = 7,500,000$원
수건세트	400명	20,000원	$400 \times 20,000 = 8,000,000$원
상품권	300명	30,000원	$300 \times 30,000 = 9,000,000$원
식기 건조대	200명	40,000원	$200 \times 40,000 = 8,000,000$원
전자렌지	100명	50,000원	$100 \times 50,000 = 5,000,000$원
합계	3,600명	–	52,600,000원

따라서 올해 행사의 필요한 품목에 대한 예상금액은 52,600,000원이다.

10

정답 ①

사원별 성과지표의 평균을 구하면 다음과 같다.
- A사원 : $(3+3+4+4+4) \div 5 = 3.6$
- B사원 : $(3+3+3+4+4) \div 5 = 3.4$
- C사원 : $(5+2+2+3+2) \div 5 = 2.8$
- D사원 : $(3+3+2+2+5) \div 5 = 3$

즉, A사원만 당해 연도 연봉에 1,000,000원이 추가된다.
각 사원의 당해 연도 연봉을 구하면 다음과 같다.
- A사원 : 300만 원$+(3 \times 300만$ 원$)+(3 \times 200만$ 원$)+(4 \times 100만$ 원$)+(4 \times 150만$ 원$)+(4 \times 100만$ 원$)+100만$ 원$=33,000,000$원
- B사원 : 300만 원$+(3 \times 300만$ 원$)+(3 \times 200만$ 원$)+(3 \times 100만$ 원$)+(4 \times 150만$ 원$)+(4 \times 100만$ 원$)=31,000,000$원
- C사원 : 300만 원$+(5 \times 300만$ 원$)+(2 \times 200만$ 원$)+(2 \times 100만$ 원$)+(3 \times 150만$ 원$)+(2 \times 100만$ 원$)=30,500,000$원
- D사원 : 300만 원$+(3 \times 300만$ 원$)+(3 \times 200만$ 원$)+(2 \times 100만$ 원$)+(2 \times 150만$ 원$)+(5 \times 100만$ 원$)=28,000,000$원

따라서 가장 많은 연봉을 받을 직원은 A사원이다.

11

정답 ④

경로별 소요 비용을 계산하면 다음과 같다.
① 41,000+32,000+7,500+22,000+39,000=141,500원
② 41,000+35,500+22,000+10,500+38,000=147,000원
③ 38,000+7,500+22,000+37,500+41,000=146,000원
④ 39,000+10,500+7,500+35,500+41,000=133,500원
따라서 가장 비용이 적게 드는 경로는 ④이다.

12

정답 ③

경로별 이동소요시간을 계산하면 다음과 같다.
① (3시간 10분)+(1시간 40분)+(2시간 35분)+(2시간 5분)=9시간 30분
② (3시간 10분)+(2시간 15분)+(2시간 35분)+(1시간 5분)=9시간 5분
③ (2시간 40분)+(2시간 35분)+(1시간 40분)+(40분)=7시간 35분
④ (2시간 40분)+(2시간 15분)+(1시간 40분)+(1시간 5분)=7시간 40분
따라서 이동시간이 가장 적게 소요되는 경로는 ③이다.

13

정답 ④

각 지점에 (이동경로, 거리의 합)을 표시해 문제를 해결한다.
이때, 다음 그림과 같이 여러 경로가 생기는 경우 거리의 합이 최소가 되는 (이동경로, 거리의 합)을 표시한다.

例

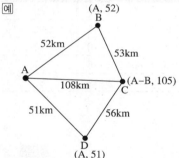

ⅰ) A−B−C 경로 : 52+53=105km
ⅱ) A−D−C 경로 : 51+56=107km
ⅲ) A−C 경로 : 108km

각 지점에 (이동경로, 거리의 합)을 표시하면 다음과 같다.

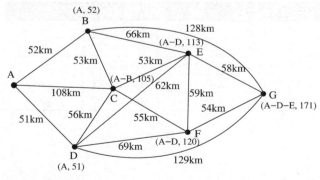

따라서 A지점에서 G지점으로 가는 최단경로는 D지점, E지점을 거쳐 G지점으로 가는 경로이고 이때의 거리는 171km이다.

14

C지점을 거쳐야 하므로, C지점을 거치지 않는 경로를 제외한 후 각 지점에 (이동경로, 거리의 합)을 표시하면 다음과 같다.

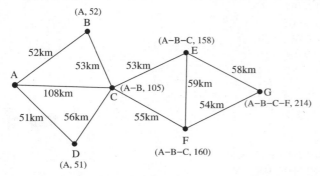

즉, C지점을 거쳐 갈 때의 최단경로는 'A − B − C − F − G' 경로이고, 최단거리는 52+53+55+54=214km이다.
A지점에서 G지점으로 가는 최단거리는 171km이므로 C지점을 거치지 않았을 때의 최단거리와 C지점을 거쳐 갈 때의 최단거리의
차는 214−171=43km이다.

15

신입사원 채용시험 영역별 점수를 가중치를 적용하여 총점을 계산하면 다음과 같다.

구분	언어	수리	정보	상식	인성	총점
A	90×0.3=27	80×0.3=24	90×0.1=9	80×0.1=8	90×0.2=18	86
B	80×0.3=24	90×0.3=27	80×0.1=8	90×0.1=9	90×0.2=18	86
C	90×0.3=27	70×0.3=21	100×0.1=10	90×0.1=9	80×0.2=16	83
D	80×0.3=24	90×0.3=27	100×0.1=10	100×0.1=10	80×0.2=16	87
E	100×0.3=30	80×0.3=24	70×0.1=7	80×0.1=8	90×0.2=18	87

따라서 D와 E가 합격자로 선발된다.

16

변화된 선발기준의 가중치를 적용하여 총점을 계산하면 다음과 같다.

구분	언어	수리	정보	상식	인성	총점
A	90×0.3=27	80×0.2=16	90×0.1=9	80×0.1=8	90×0.3=27	87
B	80×0.3=24	90×0.2=18	80×0.1=8	90×0.1=9	90×0.3=27	86
C	90×0.3=27	70×0.2=14	100×0.1=10	90×0.1=9	80×0.3=24	84
D	80×0.3=24	90×0.2=18	100×0.1=10	100×0.1=10	80×0.3=24	86
E	100×0.3=30	80×0.2=16	70×0.1=7	80×0.1=8	90×0.3=27	88

따라서 A와 E가 합격자로 선발된다.

17

정답 ④

D대리의 청렴도 점수를 a로 가정하고, 승진심사 평점 계산식을 세우면 다음과 같다.

$(60 \times 0.3) + (70 \times 0.3) + (48 \times 0.25) + (a \times 0.15) = 63.6$점 → $0.15a = 63.6 - 51$ → $a = \dfrac{12.6}{0.15} = 84$

따라서 청렴도 점수는 84점이다.

18

정답 ②

B과장의 승진심사 평점은 $(80 \times 0.3) + (72 \times 0.3) + (78 \times 0.25) + (70 \times 0.15) = 75.6$점이다.

따라서 승진후보에 들기 위해 필요한 점수는 $80 - 75.6 = 4.4$점이다.

19

정답 ④

제시된 자료에 따라 사고 건수당 벌점을 고려하여 직원별 벌점을 계산하면 다음과 같다.
B, E는 전분기 총사고 건수가 0건으로 이번 분기 차감 혜택이 적용되어야 하지만 E의 경우, 이번 분기 발신사고 건수가 5건으로 혜택을 받지 못한다.

(단위 : 점)

직원	수신물 오분류	수신물 분실	미발송	발신물 분실	벌점차감 혜택	총 벌점
A	–	$2 \times 4 = 8$	–	$4 \times 6 = 24$	×	32
B	$2 \times 2 = 4$	$3 \times 4 = 12$	$3 \times 4 = 12$	–	○(−5)	23
C	$2 \times 2 = 4$	–	$3 \times 4 = 12$	$1 \times 6 = 6$	×	22
D	–	$2 \times 4 = 8$	$2 \times 4 = 8$	$2 \times 6 = 12$	×	28

따라서 두 번째로 높은 벌점을 부여받는 수발실 직원은 D이다.

20

정답 ③

벌점이 낮을수록 등수가 높으므로 이를 고려해 각 직원이 지급받을 성과급을 계산하면 다음과 같다.

직원	총 벌점	등수	지급비율	성과급 지급액
A	32점	5	50%(30점 초과)	50만 원
B	23점	2	90%	90만 원
C	22점	1	100%	100만 원
D	28점	4	80%	80만 원

따라서 B직원이 지급받을 성과급 총금액은 90만 원이다.

05 | 정보능력
기출예상문제

01	02	03	04	05	06	07	08	09	10
④	①	③	③	②	①	④	④	③	④
11	12	13	14	15	16	17	18	19	20
④	①	④	④	④	②	①	④	④	①

01 　　정답 ④

오답분석
① 영역형 차트 : 시간에 따른 변화를 보여 주며 합계값을 추세와 함께 볼 수 있고, 각 값의 합계를 표시하여 전체에 대한 부분의 관계도 보여줌
② 분산형 차트 : 가로 · 세로값 축이 있으며, 각 축의 값이 단일 데이터 요소로 결합되어 일정하지 않은 간격이나 그룹으로 표시됨. 과학, 통계 및 공학 데이터에 많이 이용
③ 꺾은선형 차트 : 항목 데이터는 가로축을 따라 일정 간격으로 표시되고 모든 값 데이터는 세로축을 따라 표시됨. 월, 분기, 회계 연도 등과 같은 일정 간격에 따라 데이터의 추세를 표시하는 데 유용함

02 　　정답 ①

숫자와 문자가 혼합된 데이터는 문자열로 입력되며, 문자 데이터와 같이 왼쪽으로 정렬된다.

오답분석
② 문자 데이터는 기본적으로 왼쪽으로 정렬된다.
③ 날짜 데이터는 자동으로 셀의 오른쪽으로 정렬된다.
④ 수치 데이터는 셀의 오른쪽으로 정렬된다.

03 　　정답 ③

정보란 자료를 일정한 프로그램에 따라 컴퓨터가 처리 · 가공함으로써 특정한 목적을 달성하는 데 필요하거나 특정한 의미를 가진 것으로 다시 생산된 것으로 특정한 상황에 맞도록 평가한 의미 있는 기록이 되기도 하고, 사용하는 사람과 사용하는 시간에 따라 달라질 수도 있다.

오답분석
ㄱ. 정보의 가치는 우리의 요구, 사용 목적, 그것이 활용되는 시기와 장소에 따라서 다르게 평가되기 때문에 상대적이다.
ㄹ. 자료는 평가되지 않은 상태의 숫자나 문자들의 나열을 의미하고, 지식은 어떤 특정의 목적을 달성하기 위해 과학적 또는 이론적으로 추상화되거나 정립되어 있는 일반화된 정보이다.

04 　　정답 ③

오답분석
ㄱ. 기억하기 쉬운 비밀번호는 타인이 사용할 가능성이 크고, 개인정보가 유출될 가능성이 크기 때문에 개인정보 유출 방지책으로 적절하지 않다.
ㅂ. 회사에 필요한 개인 정보들뿐만 아니라 개인정보들을 공유하는 것도 개인정보를 유출시키는 요인 중 하나이다. 따라서 개인 정보를 공유하지 않는 것도 올바른 개인정보 유출 방지책으로 적절하다.

05 　　정답 ②

〈Shift〉+〈F5〉는 현재 슬라이드부터 프레젠테이션을 실행하는 단축키이다.

오답분석
① 〈Ctrl〉+〈S〉 : 저장하기
③ 〈Ctrl〉+〈P〉 : 인쇄하기
④ 〈Shift〉+〈F10〉 : 바로가기 메뉴를 표시

06 　　정답 ①

특정 값의 변화에 따른 결괏값의 변화를 알아보는 경우는 '시나리오'와 '데이터 표' 2가지가 있다. 2가지(시나리오, 데이터 표) 중 표 형태로 표시해주는 것은 '데이터 표'에 해당한다. 비슷한 형식의 여러 데이터 결과를 요약해주는 경우는 '부분합'과 '통합'이 있다. 2가지(부분합, 통합) 중 통합하여 요약해주는 것은 '통합'(데이터 통합)에 해당한다. 참고로 '부분합'은 하나로 통합하지 않고 그룹끼리 모아서 계산한다.

07
정답 ④

오답분석
① 〈Alt〉+〈N〉 : 새 문서
② 〈Ctrl〉+〈N〉, 〈P〉 : 쪽 번호 매기기
③ 〈Alt〉+〈S〉 : 저장하기

08
정답 ④

(가)는 상용구 기능을, (나)는 캡션달기 기능을 설명하고 있다.

09
정답 ③

[A1:B4] 영역으로 차트를 만들었기 때문에 [A5:B5]는 차트의 원본데이터 범위가 아니므로 자동추가되지 않는다.

10
정답 ④

바로가기 아이콘을 삭제해도 연결된 실제 파일은 삭제되지 않는다.

11
정답 ④

오답분석
① 〈Home〉 : 커서를 행의 맨 처음으로 이동시킨다.
② 〈End〉 : 커서를 행의 맨 마지막으로 이동시킨다.
③ 〈Back Space〉 : 커서 앞의 문자를 하나씩 삭제한다.

12
정답 ①

오답분석
② 한 번 복사하거나 잘라낸 내용은 다른 것을 복사하거나 잘라내기 전까지 계속 붙이기를 할 수 있다.
③ 복사와 잘라내기한 내용은 클립보드(Clipboard)에 보관된다.
④ 복사는 문서의 분량에 변화를 주지 않지만, 잘라내기는 문서의 분량을 줄인다.

13
정답 ④

스타일 적용 시에는 항상 범위를 설정할 필요가 없다. 특정부분의 스타일을 변경하고 싶은 경우에만 범위를 설정하고 바꿀 스타일로 설정하면 된다.

14
정답 ④

삽입 상태가 아닌 수정 상태일 때만 〈Space Bar〉 키는 오른쪽으로 이동하면서 한 문자씩 삭제한다.

15
정답 ④

워드프로세서의 머리말은 한 페이지의 맨 위에 한두 줄의 내용이 고정적으로 반복되게 하는 기능이다.

16
정답 ②

2진수 "101111110"을 8진수로 바꾸기 위해서는 소수점 위치를 기준으로 해서 3자리씩 끊어서 자리값(뒤에서부터 1, 2, 4)을 부여하여 배치한다.
소수점이 없는 수이므로 뒤에서부터 세 자리씩 끊어보면 101, 111, 110이 된다. 각각에 자리값을 부여하여 계산하면 101은 64×5, 111은 8×7, 110은 1×6이 되므로 $576_{(8)}$값이 된다.

17
정답 ①

데이터를 한 곳에서 다른 한 곳으로 전송하는 동안 일시적으로 그 데이터를 보관하는 메모리의 영역이다.

18
정답 ④

DEL는 MS-DOS에서 파일을 삭제하는 데 사용하는 명령이다.

오답분석
① TIME은 MS-DOS에서 시간을 맞추기 위해 사용하는 명령어이다.
② COPY는 MS-DOS에서 파일을 복사하기 위한 명령어이다.
③ DATE는 MS-DOS에서 자체적으로 내장하고 있는 시계이다.

19
정답 ④

시스템의 성능을 극대화하기 위한 운영체제의 목적은 다음과 같다.
1. 처리능력 증대
2. 응답시간 단축
3. 사용가능도 증대
4. 신뢰도 향상
그러므로 ④의 설명이 적절하지 않다.

20
정답 ①

cmp는 compare의 약어로서 두 개의 파일이 어떤 부분이 다른가를 비교할 때에 사용하는 UNIX 명령어이다. 두 개의 파일을 단순히 같은가 다른가를 확인할 수 있으며 또한 몇 행의 몇 번째 문자가 다른가를 확인할 수도 있다. 또한 두 파일이 동일한가를 확인하고자 할 때에 주로 사용한다.

모든 전사 중 가장 강한 전사는 이 두 가지, 시간과 인내다.

– 레프 톨스토이 –

PART **2**

합격의 공식 SD에듀 www.sdedu.co.kr

전공
정답 및 해설

01 | 법학
기출예상문제 정답 및 해설

01	02	03	04	05	06	07	08	09	10
③	③	①	④	③	④	②	②	④	④
11	12	13	14	15	16	17	18	19	20
③	③	④	③	①	②	③	①	③	③

01 　　정답 ③

유추란 단어는 규정이 없을 때 유사한 법규를 끌어 쓴다는 의미이다.

[오답분석]
① 반대해석
② 문리해석
④ 확장해석

02 　　정답 ③

민사·형사소송법은 절차법으로서 공법에 해당한다.

03 　　정답 ①

간주(의제)는 추정과 달리 반증만으로 번복이 불가능하고 '취소절차'를 거쳐야만 그 효과를 전복시킬 수 있다. 따라서 사실의 확정에 있어서 간주는 그 효력이 추정보다 강하다고 할 수 있다.

[오답분석]
② "~한 것으로 본다."라고 규정하고 있으면 이는 간주규정이다.
③ 실종선고를 받은 자는 전조의 기간이 만료한 때에 사망한 것으로 본다(민법 제28조).
④ 추정에 대한 설명이다.

04 　　정답 ④

법에 규정된 것 외 달리 예외를 두지 아니 한다.

주소, 거소, 가주소

주소	생활의 근거가 되는 곳을 주소로 한다. 주소는 동시에 두 곳 이상 둘 수 있다(민법 제18조).
거소	주소를 알 수 없으면 거소를 주소로 본다. 국내에 주소가 없는 자에 대하여는 국내에 있는 거소를 주소로 본다(민법 제19조~제20조).
가주소	어느 행위에 있어서 가주소를 정한 때에 있어서 그 행위에 관하여는 이를 주소로 본다(민법 제21조). 따라서 주소지로서 효력을 갖는 경우는 주소(주민등록지), 거소와 가주소가 있으며, 복수도 가능하다.

05 　　정답 ③

재단법인의 기부행위나 사단법인의 정관은 반드시 서면으로 작성하여야 한다.

사단법인과 재단법인의 비교

구분	사단법인	재단법인
구성	2인 이상의 사원	일정한 목적에 바쳐진 재산
의사결정	사원총회	정관으로 정한 목적(설립자의 의도)
정관변경	총사원 3분의 2 이상의 동의 요(要)	원칙적으로 금지

06
정답 ④

의사표시자가 그 통지를 발송한 후 사망하거나 제한능력자가 되어도 의사표시의 효력에 영향을 미치지 아니한다(민법 제111조 제2항).

07
정답 ②

회사가 가진 자기주식은 의결권이 없다(상법 제369조 제2항).

[오답분석]
① 상법 제289조 제1항 제7호
③ 상법 제293조
④ 상법 제312조

08
정답 ②

행정행위는 행정처분이라고도 하며, 행정의 처분이란 행정청이 행하는 구체적 사실에 대한 법 집행으로서의 공권력 행사 또는 그 거부와 그 밖에 이에 준하는 행정작용이다(행정절차법 제2조 제2호).

09
정답 ④

국정감사권이란 국회가 매년 정기적으로 국정 전반에 관하여 감사할 수 있는 권한을 말하고, 국정조사권이란 국회가 그 권한을 유효적절하게 행사하기 위하여 특정한 국정사안에 대하여 조사할 수 있는 권한을 말한다.

10
정답 ④

종범의 형은 정범의 형보다 감경한다. 즉, 종범은 필요적 감경사유이다. 그러나 여기서 감경하는 형은 법정형이므로 구체적인 선고형에 있어서는 종범의 형량이 정범보다 무거울 수도 있다.

[오답분석]
① 형법 제34조 제1항
② 형법 제31조 제2항
③ 형법 제30조

11
정답 ③

산재보험이란 산업재해(업무상 재해, 부상, 질병, 사망)를 당한 근로자에게는 신속한 보상을 하고, 사업주에게는 근로자의 재해에 따른 일시적인 경제적 부담을 덜어 주기 위해 국가에서 관장하는 사회보험을 말한다. 사업주가 보험료 전액을 부담하는 것을 원칙으로 한다.

12
정답 ③

국민의 4대 의무는 국방의 의무, 납세의 의무, 교육의 의무, 근로의 의무이며, 근로의 의무와 교육의 의무는 의무인 동시에 권리의 성격을 띤다.

13
정답 ④

두 개 이상의 규범이 충돌한 경우, 일반적인 법해석 및 적용은 '상위법 우선' 원칙에 따른다. 헌법＞관계법률＞단체협약＞취업규칙＞근로계약 순으로 상위법을 우선 적용하는 방식이다. 그러나 근로관계에서는 일반적인 법 적용 원칙과 달리, 상위법 우선의 원칙과 함께 '유리한 조건 우선' 원칙도 적용된다. 유리한 조건 우선 원칙이란 노동법의 여러 법원(法源) 가운데 근로자에게 가장 유리한 조건을 정한 법원을 먼저 적용하는 것을 말한다. 노동관계를 규율하는 규범에는 헌법, 근로기준법이나 노동조합 및 노동관계조정법 등의 법률 및 시행령, 단체협약, 취업규칙, 근로계약, 노동관행 등이 있는데, 이 중 근로자에게 가장 유리한 조건을 정한 규범을 우선해 적용한다는 의미다. 따라서 가장 유리한 조건인 노동조합규칙＞법＞사내 취업규칙으로 적용한다.

14
정답 ③

사용자는 야간근로에 대하여는 통상임금의 100분의 50 이상을 가산하여 근로자에게 지급하여야 한다(근로기준법 제56조 제3항).

15
정답 ①

"근로자"란 직업의 종류와 관계없이 임금을 목적으로 사업이나 사업장에 근로를 제공하는 사람을 말한다(근로기준법 제2조 제1항 제1호).

16
정답 ②

일반근로자에게 교부하는 근로계약서에 명시되어야 할 사항은 임금의 구성항목, 임금의 계산방법, 임금의 지급장법, 소정근로시간, 주휴일, 연차유급휴가이다.

> **근로조건의 명시(근로기준법 제17조 제1항)**
> 사용자는 근로계약을 체결할 때에 근로자에게 다음 각 호의 사항을 명시하여야 한다. 근로계약 체결 후 다음 각 호의 사항을 변경하는 경우에도 또한 같다.
> 1. 임금
> 2. 소정근로시간
> 3. 제55조에 따른 휴일
> 4. 제60조에 따른 연차 유급휴가
> 5. 그 밖에 대통령령으로 정하는 근로조건

17

정답 ③

라드부르흐(Radbruch)는 법의 이념을 3요소(정의, 합목적성, 법적 안정성)로 구분하였으며, ⓐ 합목적성, ⓑ 정의, ⓒ 법적 안정성에 대한 정의이다.

18

정답 ①

법원은 누락사실을 지적하여 당사자에게 그에 대한 변론을 할 기회를 주어야 할 의무가 있다.

19

정답 ③

"전자지급거래"라 함은 자금을 주는 자가 금융회사 또는 전자금융업자로 하여금 전자지급수단을 이용하여 자금을 받는 자에게 자금을 이동하게 하는 전자금융거래를 말한다(전자금융거래법 제2조 제2호).

금융회사 또는 전자금융업자가 전자적 장치를 통하여 금융상품 및 서비스를 제공하고, 이용자가 금융회사 또는 전자금융업자의 종사자와 직접 대면하거나 의사소통을 하지 아니하고 자동화된 방식으로 이를 이용하는 거래는 "전자금융거래"이다(전자금융거래법 제2조 제1호).

20

정답 ③

즉결심판은 관할경찰서장 또는 관할해양경찰서장이 관할법원에 이를 청구한다(즉결심판법 제3조 제1항).

오답분석

① 지방법원 또는 그 지원의 판사는 소속 지방법원장의 명령을 받아 소속 법원의 관할사무와 관계없이 즉결심판청구사건을 심판할 수 있다(즉결심판법 제3조의2).

② 판사는 사건이 즉결심판을 할 수 없거나 즉결심판절차에 의하여 심판함이 적당하지 아니하다고 인정할 때에는 결정으로 즉결심판의 청구를 기각하여야 한다(즉결심판법 제5조 제1항).

④ 즉결심판을 청구할 때에는 사전에 피고인에게 즉결심판의 절차를 이해하는 데 필요한 사항을 서면 또는 구두로 알려주어야 한다(즉결심판법 제3조 제3항).

02 | 행정학
기출예상문제 정답 및 해설

01	02	03	04	05	06	07	08	09	10
③	③	①	④	④	②	②	③	④	②
11	12	13	14	15	16	17	18	19	20
③	③	④	④	①	④	②	④	④	③

01 　　　정답 ③

계획과 예산 간의 불일치를 해소하고 이들 간에 서로 밀접한 관련성을 갖게 하는 제도는 계획예산제도(PPBS)이다.

02 　　　정답 ③

우리나라의 지방자치단체의 기관구성 형태는 의결기관과 집행기관이 분리되어 있는 기관대립형이다.

오답분석
① 지방자치단체는 법령의 범위 안에서 그 사무에 관하여 조례를 제정할 수 있다. 다만, 주민의 권리 제한 또는 의무 부과에 관한 사항이나 벌칙을 정할 때에는 법률의 위임이 있어야 한다(지방자치법 제28조).
② 우리나라는 지방자치단체장에 대한 불신임권은 인정되지 않는다.
④ 조례안이 지방의회에서 의결되면 의장은 의결된 날부터 5일 이내에 그 지방자치단체의 장에게 이를 이송하여야 한다(지방자치법 제32조 제1항).

03 　　　정답 ①

오답분석
② 연속화의 오차(연쇄효과) : 한 평정 요소에 대한 평정자의 판단이 다른 평정 요소에도 영향을 주는 현상
③ 관대화의 오차 : 평정결과의 분포가 우수한 쪽에 집중되는 현상
④ 규칙적 오차 : 다른 평정자들보다 항상 후하거나 나쁜 점수를 주는 현상

04 　　　정답 ④

신공공관리론은 행정과 경영을 동일하게 보는 관점으로 기업경영의 원리와 기법을 공공부문에 그대로 이식하려 한다는 비판이 있다.

오답분석
① 동태적인 측면을 파악할 수 없다.
② 생태론에 대한 설명이다.
③ 합리적 선택 신제도주의가 개체주의에, 사회학적 신제도주의는 전체주의에 기반을 두고 있다. 설명이 반대로 되어 있다.

05 　　　정답 ④

선출직 지방공직자는 주민소환의 대상이지만 비례대표 지방의회의원은 주민소환의 대상이 아니다.

06 　　　정답 ②

옳은 것은 ㄴ, ㄷ이다.

오답분석
ㄱ. 과학적 관리론의 하나의 운동으로 출발하였다.
ㄹ. 메이요(Mayo)의 호손실험은 과학적 관리론을 비판하면서 인간관계론을 뒷받침하였다.
ㅁ. 아지리스(Argyris)는 고전적 이론에 바탕을 둔 공식조직(분업과 전문화, 명령체계의 확립, 지휘의 통일, 통솔 범위의 적정화)은 인간의 미성숙 상태를 고정시키거나 조장한다고 주장한다.

07 　　　정답 ②

기업가적 정부는 규칙보다는 임무 중심의 관리를 추구한다.

오답분석
① 기업가적 정부는 형평성과 민주성보다는 효율성과 효과성을 중시한다.
③ 전통적인 관료제 정부는 예측과 예방보다는 사후대처를 중시한다.
④ 전통적인 관료제 정부는 공공서비스를 제공함에 있어서 독점적인 정부의 공급을 추구한다. 민영화 방식의 도입을 추진하는 것은 기업가적 정부이다.

08

정답 ③

③은 크리밍효과에 관한 설명이다. 크리밍효과는 정책효과가 나타날 가능성이 높은 집단을 의도적으로 실험집단으로 선정함으로써 정책의 영향력이 실제보다 과대평가되는 것이다. 호손효과는 실험집단 구성원이 실험의 대상이라는 사실로 인해 평소와 달리 특별한 심리적 또는 감각적 행동을 보이는 현상으로 외적타당도를 저해하는 대표적 요인이다. 실험조작의 반응효과라고도 하며 1927년 호손실험으로 발견되었다.

09

정답 ④

제도화된 부패란 부패가 관행화되어버린 상태로서 부패가 실질적 규범이 되면서, 조직 내의 공식적 규범을 준수하지 않는 상태가 만연한 경우를 말한다. 이러한 조직에서는 지켜지지 않는 비현실적 반부패 행동규범이 대외적 발표를 하게 되며, 부패에 저항하는 자에 대한 보복이 뒤따르게 된다.

10

정답 ②

호손실험은 고전적 조직이론에 대한 비판으로 등장한 신고전적 조직이론의 대표적인 사례이다.
호손실험에서 실험집단 구성원이 실험대상이라는 사실을 인식함으로써 평소와는 다른 특별한 심리적 행동을 보이는 현상을 통해, 인위적 실험환경의 결과를 일반화한 경우 결과가 다르게 나타난다는 사실을 발견하였다.

11

정답 ③

합리모형에서 말하는 합리성은 경제적 합리성을 말한다. 정치적 합리성은 점증모형에서 중시하는 합리성이다.

합리모형과 점증모형

구분	합리모형	점증모형
합리성 최적화 정도	• 경제적 합리성 (자원배분의 효율성) • 전체적 · 포괄적 분석	• 정치적 합리성 (타협 · 조정과 합의) • 부분적 최적화
목표와 수단	• 목표 – 수단 분석을 함 • 목표는 고정됨 (목표와 수단은 별개) • 수단은 목표에 합치	• 목표 – 수단 분석을 하지 않음 • 목표는 고정되지 않음 • 목표는 수단에 합치
정책결정	• 근본적 · 기본적 결정 • 비분할적 · 포괄적 결정 • 하향적 결정 • 단발적 결정 (문제의 재정의가 없음)	• 지엽적 · 세부적 결정 • 분할적 · 한정적 결정 • 상향적 결정 • 연속적 결정 (문제의 재정의가 빈번)

정책특성	• 비가분적 정책에 적합	• 가분적 정책에 적합
접근방식과 정책변화	• 연역적 접근 • 쇄신적 · 근본적 변화 • 매몰비용은 미고려	• 귀납적 접근 • 점진적 · 한계적 변화 • 매몰비용 고려
적용국가	• 상대적으로 개도국에 적용 용이	• 다원화된 선진국에 주로 적용
배경이론 및 참여	• 엘리트론 • 참여 불인정 (소수에 의한 결정)	• 다원주의 • 참여 인정 (다양한 이해관계자 참여)

12

정답 ③

균형성과관리는 재무적 관점, 고객 관점, 학습 및 성장 관점, 내부프로세스 관점을 통해 단기적인 목표와 장기적인 목표, 조직의 내부요소와 조직의 외부요소, 재무적 지표와 비재무적 지표, 선행지표와 후행지표 간의 균형을 추구하면서 조직을 혁신하는 방법이며, 단순히 어느 하나에 치우치지 않는다.

오답분석

① 리엔지니어링은 조직의 핵심적 성과에 있어 극적인 개선을 이루기 위해 업무프로세서를 근본적으로 다시 생각하고 급진적으로 설계하는 혁신기법이다.

② 벤치마킹은 성과를 개선하기 위해 다른 기업의 모범 경영 사례나 실무적인 측면의 업무수행방법 등을 확인하고 도입하여 적용시키는 혁신기법이다.

④ 전략적 관리란 환경과의 관계를 중시하고 조직의 미래에 대한 전략적 계획을 강조하는 변혁적 관리이며, 조직의 강점과 약점에 비추어 환경의 기회와 제약을 감시하고 평가하는 혁신전략이다.

13

정답 ④

사업부서화는 조직의 산출물에 따른 부서편성 방식이다. 유사한 기능 혹은 업무과정을 수행하는 구성원을 같은 부서로 묶는 방식은 기능부서화이다.

14

정답 ④

과업의 다양성이 높고, 문제의 분석가능성이 쉬울 경우 공학적 기술에 해당한다.

페로우(Perrow)에 따른 조직구조와 기술분류

구분		과업다양성	
		낮음	높음
분석 가능성	낮음 (어려움)	• 장인 기술 • 대체로 유기적 구조 • 중간의 공식화 • 중간의 집권화 • 작업 경험 • 중간의 통솔범위 • 수평적, 구두 의사소통	• 비일상적 기술 • 유기적 구조 • 낮은 공식화 • 낮은 집권화 • 훈련 및 경험 • 적은 통솔범위 • 수평적 의사소통, 회의
	높음 (쉬움)	• 일상적 기술 • 기계적 구조 • 높은 공식화 • 높은 집권화 • 적은 훈련 및 경험 • 넓은 통솔범위 • 수직적 문서 의사소통	• 공학적 기술 • 대체로 기계적 구조 • 중간의 공식화 • 중간의 집권화 • 공식훈련 • 중간의 통솔범위 • 문서 및 구두 의사소통

15 　　정답 ①

취업심사대상자는 퇴직일부터 3년간 퇴직 전 5년 동안 소속하였던 부서 또는 기관의 업무와 취업심사대상기관 간에 밀접한 관련성이 있는 취업심사대상기관에 취업할 수 없다(공직자윤리법 제17조 제1항).

[오답분석]
② 공직자윤리법 제17조 제2항 제8호
③ 공직자윤리법 제17조 제1항
④ 공직자윤리법 제30조 제3항 제10호

16 　　정답 ④

개방형 직위에 임용되는 공무원의 임용기간은 다른 법령에 특별한 규정이 있는 경우를 제외하고 5년 범위에서 소속장관이 정하되, 최소한 2년 이상으로 하여야 한다(개방형공모직위규정 제9조 제1항).

17 　　정답 ②

계급제는 공직에 자리가 비었을 때 외부 충원보다는 내부에서 임용하는 것을 우선으로 한다. 결원 시에 외부 충원은 직위분류제의 특성이다.

계급제의 특징
• 공직을 분류할 때 사람의 능력과 자격, 출신을 기준으로 함
• 인사이동에 있어서 융통성이 높음
• 계급 간 차별이 심하고, 승진이 어려움
• 신분보장이 잘되며, 폐쇄형 구조
• 직업공무원제 확립에 용이

18 　　정답 ④

폐쇄형 임용의 경우 공직 내의 안정성 유지와 일반 행정가 양성에 있어서 개방형 임용에 비해 유리하다.

개방형과 폐쇄형의 비교

구분	개방형	폐쇄형
신규임용	전 등급에서 허용	최하위직에만 허용
임용자격	전문능력	일반능력
승진기준	최적격자 (내·외부)	상위적격자 (연공고려 내부임용)
신분보장	신분불안정	신분보장
공직분류	직위분류제(직무 중심)	계급제(사람 중심)
채택국가	미국, 캐나다	영국, 독일, 프랑스

19 　　정답 ④

우리나라의 인사혁신처의 발표에 따른 균형인사제도에는 여성관리자 임용확대, 양성평등채용, 장애인 의무고용, 이공계 공무원 임용, 지방인재채용, 지역인재채용, 기능인재채용, 저소득층채용 등이 있다.

20 　　정답 ③

실적주의는 공직임용기준을 실적(개인의 능력, 자격, 적성 등)에 두는 제도로, 실적이란 능력, 자격, 기술, 지식, 성과 등으로 정의된다. 이러한 실적주의는 행정국가가 대두되면서 발전하게 되었고, 행정의 능률화에 대한 요청으로 능률적인 관료제의 필요성이 제기되었다.

[오답분석]
ⓒ, ⑩은 엽관주의에 대한 특징이다.

실적주의의 장·단점

장점	단점
• 공직취임에 대한 기회균등 보장 • 행정의 공정성 확보 • 행정의 효율성 확보 • 정치·행정적 부패 감소	• 반엽관주의에 따른 경직적인 인사행정 • 채용시험으로 인한 직무수행능력과 직접적인 연계성 부족 • 공무원의 정치적 자유 제약

03 경영학 기출예상문제 정답 및 해설

01	02	03	04	05	06	07	08	09	10
②	③	③	②	①	④	④	②	①	④
11	12	13	14	15	16	17	18	19	20
①	③	②	④	③	④	②	④	①	③

01   정답 ②

- 재무레버리지도(DFL)
  =(영업이익)÷[(영업이익)−(이자비용)]=40÷(40−30)
  =4
- 영업레버리지도(DOL)
  =[(매출액)−(영업변동비)]÷[(매출액)−(영업변동비)−
  (영업고정비)]=(100−30)÷(100−30−30)=1.75
- 결합레버리지도(DCL)
  =(영업레버리지도)×(재무레버리지도)=4×1.75=7

02   정답 ③

공정가치를 측정하기 위해 사용하는 가치평가기법은 관측할
수 있는 투입변수를 최대한 사용하고 관측할 수 없는 투입변
수는 최소한 사용한다.

03   정답 ③

제시문은 영업권에 대한 설명이다. 내부적으로 창출한 영업
권은 자산으로 인식하지 않는다.

04   정답 ②

자본증가액=(80,000×1.1−2,000)×40%=34,400

05   정답 ①

[오답분석]
② 순자산보다 주가가 높게 형성되어 고평가되었다고 판단한다.
③ 성장성이 아닌 안정성을 보여주는 지표이다.
④ 채권자가 아닌 주주가 배당받을 수 있는 자산의 가치를 의
미한다.

06   정답 ④

장기이자율이 단기이자율보다 높으면 우상향곡선의 형태를
취한다.

07   정답 ④

포괄손익계산서에 특별손익 항목은 없다.

08   정답 ②

- 가중평균유통주식수=(18,400×1.02×6+20,400×2+
  18,900×4)÷12=19,084
- 무상증자비율=400÷(18,400+1,600)=2%
- 공정가치 미만 유상증자는 무상증자비율을 구하여 소급조
  정한다.

09   정답 ①

직접 소유하고 운용리스로 제공하는 건물 또는 보유하는 건물
에 관련되고 운용리스로 제공하는 사용권자산은 투자부동산
으로 분류한다.

10   정답 ④

자본자산가격결정모형(CAPM)
=rf+{E(rm)−rf}×σm
=0.05+(0.18−0.05)×0.5
=11.5%

11   정답 ①

자산규모가 2조 원 이상이고, 총수입액 중 자체수입액이 85%
이상인 공기업은 시장형 공기업에 해당한다.

12   정답 ③

CMA(Cash Management Account)에 대한 설명으로,
MMF는 이자지급방식이 아닌 수익률지급방식으로 투자수익
을 지급한다.

13
정답 ②

• 연구개발에 착수해야 하는지의 결정
  연구개발 후 예상되는 기대수익은 $0.7 \times 2,500$만$=1,750$만 달러이므로 초기 연구개발비 200만 달러보다 훨씬 크므로 투자를 하는 것이 유리하다.
• 특허를 외부에 팔아야 할지의 결정
  1,000만 달러를 추가 투자해 얻을 수 있는 기대수익은 $(0.25 \times 5,500$만$)+(0.55 \times 3,300$만$)+(0.20 \times 1,500$만$)=3,490$만 달러이고, 추가 투자비용 1,000만 달러를 빼면 2,490만 달러를 얻을 수 있다. 이는 기술료를 받고 특허를 팔 경우에 얻을 수 있는 수익 2,500만 달러보다 적다(이미 투자한 연구개발비 200만 달러는 이 단계에서 매몰비용이므로 무시).
따라서 상품화하는 방안보다 기술료를 받고, 특허를 외부에 판매하는 것이 옳은 선택이다.

14
정답 ④

하나의 사업분야에 집중화하여 제품이나 서비스의 품질을 향상시켜 소비자들로부터 프리미엄이라는 인식을 심어 한 분야에서 독보적인 자리를 유지하기 위한 전략은 탈다각화 전략 또는 집중화 전략의 목적으로 볼 수 있다.

15
정답 ③

트러스트는 경제적 자립권과 독립성 둘 다 포기한 채 시장독점이라는 하나의 목적 아래 여러 기업이 뭉쳐서 하나를 이룬 하나의 통일체이다.

오답분석
① 카르텔(Kartell) : 기업연합을 의미하는 용어로, 동종 산업에 종사하는 다수의 기업들이 서로 경제적인 자립권과 법률상 독립권을 유지한 채 시장독점을 목적으로 한 연합체이다.
② 신디케이트(Syndicate) : 공동판매 카르텔. 가장 고도화된 카르텔의 형태로 생산은 독립성을 유지하나, 판매는 공동판매회사를 통해서 이루어진다.
④ 콘체른(Konzern) : 법률상의 독립권만 유지되는 형태의 기업연합이다.

16
정답 ④

기업의 생산이나 판매과정 전후에 있는 기업 간의 합병으로, 주로 원자재 공급의 안정성 등을 목적으로 하는 것은 수직적 합병이다.
수평적 합병은 동종 산업에서 유사한 생산단계에 있는 기업 간의 합병으로, 주로 규모의 경제적 효과나 시장지배력을 높이기 위해서 이루어진다.

17
정답 ②

다운사이징(Downsizing)은 기업의 업무, 조직의 인원 등의 규모를 축소하는 것을 말한다.

오답분석
① 권고사직 : 기업이 직원에게 사직을 권고하고, 근로자가 사직서를 제출하여 근로관계가 종료되는 것을 말한다.
③ 구조조정 : 효율을 높이기 위해 조직의 내부구조를 변화시키는 것이다. 구조조정의 일환으로 다운사이징이 가능하나, 내부구조를 사업부별 증원이나 혹은 인사개편 발령 등의 조정도 포함되어 다운사이징보다 포괄적인 의미를 지닌다.
④ 스와핑 : 경제·경영학문에서 통상적으로 통화 스와프(Currency Swap)를 지칭한다.

18
정답 ④

경영활동을 기술활동, 상업활동, 재무활동, 회계활동, 관리활동, 보호활동으로 구분한 것은 패욜의 관리이론이다.

19
정답 ①

경영학의 지도원리에는 수익성, 경제성, 생산성이 있다. 수익성 원리는 '자본에 의한 이익이 크면 클수록 좋다.'는 원칙으로, 수익성은 시장에서 형성된 이익의 기업자본에 대한 비율이다. 따라서 수익성은 '이익/투자자본'이다.

오답분석
④ 경제성의 원리

20
정답 ③

형식적 지식은 정형화 혹은 문서화되어 있는 지식으로, 경쟁기업이 쉽게 모방하거나 유출되기 쉽다. 따라서 경쟁우위를 유지하기 위해서는 지식보안에도 각별히 신경써야 한다.

01	02	03	04	05	06	07	08	09	10
④	④	②	④	④	①	③	③	④	④
11	12	13	14	15	16	17	18	19	20
③	④	③	②	③	④	③	③	④	④

01
정답 ④

오답분석

① 인플레이션으로 인한 사회적 비용 중 구두창 비용이란 인플레이션으로 인해 화폐가치가 하락한 상황에서 화폐보유의 기회비용이 상승하는 것을 나타내는 용어이다. 이는 사람들이 화폐보유를 줄이게 되면 금융기관을 자주 방문해야 하므로 거래비용이 증가하게 되는 것을 의미한다.

② 메뉴비용이란 물가가 상승할 때 물가 상승에 맞추어 기업들이 생산하는 재화나 서비스의 판매 가격을 조정하는 데 지출되는 비용을 의미한다.

02
정답 ④

오답분석

ㄱ. 문제에서 주어진 현재의 생산량 수준은 조업중단점과 손익분기점 사이의 지점으로, 평균총비용곡선은 우하향하고, 평균가변비용곡선은 우상향한다.

ㄷ. 시장가격이 한계비용과 평균총비용곡선이 교차하는 지점보다 낮은 지점에서 형성되는 경우 평균수익이 평균비용보다 낮아 손실이 발생한다. 문제에서 시장가격과 한계비용은 300이나, 평균총비용이 400이므로, 개별기업은 현재 음의 이윤을 얻고 있다고 볼 수 있다.

ㅁ. 조업중단점은 평균가변비용의 최저점과 한계비용곡선이 만나는 지점이다. 문제의 경우 개별기업의 평균가변비용은 200, 한계비용은 300이므로 조업중단점으로 볼 수 없다.

03
정답 ②

완전경쟁시장은 같은 상품을 취급하는 수많은 공급자와 수요자로 구성되어 있기 때문에 기업들은 시장가격을 수용할 뿐 결정하지는 못한다.

04
정답 ④

총수요의 변동으로 경기변동이 발생하면 경기와 물가는 같은 방향으로 움직이므로 경기 순응적이 된다.

05
정답 ④

케인즈학파는 화폐수요의 이자율 탄력성이 크기 때문에 LM곡선이 완만하고, 투자의 이자율 탄력성이 작기 때문에 IS곡선은 급경사인 것으로 본다. LM곡선이 완만하고, IS곡선이 급경사이면 확대적인 금융정책을 실시하더라도 국민소득은 거의 증가하지 않는다.

06
정답 ①

실물적 경기변동이론에 따르면 단기에도 고전적 이분성이 성립한다. 즉, 단기에도 화폐의 중립성이 성립하므로 통화량의 변화는 경기에 아무런 영향을 미치지 않는다.

07
정답 ③

법정지불준비율이 0.2이므로 예금통화승수는 0.2의 역수, $\frac{1}{0.2}=5$이다.
따라서 요구불예금의 크기는 지불준비금 300×5=1,500만 원이다.

08
정답 ③

노동수요에 대한 탄력성은 상품생산에 투입되는 다른 생산요소와의 대체가능성에 의해 영향을 받는다. 임금이 상승할 때 노동 대신 다른 생산요소로의 대체가능성이 높을수록, 즉 요소간 대체가능성이 높을수록 노동수요에 대한 탄력성은 커지게 되므로 임금상승에 대하여 고용감소는 커진다.

09
정답 ④

명목임금은 150만 원 인상되었으므로 10%가 증가했지만, 인플레이션율 12%를 고려한 실질임금은 12-10=2% 감소하였다.

10

정답 ④

독점적 경쟁기업의 경우 장기에는 장기균형산출량이 시설규모의 최적 산출량에 미달한다. 즉, 독점적 경쟁기업의 경우 독점의 경우와 마찬가지로 장기에는 초과설비를 보유하게 된다는 것이다.

11

정답 ③

ⓒ·ⓔ은 산업 간 무역에 대한 설명이다.

[오답분석]

ⓐ·ⓑ·ⓜ은 산업 내 무역(Intra−industry Trade)에 대한 설명이다.

12

정답 ④

이자율평가설에 의하면 환율의 예상변동율은 두 나라의 명목 이자율 차이와 같으며 다음의 식으로 나타낼 수 있다.

이자율평가설 : $\dfrac{\Delta e^e}{e}$(환율변동)$=i$(국내명목이자율)$-i_f$
(해외명목이자율)

따라서 한국의 이자율이 6%이고, 미국이 3%면 환율의 예상 변동율은 $\dfrac{\Delta e^e}{e}=6\%-3\%=3\%$이다. 즉, 현재 환율이 1,000원/달러일 때 1년 뒤 환율이 3% 상승하므로 1,030원/달러로 예상된다.

13

정답 ③

헥셔 올린 정리에서는 국가 간 비교우위의 원인을 요소부존도의 차이로 설명하고, 이를 국가 간 무역의 발생원인으로 보았다. 공급조건에서는 국가 간 생산기술의 차이가 없어 동일한 생산함수를 가진다고 가정하였으며, 수요조건에서는 국가 간 사회후생함수가 동일하며 동조적인 성질을 가진다고 가정하였다.

[오답분석]

가. 두 국가의 생산요소는 노동과 자본 두 가지이고, 국가 간 생산요소의 이동은 불가능하다고 가정한다.

라. 헥셔 올린 정리는 비교우위 발생원인을 요소부존의 차이로 설명하는 이론이다. 즉, 각국의 요소부존도가 서로 다른 것으로 가정한다.

14

정답 ②

표에 제시된 'A국 통화로 표시한 B국 통화 1단위의 가치'란 A국 통화의 명목환율을 의미한다. 명목환율을 e, 실질환율을 ε, 외국 물가를 P_f, 국내 물가를 P라고 할 때, 실질환율은 $\varepsilon=\dfrac{e\times P_f}{P}$로 표현된다.

이것을 각 항목의 변화율에 대한 식으로 바꾸면 $\dfrac{\Delta e}{\varepsilon}=\dfrac{\Delta e}{e}+\dfrac{\Delta P_f}{P_f}-\dfrac{\Delta P}{P}$이 된다. 제시된 자료에서 명목환율은 15%, A국(자국) 물가지수는 7%, B국(외국) 물가지수는 3% 증가하였으므로, 앞의 식에 대입하면 실질환율(ε)의 변화율은 15%+3%−7%=11% 상승이다. 실질환율이 상승하면 수출품의 가격이 하락하게 되므로 수출량은 증가한다.

15

정답 ③

준지대는 공장설비 등과 같이 단기적으로 고정된 생산요소에 대한 보수로 '(총수입)−(총가변비용)' 또는 '(총고정비용)+[초과이윤(혹은 손실)]'로 계산된다. 또한 경제적 지대와는 달리 준지대는 단기에만 발생하는 특징이 있다.

16

정답 ④

경제적 지대는 생산요소가 얻는 소득 중에 이전수입을 초과하는 부분으로 노동시장에서의 경제적 지대는 노동공급의 임금 탄력성에 따라 달라진다. 일반적으로 노동공급이 비탄력적일수록 경제적 지대가 차지하는 비중이 커진다. 왜냐하면 비탄력적이란 것은 요소공급이 어느 정도 제한되어 있음을 의미하기 때문이다. 요소공급이 제한되어 있는 경우에는 희소성을 갖기 때문에 경제적 지대는 요소공급자가 추가로 얻는 소득으로 볼 수 있으므로 비탄력적일수록 수요에 비해 공급이 부족하기 때문에 수요 − 공급의 원리에 의해 공급곡선이 수직에 가까워질수록 이전수입의 면적은 작아지고, 경제적 지대의 면적은 커진다.

17

정답 ③

공공재란 재화와 서비스에 대한 비용을 지불하지 않더라도 모든 사람이 공동으로 이용할 수 있는 재화 또는 서비스를 말한다. 공공재는 비경합성과 비배제성을 동시에 가지고 있으며, 재화와 서비스에 대한 비용을 지불하지 않더라도 누구나 공공재의 이익을 얻을 수 있으므로 '무임승차의 문제'가 발생한다. 이는 결국 시장실패의 원인이 된다.

[오답분석]

④ 공공재라도 민간이 생산·공급할 수 있다.

18

정답 ③

공공재는 모든 사람들이 공동으로 시장의 가격 원리가 적용될 수 없고, 그 대가를 지불하지 않고도 재화나 서비스를 이용할 수 있는 비배제성, 사람들이 소비를 위해 서로 경합할 필요가 없는 비경합성을 가지고 있다.

19

정답 ④

중국은 의복과 자동차 생산에 있어 모두 절대우위를 갖는다. 그러나 리카도(Ricardo)는 비교우위론에서 양국 중 어느 한 국가가 절대우위에 있는 경우라도 상대적으로 생산비가 낮은 재화생산에 특화하여 무역을 한다면 양국 모두 무역으로부터 이익을 얻을 수 있다고 보았다. 이때 생산하는 재화를 결정하는 것은 재화의 국내생산비로 재화생산의 기회비용으로 문제에서 주어진 표를 바탕으로 각 재화생산의 기회비용을 알아보면 다음과 같다.

구분	중국	인도
의복(벌)	0.5	0.33
자동차(대)	2	3

기회비용 표에서 보면 중국은 자동차의 기회비용이 의복의 기회비용보다 낮고, 인도는 의복의 기회비용이 자동차의 기회비용보다 낮다. 따라서 중국은 자동차, 인도는 의복에 비교우위가 있다.

20

정답 ④

공공재의 시장수요곡선은 소비자들이 소비하는 수량이 동일하지만, 지불하는 가격이 상이하므로 개별수요의 수직합으로 도출된다.

01	02	03	04	05	06	07	08	09	10
①	④	③	②	③	③	①	①	④	④
11	12	13	14	15	16	17	18	19	20
①	①	①	②	④	③	④	②	③	③

01 정답 ①

완성될 제품이 원가 이상으로 판매될 것으로 예상하는 경우에는 그 생산에 투입하기 위해 보유하는 원재료 및 기타 소모품을 감액하지 아니한다(즉, 저가법을 적용하지 않음). 그러나 원재료 가격이 하락하여 제품의 원가가 순실현가능 가치를 초과할 것으로 예상된다면 해당 원재료를 순실현가능 가치로 감액한다. 이 경우 원재료의 현행대체원가는 순실현가능 가치에 대한 최선의 이용가능한 측정치가 될 수 있다.

오답분석

② 선입선출법은 기말재고금액을 최근 매입가격으로 평가하므로 비교적 자산의 시가 또는 현행원가(current cost)가 잘 반영된다.
③ 후입선출법에 대한 설명이다.
④ 통상적으로 상호 교환될 수 없는 재고자산항목의 원가와 특정 프로젝트별로 생산되고 분리되는 재화 또는 용역의 원가는 개별법을 사용하여 결정한다.

02 정답 ④

선급금과 선수금은 각각 비금융자산과 비금융부채에 해당한다.

금융자산과 금융부채

구분	자산	부채
금융	현금 및 현금성 자산, 매출채권, 대여금, 받을어음, 지분상품 및 채무상품 등	매입채무, 지급어음, 차입금, 사채 등
비금융	선급금, 선급비용, 재고자산, 유형자산, 무형자산 등	선수금, 선수수익, 충당부채, 미지급법인세 등

03 정답 ③

영업활동으로 인한 현금흐름	500,000원
매출채권(순액) 증가	+50,000원
재고자산 감소	-40,000원
미수임대료의 증가	+20,000원
매입채무의 감소	+20,000원
유형자산처분손실	-30,000원
당기순이익	520,000원

04 정답 ②

주식을 할인발행하더라도 총자본은 증가한다.

오답분석

① 중간배당(현금배당)을 실시하면 이익잉여금을 감소시키게 되므로 자본이 감소한다.
③ 자기주식은 자본조정 차감항목이므로 자기주식을 취득하는 경우 자본이 감소한다.
④ 당기순손실이 발생하면 이익잉여금을 감소시키게 되므로 자본이 감소한다.

05 정답 ③

검증가능성은 둘 이상의 회계담당자가 동일한 경제적 사건에 대하여 동일한 측정방법으로 각각 독립적으로 측정하더라도 각각 유사한 측정치에 도달하게 되는 속성을 말한다. 즉, 검증가능성은 정보가 나타내고자 하는 경제적 현상을 충실히 표현하는지를 정보이용자가 확인하는 데 도움을 주는 보강적 질적 특성이다.

재무정보의 질적 특성

근본적 질적 특성	• 목적적합성 • 충실한 표현
보강적 질적 특성	• 비교가능성 • 검증가능성 • 적시성 • 이해가능성

PART 2

06
정답 ③

분개장은 주요부이고, 현금출납장은 보조기입장이다.

회계장부

주요부		분개장, 총계정원장
보조부	보조기입장	현금출납장, 매입장, 매출장, 어음기입장 등
	보조원장	상품재고장, 매입처원장, 매출처원장 등

07
정답 ①

자산은 1년을 기준으로 유동자산과 비유동자산으로 분류한다. 다만, 정상적인 영업주기 내에 판매되거나 사용되는 재고자산과 회수되는 매출채권 등은 보고기간 종료일로부터 1년 이내에 실현되지 않더라도 유동자산으로 분류한다. 이 경우 유동자산으로 분류한 금액 중 1년 이내에 실현되지 않을 금액을 주석으로 기재한다. 또, 장기미수금이나 투자자산에 속하는 매도가능증권 또는 만기보유증권 등의 비유동자산 중 1년 이내에 실현되는 부분은 유동자산으로 분류한다.

08
정답 ①

일부 부채는 상당한 정도의 추정을 해야만 측정이 가능할 수 있다. 이러한 부채를 충당부채라고도 한다.

오답분석

② 자산 측정기준으로서의 역사적 원가는 현행원가와 비교하여 신뢰성이 더 높다. 신뢰성 있는 정보란 그 정보에 중요한 오류나 편의가 없고, 그 정보가 나타내고자 하거나 나타낼 것이 합리적으로 기대되는 대상을 충실하게 표현하고 있다고 정보이용자가 믿을 수 있는 정보를 말한다.

③ 보고기업의 경제적 자원과 청구권의 변동은 그 기업의 재무성과, 그리고 채무상품 또는 지분상품의 발행과 같은 그 밖의 사건 또는 거래에서 발생한다.

④ 일반목적재무보고서는 보고기업의 가치를 보여주기 위해 고안된 것이 아니지만, 현재 및 잠재적 투자자, 대여자 및 기타 채권자가 보고기업의 가치를 추정하는 데 도움이 되는 정보를 제공한다.

09
정답 ④

• 12월 1일 매출 : 할부판매시 전액 매출로 계상한다.
  200개×100＝20,000
• 12월 17일 매출 : 100개×100＝10,000
• 12월 28일 매출 : 위탁상품으로 수탁자가 보관 중인 상품은 매출로 인식하지 않는다.
• 12월 30일 매출 : 도착지인도조건으로 아직 도착하지 않은 상품은 매출로 인식하지 않는다.
∴ 매출액＝20,000＋10,000＝30,000

10
정답 ④

원가동인의 변동에 의하여 활동원가가 변화하는가에 따라 활동원가는 고정원가와 변동원가로 구분된다. 고정원가는 고정제조간접비와 같이 원가동인의 변화에도 불구하고 변화하지 않는 원가이며, 변동원가는 원가동인의 변화에 따라 비례적으로 변화하는 원가로 직접재료비, 직접노무비 등이 해당된다. 일반적으로 활동기준원가계산에서는 전통적인 고정원가, 변동원가의 2원가 분류체계 대신 단위기준, 배치기준, 제품기준, 설비기준 4원가 분류체계를 이용한다.

> **활동기준원가계산**
> 활동기준원가계산은 기업에서 수행되고 있는 활동(Activity)을 기준으로 자원, 활동, 제품/서비스의 소모관계를 자원과 활동, 활동과 원가대상 간의 상호 인과관계를 분석하여 원가를 배부함으로써 원가대상의 정확한 원가와 성과를 측정하는 새로운 원가계산방법이다.

11
정답 ①

현금흐름표는 한 회계기간 동안의 현금흐름을 영업활동과 투자활동, 그리고 재무활동으로 나누어 보고한다.

오답분석

② 재화의 판매, 구입 등 기업의 주요 수익활동에 해당하는 항목들은 영업활동으로 분류된다.

③ 유형자산의 취득, 처분 및 투자자산의 취득, 처분 등은 투자활동으로 분류된다.

④ 한국채택국제회계기준에서는 직접법과 간접법 모두 인정한다.

12
정답 ①

영업활동 현금흐름은 직접법 또는 간접법 중 하나의 방법으로 보고할 수 있다. 직접법이란 총현금유입과 총현금유출을 주요 항목별로 구분하여 표시하는 방법을 말한다. 직접법은 간접법에서 파악할 수 없는 정보를 제공하고, 미래 현금흐름을 추정하는 데 보다 유용한 정보를 제공하기 때문에 한국채택국제회계기준에서는 직접법을 사용할 것을 권장하고 있다.

오답분석

② 단기매매 목적으로 보유하는 유가증권의 취득과 판매에 따른 현금흐름은 영업활동으로 분류한다.

③ 일반적으로 법인세로 납부한 현금은 영업활동으로 인한 현금유출에 포함된다.

④ 당기순이익의 조정을 통해 영업활동 현금흐름을 계산하는 방법은 간접법이다.

13 정답 ①

단기매매목적으로 보유하는 유가증권의 취득과 판매에 따른 현금흐름은 영업활동 현금흐름으로 분류한다.

14 정답 ②

계약은 둘 이상의 당사자 사이에 집행 가능한 권리와 의무가 생기게 하는 합의이다. 계약상 권리와 의무의 집행 가능성은 법률적인 문제이다(고객과의 계약에서 생기는 수익 기준서 10).

오답분석

① 계약 당사자 중 어느 한 편이 계약을 수행했을 때, 기업의 수행 정도와 고객의 지급과의 관계에 따라 그 계약을 계약자산이나 계약부채로 재무상태표에 표시한다. 대가를 받을 무조건적인 권리는 수취채권으로 구분하여 표시한다(고객과의 계약에서 생기는 수익 기준서 105).
③ 계약변경이란 계약 당사자들이 승인한 계약의 범위나 계약가격(또는 둘 다)의 변경을 말한다(고객과의 계약에서 생기는 수익 기준서 18).
④ 거래가격을 상대적 개별 판매가격에 기초하여 각 수행의무에 배분하기 위하여 계약 개시시점에 계약상 각 수행의무의 대상인 구별되는 재화나 용역의 개별 판매가격을 산정하고 이 개별 판매가격에 비례하여 거래가격을 배분한다(고객과의 계약에서 생기는 수익 기준서 76).

15 정답 ④

재무활동 현금흐름은 자본을 만들고 상환하는 과정에서 나타나는 현금의 유입 및 유출로 차입금의 차입 및 상환 등을 포함한다.

오답분석

①·②·③ 투자활동에 해당된다.

16 정답 ③

금융자산 종류	금융부채 종류
• 현금 • 다른 기업의 지분상품(지분증권) • 거래상대방에게서 현금 등 금융자산을 수취할 계약상 권리 • 잠재적으로 유리한 조건으로 거래상대방과 금융부채를 교환하기로 한 계약상 권리 • 수취할 자기 지분 상품의 수량이 변동가능한 비파생상품계약	• 매입채무 • 미지급금 • 차입금 • 사채 • 부채의 정의를 충족하는 확정계약의무가 있는 현금이나 그 밖의 금융자산으로 결제되는 부채

17 정답 ④

단기투자자산	장기투자자산
• 단기금융상품 (CD, RP, CMA, CP 등) • 단기대여금 • 유가증권	• 기타포괄손익 공정가치측정, 금융자산(FVOCI 금융자산) • 상각후원가측정 금융자산(AC 금융자산) • 장기성 예금(장기금융상품)

※ 자산관리계좌(CMA; Cash Management Account) : 본래 어음관리계좌로 부르는 실적배당형 상품과 자유 입출금식 보통예금 계좌를 접목한 것으로, 단기투자자산의 단기금융상품에 해당한다.

18 정답 ②

부채는 유동부채와 비유동부채로 구분되며, 그중 비유동성 부채는 장기차입금, 임대보증금, 퇴직급여충당부채, 장기미지급금 등이 있다. 보기 중 ㄹ, ㅁ, ㅈ이 비유동부채에 해당된다.

19 정답 ③

기업의 다양한 경제 활동 중에서 재무상태의 변화를 수반하는 활동을 회계상 거래라고 한다. 회계상 거래는 재무상태표의 구성요소인 자산, 부채, 자본와 손익계산서의 구성요소인 수익, 비용에 변화를 가져오는 활동이다. 따라서 100억 원 상당의 매출계약을 체결하는 것은 회계상 거래가 아니다.

20 정답 ③

전부원가계산에 의한 영업이익과 변동원가계산에 의한 영업이익의 차이는 고정제조간접원가의 포함 여부이다. 생산량이 판매량보다 크므로 영업이익 차이, 즉 고정제조간접원가의 차이는 다음과 같다.

$$(영업이익\ 차이) = (총고정제조원가) \times \frac{(기말재고량)}{(총\ 생산량)}$$

$$= 800,000 \times \frac{8,000 - 6,500}{8,000} = 150,000원$$

전부원가계산과 변동원가계산
• 전부원가계산 : 제품생산과 관련하여 실제 발생된 모든 원가를 제품원가에 포함시키는 방법
(제조원가) = (직접재료원가) + (직접노무원가) + (변동제조간접원가) + (고정제조간접원가)
• 변동원가계산 : 변동원가만 제품원가에 포함하고 고정제조간접원가는 제품원가에 포함하지 않는 방법
(제조원가) = (직접재료원가) + (직접노무원가) + (변동제조간접원가)

남에게 이기는 방법의 하나는 예의범절로 이기는 것이다

- 조쉬 빌링스 -

최종점검 모의고사
정답 및 해설

최종점검 모의고사

01	02	03	04	05	06	07	08	09	10	11	12	13	14	15	16	17	18	19	20
③	③	②	②	②	①	④	③	④	③	②	④	③	③	④	④	②	③	③	③
21	22	23	24	25	26	27	28	29	30	31	32	33	34	35	36	37	38	39	40
④	④	③	④	④	①	④	②	④	④	③	④	③	②	③	③	③	①	③	④
41	42	43	44	45	46	47	48	49	50										
①	④	③	③	④	④	③	③	①	②										

01

정답 ③

2주 차 9일의 경우 오전에 근무하는 의사는 A와 B, 2명임을 알 수 있다.

[오답분석]
① 2~3주 차에 의사 A는 당직 3번으로 당직이 가장 많다
② 진료스케줄에서 의사 D는 8월 2일부터 11일까지 휴진임을 알 수 있다.
④ 광복절은 의사 A, B, E 3명이 휴진함으로써 1~3주 차 동안 가장 많은 의사가 휴진하는 날이다.

02

정답 ③

8월 9일은 오전에 의사 A가 근무하는 날이므로 예약날짜로 적절하다.

[오답분석]
① 8월 3일은 1주차에 해당된다.
②·④ 의사 A가 오전에 근무하지 않는다.

03

정답 ②

고객에게 문의 주신 것에 대한 감사와 문제가 생겨 힘들었던 점을 공감해주는 내용으로 불만고객 응대를 위한 8단계 프로세스 중 '감사와 공감 표시' 단계임을 알 수 있다.

[오답분석]
① 어떠한 부분이 불편했는지 질문하는 것이므로 '정보파악' 단계이다.
③ 고객이 처음에 말한 내용을 확인한 후 바로 도움을 드리겠다는 내용으로 '해결약속' 단계이다.
④ 정보파악 후 내용을 확인하고 문제를 처리하기 전 고객에게 시간 양해를 구하는 것으로 '신속처리' 단계이다.

04

웨스트팔리아체제라 부르는 주권국가 중심의 현 국제 정치질서에서는 주권존중, 내정불간섭 원칙이 엄격히 지켜진다. 인권보호질서는 아직 형성과정에 있으며 주권국가중심의 현 국제정치질서와 충돌하고 있다. 따라서 인권보호질서가 내정 불간섭 원칙의 엄격한 준수를 요구한다는 것은 적절하지 않다.

05

정답 ②

제시문은 식물의 이름을 짓는 방식을 생김새, 쓰임새, 향기, 소리 등으로 분류하여 해당되는 예를 들고 있다. 따라서 ②가 서술 특징을 가장 잘 반영하고 있다.

06

정답 ①

제시문은 우리 춤의 특징적 성격을 파악한 후 다른 상황에 적용하여 그 특성을 추론하고 있다. 그러나 지문에서 서민들의 춤이 지닌 풍자적 성격에 대한 언급은 없다.

07

정답 ④

일반적인 문제해결절차는 문제 인식, 문제 도출, 원인 분석, 해결안 개발, 실행 및 평가의 5단계를 따른다. 먼저 해결해야 할 전체 문제를 파악하여 우선순위를 정하고, 선정 문제에 대한 목표를 명확히 한 후 선정된 문제를 분석하여 해결해야 할 것이 무엇인지를 명확히 한다. 다음으로 이 분석 결과를 토대로 근본 원인을 도출하고, 근본원인을 효과적으로 해결할 수 있는 최적의 해결책을 찾아 실행, 평가한다. 따라서 문제해결절차는 (다) → (마) → (가) → (라) → (나)의 순서로 진행된다.

08

정답 ③

A대리가 찾은 육각볼트 규격의 나사 지름이 5/16인치이므로, 그에 적합한 육각너트 규격의 내경은 5/16(in)×2.54cm= 0.79375cm, 즉 약 7.9mm이다.
이와 가장 유사한 너비의 내경인 M8(내경 8mm)이 육각너트 규격으로 적절하다. 적절한 스패너는 육각너트의 외경과 가장 유사한 너비의 대변을 갖는 것이므로 M8 규격의 육각너트의 외경인 13mm와 가장 유사한 너비의 대변인 M14(대변 14mm)가 스패너 규격으로 가장 적합하다.

09

정답 ④

네 번째 조건에 따라, 운동 분야에는 강변 자전거 타기와 필라테스의 두 프로그램이 있으므로 필요성 점수가 낮은 강변 자전거 타기는 탈락시킨다. 마찬가지로 여가 분야에도 자수교실과 볼링모임이 있으므로 필요성 점수가 낮은 자수교실은 탈락시킨다. 나머지 4개의 프로그램에 대해 조건에 따라 수요도 점수와 선정 여부를 나타내면 다음과 같다.

분야	프로그램명	가중치 반영 인기 점수	가중치 반영 필요성 점수	수요도 점수	비고
진로	나만의 책 쓰기	10	7+2	19	-
운동	필라테스	14	6	20	선정
교양	독서토론	12	4+2	18	-
여가	볼링모임	16	3	19	선정

수요도 점수는 '나만의 책 쓰기'와 '볼링모임'이 19점으로 동일하지만, 인기점수가 더 높은 '볼링모임'이 선정된다.
따라서 하반기 동안 운영될 프로그램은 '필라테스', '볼링모임'이다.

10

정답 ③

각각의 단어 뜻을 생각하면 쉽게 연결시킬 수 있다.

• 권한위임 : 타인에게 일을 맡김
• 우선순위 : 여러 일 중에 우선적인 일을 먼저 처리함
• 유연성 : 시간 계획을 유연하게 작성하는 것을 말함

11

정답 ②

직접비용은 제품 또는 서비스를 창출하기 위해 직접 소요되는 비용으로 재료비, 원료와 장비, 여행(출장) 및 잡비, 인건비 등이 포함된다. 그리고 간접비용은 생산에 직접 관련되지 않는 비용으로 보험료, 건물관리비, 광고비, 통신비 등이 포함된다.
따라서 ②의 여행(출장) 및 잡비는 제품 또는 서비스 창출에 직접 관련 있는 항목으로 직접비에 해당한다.

12

정답 ④

수립한 시간 계획을 따르는 것도 중요하지만 너무 계획에 얽매여서는 안 된다. 시간 계획은 목표달성을 위해 필요한 것이므로, 경우에 따라 계획을 수정할 수 있다.

13

정답 ③

문제해결을 위한 방법으로 소프트 어프로치, 하드 어프로치, 퍼실리테이션(Facilitation)이 있다. 그중 마케팅 부장은 연구소 소장과 기획팀 부장 사이에서 의사결정에 서로 공감할 수 있도록 도와주는 일을 하고 있다. 또한, 상대의 입장에서 공감을 해주며, 서로 타협점을 좁혀 생산적인 결과를 도출할 수 있도록 대화를 하고 있다. 따라서 마케팅 부장이 취하는 문제해결 방법은 퍼실리테이션이다.

오답분석

① 소프트 어프로치 : 대부분의 기업에서 볼 수 있는 전형적인 스타일로 조직 구성원들은 같은 문화적 토양으로 가지고 이심전심으로 서로를 이해하려 하며, 직접적인 표현보다 무언가를 시사하거나 암시를 통한 의사전달로 문제를 해결하는 방법이다.
② 하드 어프로치 : 다른 문화적 토양을 가지고 있는 구성원을 가정하고, 서로의 생각을 직설적으로 주장하며 논쟁이나 협상을 하는 방법으로 사실과 원칙에 근거한 토론이다.
④ 비판적 사고 : 어떤 주제나 주장 등에 대해 적극적으로 분석하고 종합하며 평가하는 능동적인 사고로 어떤 논증, 추론, 증거, 가치를 표현한 사례를 타당한 것으로 받아들일 것인지 결정을 내릴 때 요구되는 사고력이다.

14

정답 ③

기존 커피믹스가 잘 팔리고 있어 새로운 것에 도전하지 않고 있다. 또한, 기존에 가지고 있는 커피를 기준으로 틀에 갇혀 블랙커피 커피믹스는 만들기 어렵다는 부정적인 시선으로 보고 있기 때문에 '발상의 전환'이 필요하다.

오답분석

① 전략적 사고 : 지금 당면하고 있는 문제와 해결 방법에만 국한하지 말고, 상위 시스템 및 다른 문제와 관련이 있는지 생각해 봐야 한다.
② 분석적 사고 : 전체를 각각의 요소로 나누어 그 요소의 의미를 도출한 다음 우선순위를 부여하고 구체적인 문제해결 방법을 실행하는 것이다.
④ 내·외부자원의 효과적 활용 : 문제해결 시 기술·재료·방법·사람 등 필요한 자원 확보 계획을 수립하고, 내·외부자원을 활용하는 것을 말한다.

15

정답 ④

- 자료(Data) : 정보 작성을 위하여 필요한 데이터를 말하는 것으로, 이는 '아직 특정의 목적에 대하여 평가되지 않은 상태의 숫자나 문자들의 단순한 나열'을 뜻한다.
- 정보(Information) : 자료를 일정한 프로그램에 따라 컴퓨터가 처리·가공함으로써 '특정한 목적을 달성하는 데 필요하거나 특정한 의미를 가진 것으로 다시 생산된 것'을 뜻한다.
- 지식(Knowledge) : '어떤 특정의 목적을 달성하기 위해 과학적 또는 이론적으로 추상화되거나 정립되어 있는 일반화된 정보'를 뜻하는 것으로, 어떤 대상에 대하여 원리적·통일적으로 조직되어 객관적 타당성을 요구할 수 있는 판단의 체계를 제시한다.

16

정답 ④

ㄹ. 연도별 농가소득 중 농업 외 소득이 차지하는 비율은 다음과 같다.

- 2017년 : $\frac{22,023}{32,121} \times 100 ≒ 68.56\%$
- 2018년 : $\frac{21,395}{30,148} \times 100 ≒ 70.97\%$
- 2019년 : $\frac{21,904}{31,031} \times 100 ≒ 70.59\%$
- 2020년 : $\frac{24,489}{34,524} \times 100 ≒ 70.93\%$
- 2021년 : $\frac{24,647}{34,950} \times 100 ≒ 70.52\%$
- 2022년 : $\frac{25,959}{37,216} \times 100 ≒ 69.75\%$

따라서 농가소득 중 농업 외 소득이 차지하는 비율은 매년 증가하는 것은 아니다.

ㅁ. 전년 대비 2022년 농가의 농업소득 증가율은

$\frac{11,257 - 10,303}{10,303} \times 100 ≒ 9.26\%$이므로 10% 미만이다.

오답분석

ㄱ. 농가 수 및 농가인구는 지속적으로 감소하고 있는 것을 확인할 수 있다.

ㄴ. 전년 대비 농가 수가 가장 많이 감소한 해는 2016년(35천 호 감소)이다.

ㄷ. 2017년 대비 2022년 농가인구의 감소율은 $\frac{2,569 - 3,063}{3,063} \times 100 ≒ -16.13\%$이므로 옳은 설명이다.

17

정답 ②

2022년 총 가구 수를 x가구라 하면, $\frac{1,089,000}{x} \times 100 = 5.7 \rightarrow 1,089,000 \times 100 ÷ 5.7 = x \rightarrow x ≒ 19,105,000$

따라서 2022년 총 가수 수는 약 19,105천 호이다.

18

정답 ③

2022년 1개관당 인구수는 2019년 대비 $76,926 - 64,547 = 12,379$명 감소했으므로 옳지 않은 설명이다.

오답분석

① 공공도서관 수는 점점 증가하고 있는 것을 확인할 수 있다.

② 2022년 1인당 장서 수는 전년 대비 $1.49 - 1.10 = 0.39$권 증가하였다.

④ 2021년 방문자 수는 전년 대비 $\frac{258,315 - 235,140}{235,140} \times 100 ≒ 9.9\%$ 증가했으므로 옳은 설명이다.

19

- 두 번째, 세 번째, 여섯 번째 조건 : A는 주황색, B는 초록색(C와 보색), C는 빨간색 구두를 샀다.
- 일곱 번째 조건 : B와 D는 각각 노란색 / 남색 또는 남색 / 노란색(B와 D는 보색) 구두를 샀다.
- 다섯 번째 조건 : 남은 구두는 파란색과 보라색 구두인데 A가 두 켤레를 구매하였으므로 C와 D는 각각 한 켤레씩 샀다.
- 네 번째 조건 : A는 파란색, B는 보라색 구두를 샀다.

이 사실을 종합하여 주어진 조건을 표로 정리하면 다음과 같다.

A	B	C	D
주황색	초록색	빨간색	남색 / 노란색
파란색	노란색 / 남색		
	보라색		

따라서 A는 주황색과 파란색 구두를 구매하였다.

20

보고서의 '출장의 배경 및 세부 일정' 항목을 통해 해외 출장 세부 일정 관련 정보가 포함되어야 함을 알 수 있다. 또한 보고서의 '출장 배경'에 따르면 1999년 이후 2년 주기로 협력회의를 개최해 오고 있으므로 과거 협력 회의 시 다루었던 내용도 함께 포함되어야 한다. 따라서 보고서에 반드시 포함되어야 할 내용으로 ③이 적절하다.

21

보고서는 특정한 일에 관한 진행 상황 또는 연구·검토 결과 등을 보고하고자 할 때 작성하는 문서로 '목적·개요 – 주요 수행내용 – 수행 내용별 세부사항 – 수행 결과 및 결과보고서 – 관련된 첨부 자료' 순서로 작성한다. 따라서 ④가 가장 적절하다.

22

성과급 기준표를 적용한 A ~ D교사에 대한 성과급 배점을 정리하면 다음과 같다.

구분	주당 수업시간	수업 공개 유무	담임 유무	업무 곤란도	호봉	합계
A교사	14점	–	10점	20점	30점	74점
B교사	20점	–	5점	20점	30점	75점
C교사	18점	5점	5점	30점	20점	78점
D교사	14점	10점	10점	30점	15점	79점

따라서 D교사가 가장 높은 배점을 받게 된다.

23

업체들의 항목별 가중치 미반영 점수를 도출한 후, 가중치를 적용하여 선정점수를 도출하면 아래 표와 같다.

(단위 : 점)

구분	납품품질 점수	가격경쟁력 점수	직원규모 점수	가중치 반영한 선정점수
A업체	100	70	80	$(100 \times 0.4) + (70 \times 0.3) + (80 \times 0.3) = 85$
B업체	90	80	100	$(90 \times 0.4) + (80 \times 0.3) + (100 \times 0.3) = 90$
C업체	90	90	90	$(90 \times 0.4) + (90 \times 0.3) + (90 \times 0.3) = 90$
D업체	80	100	90	$(80 \times 0.4) + (100 \times 0.3) + (90 \times 0.3) = 89$

선정점수가 가장 높은 업체는 90점을 받은 B업체와 C업체이며, 이 중 가격경쟁력 점수가 더 높은 C업체가 선정된다.

24

정답 ④

'건설업' 분야의 취업자 수는 2019년과 2022년에 각각 전년 대비 감소했다.

오답분석

① 2014년 '도소매ㆍ음식ㆍ숙박업' 분야에 종사하는 사람의 수는 총 취업자 수의 $\frac{5,966}{21,156} \times 100 ≒ 28.2\%$이므로 30% 미만이다.

② 2014 ~ 2022년 '농ㆍ임ㆍ어업' 분야의 취업자 수는 꾸준히 감소하는 것을 확인할 수 있다.

③ 2014년 대비 2022년 '사업ㆍ개인ㆍ공공서비스 및 기타' 분야의 취업자 수는 7,633-4,979=2,654천 명으로 가장 많이 증가했다.

25

정답 ③

ㄱ. 2017년 '어업' 분야의 취업자 수는 '농ㆍ임ㆍ어업' 분야의 취업자 수 합계에서 '농ㆍ임업' 분야 취업자 수를 제외한다. 따라서 1,950-1,877=73천 명이다.

ㄴ. '전기ㆍ운수ㆍ통신ㆍ금융업' 분야의 취업자 수가 7,600천 명으로 가장 많다.

오답분석

ㄷ. '농ㆍ임업' 분야 종사자와 '어업' 분야 종사자 수는 계속 감소하기 때문에 '어업' 분야 종사자 수가 현상을 유지하거나 늘어난다고 보기 어렵다.

26

정답 ①

• A : 해외여행에 결격사유가 있다.
• B : 지원분야와 전공이 맞지 않다.
• C : 대학 재학 중이므로 지원이 불가능하다.
• D : TOEIC 점수가 750점 이상이 되지 않는다.
• E : 병역 미필로 지원이 불가능하다.
따라서 A ~ E 5명 모두 지원자격에 부합하지 않는다.

27

정답 ④

제시문은 자본주의의 발생과 한계, 그로 인한 수정자본주의의 탄생과 한계로 인한 신자유주의의 탄생에 대해 다루고 있다. 제시된 문단의 마지막 문장인 '이러한 자본주의는 어떻게 발생하였을까?'를 통해, 이어질 내용이 자본주의의 역사임을 유추할 수 있으므로, (라) 자본주의의 태동 → (나) 자본주의의 학문화를 통한 영역의 공고화 → (가) 고전적 자본주의의 문제점을 통한 수정자본주의의 탄생 → (다) 수정자본주의의 문제점을 통한 신자유주의의 탄생의 순서대로 나열하는 것이 적절하다.

28

정답 ②

제시문의 중심 내용은 칸트가 생각하는 도덕적 행동에 대한 것이며, 그는 도덕적 행동을 '남이 나에게 해주길 바라는 것을 실천하는 것'이라 말했다.

29

제시문은 유교 사상의 입장에서 자연과 인간의 관계에 대해 설명한 다음, 완전한 존재인 자연을 인간이 본받아야 할 것임을 언급하고 있다. 따라서 유교에서 말하는 자연과 인간의 관계에서 볼 때 인간은 자연의 일부이므로 자연과 인간은 대립이 아니라 공존해야 한다는 요지를 표제와 부제에 담아야 한다. ④는 부제가 본문의 내용을 어느 정도 담고 있으나 표제가 중심 내용을 드러내지 못하고 있다.

30

정답 ④

- (가) : 빈칸 앞 문장은 현대적인 건축물에서 창과 문이 명확히 구별된다는 내용이고, 빈칸 앞 접속어가 역접 기능의 '그러나'이므로 이와 상반된 내용이 빈칸에 들어가야 한다. 따라서 ⓒ이 가장 적절하다.
- (나) : 빈칸이 포함된 문단의 첫 문장에서는 한옥에서 창호가 핵심적인 역할을 한다고 하였고, 이어지는 내용은 이를 뒷받침하는 내용이다. 따라서 '이처럼'으로 연결된 빈칸에는 문단 전체의 내용을 요약·강조하는 ㉠이 가장 적절하다.
- (다) : 빈칸을 포함한 문단의 마지막 문장에 창호가 '지속적인 소통'을 가능케 한다고 하였으므로 ⓛ이 가장 적절하다.

31

정답 ③

김대리는 특수직에 해당되므로 성과평가 구성 중 특수직 구분에 따른다.
김대리에 대한 평가등급에 따라 가중치와 구성비를 고려한 항목별 점수는 다음과 같다.

구분	분기실적	직원평가	연수내역	조직기여도	총점
점수	$0.6 \times 8 = 4.8$	$0.4 \times 10 = 4.0$	$0.2 \times 5 = 1.0$	$0.3 \times 6 = 1.8$	$4.4 + 1.0 + 1.8 = 7.2$
	$\{0.5 \times (4.8 + 4.0)\} = 4.4$				

따라서 김대리는 6.8 이상 7.6 미만 구간에 해당되므로, 100만 원의 성과급을 지급받게 된다.

32

정답 ④

- 슬로푸드 선물세트 : $28,000 \times 0.71 = 19,880 \rightarrow 19,800$원($\because$ 10원 단위 이하 절사)
  - 마케팅부 주문금액(A) : $19,800 \times 13 = 257,400$원
- 흑삼 에브리진생 : $75,000 \times 0.66 = 49,500$원
  - 인사부 주문금액(B) : $49,500 \times 16 = 792,000$원
- 한과 선물세트 : $28,000 \times 0.74 = 20,720 \rightarrow 20,700$원($\because$ 10원 단위 이하 절사)
  - 기술부 주문금액(C) : $20,700 \times 9 = 186,300$원

따라서 P공사의 주문총액은 $396,000 + 257,400 + 384,000 + 792,000 + 186,300 = 2,015,700$원이다.

33

정답 ③

고객의 신상정보의 경우 유출하거나 삭제하는 것 등의 행동은 안되며, 거래처에서 빌린 컴퓨터에서 나왔기 때문에 거래처 담당자에게 되돌려주는 것이 가장 적절하다.

34

정답 ②

[개요 보기]는 슬라이드 텍스트를 개요 형태로 보여주며, 개요 창에서 프레젠테이션 전체 내용을 보고 수정할 수 있다.

35

정답 ③

맨 처음 접시에 있었던 과자의 개수를 x라고 하면, 먹은 과자개수와 먹고 난 후 남은 과자개수는 다음과 같다.

구분	먹은 과자개수	남은 과자개수
민우	$\frac{1}{2}x$	$\frac{1}{2}x$
지우	$\frac{1}{2}x \times \frac{1}{2} = \frac{1}{4}x$	$\frac{1}{2}x - \frac{1}{4}x = \frac{1}{4}x$
경태	$\frac{1}{4}x \times \frac{1}{4} = \frac{1}{16}x$	$\frac{1}{4}x - \frac{1}{16}x = \frac{3}{16}x$
수인과 진형	$\frac{3}{16}x = 6$개	0

따라서 처음 접시에 있었던 과자개수는 $\frac{3}{16}x = 6 \rightarrow x = 32$개이다.

36

정답 ③

• 단리예금상품 : $4{,}000 + 4{,}000 \times 0.07 \times 3$년 $= 4{,}840$만 원
• 복리예금상품 : $4{,}000 \times (1+0.1)^3 = 5{,}324$만 원
따라서 두 예금상품의 금액차이는 $5{,}324 - 4{,}840 = 484$만 원이다.

37

정답 ③

기본이율과 App 경유 가입 이율일 때의 단기예금상품의 금액 차이는 두 경우 모두 원금이 동일하기 때문에 이자금액의 차이와 같다.
따라서 $4{,}000 \times 0.09 \times 3 - 4{,}000 \times 0.07 \times 3 = 240$만 원임을 알 수 있다.

38

정답 ①

설득은 논쟁이 아니라 논증을 통해 더욱 정교해지며, 공감을 필요로 한다. 나의 주장을 다른 사람에게 이해시켜 납득시키고 그 사람이 내가 원하는 행동을 하게 만드는 것이며, 이해는 머리로 하고 납득은 머리와 가슴이 동시에 공감되는 것을 말하고 이 공감은 논리적 사고가 기본이 된다. 따라서 ①의 내용은 상대방이 했던 이야기를 이해하도록 노력하면서 공감하려는 태도가 보이므로 설득임을 알 수 있다.

오답분석
② 상대의 생각을 모두 부정하지 않고, 상황에 따른 생각을 이해함으로써 새로운 지식이 생길 가능성이 있는 논리적 사고 구성요소 중 '타인에 대한 이해'에 해당한다.
③ 상대가 말하는 것을 잘 알 수 없어 구체적인 사례를 요구하는 것으로 논리적 사고 구성요소 중 '구체적인 생각'에 해당한다.
④ 상대 주장에 대한 이해가 부족하다는 것을 인식해 상대의 논리를 구조화함으로써 논리적 사고 구성요소 중 '상대 논리의 구조화'에 해당한다.

39

정답 ③

A ~ D인턴들 중에 소비자들의 불만을 접수해서 처리하는 업무를 맡기기에 가장 적절한 인턴은 C인턴이다. 잘 흥분하지 않으며, 일처리가 신속하고 정확하다고 '책임자의 관찰 사항'에 명시되어 있으며, 직업선호 유형은 'CR'로 관습형·현실형에 해당된다. 따라서 현실적이며 보수적이고 변화를 좋아하지 않는 유형으로 소비자들의 불만을 들어도 감정적으로 대응하지 않을 성격이기 때문에 C인턴이 이 업무에 가장 적합하다.

40

정답 ④

기회는 외부환경요인 분석에 속하므로 회사 내부를 제외한 외부의 긍정적인 면으로 작용하는 것을 말한다. 따라서 ④는 외부의 부정적인 면으로 위협요인에 해당되며, 나머지 ①, ②, ③은 외부환경의 긍정적인 요인으로 볼 수 있어 기회요인에 속한다.

41

정답 ①

9월은 30일까지 있으며, 주말은 9일간, 추석은 3일간이지만 추석연휴 중 하루는 토요일이므로 평일에 초과근무를 할 수 있는 날은 $30-(9+3-1)=19$일이다. 또한, 특근하는 날까지 포함하면 추석 연휴기간을 제외한 27일 동안 초과근무가 가능하다.

적어도 하루는 특근할 확률을 구하기 위해 전체에서 이틀 모두 평일에 초과근무를 하는 확률을 빼면 빠르게 구할 수 있다.

따라서 하루 이상 특근할 확률은 $1-\dfrac{_{19}C_2}{_{27}C_2}=1-\dfrac{19}{39}=\dfrac{20}{39}$ 이며, 분자와 분모는 서로소이므로 $p+q=20+39=59$이다.

42

정답 ④

고객 맞춤형 서비스 실행방안에 대한 개선방향을 제안해야 하므로 빅데이터를 활용한 고객유형별 전문상담사 사전 배정 서비스가 가장 적절한 방안임을 알 수 있다.

오답분석
① 직원에게 전용 휴대폰 지급은 고객 맞춤형이 아니다.
②·③ 모바일용 고객지원센터 운영 서비스를 제공하는 점은 고객지원의 편의성을 높이는 것일 뿐 고객 맞춤형이라고 할 수 없다.

43

정답 ③

제시문에서는 인류의 발전과 미래에 인류에게 닥칠 문제를 해결하기 위해 우주 개발이 필요하다는, 우주 개발의 정당성에 대해 논의하고 있다.

44

정답 ③

보기는 '인간이 발명한 문명의 이기(利器), 즉 비행기나 배 등은 결국 인간의 신화적 사유의 결과물이다.'로 요약할 수 있다. (다)의 앞부분에서 '문명의 이기(利器)의 근본은 신화적 상상력'이라 했고, 보기가 그 예에 해당하기 때문에 보기가 들어가기에 적절한 곳은 (다)이다.

45

정답 ④

보기의 핵심 개념은 맹장이라도 길 찾기가 중요하다는 것이다. (라)의 앞에서 '길을 잃어버리는 것'을 '전체의 핵심을 잡지 못하는 것'으로 비유한 내용을 찾을 수 있다. (라) 뒤의 내용 역시 요점과 핵심의 중요성을 강조하고 있으므로 보기는 (라)에 들어가야 한다.

46

정답 ④

2022년 K시의 전체 예산액 중 특별회계 예산이 차지하는 비율은 $\frac{325,007}{1,410,393} \times 100 ≒ 23.0\%$로 25% 이상이 아니다.

오답분석
① 두 도시는 매년 전체 예산액이 증가하고 있다.
② J시의 일반회계 예산액은 항상 K시의 일반회계 예산액보다 1.5배 이상이다.
③ 2021년 K시의 특별회계 예산액 264,336백만 원은 J시의 특별회계 예산액의 절반인 486,577백만 원×0.5 ≒ 243,289백만 원보다 높으므로 옳은 설명이다.

47

정답 ③

㉠의 앞 문장에서는 지방 분해 과정에서 나타나는 체내 세포들의 글리코겐 양 감소에 대해 말하고 있고, 뒤의 문장에서는 이러한 현상이 간세포에서 두드러지게 나타난다고 하면서 앞의 내용을 강조하고 있으므로 빈칸에는 '특히'가 들어가야 한다. 또한, ㉡의 뒤에 이어지는 문장에서는 ㉡의 앞 문장에서 나타나는 현상이 어떤 증상으로 나타나는지 설명하므로 빈칸에는 '이로 인해'가 들어가야 하고, ㉢의 앞에 서술된 내용이 그 뒤에 이어지는 주장의 근거가 되므로 ㉢에는 '따라서'가 들어가는 것이 적절하다.

48

정답 ③

배차간격은 동양역에서 20분, 서양역에서 15분이며, 두 기차의 속력은 같다. 그러므로 배차시간의 최소공배수를 구하면 $5×4×3=60$으로 60분마다 같은 시간에 각각의 역에서 출발하여 10시 다음 출발시각은 11시가 된다. 동양역과 서양역의 편도 시간은 1시간이므로 50km 지점은 출발 후 30분에 도달한다.
따라서 두 번째로 50km 지점에서 두 기차가 만나는 시각은 11시 30분이다.

49

정답 ①

오늘 처리할 업무를 택하는 방법은 발송업무, 비용정산업무를 제외한 5가지 업무 중 3가지를 택하는 조합이다.
즉, $_5C_3 = {}_5C_2 = \frac{5×4}{2×1} = 10$가지이다.
택한 5가지 업무 중 발송업무와 비용정산업무는 순서가 정해져 있으므로 두 업무를 같은 업무로 생각하면 5가지 업무의 처리 순서를 정하는 경우의 수는 $\frac{5!}{2!} = \frac{5×4×3×2×1}{2×1} = 60$가지이다.
따라서 구하는 경우의 수는 $10×60=600$가지이다.

50

정답 ②

한 주에 2명의 사원이 당직 근무를 하므로 3주 동안 총 6명의 사원이 당직 근무를 하게 된다.

• B팀의 8명의 사원 중 6명을 뽑는 경우의 수 : $_8C_6 = {}_8C_2 = \frac{8×7}{2×1} = 28$가지

• 6명의 사원을 2명씩 3조로 나누는 경우의 수 : $_6C_2 × {}_4C_2 × {}_2C_2 × \frac{1}{3!} = \frac{6×5}{2×1} × \frac{4×3}{2×1} × 1 × \frac{1}{6} = 15$가지

• 한 주에 한 조를 배치하는 경우의 수 : $3! = 3×2×1 = 6$가지
따라서 가능한 모든 경우의 수는 $28×15×6 = 2,520$가지이다.

| 법학 |

51	52	53	54	55	56	57	58	59	60	61	62	63	64	65	66	67	68	69	70
③	②	①	②	④	②	④	①	②	③	②	②	②	①	①	④	④	③	①	④
71	72	73	74	75	76	77	78	79	80	81	82	83	84	85	86	87	88	89	90
②	④	④	①	①	②	③	③	④	②	③	③	②	③	④	③	④	③	④	③
91	92	93	94	95	96	97	98	99	100										
④	③	②	③	①	②	①	③	④	①										

51
정답 ③

국무회의는 의사결정기관이 아니라 심의기관이다.

52
정답 ②

행정행위는 법률에 근거를 두어야 하고(법률유보), 법령에 반하지 않아야 한다(법률우위). 따라서 법률상의 절차와 형식을 갖추어야 한다.

53
정답 ①

해제조건 있는 법률행위는 조건이 성취한 때로부터 그 효력을 잃고, 정지조건 있는 법률행위는 조건이 성취한 때로부터 그 효력이 생긴다(민법 제147조).

오답분석
② 민법 제151조 제1항
③ 민법 제149조
④ 민법 제147조 제1항

54
정답 ②

착오로 인한 의사표시는 중요한 부분일 때 취소할 수 있다. 착오란 내심의 의사와 표시상의 의사가 일치하지 않음을 표의자가 모르는 경우로서 그 착오가 법률행위의 중요한 부분에 대한 것이고 표의자 본인이 그러한 착오를 하는 데 중대한 과실이 없으면 취소할 수 있다(민법 제109조). 그러나 그것을 알지 못하는 제3자에 대해서는 취소의 효과를 주장할 수가 없다.

55
정답 ④

청원권은 청구권적 기본권에 해당한다. 자유권적 기본권에는 인신의 자유권(생명권, 신체의 자유), 사생활의 자유권(거주·이전의 자유, 주거의 자유, 사생활의 비밀과 자유, 통신의 자유), 정신적 자유권(양심의 자유, 종교의 자유, 언론·출판의 자유, 집회·결사의 자유, 학문의 자유, 예술의 자유), 사회·경제적 자유권(직업선택의 자유, 재산권의 보장)이 있다.

56
정답 ②

비례대표제는 각 정당에게 그 득표수에 비례하여 의석을 배분하는 대표제로 군소정당의 난립을 가져와 정국의 불안을 가져온다는 것이 일반적 견해이다.

57
정답 ④

오답분석
① 참여기관(의결기관)이 행정관청의 의사를 구속하는 의결을 하는 합의제 기관이다(경찰위원회, 소청심사위원회 등).
② 보좌기관(×) → 보조기관(○)
③ 보조기관(×) → 보좌기관(○)

58
정답 ①

법률은 특별한 규정이 없으면 공포한 날로부터 20일을 경과함으로써 효력이 발생한다.

법의 시행과 폐지
• 법의 효력은 시행일로부터 폐지일까지만 계속되는데 이를 시행기간(또는 시효기간)이라 한다.
• 관습법은 성립과 동시에 효력을 가지나 제정법은 시행에 앞서 국민에게 널리 알리기 위하여 공포를 해야 하는데, 공포일로부터 시행일까지의 기간을 주지기간이라 한다.
• 법률은 특별한 규정이 없으면 공포한 날로부터 20일을 경과함으로써 효력을 발생한다.

59
정답 ②

중·대선거구제와 비례대표제는 군소정당이 난립하여 정국이 불안정을 가져온다는 단점이 있다. 그에 비해 소선거구제는 양대정당이 육성되어 정국이 안정된다는 장점이 있다.

60
정답 ③

우리나라는 법원조직법에서 판례의 법원성에 관해 규정하고 있다.

61
정답 ②

권리의 작용(효력) 따라 분류하면 지배권, 청구권, 형성권, 항변권으로 나누어지며 인격권은 권리의 내용에 따른 분류에 속한다.

62
정답 ②

다른 사람이 하는 일정한 행위를 승인해야 할 의무는 수인의무이다.

오답분석
① 작위의무 : 적극적으로 일정한 행위를 하여야 할 의무이다.
③ 간접의무 : 통상의 의무와 달리 그 불이행의 경우에도 일정한 불이익을 받기는 하지만, 다른 법률상의 제재가 따르지 않는 것으로 보험계약에서의 통지의무가 그 대표적인 예이다.
④ 권리반사 또는 반사적 효과(이익) : 법이 일정한 사실을 금지하거나 명하고 있는 결과, 어떤 사람이 저절로 받게 되는 이익으로서 그 이익을 누리는 사람에게 법적인 힘이 부여된 것은 아니기 때문에 타인이 그 이익의 향유를 방해하더라도 그것의 법적보호를 청구하지 못함을 특징으로 한다.

63
정답 ②

사권은 권리의 이전성(양도성)에 따라 일신전속권과 비전속권으로 구분된다. 절대권과 상대권은 권리의 효력 범위에 대한 분류이다.

PART 3

64

정답 ①

ㄱ. 사회권은 인간의 권리가 아니라 국민의 권리에 해당한다.

ㄴ. 사회권은 바이마르헌법에서 최초로 규정하였다.

오답분석

ㄷ. 천부인권으로서의 인간의 권리는 자연권을 의미한다.

ㄹ. 대국가적 효력이 강한 권리는 자유권이다. 사회권은 국가 내적인 권리인 동시에 적극적인 권리이며 대국가적 효력이 약하고 예외적으로 대사인적 효력을 인정한다.

65

정답 ①

사회법은 근대 시민법의 수정을 의미하며, 초기의 독점자본주의가 가져온 여러 가지 사회·경제적 폐해를 합리적으로 해결하기 위해서 제정된 법으로 국가에 의한 통제, 경제적 약자의 보호, 공법과 사법의 교착 영역으로 사권의 의무화, 사법(私法)의 공법화 등 법의 사회화 현상을 특징으로 한다. 따라서 계약자유의 원칙은 그 범위가 축소되고 계약공정의 원칙으로 수정되었다.

66

정답 ④

형법에서는 유추해석과 확대해석을 동일한 것으로 보아 금지하며(죄형법정주의의 원칙), 피고인에게 유리한 유추해석만 가능하다고 본다.

67

정답 ④

공증은 확인·통지·수리와 함께 준법률행위적 행정행위에 속하며, 공법상 계약은 비권력적 공법행위이다.

> **행정행위의 종류**
> 1. 법률행위적 행정행위
>   • 명령적 행정행위 : 하명, 허가, 면제
>   • 형성적 행정행위 : 특허, 대리, 인가
> 2. 준법률행위적 행정행위 : 확인, 공증, 통지, 수리

68

정답 ③

사법은 개인 상호 간의 권리·의무관계를 규율하는 법으로 민법, 상법, 회사법, 어음법, 수표법 등이 있으며, 실체법은 권리·의무의 실체, 즉 권리나 의무의 발생·변경·소멸 등을 규율하는 법으로 헌법, 민법, 형법, 상법 등이 이에 해당한다. 부동산등기법은 절차법으로, 공법에 해당한다는 보는 것이 다수의 견해이나 사법에 해당한다는 소수 견해도 있다. 따라서 ③은 사법에 해당하는지 여부에는 견해 대립이 있으나 절차법이므로 옳지 않다.

69

정답 ①

헌법소원은 공권력의 행사 또는 불행사로 인하여 자신의 헌법상 보장된 기본권이 직접적·현실적으로 침해당했다고 주장하는 국민의 기본권침해구제청구에 대하여 심판하는 것이다. 이를 제기하기 위해서는 다른 구제절차를 모두 거쳐야 하므로 법원에 계류중인 사건에 대해서는 헌법소원을 청구할 수 없다.

70

정답 ④

관습 또한 사회규범의 하나이므로 합목적성과 당위성에 기초한다. 법과 구별되는 관습의 특징으로는 자연발생적 현상, 반복적 관행, 사회적 비난 등이 있다.

71

정답 ②

사회규범은 사회구성원들이 지키도록 하는 당위규범이다.

당위규범과 자연법칙의 구별

당위규범	자연법칙
당위법칙(Sollen) : 마땅히 '~해야 한다'는 법칙	존재법칙(Sein) : 사실상 '~하다'는 법칙
규범법칙(規範法則) : 준칙이 되는 법칙(행위의 기준)	인과법칙(因果法則) : 원인이 있으면 결과가 나타남
목적법칙(目的法則) : 정의·선과 같은 목적의 실현을 추구	필연법칙(必然法則) : 우연이나 예외가 있을 수 없음
자유법칙(自由法則) : 적용되는 상황에 따라 예외가 존재	구속법칙(拘束法則) : 자유의지로 변경할 수 없음

72

정답 ④

㉠은 시공자의 흠이라는 위법한 행정행위에 대한 것이므로 손해배상을, ㉡은 정당한 법집행에 대한 것이므로 손실보상이 타당하다.

73

정답 ④

아리스토텔레스는 정의를 동등한 대가적 교환을 내용으로 하여 개인 대 개인관계의 조화를 이룩하는 이념으로서의 평균적 정의와 국가 대 국민 또는 단체 대 그 구성원 간의 관계를 비례적으로 조화시키는 이념으로서의 배분적 정의로 나누었다. 이는 정의를 협의의 개념에서 파악한 것이다.

74

정답 ①

사실인 관습은 그 존재를 당사자가 주장·입증하여야 하나, 관습법은 당사자의 주장·입증을 기다림이 없이 법원이 직권으로 이를 판단할 수 있다(대판1983.6.14., 80다3231).

75

정답 ①

헌법은 널리 일반적으로 적용되므로 특별법이 아니라 일반법에 해당한다.

76

정답 ②

법률은 특별한 규정이 없는 한 공포한 날부터 20일이 경과함으로써 효력이 발생한다(헌법 제53조 제7항).

77

정답 ③

도로·하천 등의 설치 또는 관리의 하자로 인한 손해에 대하여는 국가 또는 지방자치단체는 국가배상법 제5조의 영조물책임을 진다.

[오답분석]
① 도로건설을 위해 토지를 수용당한 경우에는 위법한 국가작용이 아니라 적법한 국가작용이므로 개인은 손실보상청구권을 갖는다.
② 공무원이 직무수행 중에 적법하게 타인에게 손해를 입힌 경우 국가는 배상책임이 없다.
④ 공무원도 국가배상법 제2조나 제5조의 요건을 갖추면 국가배상청구권을 행사할 수 있다. 다만, 군인·군무원·경찰공무원 또는 예비군대원의 경우에는 일정한 제한이 있다.

78

정답 ③

취소권・해제권・추인권은 형성권에 속한다. 즉, 일방의 의사표시 또는 행위에 의하여 법률관계가 변동되는 것이다.

79

정답 ④

우리나라 헌법은 1987년 10월 29일에 제9차로 개정되었다. 헌법 전문상의 제8차라고 밝히고 있는 것은 9차 개정의 현행 헌법을 공포하면서 그때까지 8차례에 걸쳐 개정되었던 것을 이제 9차로 개정하여 공포하는 취지를 밝힌 것이다(대한민국 헌법 전문).

80

정답 ②

헌법제정권력은 국민이 정치적 존재에 대한 근본결단을 내리는 정치적 의사이며 법적 권한으로 시원적 창조성과 자유성, 항구성, 단일불가분성, 불가양성 등의 본질을 가지고 인격 불가침, 법치국가의 원리, 민주주의의 원리 등과 같은 근본규범의 제약을 받는다.

81

정답 ③

오답분석

① 헌법개정은 국회 재적의원 과반수 또는 대통령의 발의로 제안된다(헌법 제128조 제1항).
② 개정은 가능하나 그 헌법개정 제안 당시의 대통령에 대하여는 효력이 없다(헌법 제128조 제2항).
④ 헌법개정안에 대한 국회의결은 재적의원 3분의 2 이상의 찬성을 얻어야 한다(헌법 제130조 제1항).

82

정답 ③

헌법전문의 법적 효력에 대해서는 학설대립으로 논란의 여지가 있어 전문이 본문과 같은 법적 성질을 '당연히' 내포한다고 단정을 지을 수는 없다.

83

정답 ②

오답분석

① 독임제 행정청이 원칙적인 형태이고, 지자체의 경우 지자체장이 행정청에 해당한다.
③ 자문기관은 행정기관의 자문에 응하여 행정기관에 전문적인 의견을 제공하거나, 자문을 구하는 사항에 관하여 심의・조정・협의하는 등 행정기관의 의사결정에 도움을 주는 행정기관을 말한다.
④ 의결기관은 의사결정에만 그친다는 점에서 외부에 표시할 권한을 가지는 행정관청과 다르고, 행정관청을 구속한다는 점에서 단순한 자문적 의사의 제공에 그치는 자문기관과 다르다.

84

정답 ③

정당의 목적이나 활동이 민주적 기본질서에 위배될 때 정부는 헌법재판소에 그 해산을 제소할 수 있고, 정당은 헌법재판소의 심판에 의하여 해산된다(헌법 제8조 제4항).

오답분석

① 헌법 제8조 제1항
② 헌법 제8조 제2항
④ 헌법 제8조 제3항

85

기본권의 제3자적 효력에 관하여 간접적용설(공서양속설)은 기본권 보장에 관한 헌법 조항을 사인관계에 직접 적용하지 않고, 사법의 일반규정의 해석을 통하여 간접적으로 적용하자는 것으로 오늘날의 지배적 학설이다.

86

기본권은 국가안전보장, 질서유지 또는 공공복리라고 하는 세 가지 목적을 위하여 필요한 경우에 한하여 그 제한이 가능하며 제한하는 경우에도 자유와 권리의 본질적인 내용은 침해할 수 없다(헌법 제37조 제2항).

87

헌법 제11조 제1항은 차별금지 사유로 성별·종교·사회적 신분만을 열거하고 있고 모든 사유라는 표현이 없어 그것이 제한적 열거규정이냐 예시규정이냐의 문제가 제기되는데, 우리의 학설과 판례의 입장은 예시규정으로 보고 있다.

88

공공필요에 의한 재산권의 수용·사용 또는 제한 및 그에 대한 보상은 법률로 하되, 정당한 보상을 지급하여야 한다(헌법 제23조 제3항).

89

가정법원은 질병, 장애, 노령, 그 밖의 사유로 인한 정신적 제약으로 사무를 처리할 능력이 지속적으로 결여된 사람에 대하여 본인, 배우자, 4촌 이내의 친족, 미성년후견인, 미성년후견감독인, 한정후견인, 한정후견감독인, 특정후견인, 특정후견감독인, 검사 또는 지방자치단체의 장의 청구에 의하여 성년후견개시의 심판을 한다(민법 제9조 제1항). 사무를 처리할 능력이 부족한 사람의 경우에는 한정후견개시의 심판을 한다(민법 제12조 제1항 참고).

90

사망한 것으로 간주된 자가 그 이전에 생사불명의 부재자로서 그 재산관리에 관하여 법원으로부터 재산관리인이 선임되어 있었다면 재산관리인은 그 부재자의 사망을 확인했다고 하더라도 선임결정이 취소되지 아니하는 한 계속하여 권한을 행사할 수 있다(대판 1991.11.26., 91다11810).

91

종물은 주물의 처분에 수반된다는 민법 제100조 제2항은 임의규정이므로, 당사자는 주물을 처분할 때에 특약으로 종물을 제외할 수 있고 종물만을 별도로 처분할 수도 있다(대판 2012.1.26., 2009다76546).

92

지방자치단체는 법령의 범위 안에서 그 사무에 관하여 조례를 제정할 수 있다(지방자치법 제22조 본문).

[오답분석]
① 지방자치법 제30조
② 지방자치법 제94조
④ 헌법 제117조 제2항

93

정답 ②

급부와 반대급부 사이의 '현저한 불균형'은 단순히 시가와의 차액 또는 시가와의 배율로 판단할 수 있는 것은 아니고 구체적·개별적 사안에 있어서 일반인의 사회통념에 따라 결정하여야 한다. 그 판단에 있어서는 피해 당사자의 궁박·경솔·무경험의 정도가 아울러 고려되어야 하고, 당사자의 주관적 가치가 아닌 거래상의 객관적 가치에 의하여야 한다(대판 2010.7.15., 2009다50308).

94

정답 ③

매도인이 매수인의 중도금 지급채무 불이행을 이유로 매매계약을 적법하게 해제한 후라도 매수인으로서는 상대방이 한 계약해제의 효과로서 발생하는 손해배상책임을 지거나 매매계약에 따른 계약금의 반환을 받을 수 없는 불이익을 면하기 위하여 착오를 이유로 한 취소권을 행사하여 매매계약 전체를 무효로 돌리게 할 수 있다(대판 1996.12.6., 95다24982, 24999).

95

정답 ①

조건이 법률행위의 당시 이미 성취한 것인 경우에는 그 조건이 정지조건이면 조건없는 법률행위로 하고 해제조건이면 그 법률행위는 무효로 한다(민법 제151조 제2항).

96

정답 ②

[오답분석]
① 근로계약 자체가 무효이므로 취소와는 별개가 된다.
③ 무효인 법률행위는 추인하여도 그 효력이 생기지 아니한다. 그러나 당사자가 그 무효임을 알고 추인한 때에는 새로운 법률행위로 본다(민법 제139조).
④ 甲과 乙의 근로계약은 확정적 무효이다.

97

정답 ①

주채무가 시효로 소멸한 때에는 보증인도 그 시효소멸을 원용할 수 있으며, 주채무자가 시효의 이익을 포기하더라도 보증인에게는 그 효력이 없다(대판 1991.1.29., 89다카1114).

98

정답 ③

[오답분석]
① 확정력에는 형식적 확정력(불가쟁력)과 실질적 확정력(불가변력)이 있다.
② 불가쟁력이란 행정행위의 상대방, 기타 이해관계인이 더 이상 그 효력을 다툴 수 없게 되는 힘을 의미한다.
④ 강제력에는 행정법상 의무위반자에게 처벌을 가할 수 있는 제재력과 행정법상 의무불이행자에게 의무의 이행을 강제할 수 있는 자력집행력이 있다.

99

정답 ④

채권자대위권은 채권자가 채무자의 권리를 행사하는 것이므로, 乙의 丙에 대한 채권은 소멸시효가 중단된다.

100

정답 ①

각 채무의 이행지가 다른 경우에도 상계할 수 있다. 그러나 상계하는 당사자는 상대방에게 상계로 인한 손해를 배상하여야 한다(민법 제494조).

51	52	53	54	55	56	57	58	59	60	61	62	63	64	65	66	67	68	69	70
③	②	④	③	④	④	④	①	④	①	①	①	③	④	①	③	④	②	①	③
71	72	73	74	75	76	77	78	79	80	81	82	83	84	85	86	87	88	89	90
④	④	②	②	①	④	④	③	①	②	④	③	②	①	③	④	①	④	②	③
91	92	93	94	95	96	97	98	99	100										
②	③	④	③	①	②	③	②	③	①										

51

정답 ③

[오답분석]
① 공익의 과정설에 대한 설명이다.
② 행정의 민주성에는 대내적으로 행정조직 내부 관리 및 운영의 대내적 민주성도 포함된다.
④ 장애인들에게 특별한 세금감면 혜택을 부여하는 것은 사회적 형평성에 부합한다.

52

정답 ②

잘 개발된 BSC(균형성과관리)는 조직구성원들에게 조직의 전략과 목적 달성에 필요한 성과가 무엇인지 알려주기 때문에 조직전략의 해석지침으로 적합하다.

53

정답 ④

오염허가서는 간접적 규제의 활용 사례이다. 오염허가서란 오염물질을 배출할 수 있는 권리를 시장에서 매매가 가능하도록 하는 공해배출권 거래제도를 말한다.

[오답분석]
① 피구세는 환경문제의 해결을 위한 정부의 적극적인 역할으로서 오염물질의 배출에 대해서 그 오염물질로 인해 발생하는 외부효과만큼 배출세를 내도록 하는 제도이다.
② 긍정적인 외부효과를 유발하는 기업에 대해서 보조금을 지급하여 최적의 생산량을 생산하도록 유도한다.
③ 코우즈의 정리는 외부효과를 발생시키는 당사자들 사이에 소유권을 명확하게 하면 자발적이고 자유로운 협상에 의해 외부효과의 문제가 해결될 수 있다는 주장이다.

외부효과의 개선

긍정적 외부효과	• 보조금 지급 • 의무 교육의 확대
부정적 외부효과	• 정부의 직접규제 • 조세정책

54

정답 ③

매트릭스조직은 기능구조 전문성과 사업부서의 신속한 대응성을 결합한 조직이다. 조직 환경이 복잡하고, 불확실한 경우 효과적이며, 일상적 기술보다는 비일상적인 기술에 적합하다.

매트릭스조직의 장단점

장 점	단 점
• 전문지식이나 인적·물적 자원의 효율적 활용 • 의사전달의 활성화와 조직의 유연화 • 구성원의 능력발전과 자아실현 • 불확실한 환경에의 대응	• 이중적 구조로 인한 역할 갈등 및 조정 곤란 • 불안정성으로 인한 심리적 부담과 스트레스 유발 • 기능관리자와 프로젝트관리자간 권력투쟁과 갈등 발생

55

정답 ④

ㄱ. 정책오류 중 제2종 오류이다. 정책효과가 있는데 없다고 판단하여 옳은 대안을 선택하지 않는 경우이다.
ㄴ. 정책오류 중 제3종 오류이다. 정책 문제자체를 잘못 인지하여 틀린 정의를 내린 경우이다.
ㄷ. 정책오류 중 제1종 오류이다. 정책효과가 없는데 있다고 판단하여 틀린 대안을 선택하는 경우이다.

3종 오류

제1종 오류	제2종 오류	제3종 오류
올바른 귀무가설을 기각하는 오류	잘못된 귀무가설을 인용하는 오류	가설을 검증하거나 대안을 선택하는
잘못된 대립가설을 채택하는 오류	올바른 대립가설을 기각하는 오류	과정에 있어서는 오류가 없었으나,
잘못된 대안을 선택하는 오류	올바른 대안을 선택하지 않는 오류	정책문제 자체를 잘못 인지하여 정책
정책효과가 없는데 있다고 판단하는 오류	정책효과가 있는데 없다고 판단하는 오류	문제가 해결되지 못하는 오류

56

정답 ④

신공공서비스론에서는 고객이 아닌 시민으로 봐야한다고 주장하였다.

> **신공공서비스론의 특징**
> • 시민을 조종하기보다는 시민에게 봉사(서비스 제공자로서의 정부)
> • 공익을 부산물이 아닌 목표로 삼음
> • 고객이 아니라 시민 모두에게 봉사
> • 기업가정신보다 시티즌십(시민정신)을 중시

57

정답 ④

국무총리 소속으로 설치한 국민권익위원회는 행정부 내에 소속한 독립통제기관이며, 대통령이 임명하는 옴부즈만의 일종이다.

오답분석

② 스웨덴식 옴부즈만은 입법기관(의회)에서 임명하는 옴부즈만이었으나, 최근 국회의 제청에 의해 행정수반이 임명하는 옴부즈만도 등장하게 되었다.

58

정답 ①

오답분석

ㄴ. 성과주의 예산제도(PBS)는 예산배정 과정에서 필요사업량이 제시되므로 사업계획과 예산을 연계할 수 있다. (세부사업별 예산액)＝(사업량)×(단위원가)이다.
ㅁ. 목표관리제도(MBO)는 기획예산제도(PPBS)와 달리 예산결정 과정에 관리자의 참여가 이루어져 분권적·상향적인 예산편성이 이루어진다.

59

정책결정이란 다양한 대안이나 가치들 간의 우선순위를 고려하거나 그중 하나를 선택하는 행동이다. 그런데 대안이나 가치들이 서로 충돌하여 우선순위를 정할 수 없는 경우 행위자는 선택상의 어려움에 직면하게 된다. 특히 두 개의 대안이나 가치가 팽팽히 맞서고 있다면 선택의 어려움은 증폭된다. 이처럼 두 가지 대안 가운데 무엇을 선택할지 몰라 망설이는 상황을 일반적으로 딜레마라고 한다. 딜레마 모형의 구성개념으로는 문제(딜레마 상황), 행위자, 행위 등이 있다. 딜레마 이론은 이와 같은 것을 규명함으로써 행정이론 발전에 기여하였다.

오답분석

① 신공공관리론에 대한 설명이다.
② 신공공서비스론에 대한 설명이다.
③ 사회적 자본이론에 대한 설명이다.

60

사전적 통제란 절차적 통제를 말하며, 예방적 관리와 같다. ①은 사전적 통제가 아니라 긍정적·적극적 환류에 의한 통제이다. 실적이 목표에서 이탈된 것을 발견하고 후속되는 행동이 전철을 밟지 않도록 시정하는 통제는 부정적 환류인 반면, 긍정적·적극적 환류에 의한 통제는 어떤 행동이 통제기준에서 이탈되는 결과를 발생시킬 때까지 기다리지 않고 그러한 결과의 발생을 유발할 수 있는 행동이 나타날 때마다 교정해 나가는 것이다.

61

자문위원회(의사결정의 구속력과 집행력 없음), 의결위원회(의사결정의 구속력 있음), 행정위원회(의사결정의 구속력과 집행력 있음)로 분류한다면 ①은 행정위원회에 해당한다. 의결위원회는 의결만 담당하는 위원회이므로, 의사결정의 구속력은 있지만 집행력은 가지지 않는다.

62

다원주의는 타협과 협상을 통해 이익집단 간 권력의 균형이 이루어진다고 보며, 특정 세력이나 개인이 정책을 주도할 수 없다.

63

리더의 어떠한 행동이 리더십 효과성과 관계가 있는가를 파악하고자 하는 접근법은 행태론적 리더십이다.

오답분석

① 행태론적 접근법에 대한 비판이다.
② 변혁적 리더십은 리더의 카리스마, 개별적 배려, 지적 자극, 영감이 부하에게 미치는 영향을 강조한다.
④ 거래적 리더십은 상하 간 교환적 거래나 보상관계에 기초하였다.

64

고객이 아닌 시민에 대한 봉사는 신공공서비스론의 원칙이다. 신공공관리론은 경쟁을 바탕으로 한 고객 서비스의 질 향상을 지향한다.

오답분석

①·②·③ 신공공관리론의 특징이다.

65

정답 ①

프로슈머는 생산자와 소비자를 합한 의미로서 소비자가 단순한 소비자에서 나아가 생산에 참여하는 역할도 함께 수행하는 것을 말한다. 시민들이 프로슈머화 경향을 띠게 될수록 시민들이 공공재의 생산자인 관료의 행태를 쇄신하려 하고 시민 자신들의 의견을 투입시키려 할 것이기 때문에, 이러한 경향은 현재의 관료주의적 문화와 마찰을 빚게 될 것이다. 따라서 프로슈머와 관료주의적 문화가 적절한 조화를 이루게 될 것이라는 설명은 옳지 않다.

66

정답 ③

정책대안의 탐색은 정책문제를 정의하는 단계가 아니라 정책목표 설정 다음에 이루어진다.

정책문제의 정의
- 관련 요소 파악
- 가치 간 관계의 파악
- 인과관계의 파악
- 역사적 맥락 파악

67

정답 ④

비용이 소수 집단에게 좁게 집중되고 편익은 넓게 분산되는 것은 기업가적 정치모형에 해당한다.

Wilson의 규제정치이론

구분		감지된 편익	
		넓게 분산됨	좁게 집중됨
감지된 비용	넓게 분산됨	다수의 정치(대중 정치) (Majoritarian Politics)	고객 정치 (Client Politics)
	좁게 집중됨	기업가 정치 (Entrepreneurial Politics)	이익집단 정치 (Interest-group Politics)

68

정답 ②

정책문제 자체를 잘못 인지한 상태에서 계속 해결책을 모색하여 정책문제가 해결되지 못하고 남아있는 상태는 3종 오류라고 한다. 참고로 1종 오류는 옳은 가설을 틀리다고 판단하고 기각하는 오류이고, 2종 오류는 틀린 가설을 옳다고 판단하여 채택하는 오류를 말한다.

69

정답 ①

정책의 수혜집단이 강하게 조직되어 있는 집단이라면 정책집행은 용이해진다.

[오답분석]
② 집행의 명확성과 일관성이 보장되어야 한다.
③ 규제정책의 집행과정에서 실제로 불이익을 받는 자가 생겨나게 되는데 이때 정책을 시행하는 과정에서 격렬한 갈등이 발생할 수 있다.
④ '정책집행 유형은 집행자와 결정자와의 관계에 따라 달라진다.'는 나카무라(Nakamura)와 스몰우드(Smallwood)의 주장이다.

70

정답 ③

사회자본은 사회 구성원들의 신뢰를 바탕으로 사회 구성원의 협력적 행태를 촉진시켜 공동목표를 효율적으로 달성할 수 있게 하는 자본을 말한다. 사회적자본은 구성원의 창의력을 증진시켜 조직의 혁신적 발전을 이끌어낼 수 있다.

오답분석

①·② 네트워크에 참여하는 당사자들이 공동으로 소유하는 자산이므로 한 행위자가 배타적으로 소유권을 주장할 수 없다.
④ '신뢰'를 기본으로 하기 때문에 사회적 관계에서 일어나는 불필요한 가외의 비용을 감소시켜 거래비용을 감소시켜 준다.

71

정답 ④

책임운영기관은 정책기능으로부터 분리된 집행 및 서비스 기능을 수행하는 기관을 말한다. 주로 경쟁원리에 따라 움직일 수 있고 성과관리가 용이한 분야에서 이루어지며, 기관운영상에 상당한 자율권을 부여한다는 것이 특징이다. 책임운영기관은 성과관리가 용이한 분야에 주로 적용된다.

72

정답 ④

오답분석

① 매트릭스 조직은 기능구조와 사업구조를 절충한 형태로 두 조직의 화학적 결합을 시도한 구조이다. 팀제와 유사한 조직에는 수평조직이 있다.
② 정보통신기술의 발달은 통솔범위의 확대를 가져온다.
③ 기계적 조직구조는 직무범위가 좁다.

73

정답 ②

기대이론은 과정이론에 해당하는 동기부여이론으로서 구성원 개인의 동기부여 강도를 성과에 대한 기대성, 수단성, 유의성을 종합적으로 고려하여 구성원에 대한 동기부여의 정도가 나타난다는 이론이다.

오답분석

①·③·④ 동기부여이론 중 내용이론에 속한다.

74

정답 ②

다면평가제는 경직된 분위기의 계층제적 사회에서는 부하의 평정, 동료의 평정을 받는 것이 조직원들의 강한 불쾌감을 불러올 수 있고, 이로 인해 조직 내 갈등상황이 불거질 수 있다.

75

정답 ①

오답분석

ㄱ. 실체설이 아니라 과정설에 대한 설명이다.
ㄴ. 롤스의 사회정의의 원리에 따르면 제2원리 내에서 충돌이 생길 때에는 기회균등의 원리가 차등의 원리에 우선되어야 한다.
ㄷ. 실체설에 대한 설명이다.
ㄹ. 간섭과 제약이 없는 상태를 소극적 자유라고 하고, 무엇을 할 수 있는 자유를 적극적 자유라고 하였다.

76

정답 ④

사회적 자본은 동조성(Conformity)을 요구하면서 개인의 행동이나 사적 선택을 제약하는 경우도 있다.

77

정답 ④

참여적 정부모형의 문제 진단 기준은 관료적 계층제에 있으며, 구조 개혁 방안으로 평면조직을 제안한다.

78

정답 ③

ㄱ은 가정분석, ㄴ은 계층분석, ㄷ은 경계분석, ㄹ은 분류분석에 해당한다.

79

정답 ①

합리모형에 대한 설명이다. 회사모형은 환경의 불확실성으로 인해 단기적인 대응을 통해 불확실성을 회피 · 통제한다.

회사모형의 특징
- 갈등의 준해결 : 받아들일만한 수준의 의사결정
- 표준운영절차(SOP) 중시
- 불확실성 회피 : 단기적 대응, 단기적 환류를 통한 불확실성 회피
- 휴리스틱적 학습(도구적 학습)

80

정답 ②

롤스는 정의의 제1원리(평등)가 제2원리(차등조정의 원리)에 우선하고, 제2원리 중에서는 기회균등의 원리가 차등의 원리에 우선되어야 한다고 보았다.

81

정답 ④

[오답분석]

ㄱ. 허즈버그의 욕구충족요인 이원론에 의하면, 만족요인을 충족시켜줘야 조직원의 만족감을 높이고 동기를 유발할 수 있다.
ㄹ. 호손실험을 바탕으로 하는 인간관은 사회적 인간관이다.

82

정답 ③

개방형 인사관리는 인사권자에게 재량권을 주어 정치적 리더십을 강화하고 조직의 장악력을 높여준다.

개방형 인사관리의 장단점

장점	단점
• 행정의 대응성 제고 • 조직의 신진대사 촉진 • 정치적 리더십 확립을 통한 개혁 추진 • 세력 형성 및 조직 장악력 강화 • 행정에 전문가주의적 요소 강화 • 권위주의적 행정문화 타파 • 우수인재의 유치 • 행정의 질적 수준 증대 • 공직침체 및 관료화의 방지 • 재직공무원의 자기개발 노력 촉진	• 조직의 응집성 약화 • 직업공무원제와 충돌 • 정실임용의 가능성 • 구성원 간의 불신 • 공공성 저해 가능성 • 민 · 관 유착 가능성 • 승진기회 축소로 재직공무원의 사기 저하 • 빈번한 교체근무로 행정의 책임성 저하 • 복잡한 임용절차로 임용비용 증가

83

정답 ②

비경합적이고 비배타적인 성격의 재화는 공공재인데, 공공재이며 시장실패의 요인이다.

84

정답 ①

합리적 요인과 초합리적 요인을 동시에 고려한 것은 드로어(Dror)가 주장한 최적모형에 대한 설명이다.

점증모형의 장점과 단점

장점	단점
• 합리모형에 비해 비현실성의 감소	• 변화에 대한 적응력이 약함
• 제한된 합리성과 정치적 합리성을 강조	• 사회가 안정화 못한 경우 부적합(후진국)
• 사회가 안정되고 다원화 · 민주화된 경우에 적합	• 근본적인 정책의 방향을 바로 잡기 곤란
• 불확실한 상황에 적합	• 보수적이고 비계획적인 모형

85

정답 ③

신제도론을 행정에 도입하여 노벨상을 수상한 오스트롬은 정부의 규제가 아닌 이해당사자들 간의 자발적인 합의를 통해 행위규칙(제도)을 형성하여 공유자원의 고갈을 방지할 수 있다고 하였다.

오답분석

① 정부가 저소득층을 대상으로 의료나 교육혜택을 주는 등의 방식으로 개입할 수 있다.
② 공유재는 정당한 대가를 지불하지 않는 사람들을 이용에서 배제하기 어렵다.
④ 공공재는 비배제성 · 비경합성을 띠므로 시장에 맡겼을 때 바람직한 수준 이하로 공급될 가능성이 높다.

86

정답 ④

위원회는 위원장 2명을 포함한 20명 이상 25명 이하의 위원으로 구성한다(행정규제기본법 제25조 제1항).

오답분석

① 행정규제기본법 제4조 제1항
② 행정규제기본법 제5조 제1항
③ 행정규제기본법 제8조 제2항

87

정답 ①

수입대체경비란 정부가 용역이나 시설을 제공하여 발생하는 수입과 관련해 초과수입이 발생할 경우, 이를 해당 초과수입과 관련되는 경비로 초과지출할 수 있는 제도이다. 예산에 계상되지 않고, 특정 수입과 특정 지출이 연계된다는 점에서 예산의 완전성의 원칙과 통일성의 원칙에 대한 예외이다.

88

정답 ④

제도를 개인들 간의 선택적 균형에 기반한 결과물로 보는 것은 합리적 선택 제도주의이고, 제도를 제도적 동형화 과정의 결과물로 보는 것은 사회학적 제도주의이다. 사회학적 제도주의는 사회문화적 환경에 의해 형성된 제도가 개인의 선호에 영향을 미친다는 이론이다.

89

브레인스토밍은 집단자유토의를 통해 자유롭게 의견을 교환함으로써 구성원의 창의적이고 기발한 아이디어를 구하는 주관적 분석기법이다. 브레인스토밍 단계를 아이디어 개발과 아이디어 평가로 나눌 수 있는데 이는 동시에 이루어지지 않는다. 아이디어 개발단계에서는 구성원들의 아이디어를 자유롭고 다양하게 이끌어내기 위해서 타인의 아이디어를 평가하거나 비판할 수 없도록 한다.

직관적 예측기법

브레인스토밍	자유분방하게 얼굴을 맞대고 의견을 교환하는 집단자유토의 기법이다.
전통적 델파이	격리된 상태에서 독자적으로 형성된 전문가들이 익명으로 판단한 것을 종합·정리하는 설문조사 기법이다.
정책 델파이	정책분석에 델파이를 응용한다.
교차영향분석	미래 특정사건의 발생확률을 연관된 사건의 발생여부에 기초하여 추정한다.
실현가능성분석	정치적 갈등이 심한 상태에서 정치적 실현가능성을 분석한다.
역사적 유추	과거의 유사한 문제를 통해 유추를 함으로써 예측한다.
명목집단기법	대안을 제시 → 집단토론(제한) → 표결
변증법적 토론	토론을 찬반으로 진행하여 대안의 장단점을 도출하는 지명반론자기법이다.

90

대상집단의 범위가 넓고 집단의 응집력이 강하여 활동이 다양한 경우 정책의 집행이 어렵다.

91

㉠은 정보기술 아키텍처로, 건축물의 설계도처럼 조직의 정보화 환경을 정확히 묘사한 밑그림으로서 조직의 비전, 전략, 업무, 정보기술 간 관계에 대한 현재와 목표를 문서화한 것이다.

오답분석

① 블록체인 네트워크 : 가상화폐를 거래할 때 해킹을 막기 위한 기술망으로 출발한 개념이며, 블록에 데이터를 담아 체인 형태로 연결, 수많은 컴퓨터에 동시에 이를 복제해 저장하는 분산형 데이터 저장 기술을 말한다.
③ 제3의 플랫폼 : 전통적인 ICT 산업인 제2플랫폼(서버, 스토리지)과 대비되는 모바일, 빅데이터, 클라우드, 소셜네트워크 등으로 구성된 새로운 플랫폼을 말한다.
④ 클라우드 – 클라이언트 아키텍처 : 인터넷에 자료를 저장해 두고, 사용자가 필요한 자료 등을 자신의 컴퓨터에 설치하지 않고도 인터넷 접속을 통해 언제나 이용할 수 있는 서비스를 말한다.

92

강제배분법은 점수의 분포비율을 정해놓고 평가하는 상대 평가 방법으로 집중화, 엄격화, 관대화 오차를 방지하기 위해 도입되었다.

오답분석

ㄱ. 첫머리 효과(시간적 오차)
ㄹ. 선입견에 의한 오류(고정관념에 기인한 오차)

93

위탁집행형 준정부기관에 해당하는 기관으로는 도로교통공단, 건강보험심사평가원, 국민건강보험공단 등이 있다.

오답분석

① 정부기업은 형태상 일반부처와 동일한 형태를 띠는 공기업이다.
② 지방공기업의 경우 지방공기업법의 적용을 받는다.
③ 총수입 중 자체수입액이 총수입액의 50% 이상인 것은 공기업으로 지정한다.

94

ㄴ. 신공공관리론은 법규나 규칙중심의 관리보다는 임무와 사명중심의 관리를 강조한다.
ㄹ. 중앙정부의 감독과 통제를 강화하는 것은 전통적인 관료제 정부의 특징이다. 신공공관리론은 분권을 강조한다.

95

정답 ①

소청 사건의 결정은 재적위원 3분의 2 이상의 출석과 출석 위원 과반수의 합의에 따른다.

96

정답 ②

자치분권 및 지방행정체제 개편을 추진하기 위하여 대통령 소속으로 자치분권위원회를 둔다(지방분권법 제44조).

지방분권 관련 근거법률과 추진기구

정부	근거법률	추진기구
김대중	중앙행정권한의 지방이양 촉진 등에 관한 법률	지방이양추진위원회
노무현	지방분권특별법	정부혁신지방분권위원회
이명박	지방분권촉진에 관한 특별법	지방분권촉진위원회
박근혜	지방분권 및 지방행정체제 개편에 관한 특별법	지방자치발전위원회
문재인	지방자치분권 및 지방행정 체제개편에 관한 특별법	자치분권위원회
윤석열	중앙지방협력회의의 구성 및 운영에 관한 법률	중앙지방협력회의

97

정답 ③

품목별 예산제도는 지출대상 중심으로 분류를 사용하기 때문에 지출의 대상은 확인할 수 있으나, 지출의 주체나 목적은 확인할 수 없다.

98

정답 ②

ㄱ. 1910년대 과학적 관리론 → ㄷ. 1930년대 인간관계론 → ㄴ. 1940년대 행정행태론 → ㄹ. 1990년대 후반 신공공서비스론의 순이다.

99

정답 ③

고객 관점은 행동지향적 관점이 아니라 외부지향적 관점에 해당한다.

오답분석

기업에서는 BSC의 성과지표 중 재무 관점을 인과적 배열의 최상위에 둔다. 그러나 공공영역에서는 재무적 가치가 궁극적 목적이 될 수 없기 때문에 기업과는 다른 BSC의 인과구성이 필요하다. 구체적으로 기관의 특성이 사기업에 가까운 경우, 재무 관점이 포함되는 것이 당연하겠지만, 기관 외적인 메커니즘에 의해 예산이 할당되는 경우 재무측면은 하나의 제약조건으로 보고 사명달성의 성과 또는 고객 관점을 가장 상위에 두는 것이 바람직하다. 하지만 공공부문의 고객 확정이 어렵다는 단점이 있다.

> **균형성과표**(BSC; Balanced Score Card)
> • 재무적 관점 : 우리 조직은 주주들에게 어떻게 보일까?
>   (매출신장률, 시장점유율, 원가절감률, 자산보유 수준, 재고 수준, 비용 절감액 등)
> • 고객 관점 : 재무적으로 성공하기 위해서는 고객들에게 어떻게 보여야 하나?
>   (외부시각 / 고객확보율, 고객만족도, 고객유지율, 고객 불만 건수, 시스템 회복시간 등)

최종점검 모의고사 • **89**

• 내부프로세스 관점 : 프로세스와 서비스의 질을 높이기 위해서는 어떻게 해야 하나?
  (전자결재율, 화상회의율, 고객 대응 시간, 업무처리시간, 불량률, 반품률 등)
• 학습 및 성장관점 : 우리 조직은 지속적으로 가치를 개선하고 창출할 수 있는가?
  (미래시각 / 성장과 학습지표, 업무숙련도, 사기, 독서율, 정보시스템 활용력, 교육훈련 투자 등)

100

정답 ①

밀러(Miller)의 모호성 모형으로 대학조직(느슨하게 연결된 조직), 은유와 해석의 강조, 제도와 절차의 영향(강조) 등을 특징으로 한다. Miller는 목표의 모호성, 이해의 모호성, 역사의 모호성, 조직의 모호성 등을 전제로 하며, 예산결정이란 해결해야 할 문제, 그 문제에 대한 해결책, 결정에 참여해야 할 참여자, 결정의 기회 등 결정의 요소가 우연히 서로 잘 조화되어 합치될 때 이루어지며 그렇지 않은 경우 예산결정이 이루어지지 않는다고 주장한다.

경영학

51	52	53	54	55	56	57	58	59	60	61	62	63	64	65	66	67	68	69	70
③	①	④	①	①	②	③	③	④	③	④	①	④	③	③	③	③	①	③	②
71	72	73	74	75	76	77	78	79	80	81	82	83	84	85	86	87	88	89	90
①	④	③	④	②	④	③	①	④	④	②	④	①	④	①	③	②	①	④	④
91	92	93	94	95	96	97	98	99	100										
②	①	④	④	①	③	④	④	④	④										

51

기업 하부구조, 인적자원관리, 기술 개발, 조달 활동은 지원적 활동에 해당한다.

> 📎 **Plus**
>
> **마이클 포터(Michael Porter)의 가치사슬 모형**
> 1. **본원적 활동(Primary Activities)**
>   기업의 제품과 서비스의 생산과 분배에 직접적으로 관련되어 있다. 유입 물류, 조업, 산출 물류, 판매와 마케팅, 서비스 등이 포함된다.
> 2. **지원적 활동(Support Activities)**
>   본원적 활동이 가능하도록 지원하며 조직의 기반구조(일반관리 및 경영활동), 인적자원관리(직원 모집, 채용, 훈련), 기술(제품 및 생산 프로세스 개선), 조달(자재구매) 등으로 구성된다.

52

정답 ①

카츠(Kartz)는 경영자에게 필요한 능력을 크게 인간적 자질, 전문적 자질, 개념적 자질 3가지로 구분하였다. 그중 인간적 자질은 구성원을 리드하고 관리하며, 다른 구성원들과 함께 일을 할 수 있게 하는 것으로 모든 경영자가 갖추어야 하는 능력이다. 타인에 대한 이해력과 동기부여 능력은 인간적 자질에 속한다.

[오답분석]

② · ④ 전문적 자질(현장실무)
③ 개념적 자질(상황판단)

53

정답 ④

기업이 글로벌 전략을 수행하면 외국 현지법인과의 커뮤니케이션 비용이 증가하고, 외국의 법률이나 제도 개편 등 기업 운영상 리스크에 대한 본사 차원의 대응 역량이 더욱 요구되므로, 경영상의 효율성은 오히려 낮아질 수 있다.

[오답분석]

① 글로벌 전략을 통해 대량생산을 통한 원가절감, 즉 규모의 경제를 이룰 수 있다.
② 글로벌 전략을 통해 세계 시장에서 외국 기업들과의 긴밀한 협력이 가능하다.
③ 외국의 무역장벽이 높으면, 국내 생산 제품을 수출하는 것보다 글로벌 전략을 통해 외국에 직접 진출하는 것이 효과적일 수 있다.

54

정답 ①

기능별 조직은 전체 조직을 기능별 분류에 따라 형성시키는 조직의 형태이다. 해당 회사는 수요가 비교적 안정된 소모품을 납품하는 업체이기 때문에 환경적으로도 안정되어 있으며, 부서별 효율성을 추구하므로 기능별 조직이 이 회사의 조직구조로 적합하다.

기능별 조직

구분	내용	
적합한 환경	• 조직구조 : 기능조직 • 환경 : 안정적 • 기술 : 일상적이며 낮은 상호의존성	• 조직규모 : 작거나 중간 정도 • 조직목표 : 내적 효율성, 기술의 전문성과 질
장점	• 각 기능별 규모의 경제 획득 • 각 기능별 기술개발 용이 • 기능 목표 달성 가능	• 중간 이하 규모의 조직에 적합 • 소품종 생산에 유리
단점	• 환경변화에 대한 대응이 늦음 • 최고경영자의 의사결정이 지나치게 많음 • 부문 간 상호조정 곤란	• 혁신이 어려움 • 전체 조직목표에 대한 제한된 시각

55

정답 ①

집단사고(Groupthink)는 응집력이 높은 집단에서 의사결정을 할 때, 동조압력과 전문가들의 과다한 자신감으로 인해 사고의 다양성이나 자유로운 비판 대신 집단의 지배적인 생각에 순응하여 비합리적인 의사결정을 하게 되는 경향이다.

56

정답 ②

아웃소싱은 외부의 업체나 인력을 활용하는 것이므로 조직에서 핵심 및 비핵심 분야를 포괄하는 다양한 인재의 역량육성은 불가능하다.

57

정답 ③

촉진믹스(Promotion Mix) 활동에는 광고, 인적판매, 판매촉진, PR(Public Relationship), 직접마케팅, 간접마케팅이 있다.

58

정답 ③

당기순이익	+10,000
감가상각비	+5,000
매출채권 증가	-5,000
재고자산 감소	+1,000
매입채무 증가	+3,000
합계	₩14,000

59

정답 ④

광의의 경영계획 개념은 목표 및 전략을 모두 포함한다.

60

도제식 현장 교육훈련(OJT; On the Job Training)
직장 내 교육훈련이며 회사 내에서 업무를 진행하면서 직속 상사로부터 교육, 훈련을 받는 것으로 실무상의 교육이다.
• 장점 : 종업원이 실제로 수행하게 될 직무와 직접 관련성이 높은 교육을 받게 되며, 작업현장에서 교육이 실시되므로 결과에 대한 피드백이 즉각 주어지고, 따라서 동기부여 효과가 크다. 상대적으로 비용이 적게 들어 효율적이며 능력과 수준에 따른 맞춤형 교육이 가능하다.
• 단점 : 전문교육자가 아니므로 교육훈련의 성과가 떨어질 수 있으며, 일과 교육의 병행으로 집중도가 낮아질 수 있다.

61

지출의 발생과 자산의 취득이 반드시 일치하는 것은 아니다. 관련된 지출이 없다 할지라도 특정 항목이 자산의 정의를 충족하는 경우에는 재무상태표의 인식 대상이 되는 것을 배제할 수 없다. 따라서 증여받은 재화는 지출은 없을지라도 자산의 정의를 충족시킨다.

62

신제품 개발 과정은 '아이디어 창출 → 아이디어 선별 및 평가 → (제품개념 테스트 → 마케팅전략 개발) → 사업타당성 분석 → 제품 개발 → 시험마케팅 → 상업화' 순서로 진행된다.

63

$$(\text{연 }10\%\text{에 기간이자율에 대한 }1\text{기간 단일 현가계수}) = \frac{1}{(1+0.1)} \fallingdotseq 0.9091$$

$(1,000,000 \times 0.9091 + 1,000,000 \times 0.8264) - 1,500,000 = 235,500$원

64

현금 및 현금성 자산의 합계액은 35,000원(당좌수표)+12,000원(우편환증서)+9,000원(배당금지급통지표)+26,500원(환매체)+5,000원(국채이자표)=87,500원이다.

65

ㄱ. 반품가능성 예측불가능 재고자산은 원가로 계상한다. → 10,000−8,500=1,500원
ㄴ. 도착지 인도조건의 운송 중인 상품은 기말재고자산금액에 포함되는 것이 맞다.
ㄷ. 수탁상품은 전액 감액대상이다. → 6,500원
ㄹ. 시송품은 원가로 계상한다. → 4,000−3,500=500원
따라서 1,500+6,500+500=8,500원이다.

66

이윤의 현지기업에 대한 재투자성은 다국적 기업의 특징 중 하나이다.

67

당기순이익은 영업이익에서 판매 물건을 생산하기 위해 발생한 비용 외 기타비용(예 관리비, 이사비용)을 차감하고 기타수익(예 이자수익, 잡이익 등)을 더한 후 법인세비용을 차감한 금액을 의미한다. 주어진 자료를 이용하여 계산해 보면 결과는 다음과 같다.

영업이익	+300,000
영업외 수익	+50,000
이자비용	−10,000
법인세 비용	−15,000
합계	₩325,000

68

마이클 포터(M. Porter)의 산업경쟁에 영향을 미치는 5개의 요인
• 진입장벽
• 산업 내 경쟁업체들의 경쟁
• 제품의 대체가능성
• 구매자의 교섭력
• 공급자의 교섭력

69

전문가시스템(ES)의 구성요소
지식베이스, 추론기제, 데이터베이스, 설명하부시스템, 지식획득하부시스템, 사용자인터페이스

전문가시스템(ES)
전문가가 지닌 전문지식과 경험, 노하우 등을 컴퓨터에 축적하여 전문가와 동일한 또는 그 이상의 문제 해결 능력을 가질 수 있도록 만들어진 시스템이라고 정의할 수 있다. 그리고 전문가의 지식을 컴퓨터에 축적하고 다루어 나가려고 한다면 어떠한 방법으로 하면 좋은가 등을 연구하는 것을 지식 공학이라고 하며, 대화 등의 방법을 통하여 전문가의 지식을 컴퓨터에 체계적으로 수록하고 관리·수정·보완함으로써 그 시스템의 효율성을 향상시켜 나가는 사람을 지식 기술자(Knowledge Engineer)라고 한다. 그리고 그 지식을 축적해 놓은 것을 지식 베이스(Knowledge Base)라고 하는데, 우리가 흔히 말하는 데이터 베이스에 해당되는 개념이다. 전문가시스템이란 먼저 대상이 되는 문제의 특성을 기술하고, 지식을 표현하는 기본 개념의 파악, 지식의 조직화를 위한 구조 결정 단계를 거쳐 구체화된 지식의 표현과 성능 평가를 하는 과정을 거쳐서 이루어진다. 전문가시스템은 의료 진단, 설비의 고장 진단, 주식 투자 판단, 생산 일정 계획 수립, 자동차 고장 진단, 효과적 직무 배치, 자재 구매 일정, 경영 계획 분야 등을 비롯한 인간의 지적 능력을 필요로 하는 분야에 적용되고 있다.

70

허시와 블랜차드(P. Hersey & K. H. Blanchard)의 상황적 리더십
• 기본가정
  허시와 블랜차드는 리더십의 효과가 구성원의 성숙도라는 상황요인에 의하여 달라질 수 있다는 상황적 리더십 모델을 제안하였다.
• 리더십 모델
  여기서 구성원의 성숙도란 구성원의 업무에 대한 능력과 의지를 뜻하는 것인데, 구체적으로는 달성 가능한 범위 내에서 높은 목표를 세울 수 있는 성취욕구, 자신의 일에 대해서 책임을 지려는 의지와 능력, 과업과 관련된 교육과 경험을 종합적으로 지칭하는 변수가 된다.
  - 지시형 리더십 : 업무의 구체적 지시하고 밀착 감독한다.
  - 판매형 리더십 : 의사결정에 대해 구성원이 그 내용을 이해하여 납득할 수 있도록 기회를 부여한다.
  - 참여형 리더십 : 의사결정에서 정보와 아이디어를 공유한다.
  - 위임형 리더십 : 결정과 실행책임을 구성원에게 위임한다.

71

정답 ①

오하이오 주립대학 연구는 리더십의 유형이 '구조적 리더십'과 '배려적 리더십'으로 구분된다. 구조적 리더십은 리더가 부하들의 역할을 명확히 정해주고 직무수행의 절차를 정하거나 지시, 보고 등을 포함한 집단 내의 의사소통 경로를 조직화하는 행위를 말한다. 배려적 리더십은 리더가 부하들의 복지와 안녕, 지위, 공헌 등에 관심을 가져주는 행동을 말한다.

72

정답 ④

항상성장모형은 기업의 이익과 배당이 매년 일정하게 성장한다고 가정할 경우 주식의 이론적 가치를 나타내는 모형이다.

$$[당기\ 1주당\ 현재가치(주가)] = \frac{(차기주당배당금)}{(요구수익률)-(성장률)} = \frac{3,500}{0.12-0.05} = 50,000원$$

73

정답 ③

사업단위들간의 시너지 효과를 높이는 데 초점을 두는 전략은 기업차원의 전략이다.

74

정답 ①

JIT(적시생산시스템)는 무재고 생산방식 또는 도요타 생산방식이라고도 하며, 필요한 것을 필요한 만큼 필요한 때에 만드는 생산방식을 의미한다.

75

정답 ②

오답분석

① 관계마케팅 : 거래의 당사자인 고객과 기업간 관계를 형성하고 유지·강화하며 동시에 장기적인 상호작용을 통해 상호 간 이익을 극대화할 수 있는 다양한 마케팅 활동이다.
③ 표적시장 선정 : 시장세분화를 통해 포지셔닝을 하기 전에 포지셔닝을 할 대상을 결정하는 단계이다.
④ 일대일 마케팅 : 기업과 개별 고객간 직접적인 의사소통을 통한 마케팅이다.

76

정답 ④

대비오차(Contrast Errors)는 대조효과라고도 하며, 연속적으로 평가되는 두 피고과자 간의 평가점수 차이가 실제보다 더 큰 것으로 고과자가 느끼게 되는 오류를 말한다. 면접 시 우수한 후보의 바로 뒷 순서에 면접을 보는 평범한 후보가 중간 이하의 평가점수를 받는 경우가 바로 그 예라고 할 수 있다.

77

정답 ③

오답분석

① 데이터베이스관리시스템은 데이터의 중복성을 최소화하면서 조직에서의 다양한 정보요구를 충족시킬 수 있도록 상호 관련된 데이터를 모아놓은 데이터의 통합된 집합체이다.
② 전문가시스템은 특정 전문분야에서 전문가의 축적된 경험과 전문지식을 시스템화하여 의사결정을 지원하거나 자동화하는 정보시스템이다.
④ 의사결정지원시스템은 경영관리자의 의사결정을 도와주는 시스템이다.

78

동기부여의 내용이론

• 매슬로우의 욕구단계설 : 매슬로우의 주장은 인간의 다양하고도 복잡한 욕구가 사람의 행동을 이끄는 주된 원동력이라는 것이다.

• 알더퍼의 ERG 이론 : 알더퍼는 인간욕구의 단계성을 인정하는 것은 매슬로우와 같지만 존재욕구, 관계욕구, 성장욕구를 구분함으로써 하위단계에서 상위단계로의 진행과 상위단계 욕구가 만족되지 않을 경우 하위단계 욕구가 더 커진다는 이론을 제시했다.

• 허츠버그의 2요인 이론 : 허츠버그는 개인에게 만족감을 주는 요인과 불만족을 주는 요인이 전혀 다를 수 있다는 이론을 제시했다. 그에 따르면 동기요인(성취감, 상사로부터의 인정, 성장과 발전 등)은 직무동기를 유발하고 만족도를 증진시키나, 위생요인(회사의 정책, 관리규정, 임금, 관리행위, 작업조건 등)은 직무불만족을 유발한다.

• 맥클랜드의 성취동기이론 : 맥클랜드는 개인의 성격을 크게 세가지 욕구의 구성체로 간주하고, 그중 성취욕구가 높은 사람이 강한 수준의 동기를 갖고 직무를 수행한다는 이론을 제시했다.

79

정답 ④

자원의 효율적인 활용으로 규모의 경제를 기할 수 있다는 것은 기능조직의 장점에 해당한다.

80

정답 ④

6시그마의 프로세스 개선 5단계

• 정의(Define) : 기업 전략과 소비자 요구사항과 일치하는 디자인 활동의 목표를 정한다.

• 측정(Measure) : 현재의 프로세스 능력, 제품의 수준, 위험 수준을 측정하고 어떤 것이 품질에 결정적 영향을 끼치는 요소(CTQs; Criticals To Qualities)를 밝혀낸다.

• 분석(Analyze) : 디자인 대안, 상위 수준의 디자인 만들기 그리고 최고의 디자인을 선택하기 위한 디자인 가능성을 평가하는 것을 개발하는 과정이다.

• 개선(Improve) : 바람직한 프로세스가 구축될 수 있도록 시스템 구성요소들을 개선한다.

• 통제(Control) : 개선된 프로세스가 의도된 성과를 얻도록 투입요소와 변동성을 관리한다.

81

정답 ②

시계열분석은 과거의 수요를 분석하여 시간에 따른 수요의 패턴을 파악하고 이의 연장선상에서 미래의 수요를 예측하는 방법으로 정량적 예측기법이다.

[오답분석]

① 델파이법은 설계된 절차의 앞부분에서 어떤 일치된 의견으로부터 얻어지는 정보와 의견의 피드백을 중간에 삽입하여 연속적으로 질문 적용하는 기법을 말한다.

③ 전문가패널법은 전문가들이 의견을 자유롭게 교환하여 일치된 예측결과를 얻는 기법을 말한다.

④ 자료유추법은 유사한 기존제품의 과거자료를 기초로 하여 예측하는 방법을 말한다.

82

정답 ④

인간관계론은 메이요(E. Mayo)와 뢰슬리스버거(F. Roethlisberger)를 중심으로 호손실험을 거쳐 정리되었으며 과학적 관리법의 비인간적 합리성과 기계적 도구관에 대한 반발로 인해 발생한 조직이론으로 조직 내의 인간적 요인을 조직의 주요 관심사로 여겼다. 심리요인을 중시하고, 비공식 조직이 공식조직보다 생산성 향상에 더 중요한 역할을 한다고 생각했다.

83

정답 ①

오답분석

② 가족상표는 한 기업에서 생산되는 유사제품군이나 전체 품목에 동일하게 부착하는 브랜드이다.

③ 상표확장은 성공적인 상표명을 다른 제품범주의 신제품에 그대로 사용하는 전략이다.

④ 복수상표는 본질적으로 동일한 제품에 대하여 두 개 이상의 상이한 상표를 설정하여 별도의 품목으로 차별화하는 전략이다.

84

정답 ④

직무기술서는 직무수행과 관련된 과업 및 직무행동을 직무요건을 중심으로 기술한 양식이다.

구분	직무기술서	직무명세서
개념	직무수행과 관련된 과업 및 직무 행동을 직무요건을 중심으로 기술한 양식	특정 직무를 수행하기 위해 요구되는 지식, 기능, 육체적 정신적 능력 등 인적요건을 중심으로 기술한 양식
포함내용	• 직무 명칭, 직무코드, 소속 직군, 직렬 • 직급(직무등급), 직무의 책임과 권한 • 직무를 이루고 있는 구체적 과업의 종류 및 내용 등	• 요구되는 교육 수준 • 요구되는 지식, 기능, 기술, 경험 • 요구되는 정신적, 육체적 능력 • 인정 및 적성, 가치, 태도 등
작성요건	명확성, 단순성, 완전성, 일관성	

85

정답 ①

차변과 대변의 기재사항

• 차변(장부의 왼쪽) : 자산과 비용(예 자산의 증가, 부채의 감소, 자본의 감소, 비용의 발생)

• 대변(장부의 오른쪽) : 부채 및 자본과 수익(예 자산의 감소, 부채의 증가, 자본의 증가, 수익의 발생)

86

정답 ③

오답분석

① 순응임금제란 기존의 제반조건이 변할 때 거기에 순응하여 임금률도 자동적으로 변동, 조정되도록 하는 제도이다.

② 물가연동제란 물가변동에 따라 임금을 올리거나 내리는 임금지불제도이다.

④ 럭커 플랜은 생산부가가치의 증대를 목표로 노사가 협력하여 얻은 생산성 향상의 결과물을 럭커 표준이라는 일정분배율에 따라서 노사 간에 적정하게 배분하는 방법이다.

87

정답 ②

오답분석

① 직접서열법은 종합적인 성과수준별로 최고 성과자부터 순서대로 1위, 2위, 3위 등의 순서를 정해 나가는 방법이다.

③ 분류법은 서열법의 발전된 방법으로 사전에 만들어 놓은 제 등급에 각 직무를 적절히 판정하여 해당 등급에 맞추어 넣는 평가방법이다.

④ 요인비교법은 기업이나 조직에 있어서 핵심이 되는 몇 개의 기준직무를 선정하고 각 직무의 평가요소를 기준으로 직무의 평가요소와 결부시켜 비교함으로써 모든 직무의 가치를 결정하는 방법이다.

88

포트폴리오의 분산은 각 구성자산과 포트폴리오 간의 공분산을 각 자산의 투자비율로 가중평균하여 계산한다.

자본예산기법

자본예산이란 투자효과가 장기적으로 나타나는 투자의 총괄적인 계획으로서 투자대상에 대한 각종 현금흐름을 예측하고 투자안의 경제성분석을 통해 최적 투자결정을 내리는 것을 말한다. 자본예산의 기법에는 회수기간법, 회계적이익률법, 수익성지수법, 순현가법, 내부수익률법 등이 주로 활용된다.

- 회수기간법 : 투자시점에서 발생한 비용을 회수하는 데 걸리는 기간을 기준으로 투자안을 선택하는 자본예산기법이다.
    - 상호독립적 투자안 : 회수기간＜목표회수기간 → 채택
    - 상호배타적 투자안 : 회수기간이 가장 짧은 투자안 채택
- 회계적이익률법 : 투자를 원인으로 나타나는 장부상의 연평균 순이익을 연평균 투자액으로 나누어 회계적 이익률을 계산하고 이를 이용하여 투자안을 평가하는 방법이다.
    - 상호독립적 투자안 : 투자안의 ARR＞목표ARR → 채택
    - 상호배타적 투자안 : ARR이 가장 큰 투자안 채택
- 순현가법 : 투자로 인하여 발생할 미래의 모든 현금흐름을 적절한 할인율로 할인한 현가로 나타내어서 투자결정에 이용하는 방법이다.
    - 상호독립적 투자안 : NPV＞0 → 채택
    - 상호배타적 투자안 : NPV가 가장 큰 투자안 채택
- 내부수익률법 : 미래현금유입의 현가와 현금유출의 현가를 같게 만드는 할인율인 내부수익률을 기준으로 투자안을 평가하는 방법이다.
    - 상호독립적 투자안 : IRR＞자본비용 → 채택
    - 상호배타적 투자안 : IRR이 가장 큰 투자안 채택

89

경제적 주문량의 결정

$Q=\sqrt{\dfrac{2OD}{C}}$ (Q : 최적주문량, C : 단위당 연간재고 유지비용, D : 연간수요량, O : 1회 주문비용)

이 식에 대입해서 계산해 보면, (1회 경제적 주문량 $Q)=\sqrt{\dfrac{2\times1,000\times2,000}{400}}=100$개

TC(연간 총비용)＝(연간재고 유지비용)＋(연간 주문비용)

(연간재고 유지비용)＝(평균재고량)×(단위당 연간재고 유지비용)＝$\dfrac{Q}{2}\times C$

(연간 주문비용)＝(연간 주문횟수)×(1회 주문비용)＝$\dfrac{D}{Q}\times O$

이 식에 대입해서 계산해 보면, 연간 총비용은

$TC=\dfrac{100}{2}\times400+\dfrac{2,000}{100}\times1,000=40,000$원

90

기업가 정신이란 기업의 본질인 이윤 추구와 사회적 책임의 수행을 위해 기업가가 마땅히 갖추어야 할 자세나 정신을 말한다. 미국의 경제학자 슘페터는 기업 이윤의 원천을 기업가의 혁신, 즉 기업가 정신을 통한 기업 이윤 추구에 있다고 보았다. 따라서 기업가는 혁신, 창조적 파괴, 새로운 결합, 남다른 발상, 남다른 눈을 지니고 있어야 하며, 새로운 생산 기술과 창조적 파괴를 통하여 혁신을 일으킬 줄 아는 사람이어야 한다고 주장하였다. 아울러 혁신의 요소로 새로운 시장의 개척, 새로운 생산 방식의 도입, 새로운 제품의 개발, 새로운 원료 공급원의 개발 내지 확보, 새로운 산업 조직의 창출 등을 강조하였다.

91
정답 ②

오답분석

① 횡축은 상대적 시장점유율, 종축은 시장성장률이다.
③ 별 영역은 시장성장률이 높고, 상대적 시장점유율도 높다.
④ 자금젖소 영역은 시장점유율이 높아 자금투자보다 자금산출이 많다.

92
정답 ①

인원·신제품·신시장의 추가 및 삭감이 신속하고 신축적인 것은 기능별 조직에 대한 설명이다.

93
정답 ④

시계열 분해법
20세기 초 경제학자들의 경기변동 예측 시도에서 발전한 것으로 시계열을 구성하는 성분들이 결정적이고 서로 독립적이라는 가정에 기반한 이론이다. 시계열 분해법에서는 시계열이 다음 성분들로 구성되어 있다.
• 불규칙 성분(Irregular Component)
• 체계적 성분(Systematic Component)
 – 추세 성분(Trend Component)
 – 계절 성분(Seasonal Component)
 – 순환 성분(Cyclical Component)

94
정답 ④

중역정보시스템(EIS)은 그래픽과 통신을 통해 기업의 고위 경영자들의 비구조화된 의사결정을 지원하도록 설계된 전략적 수준의 정보시스템이다.

오답분석

① 전사적 자원관리(ERP) : 기업의 중심적 활동에 속하는 원자재, 생산, 판매, 인사, 회계 등의 업무를 통합·관리해주는 소프트웨어 패키지로서 전사적 경영자원의 체계적 관리를 통한 생산성 향상을 그 목표로 한다.
② 전자문서교환(EDI) : 기업 서류를 서로 합의된 통신 표준에 따라 컴퓨터 간에 교환하는 정보전달방식이다.
③ 판매시점관리시스템(POS) : 금전등록기와 컴퓨터 단말기의 기능을 결합한 시스템으로 매상금액을 정산해 줄 뿐만 아니라 동시에 소매경영에 필요한 각종정보와 자료를 수집·처리해 주는 시스템이다.

95
정답 ①

제시된 네트워크 용어들의 뜻은 다음과 같다.
• TCP / IP : Transmission Control <u>Protocol</u> / Internet <u>Protocol</u>
• HTTP : Hyper Text Transfer <u>Protocol</u>

96
정답 ③

오답분석

① 순현가는 현금유입의 현가를 현금유출의 현가로 나눈 것이다.
② 순현가법에서는 내용연수 동안의 모든 현금흐름을 고려한다.
④ 최대한 큰 할인율이 아니라 적절한 할인율로 할인한다.

97

정답 ④

페이욜(Fayol)의 일반관리론

프랑스의 경영자 페이욜은 경영의 문제를 기업전체 또는 모든 조직체의 경영이라는 일반관리에 관심을 갖고 바람직한 관리원칙은 무엇인지에 대해 연구했다. 그는 관리를 기업뿐만 아니라 정부, 가정, 병원 등 모든 조직의 보편적 활동이라고 정의하고, 계획, 조직, 지휘, 조정, 통제로 구성되는 관리 5요소를 제시했다.

98

정답 ④

④는 인적 요인, ①·②·③은 물적 요인(환경적 요인)이다.

> **산업재해의 원인**
> • 인적 요인(불안전한 행동) : 위험장소 접근, 안전장치의 기능 제거, 기계기구의 잘못 사용, 운전 중인 기계장치의 손질, 위험물 취급 부주의 등
> • 물적 요인(불안전한 상태) : 물 자체의 결함, 안전방호장치의 결함, 복장·보호구의 결함, 물의 배치 및 작업장소 결함, 생산공정의 결함

99

정답 ④

고객의 욕구 및 환경이 안정적이고 예측가능성이 높은 경우에는 효율성이 높은 기계적 조직이 효과적이다.

100

정답 ④

지식경영시스템은 조직 안의 지식자원을 체계화하고 공유하여 기업 경쟁력을 강화하는 기업정보시스템으로, 조직에서 필요한 지식과 정보를 창출하는 연구자, 설계자, 건축가, 과학자, 기술자 등을 반드시 포함하는 것과는 관련이 없다.

51	52	53	54	55	56	57	58	59	60	61	62	63	64	65	66	67	68	69	70
④	①	③	③	①	②	①	①	④	③	④	②	①	①	④	③	②	④	①	③

71	72	73	74	75	76	77	78	79	80	81	82	83	84	85	86	87	88	89	90
①	④	③	④	④	②	④	②	③	④	④	①	④	②	③	④	③	①	④

91	92	93	94	95	96	97	98	99	100										
①	②	②	④	④	③	①	①	④	②										

51
정답 ④

생애주기가설이란 일생동안 소득의 변화는 규칙적이지 않지만 생애 전체 소득의 현재가치를 감안한 소비는 일정한 수준으로 유지된다는 이론이다. 생애주기가설에 의하면 가처분소득이 동일한 수준이라도 각자의 생애주기가 어디에 속하는가에 따라 소비성향이 다르게 나타난다.

52
정답 ①

완전경쟁기업은 가격과 한계비용이 같아지는(P=MC) 점에서 생산하므로, 주어진 비용함수를 미분하여 한계비용을 구하면 MC= 10q이다. 시장전체의 단기공급곡선은 개별 기업의 공급곡선을 수평으로 합한 것이므로 시장전체의 단기공급곡선은 $P=\frac{1}{10}Q$로 도출된다. 따라서 시장수요함수와 공급함수를 연립해서 계산하면 $350-60P=10P$, $P=5$이다.

53
정답 ③

A국과 B국이 고구마와 휴대폰을 생산하는 데 투입되는 노동력을 표로 만들면 다음과 같다.

구분	A국	B국
고구마(1kg)	200	150
휴대폰(1대)	300	200

A국은 B국보다 고구마와 휴대폰을 각각 1단위 구입하기 위해 필요로 하는 노동력이 더 많으므로 B국은 절대우위를 가진다. 한편, A국은 고구마 1kg을 생산하기 위해 휴대폰 1대를 생산하기 위한 노동력의 약 66.7%$\left(=\frac{2}{3}\times100\right)$가 필요하고, B국은 약 75% $\left(=\frac{3}{4}\times100\right)$가 필요하다. 따라서 상대적으로 A국은 고구마 생산에 B국은 휴대폰 생산에 비교우위가 있다. 이 경우 A국과 B국은 각각 고구마와 휴대폰에 생산을 특화한 뒤 서로 생산물을 교환하면 소비량을 늘릴 수 있다. 현재 6,000명 투입이 가능하므로 A국은 고구마 30kg, B국은 휴대폰 30대를 생산한다.

54
정답 ③

통화승수는 통화량을 본원통화로 나눈 값이다.

통화승수 $m=\dfrac{1}{c+z(1-c)}$이므로, 현금통화비율(c)이 하락하거나 지급준비율(z)이 낮아지면 통화승수가 커진다.

55

정답 ①

가. 인플레이션이 예상되지 못한 경우, 부와 소득의 재분배가 일어난다. 인플레이션으로 인해 화폐 가치가 하락하면 고정된 금액을 받아야 하는 채권자는 불리해지고, 반대로 채무자는 유리해진다. 즉, 채권자에게서 채무자에게로 부가 재분배된다. 이러한 부의 재분배는 인플레이션이 완전히 예상된 경우에는 발생하지 않는다.

나. 메뉴비용이란, 인플레이션 상황에서 생산자가 제품의 가격을 수정하면서 발생하는 비용을 의미한다. 메뉴비용은 예상된 인플레이션과 예상되지 못한 인플레이션 두 경우 모두에서 발생한다.

오답분석

다. 인플레이션으로 인해 현금의 가치가 하락하고, 현금 외의 실물자산의 가치가 상대적으로 상승한다. 즉, 현금 보유의 기회비용이 증가한다.

라. 인플레이션이 발생하면 국내에서 생산되는 재화의 상대가격이 상승하므로, 이는 세계 시장에서의 가격경쟁력을 약화시킨다. 따라서 수출이 감소하고, 경상수지가 악화된다.

56

정답 ②

가격에 대한 공급의 반응 속도가 빠를수록 공급이 가격에 대해 탄력적이라고 표현한다. 즉, 공급이 빨리 증가하면 가격은 상대적으로 적게 상승한다. 일반적으로 수요가 동일하게 증가할 경우 공급이 가격에 대해 비탄력적일수록 가격이 큰 폭으로 증가한다. 따라서 B지역의 자동차 가격이 A지역 자동차 가격보다 더 크게 증가한다.

57

정답 ①

오답분석

② 예상된 인플레이션의 경우에도 구두창 비용, 메뉴비용 등이 발생한다.

③ 예상한 것보다 높은 인플레이션이 발생했을 경우에는 그만큼 실질이자율이 하락하게 되어 채무자가 이득을 보고 채권자가 손해를 보게 된다.

④ 예상치 못한 인플레이션이 발생했을 경우 실질임금이 하락하므로 노동자는 불리해지며, 고정된 임금을 지급하는 기업은 유리해진다.

58

정답 ①

실업자란 조사대상 주간을 포함한 지난 4주간 수입 있는 일을 하지 않았고, 적극적으로 구직활동을 하였으며, 일이 주어지면 즉각 일할 수 있었던 사람을 말한다. 마찰적 실업이란 이직의 과정이나 새로운 일자리의 탐색 과정에서 일시적으로 발생하는 실업이며, 구조적 실업이란 사양산업의 종사로 인해 발생하는 실업을 의미한다.

59

정답 ④

오답분석

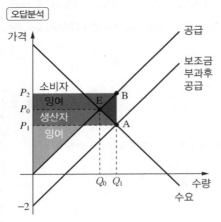

$Q_0=50$, $Q_1=51$, $P_0=50$, $P_1=49$, $P_2=51$

① 정부의 보조금 지급액은 102이다. → 그래프에서 $P_1-A-B-P_2$의 면적 : $51\times(51-49)=102$

② 보조금 지급 후 판매량(Q_1)은 51이다.

③ 보조금의 수혜규모는 소비자와 생산자가 같다.

　　→ 추가된 소비자 잉여 : $P_0-E-A-P_1$의 면적$=50+0.5=50.5$

　　　추가된 생산자 잉여 : $P_0-E-B-P_2$의 면적$=50+0.5=50.5$

60　정답 ③

[오답분석]

① 기펜재는 열등재에 속하는 것으로 수요의 소득탄력성은 음($-$)의 값을 갖는다.

② 두 재화가 서로 대체재의 관계에 있다면 수요의 교차탄력성은 양($+$)의 값을 갖는다.

④ 수요의 가격탄력성이 1이면 판매자의 총수입이 극대화되는 점이며, 가격변화에 따라 판매액이 증가하는 구간은 수요의 가격탄력성이 1보다 클 때이다.

61　정답 ④

[오답분석]

ㄱ. 국제가격이 국내가격보다 높으므로 수출을 한다. 수출하는 국가는 국제가격에 영향을 끼칠 수가 없으므로 가격을 그대로 받아들이는 가격수용자가 되며, 국내가격은 국제가격을 따라가야 한다. 따라서 A국의 국내 철강 가격은 세계 가격과 똑같아지기 위해 높아지게 되지만 세계 가격보다 높아지는 것은 아니다.

ㄷ. 국가 전체의 총잉여는 증가한다.

62　정답 ②

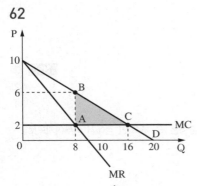

$2P=-Q+20$, $P=-\dfrac{1}{2}Q+10$

독점시장의 MR곡선은 수요곡선 기울기의 두 배이므로, $P=-Q+10$, $MR=MC=2$, $-Q+10=2$

따라서 $Q=8$을 시장수요곡선식에 대입하면 $P=6$

그림에서 빗금 친 부분의 면적(A－B－C)이 독점에 따른 경제적 순손실이므로, $8\times4\times\dfrac{1}{2}=16$이다.

63　정답 ①

가격상한제란 정부가 시장가격보다 낮은 가격으로 상한선을 정하고 규제된 가격으로 거래하도록 하는 제도이다.

64

정답 ①

문제에서 주어진 조건으로 보면 A국 구리 생산업체들의 국내 판매의 가격은 4이고 판매량은 4일 것이다. 하지만 국제 시장가격이 5이므로 A국 구리 생산업체들은 국제 시장가격으로 가격과 공급량을 결정할 것이다. 그렇다면 A국 구리 생산업체들의 판매가격은 5, 공급량은 5가 되는데 이때 국내에서도 5의 가격에서 2개의 수요가 있으므로 국내 판매량이 2라고 하면 수출량은 공급량 5에서 국내 판매량 2를 뺀 3이 된다.

65

정답 ④

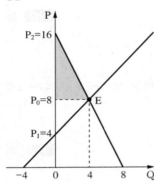

수요곡선과 공급곡선이 만나는 균형점을 구하면, $8-0.5P=P-4$, $1.5P=12$
따라서 균형가격 $P=8$, 균형수요량 $Q=4$이다.
그림에서 색칠한 부분의 면적($E-P_0-P_2$)이 소비자잉여의 크기이므로,
$$CS=4\times8\times\frac{1}{2}=16$$이다.

66

정답 ③

노동의 한계생산은 생산함수를 L에 대해서 미분한 값이므로, $MP_L=12\times0.5\times L^{-\frac{1}{2}}\times K^{0.5}=12\times0.5\times\frac{3}{\sqrt{L}}=6\times\frac{3}{2}=9$

노동의 평균생산은 $\frac{Q}{L}$이므로, $AP_L=\frac{72}{4}=18$이다.

67

정답 ②

$q_1+q_2=Q$
$P=18-Q$

쿠르노 모형에서의 생산량은 완전경쟁일 때의 생산량의 $\frac{2}{3}$만큼이고, 완전경쟁의 균형은 $P=MC$인 점에서 이루어지므로 $18-Q=6$, $Q=12$이다.

따라서 쿠르노 모형에서의 생산량은 $12\times\frac{2}{3}=8$, 가격은 $18-8=10$이다.

기업 1의 한계수입을 구하면 $P=18-q_1-q_2$
$MR=18-2q_1-q_2$, $MC=6$
기업 1의 반응함수는 $MR=MC$에서 결정되므로 $18-2q_1-q_2=6$
앞에서 쿠르노 모형에서의 생산량은 $q_1+q_2=8$
두 식을 연립하여 풀면 $q_1=4$이다.

68

정답 ④

지니계수는 0과 1 사이이며 이 값이 작을수록 소득분배가 평등하다는 것을 의미한다. 지니계수는 로렌츠 곡선에서 도출된 것이므로 로렌츠 곡선이 교차하는 경우에는 단순히 지니계수 수치만으로 소득분배상태를 비교하는 것이 불가능하다. 또한, 동일한 지니계수일지라도 로렌츠 곡선의 형태가 달라질 수 있으며 경우에 따라서는 소득분배상태가 변함에 따라 로렌츠 곡선이 교차하는 경우가 나타날 수 있다.

69

정답 ①

[오답분석]

② 수입을 목적으로 1주일에 1시간 이상 일하는 경우에도 취업자가 될 수 있다.

③ (취업률)$=\dfrac{(취업자 \ 수)}{(경제활동인구)}\times100$, (고용률)$=\dfrac{(취업자)}{(15세 \ 이상 \ 생산가능인구)}\times100$

(경제활동인구)=(취업자)+(실업자), 15세 이상 생산가능인구는 경제활동인구에 15세 이상의 주부, 학생, 환자, 군복무자를 포함한 인구이다. 따라서 취업자가 줄고 대학진학자가 증가하였다면 취업률과 고용률 모두 감소한다.

④ (실업률)$=\dfrac{(실업자 \ 수)}{(경제활동인구)}\times100=\dfrac{(실업자)}{(취업자)+(실업자)}\times100$

70

정답 ③

순보험료의 60%를 지원받았으므로 김씨의 자기부담비율은 40%이다. 제시된 피해율 산정식을 변형하면,

피해율$=1-\dfrac{(수확량)}{(평년수확량)}-\dfrac{(미보상감수량)}{(평년수확량)}$이 된다.

따라서 주어진 자료를 통해 계산한 피해율은 $1-0.4-0.05=55\%$이므로, 보험금 산정액은 $5,000\times(0.55-0.4)=750$만 원이 된다.

71

정답 ①

물품세가 부과될 경우 상품시장에서 공급곡선이 물품세 부과 크기만큼 상향이동하므로 상품의 가격은 상승하고 공급량은 줄어든다. 또한, 일정액의 물품세가 부과되면 MC곡선이 상방으로 이동하므로 재화의 생산량이 감소하고, 재화의 생산량이 감소하면 파생수요인 노동수요도 감소한다. 노동수요가 감소하면 임금이 하락하고, 고용량도 감소한다.

72

정답 ④

독점시장에서의 이윤극대화 조건은 $MR=MC$, 즉 한계수입과 한계비용이 일치하는 점에서 이윤이 극대화된다. 따라서 노동의 한계수입생산과 한계노동비용이 일치하는 점에서 기업의 이윤이 극대화된다.

73

정답 ③

[오답분석]

ㄷ. 채용비용이 존재할 때는 숙련 노동수요곡선보다 미숙련 노동수요곡선이 임금의 변화에 더 탄력적이다.

74

정답 ③

- 매출액이익률 $= \dfrac{(이익)}{(매출액)}$

- 총자산회전율 $= \dfrac{(매출액)}{(투자액)}$

- ROI(투자수익률) $= \dfrac{(이익)}{(투자액)} = \dfrac{(이익)}{(매출액)} \times \dfrac{(매출액)}{(투자액)}$

위와 같이 ROI를 매출액이익률과 총자산회전율로 분해하여 분석하는 기법을 듀퐁분석이라고 한다. 제시된 자료를 정리하면 다음과 같다.

구분	2020년	2021년
매출액이익률	$\dfrac{500}{625} = 0.8 \rightarrow 80\%$	$\dfrac{480}{720} = 0.6667 \rightarrow 66.67\%$
총자산회전율	$\dfrac{625}{2,500} = 0.25 \rightarrow 25\%$	$\dfrac{720}{2,400} = 0.3 \rightarrow 30\%$
ROI	$\dfrac{500}{2,500} = 0.2 \rightarrow 20\%$	$\dfrac{480}{2,400} = 0.2 \rightarrow 20\%$

따라서 2020년에 비해 2021년의 매출액이익률은 <u>감소</u>하였고, 총자산회전율은 <u>증가</u>하였다. 그리고 ROI는 <u>20%</u>이다.

75

정답 ③

동일한 사업 내의 동일 가치 노동에 대해서는 동일한 임금을 지급해야 한다는 것이 상응가치원칙이다. 똑같은 일이라고 해서 가치가 동일한 것은 아니기 때문에 적절하지 않다.

76

정답 ④

GDP는 일정 기간 동안 한 나라 국경 안에서 생산된 모든 최종생산물의 시장가치를 의미하는 것으로 중간재 중에서 판매되지 않은 부분은 최종재로 간주하므로 GDP에 포함된다.

77

정답 ②

(통화량) $=$ (통화승수) $\times$ (본원통화)

(통화승수) $= \dfrac{1}{x+z(1-x)}$ [x : 민간현금보유비율, z : 은행의 지급준비율] $= \dfrac{1}{0.1+0.2(1-0.1)} = 3.57$

$\therefore$ (통화량) $= 3.57 \times 100 = 357$

78

정답 ④

- (15세 이상의 인구) $=$ (경제활동인구) $+$ (비경제활동인구)
- (경제활동인구) $=$ (취업자) $+$ (실업자)
- 취업자
  - 수입을 목적으로 1주일에 1시간 이상 일하는 경우
  - 가족이 경영하는 사업체에서 1주일에 18시간 이상 일하는 경우
- 실망노동자 : 구직활동을 하지 않으므로 비경제활동인구로 분류
- 비자발적 시간제 근로자 : 취업자로 분류

오답분석

① 구직활동을 하고 있지 않으므로 비경제활동인구이다.

② 구직활동은 포기했지만 수입을 목적으로 버섯 재배업을 시작하였으므로 경제활동인구 중 취업자로 분류된다.

③ 가족이 경영하는 사업체에서 주중 내내 일하고 있으므로 취업자로 분류된다.

79

정답 ②

IS곡선 혹은 LM곡선이 우측으로 이동하면 AD곡선도 우측으로 이동한다.

IS곡선	우측 이동요인	소비증가, 투자증가, 정부지출증가, 수출증가
	좌측 이동요인	조세증가, 수입증가, 저축증가
LM곡선	우측 이동요인	통화량증가
	좌측 이동요인	화폐수요증가, 물가상승, 실질통화량감소

ㄱ. 주택담보대출의 이자율 인하 → 투자증가 → IS곡선 우측이동

ㄷ. 기업에 대한 투자세액공제 확대 → 투자증가 → IS곡선 우측이동

ㅁ. 해외경기 호조로 순수출 증대 → 수출증가 → IS곡선 우측이동

오답분석

ㄴ. 종합소득세율 인상 → 조세증가 → IS곡선 좌측이동

ㄹ. 물가의 변화는 LM곡선의 이동요인이나 AD곡선의 이동요인은 아니다(AD곡선상에서의 이동요인임).

80

정답 ③

오답분석

ㄴ. 구매력 평가설에 의하면 빅맥 1개의 가격은 미국에서 5\$, 한국에서는 4,400원이므로, 원화의 대미 달러 환율은 880원이다.

ㄷ. (실질환율)$=\dfrac{\text{(명목환율)}\times\text{(외국물가)}}{\text{(자국물가)}}=\dfrac{1,100\times5,500}{4,400}=1,375$원

81

정답 ④

실물적 경기변동이론에서는 경기변동을 외부충격에 대한 경제주체들의 최적화 행동의 결과로 나타나는 균형현상으로 생각한다.

오답분석

① 이자율이 상승할 때 현재의 상대임금이 상승하므로 노동공급은 증가한다.

② · ③ 화폐적 경기변동이론에서는 물가수준의 변화에 대한 예상착오로 인해 경기변동이 발생한다고 보는데 비해, 실물적 경기변동에서는 통화량의 변화가 경기변동에 아무런 영향을 미치지 못하는 화폐의 중립성이 성립한다고 본다.

82

정답 ④

케인즈는 소득이 증가할수록 평균소비성향은 감소한다고 가정하였다. 소비와 가처분소득 사이의 관계를 1차함수로 표현한 것을 케인즈의 소비함수라고 부른다. 이 소비함수는 케인즈가 가정한 다음의 세 가지 속성을 보여준다.

• 한계소비성향은 0과 1 사이이므로 소득이 증대하면 소비가 증가하고 또한 저축도 증가한다.

• 소득이 증가함에 따라 평균소비성향이 하락한다.

• 케인즈는 이자율이 특별한 역할을 하지 않는다고 보았다.

83

공공재의 최적공급량을 구하면 다음과 같다.

$(10-Q)+(20-Q)+(20-2Q)=30$

$50-4Q=30$

$Q^*=5$

이를 각 구성원의 수요함수에 대입하면 각 구성원이 지불해야 하는 가격이 도출된다.

$P_a=10-5=5$

$P_b=20-5=15$

$P_c=20-2\times5=10$

> **공공재의 적정공급조건**
>
> $MB_A + MB_B + MB_C = MC$
>
> (A의 한계편익)+(B의 한계편익)+(C의 한계편익)=(한계비용)=30

84

총수입 TR은 다음과 나타낼 수 있다.

$TR = P\times Q=(100-2Q)\times Q=100Q-2Q^2$

독점기업의 이윤극대화의 조건은 한계수입과 한계비용이 같아야 하기 때문에 $MR=MC$가 된다.

한계 비용은 1단위당 60원이므로 $MC=60$이 된다.

$MR=\dfrac{\Delta TR}{\Delta Q}=100-4Q$이므로

$100-4Q=60$

$4Q=40$

$\therefore\ Q=10$

이 값을 시장수요곡선식인 $P=100-2Q$에 대입하면 가격(P)은 80이다.

따라서 이 독점기업의 이윤극대화 가격은 80원이고, 생산량(Q)은 10개이다.

85

[오답분석]

ㄴ. 케인즈 모형에서 재정정책의 효과는 강력한 반면 금융정책의 효과가 미약하다. 따라서 (A)의 $Y_0 \to Y_1$의 크기는 (B)의 $Y_a \to Y_b$의 크기보다 크다.

ㄹ. 케인즈는 승수효과를 통해 정부가 지출을 조금만 늘리면 국민의 소득은 지출에 비해 기하급수적으로 늘어난다고 주장하였다. 또한, 케인즈 학파에서는 소비를 미덕으로 여기므로 소득이 증가하면 소비 또한 증가하여 정부지출의 증가는 재고의 감소를 가져온다.

86

독점적 경쟁시장에서는 제품의 차별화가 클수록 수요의 가격탄력성은 낮아져서 서로 다른 가격의 수준을 이루게 된다.

87

효용이 극대화가 되는 지점은 무차별곡선과 예산선이 접하는 점이다. 따라서 무차별곡선의 기울기인 한계대체율과 예산선의 기울기 값이 같을 때, 효용이 극대화 된다.

$MRS_{xy} = \dfrac{MU_x}{MU_y} = \dfrac{P_x}{P_y}$ 이고, $MU_x = 600$, $P_x = 200$, $P_y = 300$이므로 $MU_y = 900$이 된다.

한계효용이 900이 될 때까지 Y를 소비하므로, Y의 소비량은 4개가 된다.

88

노동자가 기대하는 예상물가가 상승하면 노동자들이 임금인상을 요구하므로 비용인상이 발생하고, 그에 따라 단기총공급곡선이 왼쪽으로 이동하게 되므로 단기적으로 생산량은 감소하게 된다.

오답분석

① 루카스의 총공급곡선을 식으로 나타내면 $Y = Y_N + \alpha(P - P^e)(\alpha > 0)$이다. 공식에 의하면 실제물가와 기대물가가 같을 때$(P = P^e)$의 생산량을 완전고용생산량이라고 하며, 이 때의 실업률을 자연실업률이라고 한다.

② 실제물가가 기대물가보다 높을 경우$(P > P^e)$의 생산량은 완전고용생산량보다 많다.

89

오답분석

ㄷ·ㄹ. 최고가격은 시장의 균형가격보다 낮은 수준에서 설정되어야 하며, 최고가격제가 실시되면 사회적 후생 손실이 발생한다.

90

공급의 탄력성은 가격이 1% 변할 때 공급량이 몇 %가 변하는지를 나타낸다.

$7 - 0.5Q = 2 + 2Q \rightarrow P = 6$, $Q = 2$

$\eta(\text{공급탄력성}) = \dfrac{\dfrac{\Delta Q}{Q}}{\dfrac{\Delta P}{P}} = \dfrac{\Delta Q}{\Delta P} \times \dfrac{P}{Q} = (\text{기울기의 역수}) \times \dfrac{P}{Q} = \dfrac{1}{2} \times \dfrac{6}{2} = \dfrac{3}{2} = 1.5$

91

조세부담의 귀착

$\dfrac{(\text{수요의 가격탄력성})}{(\text{공급의 가격탄력성})} = \dfrac{(\text{생산자 부담})}{(\text{소비자 부담})}$

수요의 가격탄력성이 0이므로 생산자 부담은 0, 모두 소비자 부담이 된다.

92

굴절수요곡선

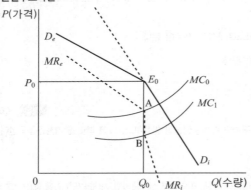

어떤 과점기업의 생산물 가격이 P_0라고 가정한다면 그보다 가격을 인상하여도 다른 기업은 가격을 유지할 것이며, 이 과점기업에 대한 수요곡선은 P_0점보다 위에서는 매우 탄력적이다. 그러나 이 기업이 가격을 내리면 다른 기업도 따라서 가격을 내릴 것이므로 P_0점보다 아래의 수요곡선은 비탄력적으로 될 것이다. 따라서 수요곡선은 P_0점에서 굴절하고, 굴절수요곡선(De Di)에서 도출되는 한계수입곡선(MRe MRi)은 불연속이 된다. 그러므로 굴절수요곡선은 원점에 대해 오목한 모양을 갖는다.

93

한계비용(MC)과 평균비용(AC)의 관계

• MC>AC : AC 증가
• MC=AC : AC 극소
• MC<AC : AC 감소

[오답분석]

ㄴ. 평균비용곡선이 상승할 때 한계비용곡선은 평균비용곡선 위에 있다.
ㄹ. 총가변비용곡선을 총고정비용만큼 상방으로 이동시키면 총비용곡선이 도출되므로 총가변비용곡선의 기울기와 총비용곡선의 기울기는 같다.

94

기업의 이윤이 극대화되기 위해서는 한계생산물 가치와 임금의 값이 같을 때 기업의 이윤이 극대화가 된다. 따라서 식으로 표현하면 $VMP_L = MP_L \times P = w$ (VMP_L : 한계생산물가치, MP_L : 노동의 한계생산, P : 재화의 가격, w : 임금)이 된다.
$MP_L \times P = w$
$(27-5L) \times 20 = 40$, $L=5$
따라서 재화의 가격이 20이고, 임금이 40일 때 기업 A의 이윤극대화 노동수요량은 5가 된다.

95

노동생산성은 단위시간 동안에 생산한 재화나 서비스의 양을 생산에 투입된 노동량으로 나눈 비율을 의미하므로 생산량이 가장 낮고 노동투입량은 제일 높은 D기업의 평균노동생산성이 가장 낮다.

96

정답 ③

생산물 가격이 하락할수록 요소수요는 감소하므로 노동수요곡선이 좌측으로 이동하면서 새로운 균형에서는 임금과 고용량이 모두 감소한다.

97

정답 ①

임금이 일정수준 이상으로 상승으로 실질소득이 증가하여 여가는 늘리고 근로시간을 줄이려는 소득효과가 대체효과보다 커지면 노동공급은 감소한다. 임금이 상승함에 따라 여가의 기회비용이 증가하여 여가는 줄이고 근로시간을 늘리려는 대체효과가 소득효과보다 커지게 되면 노동공급이 증가하여 노동공급곡선은 정(+)의 기울기를 가지게 된다.

98

정답 ①

실망노동자는 비경제활동인구에 포함되어 실업률 통계에 들어가지 않는다.

[오답분석]

② 완전고용은 마찰적 실업을 제외한 비자발적 실업이 없는 상태를 의미한다. 마찰적 실업은 일시적으로 직장을 옮기는 과정에서 발생하는 자발적 실업이다.
③ 최저임금제도를 도입하면 최저임금이 균형임금보다 높게 설정되므로 노동의 초과공급이 발생한다. 따라서 비자발적인 실업이 발생하고 균형에서보다 고용량이 감소한다.
④ 자연실업률이란 현재 진행되는 인플레이션을 가속시키지도 않고, 감속시키지도 않게 해주는 실업률을 말하며, 실업을 감소시키기 위한 정부의 재량적인 정책은 장기적으로 무력하며 자연실업률 수준을 변화시키는 정책만이 실업을 감소시킬 수 있다.

99

정답 ④

고용률(%)=[(취업자)÷{(15세 이상 경제활동인구)+(비경제활동인구)}]×100={570만÷(600만+400만)}×100=57
따라서 고용률은 57%이다.

[오답분석]

① 실업률(%)=$\frac{(실업자 수)}{(경제활동인구)}$×100=$\frac{30만}{600만}$×100=5%
② 비경제활동인구는 생산가능인구 1000만 명 중 400만 명이므로 비경제활동률은 40%이다.
③ (경제활동인구)=(취업자 수)+(실업자 수)=570만+30만=600만 명이다.

100

정답 ②

재정정책의 경우 정책당국의 정책변경 사항이 국회의 심의를 거쳐 정책당국이 정책을 수립하고 시행해야 하므로 내부시차가 긴 반면 직접 유효수요에 영향을 미치므로 외부시차는 짧다. 자동안정화가 잘 작동하는 상태에서는 경기침체 시 정책당국이 경기침체를 인식하거나 조세감면을 실행하지 않더라도 자동으로 세금을 덜 걷게 되어 경기침체가 완화된다. 그러므로 자동안정화 장치는 인식시차와 실행시차를 합한 내부시차를 줄이는 역할을 한다.

[오답분석]

① 자동안정화 장치는 주로 재정정책과 관련된 제도적 장치이다.

PART 3

51	52	53	54	55	56	57	58	59	60	61	62	63	64	65	66	67	68	69	70
④	②	①	④	④	②	②	④	②	④	③	②	④	③	②	④	②	④	①	④
71	72	73	74	75	76	77	78	79	80	81	82	83	84	85	86	87	88	89	90
②	②	④	①	②	③	②	④	②	①	②	①	③	①	③	④	②	②	④	③
91	92	93	94	95	96	97	98	99	100										
④	③	①	③	④	④	①	①	③	①										

51

정답 ④

오답분석

가. 재무상태표상에 자산과 부채를 표시할 때는 유동자산과 비유동자산, 유동부채와 비유동부채로 구분하지 않고 유동성 순서에 따라 표시하는 방법도 있다.

다. 비용의 성격에 대한 정보가 미래현금흐름을 예측하는 데 유용하기 때문에 비용별 포괄손익계산서를 사용하는 경우에는 성격별 분류에 따른 정보를 추가로 공시하여야 한다.

라. 포괄손익계산서와 재무상태표를 연결시키는 역할을 하는 것은 총포괄이익이다.

52

정답 ②

- (공헌이익)=(가격)-(변동비용)=5,000-2,000=3,000원

- (공헌이익률)=$\dfrac{(공헌이익)}{(가격)}=\dfrac{3,000}{5,000}=0.6$

53

정답 ①

자기자본이익률(ROE)는 당기순이익을 자기자본으로 나누고 100을 곱하여 % 단위로 나타낼 수 있다.

재무비율 분석은 재무제표를 활용, 기업의 재무상태와 경영성과를 진단하는 것이다. 안정성, 수익성, 성장성 지표 등이 있다. 안정성 지표는 부채를 상환할 수 있는 능력을 나타낸다. 유동비율(유동자산/유동부채), 부채비율(부채/자기자본), 이자보상비율(영업이익/지급이자) 등이 해당한다. 유동비율과 이자보상비율은 높을수록, 부채비율은 낮을수록 재무상태가 건실한 것으로 판단한다. 성장성 지표에는 매출액증가율, 영업이익증가율 등이 있다. 매출액순이익률(순이익/매출액), 자기자본이익률 등은 수익성 지표이다.

자기자본이익률(ROE)=$\dfrac{(당기순이익)}{(자기자본)}\times100$ → (자기자본이익률)=$\dfrac{150}{300}\times100=50\%$

54

정답 ④

임대수익률=(임대금)÷(투입자본)×100

임차인 A, B의 임대금의 합을 투입자본으로 나누어 수익률을 구한다.

{500만 원+700만 원}÷3,000만 원×100=40%

55

정답 ④

'충실한 표현'은 완전성, 중립성, 무오류의 요건을 갖춘 서술을 말한다.

> **재무정보의 질적 특성**
> • 근본적 질적 특성 : 목적적합성, 충실한 표현
> • 보강적 질적 특성 : 비교가능성, 검증가능성, 적시성, 이해가능성

56

정답 ②

기업의 활동성을 분석할 수 있는 것은 매출채권회전율(ㄱ), 재고자산회전율(ㄴ), 총자산회전율(ㄷ), 매출채권회수기간, 재고자산회전기간(ㅁ)이다.

57

정답 ②

• (원가율 산정) $= \dfrac{\text{(원가기준 판매가능액)}[=\text{(기초재고)}+\text{(당기매입액)}]}{\text{(매출가격기준 판매가능액)}[=\text{(매가기초재고)}+\text{(매가당기매입액)}]} = \dfrac{1,800+6,400}{2,000+8,000} = 82\%$

• (가중판매한 매출액) $= 6,000$

• 매출가격으로 표시된 재고자산을 구한다.
  (매출가격기준 판매가능액) $-$ (가중판매한 매출액) $= (2,000+8,000) - 6,000 = 4,000$

• (기말재고자산 산출) $= 4,000 \times 0.82 = 3,280$

• (원가매출) $+$ (기말재고) $=$ (기초재고) $+$ (원가매입)
  $\therefore$ (원가매출) $= 1,800 + 6,400 - 3,280 = 4,920$

58

정답 ④

[오답분석]

①・② 선입선출법의 경우에는 계속기록법을 적용하든, 실지재고조사법을 적용하든 기말재고자산, 매출원가, 매출총이익 모두 동일한 결과가 나온다.

③ 매입운임은 매입원가에 포함한다.

59

정답 ②

경영진이 의도하는 방식으로 자산을 가동하는 데 필요한 장소와 상태에 이르게 하는 데 직접 관련되는 원가의 예는 다음과 같다.

• 유형자산의 매입 또는 건설과 직접적으로 관련되어 발생한 종업원 급여
• 설치장소 준비 원가
• 최초의 운송 및 취급 관련 원가
• 설치원가 및 조립원가
• 유형자산이 정상적으로 작동되는지 여부를 시험하는 과정에서 발생하는 원가[단, 시험과정에서 생산된 재화(예) 장비의 시험과정에서 생산된 시제품)의 순매각금액은 당해 원가에서 차감한다]
• 전문가에게 지급하는 수수료

60

정답 ④

사채발행비가 고려된 이자율이 8%인데 현재 사채발행비 20,000원보다 높은 30,000원이 된다면 사채의 현재가치가 더 감소하게 되고 액면가와의 차이가 더 커지기 때문에 유효이자율은 높아진다.

61

정답 ③

이동평균법은 계속기록법에 의하여 평균법을 적용하는 것으로 상품의 매입시마다 새로운 평균 단가를 계산한다.

	200개	30원	6,000원
(3월 1일) 매출	100개	30원	3,000원
계	100개	30원	3,000원
(6월 1일) 매입	100개	36원	3,600원
계	200개	33원	6,600원
(9월 1일) 매출	120개	33원	3,960원
계	80개	33원	2,640원

62

정답 ②

배당금 수령액은 수익이기 때문에 당기손익으로 계상한다.

63

정답 ④

고정제조간접원가 자체의 통제가 불가능하다고 해서 잘못된 것이라고 할 수 없다.

64

정답 ③

오답분석

① 수익은 자산의 증가나 부채의 감소와 관련하여 미래경제적 효익이 증가하고 이를 신뢰성 있게 측정할 수 있을 때 포괄손익계산서에서 인식한다.
② 용역제공거래의 수익은 완료된 시점이 아닌 진행기준에 의하여 인식한다.
④ 수익으로 인식한 금액이 추후에 회수가능성이 불확실해지는 경우에는 인식한 수익금액을 조정할 수 없다.

65

정답 ②

오답분석

① 목적적합성과 충실한 표현은 근본적 질적 특성이다.
③ 정보이용자들이 미래 결과를 예측하기 위해 사용하는 절차의 투입요소로 재무정보가 사용될 수 있다면, 그 재무정보는 예측가치를 갖는다. 재무정보가 예측가치를 갖기 위해서 그 자체가 예측치 또는 예상치일 필요는 없다. 예측가치를 갖는 재무정보는 정보이용자 자신이 예측하는 데 사용된다.
④ 재무정보의 제공자와는 달리 이용자의 경우에는 제공된 정보를 분석하고 해석하는 데 원가가 발생한다.

66

정답 ④

당기순이익(발생주의)	300,000원
감가상각비	30,000원
재고자산 증가	−(40,000원)
매입채무 증가	60,000원
유형자산처분이익	−(20,000원)
영업활동순현금흐름(현금주의)	330,000원

67

• 계정분석

집합손익			
총비용	250,000원	총수익	300,000원
이익잉여금	50,000원		

• 회계처리

  (차) 집합손익   50,000원   (대) 이익잉여금   50,000원

68

정답 ④

• [유동비율(감소)] $= \dfrac{[유동자산(감소)]}{(유동부채)}$

• [총자산순이익률(감소)] $= \dfrac{(순이익)}{[총자산(증가)]}$

• 2022년 말 회계처리

  (차) 토지(비유동자산)   ₩1,000   (대) 현금(유동자산)   ₩500

                                              미지급금(유동부채)   ₩500

69

정답 ①

상장기업은 의무적으로 한국채택국제회계기준에 의거하여 재무제표를 작성하여야 하며, 비상장기업은 선택적 사항이다.

70

정답 ④

계정분석

이자수익			
기초 미수이자	0원	기초 선수이자	1,000원
기말 선수이자	0원	기말 미수이자	2,000원
이자수익 당기분	8,000원	현금수령액	5,000원

71

정답 ②

재무제표의 표시통화를 천 단위나 백만 단위로 표시할 때 더욱 이해가능성이 제고될 수 있다. 이러한 표시는 금액 단위를 공시하고 중요한 정보가 누락되지 않는 경우에 허용될 수 있다.

72

정답 ②

충당부채는 다음의 요건을 모두 충족하는 경우에 인식한다.
• 과거사건의 결과로 현재의무(법적의무 또는 의제의무)가 존재한다.
• 당해 의무를 이행하기 위하여 경제적 효익을 갖는 자원이 유출될 가능성이 높다.
• 당해 의무의 이행에 소요되는 금액을 신뢰성 있게 추정할 수 있다.
위의 요건을 충족하지 못할 경우에는 어떠한 충당부채도 인식할 수 없다.

오답분석
① 충당부채는 재무제표 본문에 부채로 인식되고, 우발부채는 주석으로 표시된다.
③ 금액의 신뢰성 있는 추정이 가능한 경우라도 자원의 유출가능성이 높지 않다면 충당부채로 인식하지 않는다.
④ 자원의 유출가능성이 높은 경우라도 금액의 신뢰성 있는 추정이 가능하지 않다면, 충당부채로 인식하지 않는다.

73

정답 ④

- (선입선출법의 매출원가)=$(50 \times 100)+(70 \times 108)$=₩12,560
- (이동평균법의 단가)=$\dfrac{(50 \times 100)+(150 \times 108)}{50+150}=\dfrac{5,000+16,200}{200}$=₩106
- (이동평균법의 매출원가)=106×120=₩12,720

74

정답 ①

- 적송품 중 미판매분 원가 → 가산
- 시송품 중 매입의사 미표시분 원가 → 가산
- (도착지인도조건 매입분)=(매도자 재고자산) → 조정하지 않는다.
- (선적지인도조건 매출분)=(매입자 재고자산) → 조정하지 않는다.
- (기말재고자산원가)=10,000(실사액)+800(위탁상품)+400(시송품)=11,200원

75

정답 ②

오답분석
① 무형자산에 대한 손상차손은 인식한다.
③ 내용연수가 비한정인 무형자산은 정액법에 따라 상각하지 아니한다.
④ 무형자산의 인식 후의 측정은 회계정책으로 원가모형이나 재평가모형을 선택할 수 있다.

76

정답 ③

기간 제조원가명세서는 재무제표가 아닌 포괄손익계산서의 부속명세서이다.

> **한국채택국제회계기준(K – IFRS)상 전체 재무제표**
> - 기말 재무상태표
> - 기간 포괄손익계산서(손익과 기타포괄손익계산서)
> - 기간 자본변동표
> - 기간 현금흐름표
> - 주석
> - 전기에 관한 비교정보
> - 회계정책을 소급하여 적용하거나, 재무제표의 항목을 소급하여 재작성 또는 재분류하는 경우 전기 기초 재무상태표

77

정답 ②

최초 재평가로 인한 평가이익은 재평가잉여금(기타포괄손익누계액)으로, 최초의 손실은 재평가손실(당기비용)로 처리한다.

78

정답 ④

계약, 주문, 담보설정 등은 자산, 부채, 자본의 증감변동을 일으키지 못하므로 회계거래로 볼 수 없다.

79

정답 ②

특정계정의 차변에 전기할 것을 대변에 전기한 경우, 대차의 평균이 다르게 나타나 한쪽은 과대계상, 한쪽은 과소계상되어 서로 불일치하므로 오류 발견이 가능하다.

> **시산표에서 발견할 수 있는 오류**
> • 대차 어느 한 쪽의 전기를 누락한 경우
> • 대차 한 쪽만 중복 기장한 경우
> • 계정상의 금액을 잘못 쓴 경우
> • 계정 자체의 대차 합계 및 잔액 계산에 오류가 생긴 경우
> • 기타 기장상의 오류

80

정답 ①

결산 시 수익과 비용계정은 손익대체분개로 이익잉여금에 영향을 미친다. 매도가능금융자산평가이익은 기타포괄손익이므로 자본항목에 해당된다.

81

정답 ②

부채는 과거의 거래나 사건의 결과로 현재 기업실체가 부담하고 있고(즉, 현재의무) 미래에 자원의 유출 또는 사용이 예상되는 의무이다.

82

정답 ①

영구계정(실재계정)은 자산, 부채, 자본계정이다. 이자비용은 비용으로서 임시계정이다.

83

정답 ③

현금흐름 정보는 발생주의가 아니라 현금주의에 의하여 작성되므로, 다른 재무제표의 단점을 보완한다. 즉, 현금흐름표는 기업의 현금흐름을 나타내므로 미래의 현금흐름액, 시기 및 불확실성을 예측하는 데 유용하다.

84

정답 ①

단기매매금융자산의 취득과 직접 관련되는 거래원가는 최초 인식하는 공정가치에 가산하지 않고, 당기비용으로 처리한다.

85

정답 ③

상업적 실질이 있는 상태에서 제고한 자산의 공정가치가 더 명백한 경우의 취득원가는
(취득원가)=(제공한 자산의 공정가치)+(현금지급액)−(현금수취액)이다.
그런데 이 문제에서는 현금지급액과 현금수취액이 없으므로,
(취득원가)=(제공한 자산의 공정가치)+(현금지급액)−(현금수취액)=8,000±0=8,000원
즉, 제공한 자산의 공정가치가 취득원가이다.

86

정답 ④

상호배부법은 보조부문 상호 간의 용역수수관계가 중요할 때 적용한다.

87

정답 ②

〈원재료〉

기초	50kg	사용액	600kg
구입액	(630kg)	기말	80kg
합계	680kg	합계	680kg

88

정답 ②

가수금은 이미 현금으로 받았으나 아직 계정과목이나 금액 등을 확정할 수 없어 일시적으로 처리하는 부채계정으로 기말 재무상태표에는 그 내용을 나타내는 적절한 계정으로 대체하여 표시해야 한다. 또한, 당좌차월은 당좌예금잔액을 초과하여 수표를 발행하면 발생하는 것으로 기말 재무상태표에는 단기차입금계정으로 표기한다.

89

정답 ④

- (2021년에 인식할 이자비용)＝(2010년 말 장부금액)×(유효이자율)
- (2020년 말 장부금액)＝100,000×1.7355＝173,550원
- (2021년에 인식할 이자비용)＝173,550×0.01＝17,355원

90

정답 ③

자본금계정분석

〈자본금〉

배당	₩1,000	기초	₩19,000
기말	₩30,000	증자	₩7,000
		손익	₩5,000
합계	₩31,000	합계	₩31,000

〈손익계산서〉

비용	(₩30,000)	수익	₩35,000
순이익	₩5,000		
합계	₩35,000	합계	₩35,000

91

정답 ④

(매출원가)＝(기초재고자산)＋(매입)－(기말재고자산)＝500,000＋1,000,000－700,000＝₩800,000

92

〈은행계정조정표〉

당점	(₩12,490)	은행	₩13,500
차감	₩570	가산	₩2,560
가산	₩90	차감	₩4,050
조정 후 금액	₩12,010	조정 후 금액	₩12,010

93

(현금 및 현금성 자산)=30,000(지폐)+1,000(우편환증서)+2,000(타인발행당좌수표)=₩33,000

94

비금융부채는 선수금, 선수수익, 품질보증의무, 환경오염복구의무 등이 있다.

금융부채와 비금융부채

금융부채	비금융부채
• 매입채무 • 지급어음 • 미지급금 • 차입금 • 사채 등	• 선수금 • 품질보증의무 • 환경오염복구의무 등

95

무형자산의 내용연수는 경제적 요인과 법적 요인의 영향을 받는다. 경제적 요인은 자산의 미래경제적 효익이 획득되는 기간을 결정하고, 법적 요인은 기업이 그 효익에 대한 접근을 통제할 수 있는 기간을 제한한다. 무형자산의 내용연수는 경제적 내용연수와 법적 내용연수 중 짧은 기간으로 한다.

96

• (단위당 공헌이익)=(판매단가)−(단위당 변동원가)=150−(10+30+40+20)=₩50

• (세전목표이익)=$\dfrac{(세후목표이익)}{1-(세율)}=\dfrac{70,000}{0.8}$=₩87,500

• (목표이익판매량)=$\dfrac{60,000+87,500}{50}$=2,950단위

97

• (매출원가)=400,000(매출액)×{1−0.2(매출총이익률)}=₩320,000

• (기말재고)=100,000+600,000−320,000=₩380,000

• (소실재고자산)=380,000−110,000=₩270,000

98

정답 ①

- 2022년의 기초재산=(기초원재료)+(기초재공품)+(기초제품)=50,000+80,000+40,000=170,000원
- 2022년의 기말재산=(기말원재료)+(기말재공품)+(기말제품)=20,000+50,000+130,000=200,000원

재고자산

기초재산	170,000원	매출원가	( )
재료매입	500,000원		
직접노무원가	200,000원		
제조간접원가	380,000원	기말재산	200,000원
	1,250,000원	매출원가 +20,000원	

- 1,250,000=(매출원가)+200,000원
- ∴ (매출원가)=1,250,000-200,000=1,050,000원

99

정답 ③

〈제품재고〉

5월 초 제품재고	1,800개	5월 예상판매량	13,000개
5월에 생산해야 할 제품수량	(14,200개)	5월 말 적정재고	3,000개
	16,000개		16,000개

- (5월 말 적정재고)=15,000×0.2=3,000개
- ∴ (5월에 생산해야 할 제품수량)=13,000+3,000-1,800=14,200개

100

정답 ①

오답분석

②·③ 재무활동
④ 영업활동

부산교통공사 필기시험 답안카드

※ 본 답안지는 마킹연습용 모의 답안지입니다.

성 명

지원 분야

문제지 형별기재란

( )형   Ⓐ   Ⓑ

수험번호

| ⓪ ① ② ③ ④ ⑤ ⑥ ⑦ ⑧ ⑨ |
| ⓪ ① ② ③ ④ ⑤ ⑥ ⑦ ⑧ ⑨ |
| ⓪ ① ② ③ ④ ⑤ ⑥ ⑦ ⑧ ⑨ |
| ⓪ ① ② ③ ④ ⑤ ⑥ ⑦ ⑧ ⑨ |
| ⓪ ① ② ③ ④ ⑤ ⑥ ⑦ ⑧ ⑨ |
| ⓪ ① ② ③ ④ ⑤ ⑥ ⑦ ⑧ ⑨ |
| ⓪ ① ② ③ ④ ⑤ ⑥ ⑦ ⑧ ⑨ |

감독위원 확인

(인)

번호	답	번호	답	번호	답	번호	답	번호	답
1	① ② ③ ④	21	① ② ③ ④	41	① ② ③ ④	61	① ② ③ ④	81	① ② ③ ④
2	① ② ③ ④	22	① ② ③ ④	42	① ② ③ ④	62	① ② ③ ④	82	① ② ③ ④
3	① ② ③ ④	23	① ② ③ ④	43	① ② ③ ④	63	① ② ③ ④	83	① ② ③ ④
4	① ② ③ ④	24	① ② ③ ④	44	① ② ③ ④	64	① ② ③ ④	84	① ② ③ ④
5	① ② ③ ④	25	① ② ③ ④	45	① ② ③ ④	65	① ② ③ ④	85	① ② ③ ④
6	① ② ③ ④	26	① ② ③ ④	46	① ② ③ ④	66	① ② ③ ④	86	① ② ③ ④
7	① ② ③ ④	27	① ② ③ ④	47	① ② ③ ④	67	① ② ③ ④	87	① ② ③ ④
8	① ② ③ ④	28	① ② ③ ④	48	① ② ③ ④	68	① ② ③ ④	88	① ② ③ ④
9	① ② ③ ④	29	① ② ③ ④	49	① ② ③ ④	69	① ② ③ ④	89	① ② ③ ④
10	① ② ③ ④	30	① ② ③ ④	50	① ② ③ ④	70	① ② ③ ④	90	① ② ③ ④
11	① ② ③ ④	31	① ② ③ ④	51	① ② ③ ④	71	① ② ③ ④	91	① ② ③ ④
12	① ② ③ ④	32	① ② ③ ④	52	① ② ③ ④	72	① ② ③ ④	92	① ② ③ ④
13	① ② ③ ④	33	① ② ③ ④	53	① ② ③ ④	73	① ② ③ ④	93	① ② ③ ④
14	① ② ③ ④	34	① ② ③ ④	54	① ② ③ ④	74	① ② ③ ④	94	① ② ③ ④
15	① ② ③ ④	35	① ② ③ ④	55	① ② ③ ④	75	① ② ③ ④	95	① ② ③ ④
16	① ② ③ ④	36	① ② ③ ④	56	① ② ③ ④	76	① ② ③ ④	96	① ② ③ ④
17	① ② ③ ④	37	① ② ③ ④	57	① ② ③ ④	77	① ② ③ ④	97	① ② ③ ④
18	① ② ③ ④	38	① ② ③ ④	58	① ② ③ ④	78	① ② ③ ④	98	① ② ③ ④
19	① ② ③ ④	39	① ② ③ ④	59	① ② ③ ④	79	① ② ③ ④	99	① ② ③ ④
20	① ② ③ ④	40	① ② ③ ④	60	① ② ③ ④	80	① ② ③ ④	100	① ② ③ ④

부산교통공사 필기시험 답안카드

※ 본 답안지는 마킹연습용 답안지입니다.

	①	②	③	④			①	②	③	④			①	②	③	④			①	②	③	④			①	②	③	④
1	①	②	③	④	21	①	②	③	④	41	①	②	③	④	61	①	②	③	④	81	①	②	③	④
2	①	②	③	④	22	①	②	③	④	42	①	②	③	④	62	①	②	③	④	82	①	②	③	④
3	①	②	③	④	23	①	②	③	④	43	①	②	③	④	63	①	②	③	④	83	①	②	③	④
4	①	②	③	④	24	①	②	③	④	44	①	②	③	④	64	①	②	③	④	84	①	②	③	④
5	①	②	③	④	25	①	②	③	④	45	①	②	③	④	65	①	②	③	④	85	①	②	③	④
6	①	②	③	④	26	①	②	③	④	46	①	②	③	④	66	①	②	③	④	86	①	②	③	④
7	①	②	③	④	27	①	②	③	④	47	①	②	③	④	67	①	②	③	④	87	①	②	③	④
8	①	②	③	④	28	①	②	③	④	48	①	②	③	④	68	①	②	③	④	88	①	②	③	④
9	①	②	③	④	29	①	②	③	④	49	①	②	③	④	69	①	②	③	④	89	①	②	③	④
10	①	②	③	④	30	①	②	③	④	50	①	②	③	④	70	①	②	③	④	90	①	②	③	④
11	①	②	③	④	31	①	②	③	④	51	①	②	③	④	71	①	②	③	④	91	①	②	③	④
12	①	②	③	④	32	①	②	③	④	52	①	②	③	④	72	①	②	③	④	92	①	②	③	④
13	①	②	③	④	33	①	②	③	④	53	①	②	③	④	73	①	②	③	④	93	①	②	③	④
14	①	②	③	④	34	①	②	③	④	54	①	②	③	④	74	①	②	③	④	94	①	②	③	④
15	①	②	③	④	35	①	②	③	④	55	①	②	③	④	75	①	②	③	④	95	①	②	③	④
16	①	②	③	④	36	①	②	③	④	56	①	②	③	④	76	①	②	③	④	96	①	②	③	④
17	①	②	③	④	37	①	②	③	④	57	①	②	③	④	77	①	②	③	④	97	①	②	③	④
18	①	②	③	④	38	①	②	③	④	58	①	②	③	④	78	①	②	③	④	98	①	②	③	④
19	①	②	③	④	39	①	②	③	④	59	①	②	③	④	79	①	②	③	④	99	①	②	③	④
20	①	②	③	④	40	①	②	③	④	60	①	②	③	④	80	①	②	③	④	100	①	②	③	④

성 명

지원분야

문제지 형별기재란
Ⓐ
Ⓑ
(형)

수 험 번 호

⓪	①	②	③	④	⑤	⑥	⑦	⑧	⑨
⓪	①	②	③	④	⑤	⑥	⑦	⑧	⑨
⓪	①	②	③	④	⑤	⑥	⑦	⑧	⑨
⓪	①	②	③	④	⑤	⑥	⑦	⑧	⑨
⓪	①	②	③	④	⑤	⑥	⑦	⑧	⑨
⓪	①	②	③	④	⑤	⑥	⑦	⑧	⑨
⓪	①	②	③	④	⑤	⑥	⑦	⑧	⑨

감독위원 확인
(인)

부산교통공사 필기시험 답안카드

성 명

지원 분야

문제지 형별기재란

( )형 Ⓐ Ⓑ

수험번호

⓪ ① ② ③ ④ ⑤ ⑥ ⑦ ⑧ ⑨

감독위원 확인

(인)

1	① ② ③ ④	21	① ② ③ ④	41	① ② ③ ④	61	① ② ③ ④	81	① ② ③ ④
2	① ② ③ ④	22	① ② ③ ④	42	① ② ③ ④	62	① ② ③ ④	82	① ② ③ ④
3	① ② ③ ④	23	① ② ③ ④	43	① ② ③ ④	63	① ② ③ ④	83	① ② ③ ④
4	① ② ③ ④	24	① ② ③ ④	44	① ② ③ ④	64	① ② ③ ④	84	① ② ③ ④
5	① ② ③ ④	25	① ② ③ ④	45	① ② ③ ④	65	① ② ③ ④	85	① ② ③ ④
6	① ② ③ ④	26	① ② ③ ④	46	① ② ③ ④	66	① ② ③ ④	86	① ② ③ ④
7	① ② ③ ④	27	① ② ③ ④	47	① ② ③ ④	67	① ② ③ ④	87	① ② ③ ④
8	① ② ③ ④	28	① ② ③ ④	48	① ② ③ ④	68	① ② ③ ④	88	① ② ③ ④
9	① ② ③ ④	29	① ② ③ ④	49	① ② ③ ④	69	① ② ③ ④	89	① ② ③ ④
10	① ② ③ ④	30	① ② ③ ④	50	① ② ③ ④	70	① ② ③ ④	90	① ② ③ ④
11	① ② ③ ④	31	① ② ③ ④	51	① ② ③ ④	71	① ② ③ ④	91	① ② ③ ④
12	① ② ③ ④	32	① ② ③ ④	52	① ② ③ ④	72	① ② ③ ④	92	① ② ③ ④
13	① ② ③ ④	33	① ② ③ ④	53	① ② ③ ④	73	① ② ③ ④	93	① ② ③ ④
14	① ② ③ ④	34	① ② ③ ④	54	① ② ③ ④	74	① ② ③ ④	94	① ② ③ ④
15	① ② ③ ④	35	① ② ③ ④	55	① ② ③ ④	75	① ② ③ ④	95	① ② ③ ④
16	① ② ③ ④	36	① ② ③ ④	56	① ② ③ ④	76	① ② ③ ④	96	① ② ③ ④
17	① ② ③ ④	37	① ② ③ ④	57	① ② ③ ④	77	① ② ③ ④	97	① ② ③ ④
18	① ② ③ ④	38	① ② ③ ④	58	① ② ③ ④	78	① ② ③ ④	98	① ② ③ ④
19	① ② ③ ④	39	① ② ③ ④	59	① ② ③ ④	79	① ② ③ ④	99	① ② ③ ④
20	① ② ③ ④	40	① ② ③ ④	60	① ② ③ ④	80	① ② ③ ④	100	① ② ③ ④

※ 본 답안카드는 마킹연습용 모의 답안카드입니다.

부산교통공사 필기시험 답안카드

※ 본 답안지는 마킹연습용 모의 답안지입니다.

성 명	

지원 분야	

문제지 형별기재란	( )형	Ⓐ Ⓑ

수 험 번 호

⓪	①	②	③	④	⑤	⑥	⑦	⑧	⑨
⓪	①	②	③	④	⑤	⑥	⑦	⑧	⑨
⓪	①	②	③	④	⑤	⑥	⑦	⑧	⑨
⓪	①	②	③	④	⑤	⑥	⑦	⑧	⑨
⓪	①	②	③	④	⑤	⑥	⑦	⑧	⑨
⓪	①	②	③	④	⑤	⑥	⑦	⑧	⑨
⓪	①	②	③	④	⑤	⑥	⑦	⑧	⑨

감독위원 확인	인

답안 표기란 (문항 1~100, 각 문항 ① ② ③ ④)

1	① ② ③ ④	21	① ② ③ ④	41	① ② ③ ④	61	① ② ③ ④	81	① ② ③ ④
2	① ② ③ ④	22	① ② ③ ④	42	① ② ③ ④	62	① ② ③ ④	82	① ② ③ ④
3	① ② ③ ④	23	① ② ③ ④	43	① ② ③ ④	63	① ② ③ ④	83	① ② ③ ④
4	① ② ③ ④	24	① ② ③ ④	44	① ② ③ ④	64	① ② ③ ④	84	① ② ③ ④
5	① ② ③ ④	25	① ② ③ ④	45	① ② ③ ④	65	① ② ③ ④	85	① ② ③ ④
6	① ② ③ ④	26	① ② ③ ④	46	① ② ③ ④	66	① ② ③ ④	86	① ② ③ ④
7	① ② ③ ④	27	① ② ③ ④	47	① ② ③ ④	67	① ② ③ ④	87	① ② ③ ④
8	① ② ③ ④	28	① ② ③ ④	48	① ② ③ ④	68	① ② ③ ④	88	① ② ③ ④
9	① ② ③ ④	29	① ② ③ ④	49	① ② ③ ④	69	① ② ③ ④	89	① ② ③ ④
10	① ② ③ ④	30	① ② ③ ④	50	① ② ③ ④	70	① ② ③ ④	90	① ② ③ ④
11	① ② ③ ④	31	① ② ③ ④	51	① ② ③ ④	71	① ② ③ ④	91	① ② ③ ④
12	① ② ③ ④	32	① ② ③ ④	52	① ② ③ ④	72	① ② ③ ④	92	① ② ③ ④
13	① ② ③ ④	33	① ② ③ ④	53	① ② ③ ④	73	① ② ③ ④	93	① ② ③ ④
14	① ② ③ ④	34	① ② ③ ④	54	① ② ③ ④	74	① ② ③ ④	94	① ② ③ ④
15	① ② ③ ④	35	① ② ③ ④	55	① ② ③ ④	75	① ② ③ ④	95	① ② ③ ④
16	① ② ③ ④	36	① ② ③ ④	56	① ② ③ ④	76	① ② ③ ④	96	① ② ③ ④
17	① ② ③ ④	37	① ② ③ ④	57	① ② ③ ④	77	① ② ③ ④	97	① ② ③ ④
18	① ② ③ ④	38	① ② ③ ④	58	① ② ③ ④	78	① ② ③ ④	98	① ② ③ ④
19	① ② ③ ④	39	① ② ③ ④	59	① ② ③ ④	79	① ② ③ ④	99	① ② ③ ④
20	① ② ③ ④	40	① ② ③ ④	60	① ② ③ ④	80	① ② ③ ④	100	① ② ③ ④

부산교통공사 필기시험 답안카드

성 명

지원 분야

문제지 형별기재란

( )형 Ⓐ Ⓑ

수험번호

	⑩	⑩	⑩	⑩	⑩	⑩	⑩
①	①	①	①	①	①	①	①
②	②	②	②	②	②	②	②
③	③	③	③	③	③	③	③
④	④	④	④	④	④	④	④
⑤	⑤	⑤	⑤	⑤	⑤	⑤	⑤
⑥	⑥	⑥	⑥	⑥	⑥	⑥	⑥
⑦	⑦	⑦	⑦	⑦	⑦	⑦	⑦
⑧	⑧	⑧	⑧	⑧	⑧	⑧	⑧
⑨	⑨	⑨	⑨	⑨	⑨	⑨	⑨

감독위원 확인

(인)

1	① ② ③ ④	21	① ② ③ ④	41	① ② ③ ④	61	① ② ③ ④	81	① ② ③ ④
2	① ② ③ ④	22	① ② ③ ④	42	① ② ③ ④	62	① ② ③ ④	82	① ② ③ ④
3	① ② ③ ④	23	① ② ③ ④	43	① ② ③ ④	63	① ② ③ ④	83	① ② ③ ④
4	① ② ③ ④	24	① ② ③ ④	44	① ② ③ ④	64	① ② ③ ④	84	① ② ③ ④
5	① ② ③ ④	25	① ② ③ ④	45	① ② ③ ④	65	① ② ③ ④	85	① ② ③ ④
6	① ② ③ ④	26	① ② ③ ④	46	① ② ③ ④	66	① ② ③ ④	86	① ② ③ ④
7	① ② ③ ④	27	① ② ③ ④	47	① ② ③ ④	67	① ② ③ ④	87	① ② ③ ④
8	① ② ③ ④	28	① ② ③ ④	48	① ② ③ ④	68	① ② ③ ④	88	① ② ③ ④
9	① ② ③ ④	29	① ② ③ ④	49	① ② ③ ④	69	① ② ③ ④	89	① ② ③ ④
10	① ② ③ ④	30	① ② ③ ④	50	① ② ③ ④	70	① ② ③ ④	90	① ② ③ ④
11	① ② ③ ④	31	① ② ③ ④	51	① ② ③ ④	71	① ② ③ ④	91	① ② ③ ④
12	① ② ③ ④	32	① ② ③ ④	52	① ② ③ ④	72	① ② ③ ④	92	① ② ③ ④
13	① ② ③ ④	33	① ② ③ ④	53	① ② ③ ④	73	① ② ③ ④	93	① ② ③ ④
14	① ② ③ ④	34	① ② ③ ④	54	① ② ③ ④	74	① ② ③ ④	94	① ② ③ ④
15	① ② ③ ④	35	① ② ③ ④	55	① ② ③ ④	75	① ② ③ ④	95	① ② ③ ④
16	① ② ③ ④	36	① ② ③ ④	56	① ② ③ ④	76	① ② ③ ④	96	① ② ③ ④
17	① ② ③ ④	37	① ② ③ ④	57	① ② ③ ④	77	① ② ③ ④	97	① ② ③ ④
18	① ② ③ ④	38	① ② ③ ④	58	① ② ③ ④	78	① ② ③ ④	98	① ② ③ ④
19	① ② ③ ④	39	① ② ③ ④	59	① ② ③ ④	79	① ② ③ ④	99	① ② ③ ④
20	① ② ③ ④	40	① ② ③ ④	60	① ② ③ ④	80	① ② ③ ④	100	① ② ③ ④

※ 본 답안카드는 마킹연습용 모의 답안카드입니다.

부산교통공사 필기시험 답안카드

※ 본 답안지는 마킹연습용 모의 답안지입니다.

성 명	

지원 분야	

문제지 형별기재란	Ⓐ Ⓑ
( )형	

수험번호

⓪	①	②	③	④	⑤	⑥	⑦	⑧	⑨
⓪	①	②	③	④	⑤	⑥	⑦	⑧	⑨
⓪	①	②	③	④	⑤	⑥	⑦	⑧	⑨
⓪	①	②	③	④	⑤	⑥	⑦	⑧	⑨
⓪	①	②	③	④	⑤	⑥	⑦	⑧	⑨
⓪	①	②	③	④	⑤	⑥	⑦	⑧	⑨
⓪	①	②	③	④	⑤	⑥	⑦	⑧	⑨

감독위원 확인
(인)

답안 문항 1~100: 각 문항 ① ② ③ ④

2024 최신판 SD에듀 부산교통공사
NCS + 전공 + 최종점검 모의고사 3회 + 무료NCS특강

개정11판1쇄 발행	2024년 04월 15일 (인쇄 2024년 03월 04일)
초 판 발 행	2016년 01월 20일 (인쇄 2016년 01월 05일)
발 행 인	박영일
책 임 편 집	이해욱
편 저	SDC(Sidae Data Center)
편 집 진 행	김재희
표지디자인	조혜령
편집디자인	최미란 · 장성복
발 행 처	(주)시대고시기획
출 판 등 록	제10-1521호
주 소	서울시 마포구 큰우물로 75 [도화동 538 성지 B/D] 9F
전 화	1600-3600
팩 스	02-701-8823
홈 페 이 지	www.sdedu.co.kr

I S B N	979-11-383-6885-8 (13320)
정 가	25,000원

※ 이 책은 저작권법의 보호를 받는 저작물이므로 동영상 제작 및 무단전재와 배포를 금합니다.
※ 잘못된 책은 구입하신 서점에서 바꾸어 드립니다.

부산교통
공사

정답 및 해설

시대교육그룹

(주)시대고시기획 시대교육(주)	고득점 합격 노하우를 집약한 최고의 전략 수험서
	www.sidaegosi.com

시대에듀	자격증 · 공무원 · 취업까지 분야별 BEST 온라인 강의
	www.sdedu.co.kr

이슈&시사상식	최신 주요 시사이슈와 취업 정보를 담은 취준생 시사지
	격월발행

시대인	외국어 · IT · 취미 · 요리 생활 밀착형 교육 연구
	실용서 전문 브랜드

꿈을 지원하는 행복…

여러분이 구입해 주신 도서 판매수익금의 일부가
국군장병 1인 1자격 취득 및 학점취득 지원사업과
낙도 도서관 지원사업에 쓰이고 있습니다.

기업별 맞춤 학습 "기본서" 시리즈

공기업 취업의 기초부터 심화까지! 합격의 문을 여는 Hidden Key!

기업별 시험 직전 마무리 "모의고사" 시리즈

실제 시험과 동일하게 마무리! 합격을 향한 Last Spurt!

※**기업별 시리즈** : HUG 주택도시보증공사/LH 한국토지주택공사/강원랜드/건강보험심사평가원/국가철도공단/국민건강
보험공단/국민연금공단/근로복지공단/발전회사/부산교통공사/서울교통공사/인천국제공항공사/코레일 한국철도공사/
한국농어촌공사/한국도로공사/한국산업인력공단/한국수력원자력/한국수자원공사/한국전력공사/한전KPS/항만공사 등

※도서의 이미지 및 구성은 변동될 수 있습니다.

SD에듀가 합격을 준비하는 당신에게 제안합니다.

성공의 기회! **SD에듀**를 잡으십시오.

성공의 Next Step!

결심하셨다면 지금 당장 실행하십시오.
SD에듀와 함께라면 문제없습니다.

기회란 포착되어 활용되기 전에는
기회인지조차 알 수 없는 것이다.

– 마크 트웨인 –

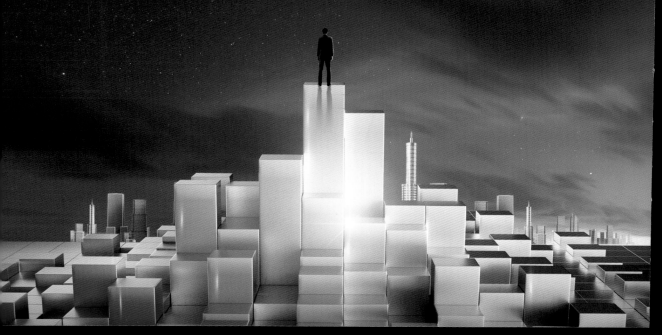